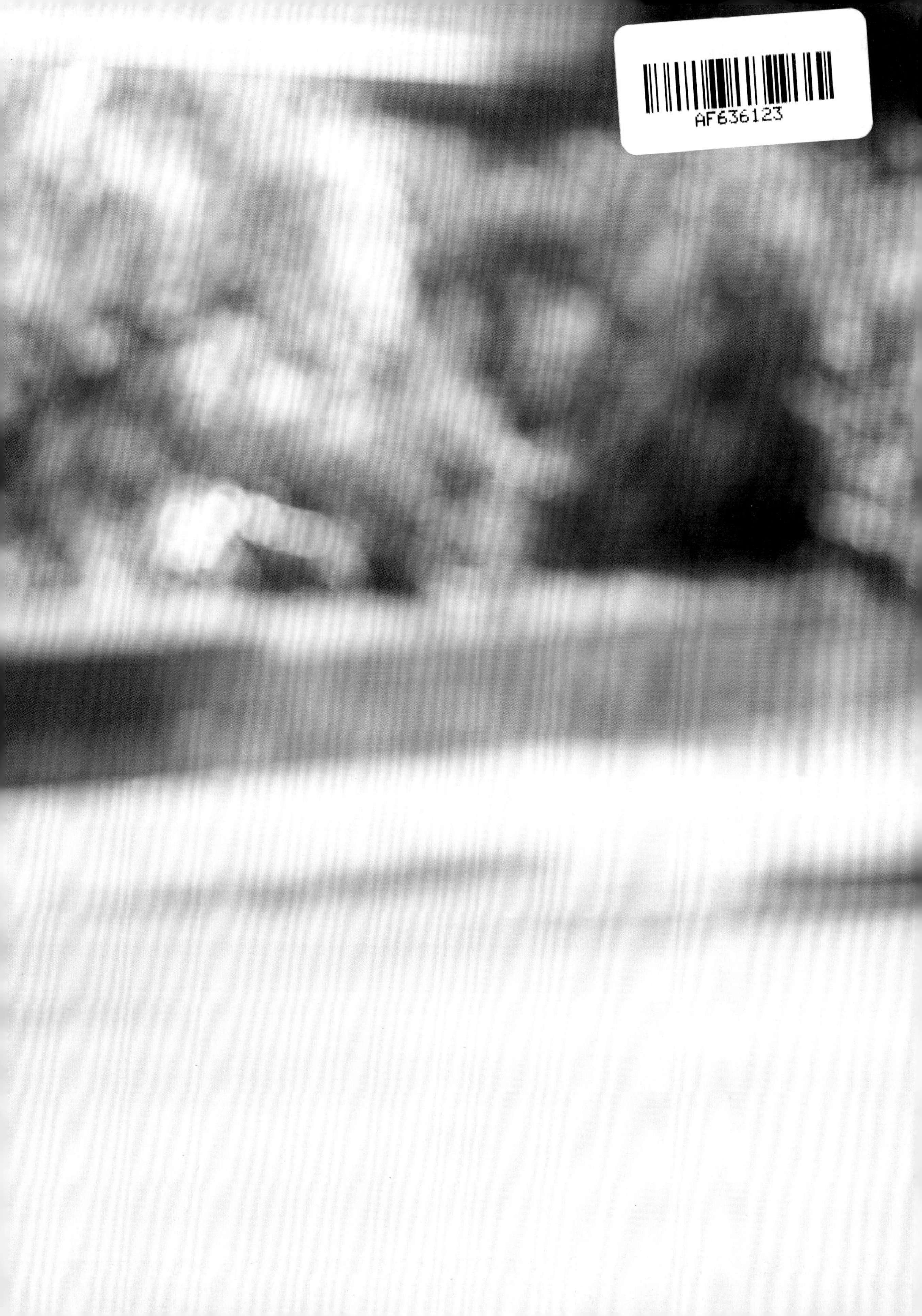

AF636123

MEIN PERFEKTER STRICK-CARDIGAN

Sabine Ruf

MEIN PERFEKTER **STRICK CARDIGAN**

Individuelle
Jacken stricken:
Von Long Cardigan
bis Twin-Set

Vorwort

Jacken kann man nie genug haben. Deshalb zeige ich Ihnen in meinem Buch Cardigans und Jacken vom klassischen Twinset bis zur Long-Jacke insgesamt 13 unterschiedliche Formen von kurz bis lang, von klassisch bis stylish und von mega cool bis zeitlos edel.

Im Anleitungsteil der Cardigan-Modelle bleiben keine Wünsche offen. Sie finden dort viele Formen wie z.B. tailliert, gerade und lässig weit geschnittene Jacken mit Fledermausärmeln, Raglanschrägen, Kapuze, Schalkragen, eingestrickten oder aufgenähten Taschen, mitgestrickte oder angestrickte Blenden, Blenden mit und ohne Knopflöcher, und, und, und ... Als Strickmuster für die Cardigans habe ich bewusst einfache und klassische Muster gewählt: Patentmuster, glatt rechts, kleines und großes Perlmuster, kraus rechts und dezente Zopfmuster sind so zurückhaltend, dass sie gekonnt mehrere Saisons überstehen und sie stellen auch für Anfänger keine Hürde dar.

Im ausführlichen Grundlagenteil werden dann noch einmal sämtliche Details, die zum Gelingen einer Jacke wichtig sind, gründlich erläutert. Mit Bildern, die die einzelnen Arbeitsschritte veranschaulichen, und genauen Erklärungen können Sie so Masche für Masche Ihren perfekten Cardigan stricken. Hier können Sie sich jederzeit Hilfe holen, wenn Sie vielleicht schon dabei sind, eine Jacke zu fertigen, und noch eine Blende anstricken oder eine Tasche einstricken möchten. Oder wie strickt man eigentlich schöne Knopflöcher? Was muss man beim Zusammennähen beachten? All dies und noch viel, viel mehr an Tipps und Hilfestellung finden Sie in diesem Kapitel.

Nach dem Shooting war die Redaktion verliebt in die Wickeljacke mit Fledermausärmeln und Zopfblende, in den altrosafarbenen, langen Patent-Cardigan mit V-Ausschnitt und in die kurze Halbpatentjacke in diesem erfrischenden Mint-Ton. Aber vielleicht wird die Kapuzenjacke mit Nahttaschen Ihr ganz persönlicher Favorit oder die voluminöse Long-Jacke für den Herbstspaziergang und der Cardigan im Chanel-Stil?

Ich freue mich jedenfalls, wenn Sie viele Lieblingsmodelle in diesem Buch finden und nachstricken oder auch als Anregung für ein eigenes Projekt nutzen. Am besten fangen Sie gleich heute noch mit Ihrem ersten perfekten Strickcardigan an.

Ganz, ganz viel Freude beim Stricken wünscht Ihnen

Ihre Sabine Ruf

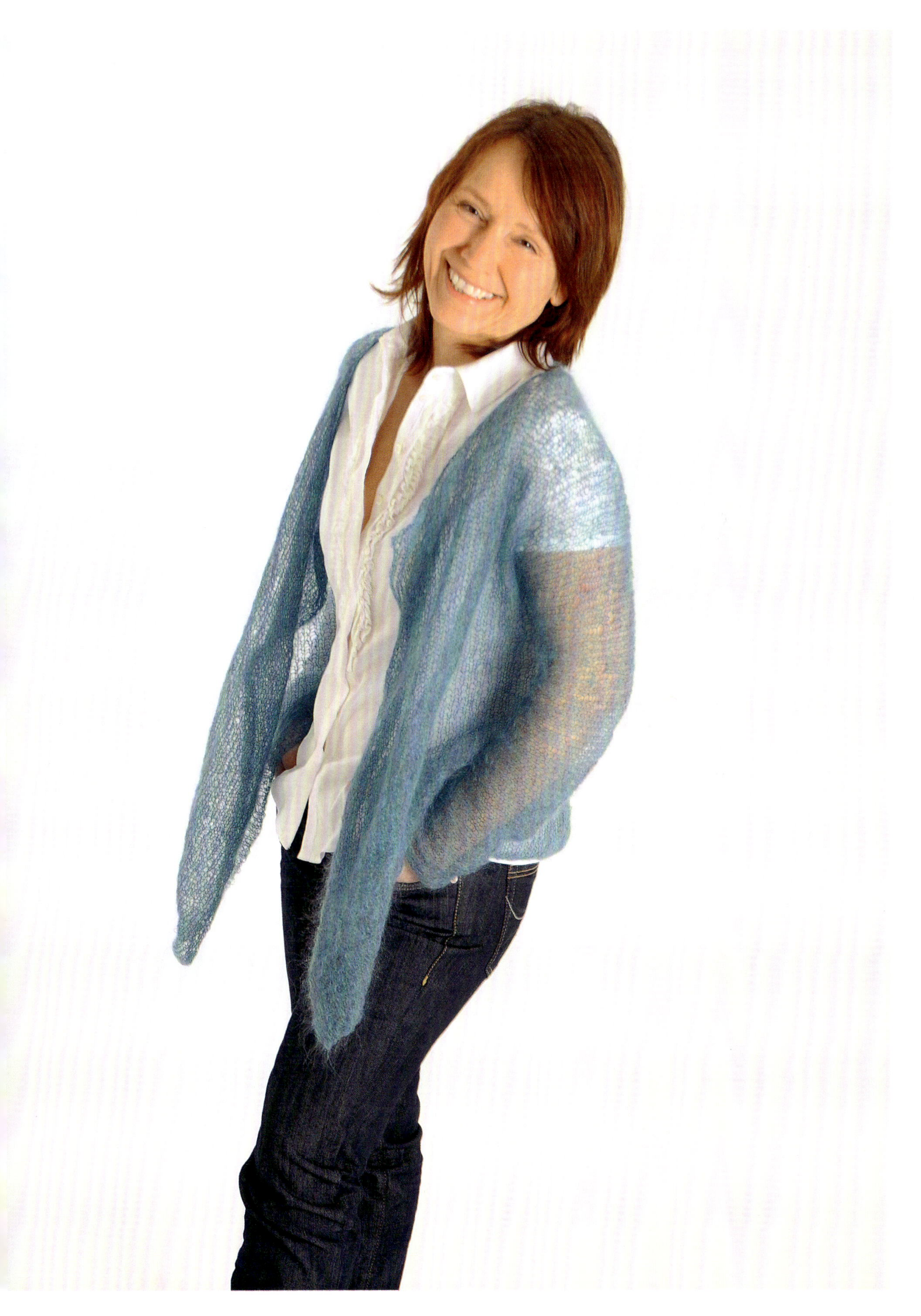

Inhalt

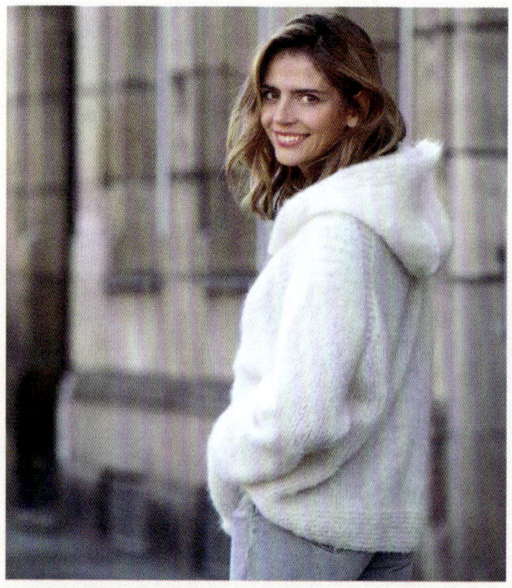

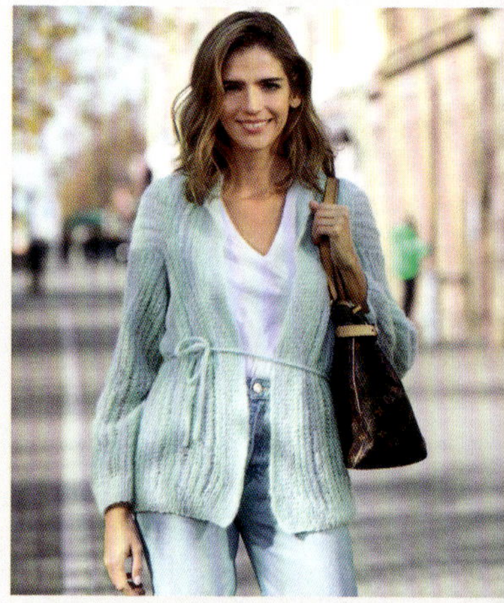

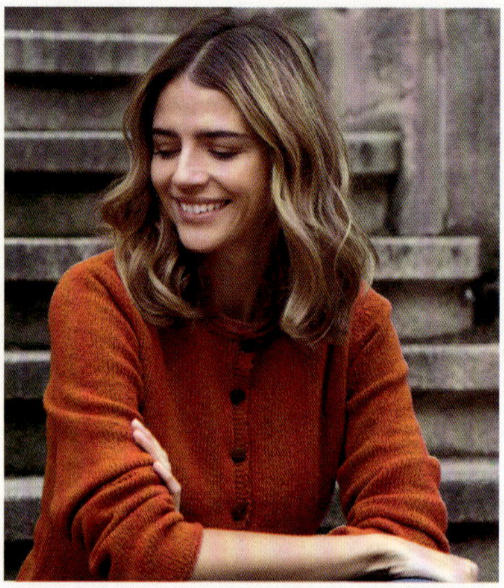

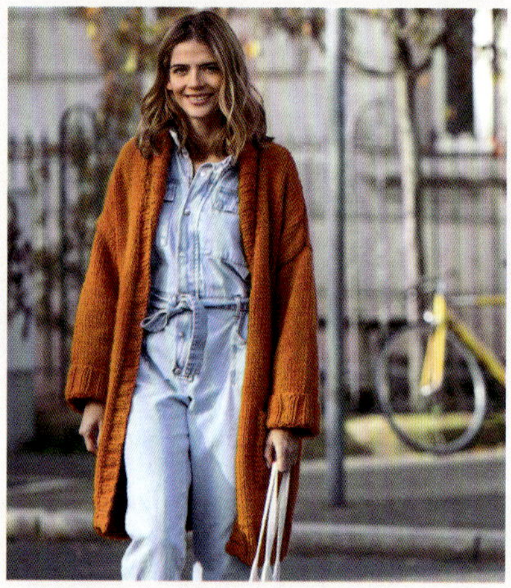

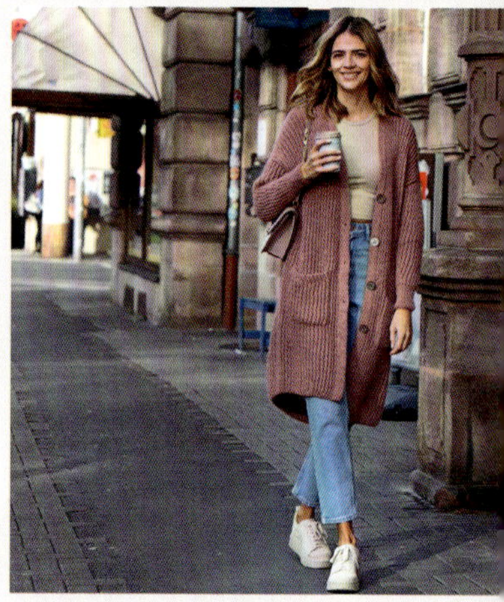

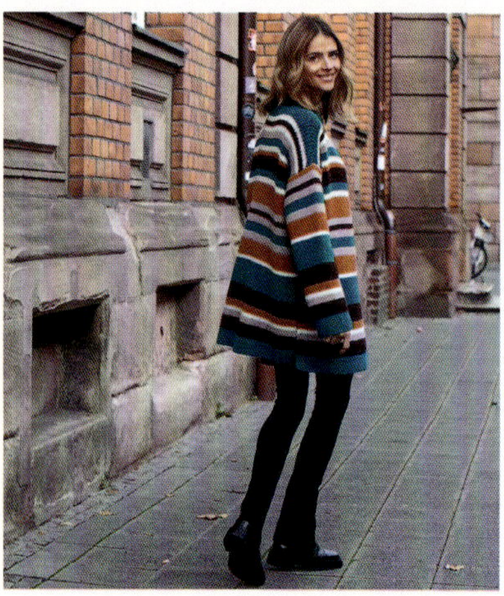

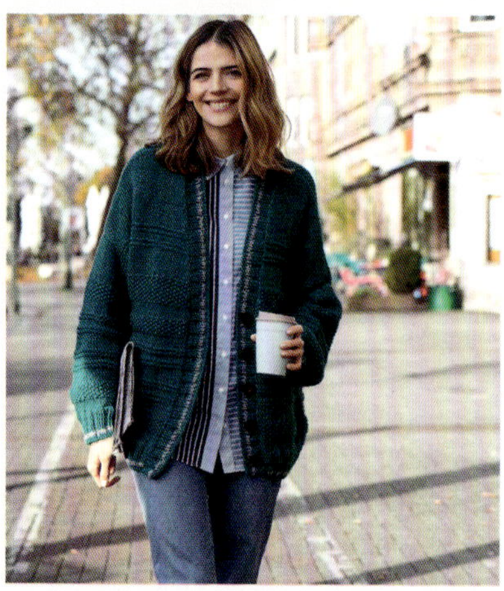

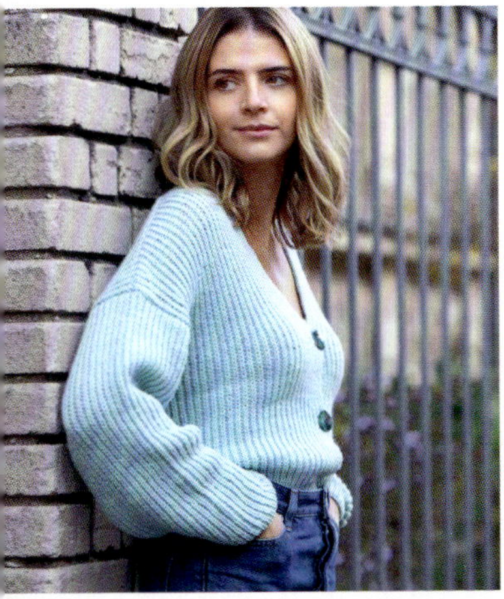

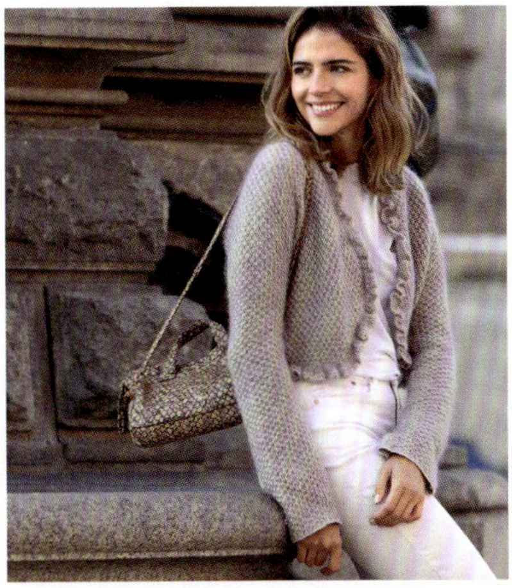

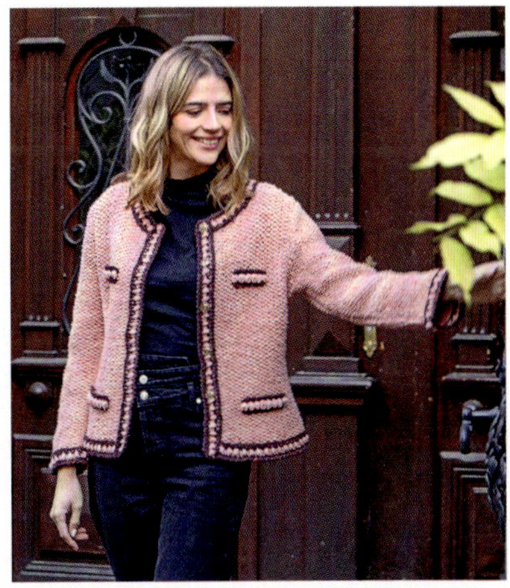

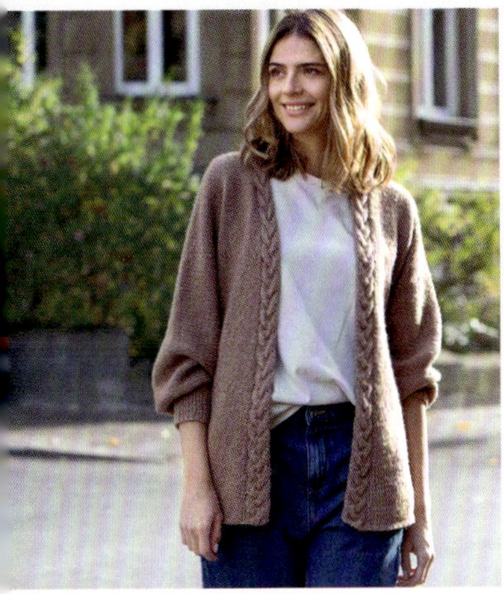

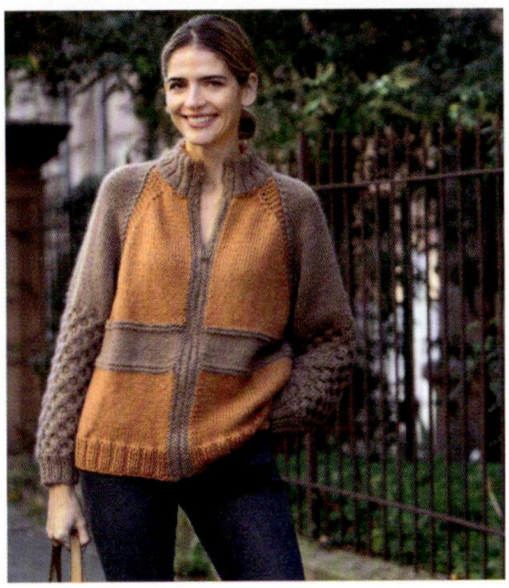

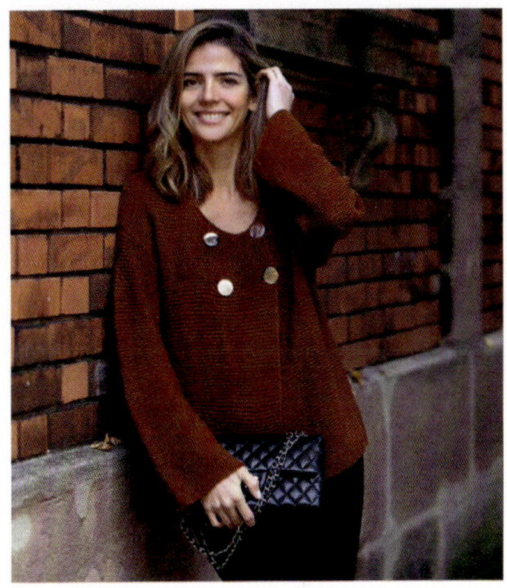

Abkürzungen

Kettm = Kettmasche(n)
Krebsm = Krebsmasche(n)
Luftm = Luftmasche(n)
M = Masche(n)
R = Reihe(n)
Randm = Randmasche(n)
Rd = Runde(n)

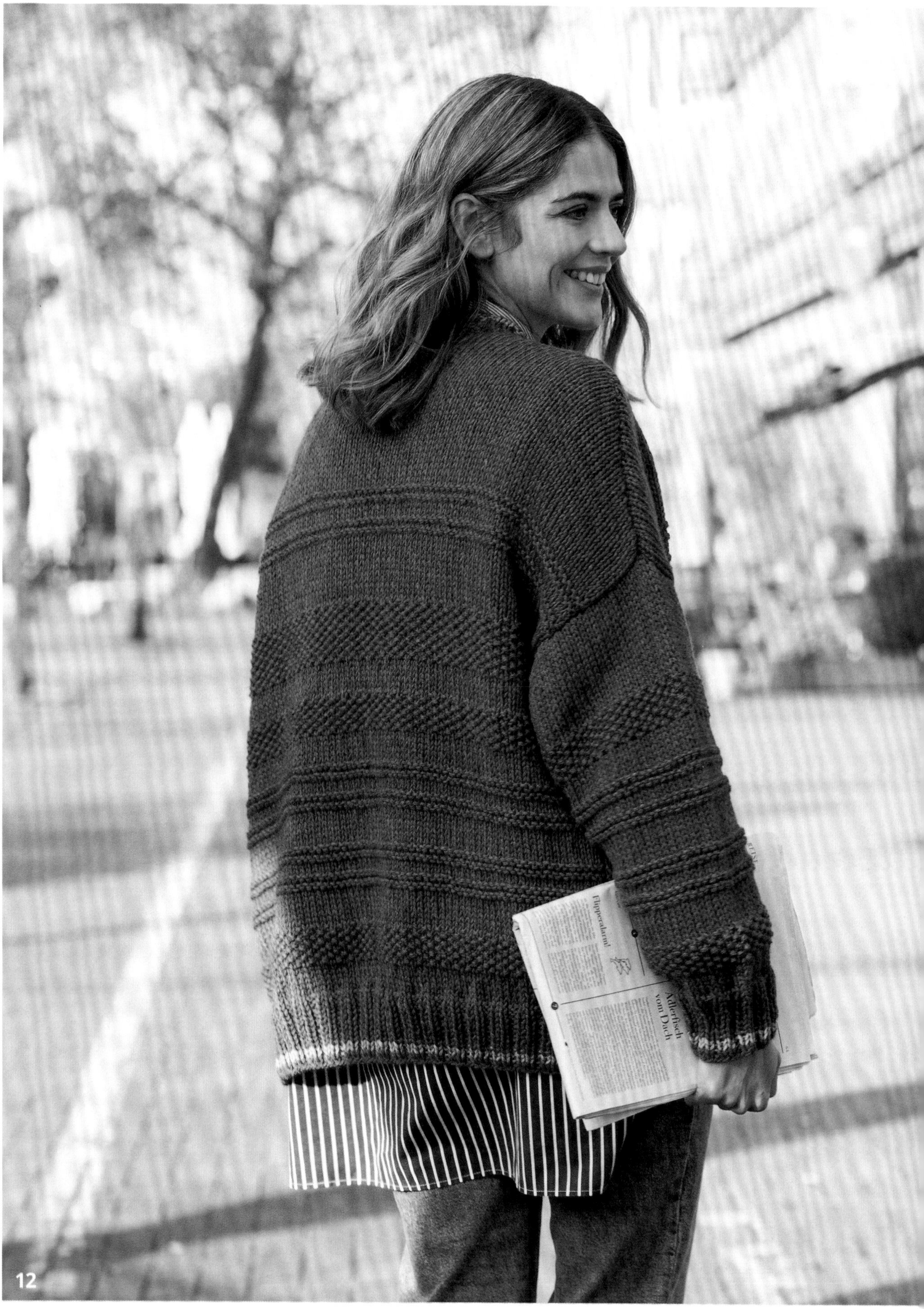
Flipperalarm!
Adlerfisch vom Dach

Die Modelle

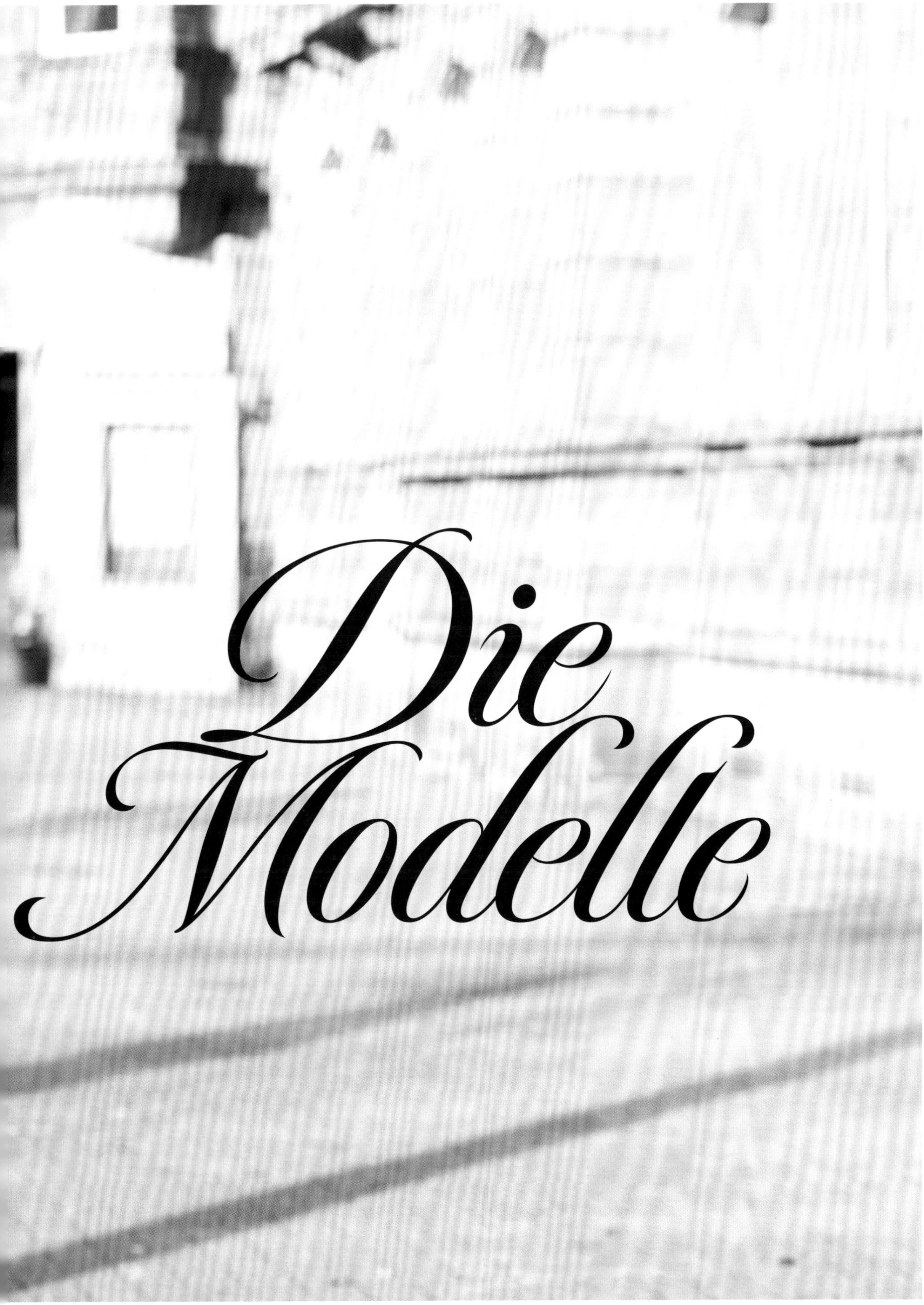

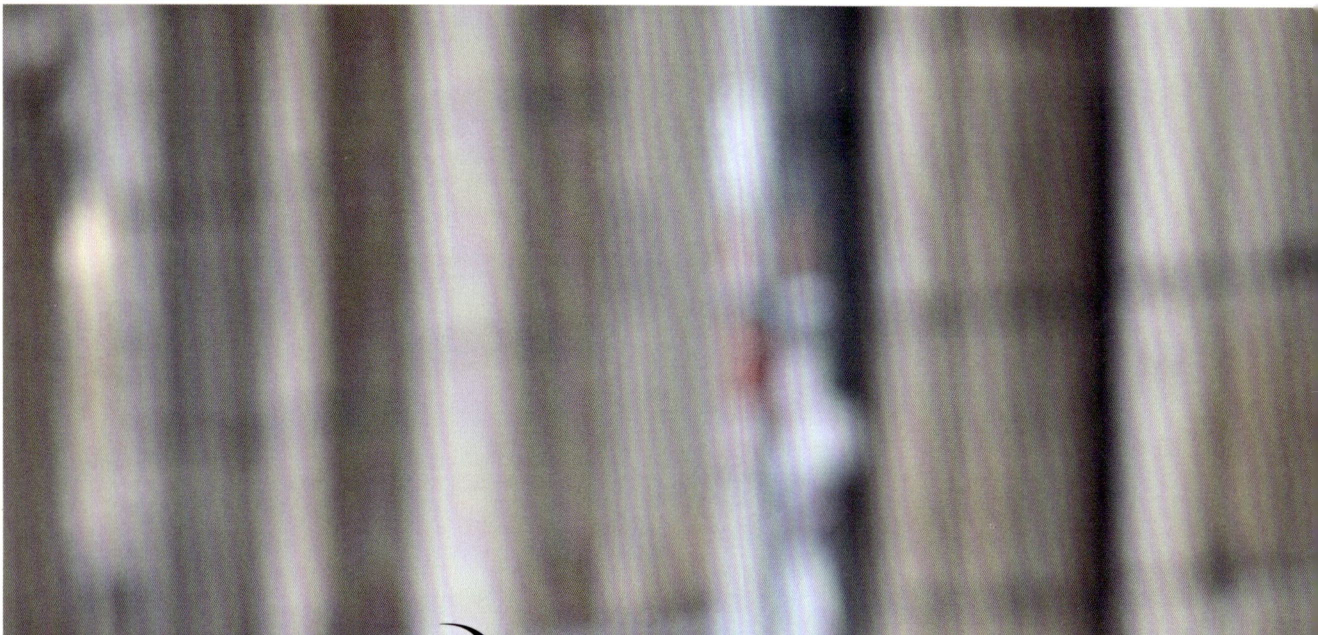

Cardigan mit Kapuze

Größe 36/38, 40/42 und 44
Die Angaben für die Größen 40/42 und 44 stehen in Klammern. Ist nur eine Angabe gemacht, gilt diese für alle Größen.

Material
Rico Design Fashion Mohair Merino Chunky (78 % Mohair, 13 % Wolle, 9 % Polyamid, Lauflänge = 100 m/50 g): 450 (500/550) g Creme (Fb 383272.001); Stricknadeln 5,5 mm, je eine 60 cm, 80 cm und 100 cm lange Rundstricknadel 5,5 mm, ein Nadelspiel 5,5 mm, 6 Knöpfe von JIM KNOPF: Artikel 13762, Fb 02 Weiß, Ø 26 mm.

Kraus links
Hin- und Rückr links stricken.

Glatt rechts
Hinr rechts, Rückr links stricken.

Knötchen-Randm
Die Randm in Hin- und Rückr rechts stricken.

Betonte Zunahmen (über je 2 M)
Rechter Rand: Knötchen-Randm, 1 M rechts, aus dem Querfaden zur folgenden M 1 M rechts verschränkt herausstricken. Linker Rand: Aus dem Querfaden zur folgenden M 1 M rechts verschränkt herausstricken, 1 M rechts, Knötchen-Randm.

Maschenprobe
Glatt rechts mit Nadeln 5,5 mm: 14 M und 20 R = 10 cm x 10 cm.

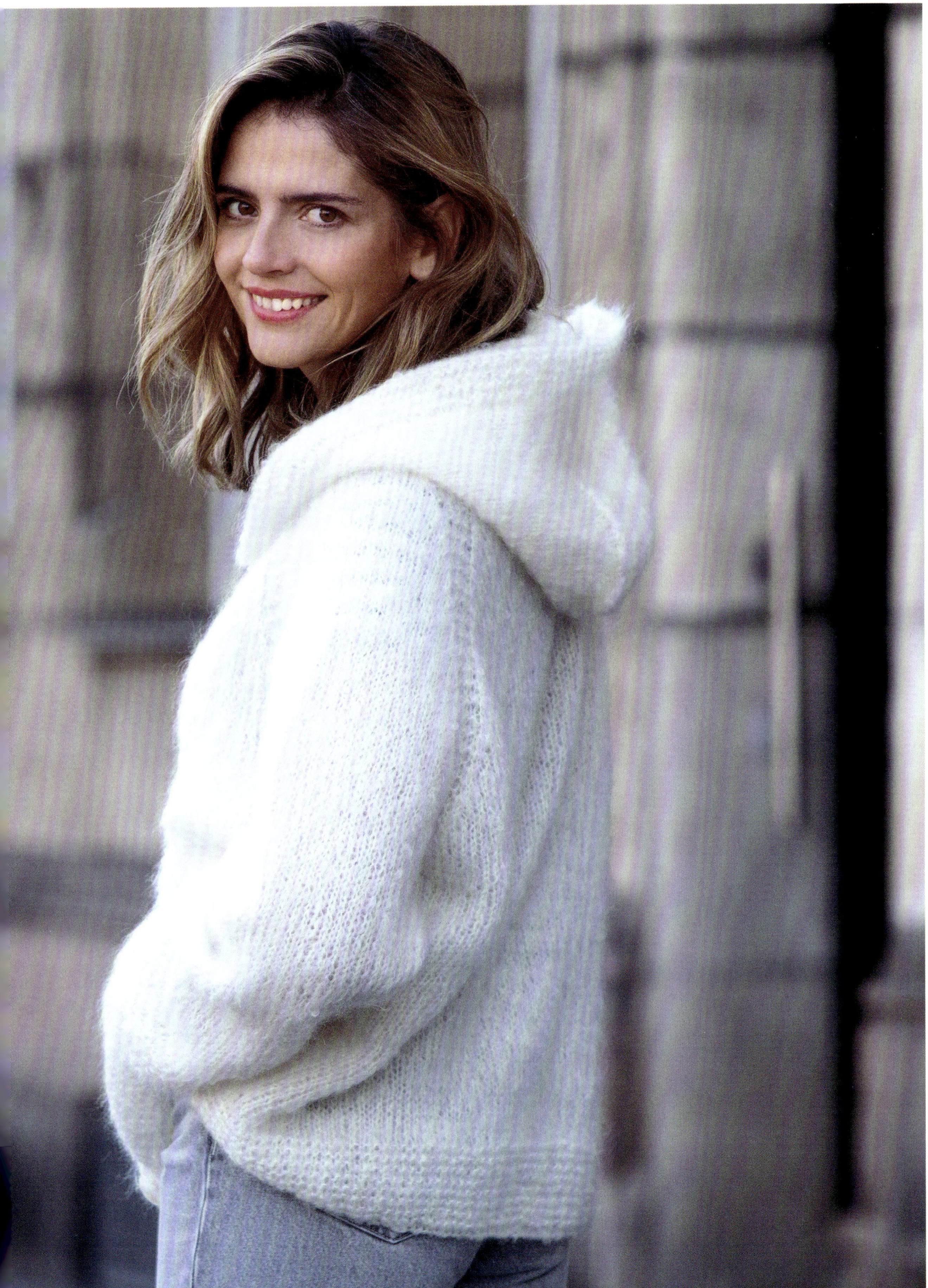

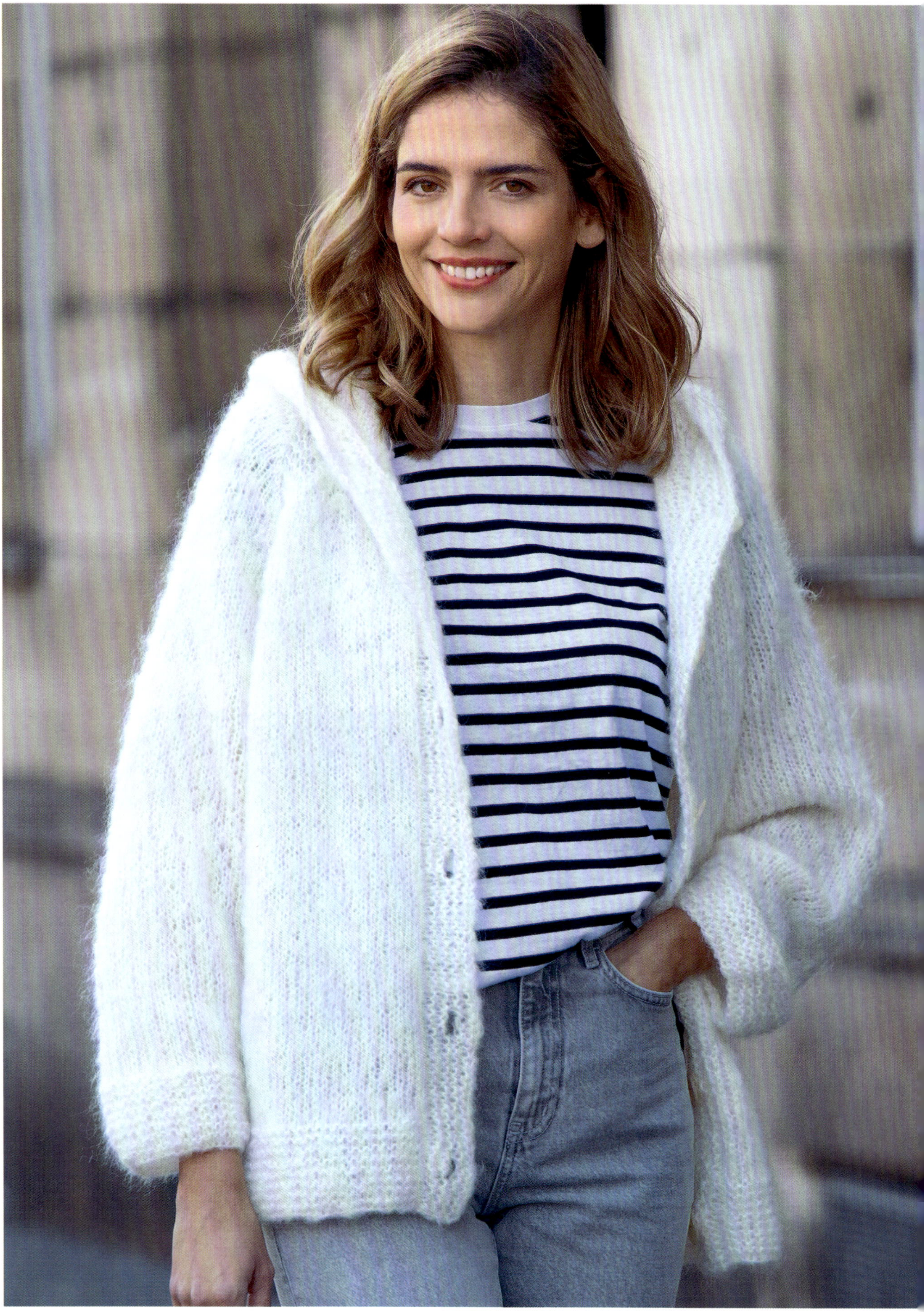

Anleitung

Hinweis

Die Pfeile in der Schnittzeichnung geben die Strickrichtung an.

Rückenteil

86 (92/98) M mit Nadeln 5,5 mm anschlagen und 1 Rückr linke M stricken, dann kraus links weiterarbeiten. Nach 7 cm glatt rechts weiterstricken. Die Randm als Knötchen-Randm arbeiten. In 30 cm Gesamthöhe alle M stilllegen.

Linkes Vorderteil

42 (45/48) M mit Nadeln 5,5 mm anschlagen und 1 Rückr linke M stricken, dann kraus links weiterstricken. Nach 7 cm glatt rechts weiterarbeiten. Die Randm als Knötchen-Randm stricken. In 30 cm Gesamthöhe alle M stilllegen.

Rechtes Vorderteil

Wie das linke Vorderteil stricken.

Ärmel

42 M mit Nadeln 5,5 mm anschlagen und 1 Rückr linke M stricken, dann kraus links weiterarbeiten. Nach 7 cm glatt rechts weiterstricken.

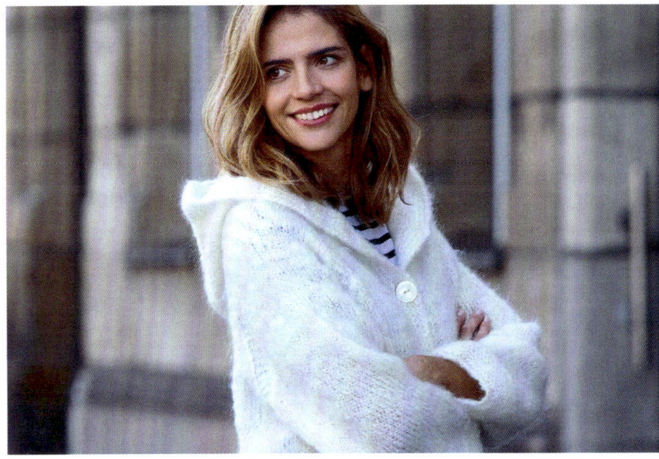

Die Randm als Knötchen-Randm arbeiten. Für die Ärmelschräge betonte Zunahmen arbeiten: Beidseitig 1x in der 1. (5./5.) R, dann 12x in jeder 4. R (15x abwechselnd in jeder 2. und 4. R / 10x abwechselnd in jeder 2. und 4. R und noch 8x in jeder 2. R) jeweils 1 M betont zunehmen = 68 (74/80) M. In 33 cm Gesamthöhe alle M stilllegen. Den 2. Ärmel ebenso arbeiten.

Raglanpasse

Die M aller Teile nacheinander auf die lange Rundstricknadel nehmen: 42 (45/48) M rechtes Vorderteil, 68 (74/80) M 1. Ärmel, 86 (92/98) M Rückenteil, 68 (74/80) M 2. Ärmel, 42 (45/48) M linkes Vorderteil = 306 (330/354) M. In der folgenden R rechte M stricken, dabei jeweils den Übergang zwischen 2 Teilen markieren (= 4 Markierungen) und die aufeinandertreffenden Randm wie folgt abnehmen: Am Anfang jedes Teils 2 M rechts zusammenstricken, am Ende jedes Teils 1 einfacher Überzug (= 1 M wie zum

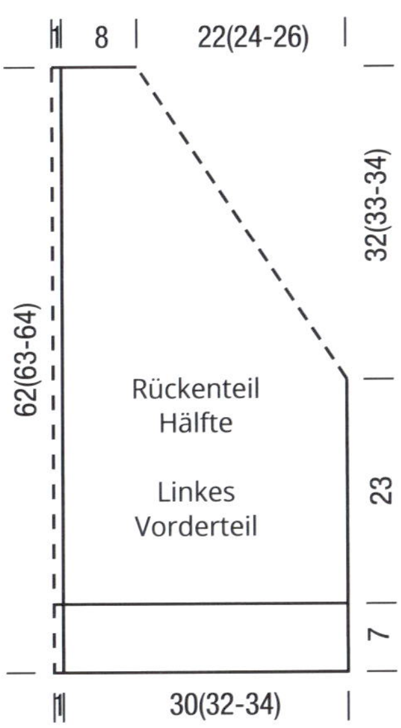

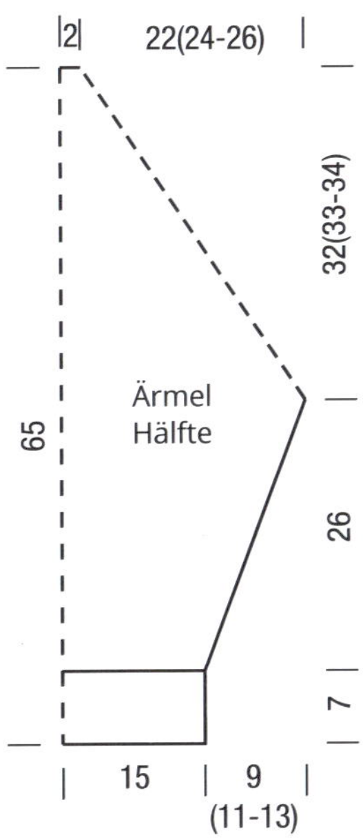

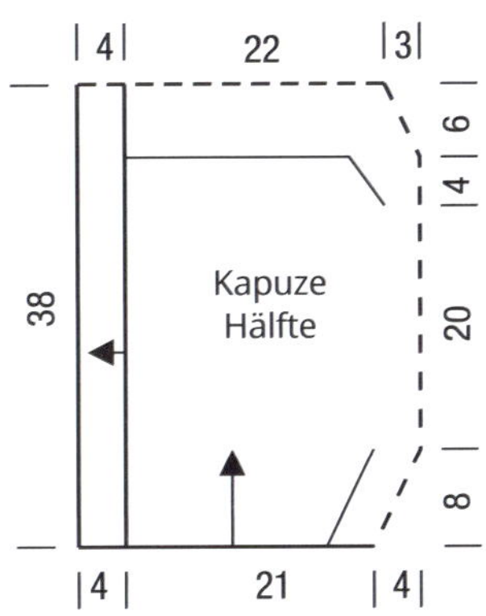

Rechtsstricken abheben, die folgende Randm rechts stricken, dann die abgehobene M überziehen) = 298 (322/346) M. In der folgenden Rückr alle M links stricken.

Von nun an beidseitig der 4 Markierungen je 2 M kraus links stricken = insgesamt 4 kraus linke Raglan-M pro Markierung. In der folgenden 3. R jeweils beidseitig der 4 Raglan-M je 1 M wie folgt abnehmen: 1 einfacher Überzug (= 1 M wie zum Rechtsstricken abheben, die folgende M rechts stricken, dann die abgehobene M überziehen), 4 Raglan-M kraus links, 2 M rechts zusammenstricken = 8 abgenommene M. Diese Abnahmen noch 1x in der 4. R und 28x in jeder 2. R (noch 1x in der 4. R und 31x in jeder 2. R / noch 35x in jeder 2. R) wiederholen, dabei nach und nach auf die jeweils kürzere Rundstricknadel wechseln = 58 M.

Kapuze

Mit den 58 M glatt rechts weiterstricken und die mittleren 16 M markieren. Für die Kapuzenweite beidseitig der markierten M in jeder 2. R 6x 1 M aus dem Querfaden zur folgenden M rechts verschränkt zunehmen = 70 M. In 28 cm Kapuzenhöhe beidseitig der mittleren 16 M 4x in jeder 2. R wie folgt je 1 M abnehmen: Die 1. markierte M und die M davor rechts zusammenstricken, mit der letzten markierten M und der folgenden M einen einfachen Überzug arbeiten (= 1 M wie zum Rechtsstricken abheben, die folgende M rechts stricken, dann die abgehobene M überziehen) = 62 M. Die M wie folgt auf 3 Nadeln des Nadelspiels verteilen: 1. Nadel = 23 M, 2. Nadel = 16 M, 3. Nadel = 23 M. Nun * mit der letzten M der 2. Nadel und der 1. M der 3. Nadel 1 einfachen Überzug arbeiten (= 1 M wie zum Rechtsstricken abheben, die folgende M rechts stricken, dann die abgehobene M überziehen), die Arbeit wenden, linke M bis zur letzten M der 2. Nadel stricken, dann diese M mit der 1. M der 1. Nadel links zusammenstricken. Die Arbeit wenden und ab * stets wiederholen, bis alle M der 1. und 3. Nadel aufgebraucht sind. Die restlichen 16 M stilllegen.

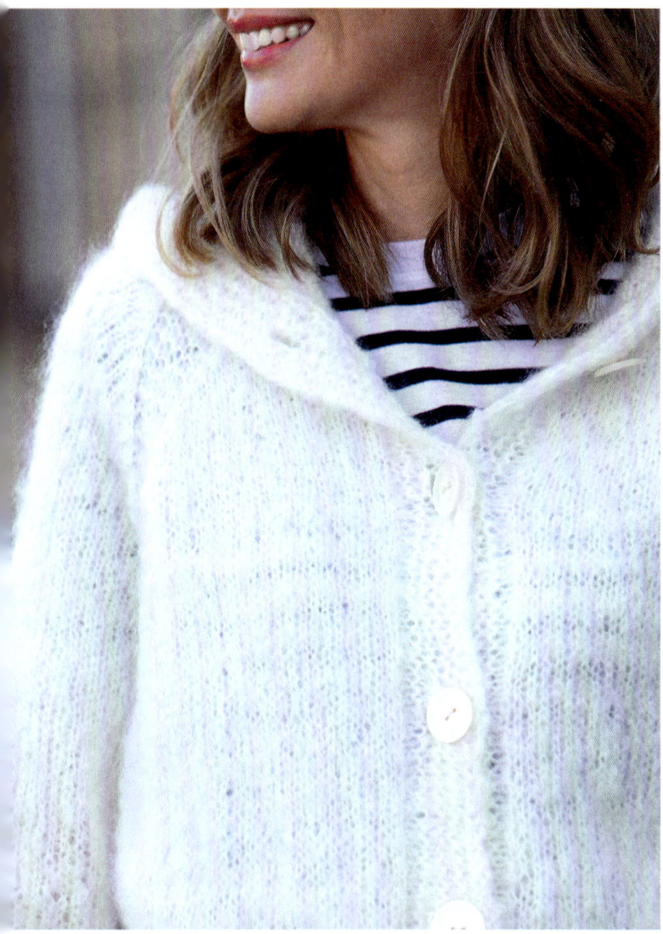

Ausarbeiten

Die Teile anfeuchten und trocknen lassen. Die Seiten- und Ärmelnähte schließen. Für die Verschlussblende aus den Verschlussrändern der Vorderteile je 88 (90/92) M, aus dem Kapuzenrand beidseitig je 53 M auffassen und die stillgelegten 16 M der Kapuze dazunehmen = insgesamt 298 (302/306) M. Mit der langen Rundstricknadel 5,5 mm kraus links stricken, dabei in der 1. R alle M links verschränkt abstricken. Nach 2 cm in die Blende des rechten Vorderteils 6 waagerechte Knöpflöcher über 2 M wie folgt arbeiten: 2 M abketten und in der nächsten R wieder anschlagen. Das 1. Knopfloch nach 3 (3/4) cm ab Anschlag, die restlichen 5 Knopflöcher jeweils im Abstand von 11,5 (12/12) cm einstricken. Nach insgesamt 4 cm Blendenbreite alle M rechts abketten. Dann die Knöpfe annähen.

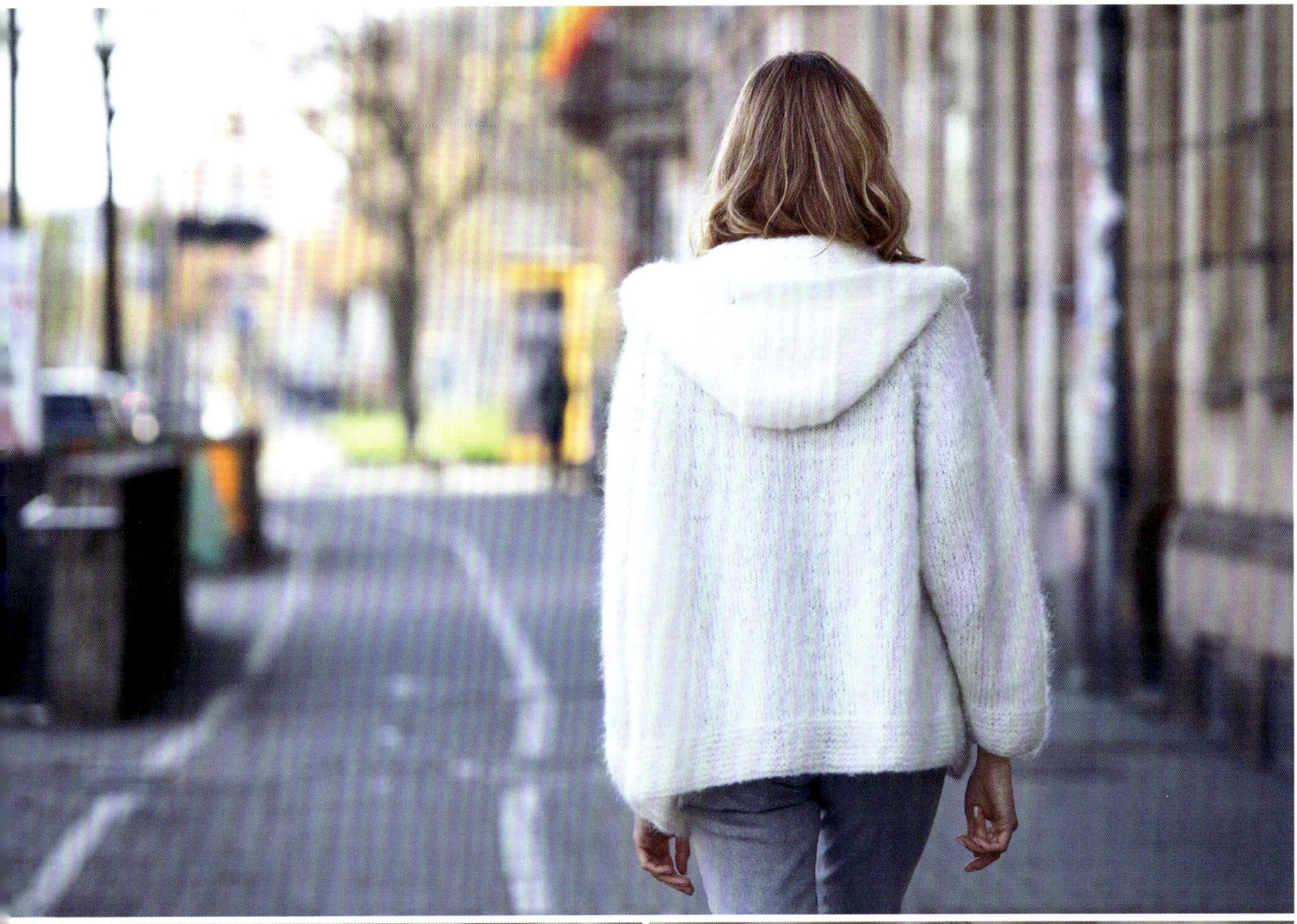
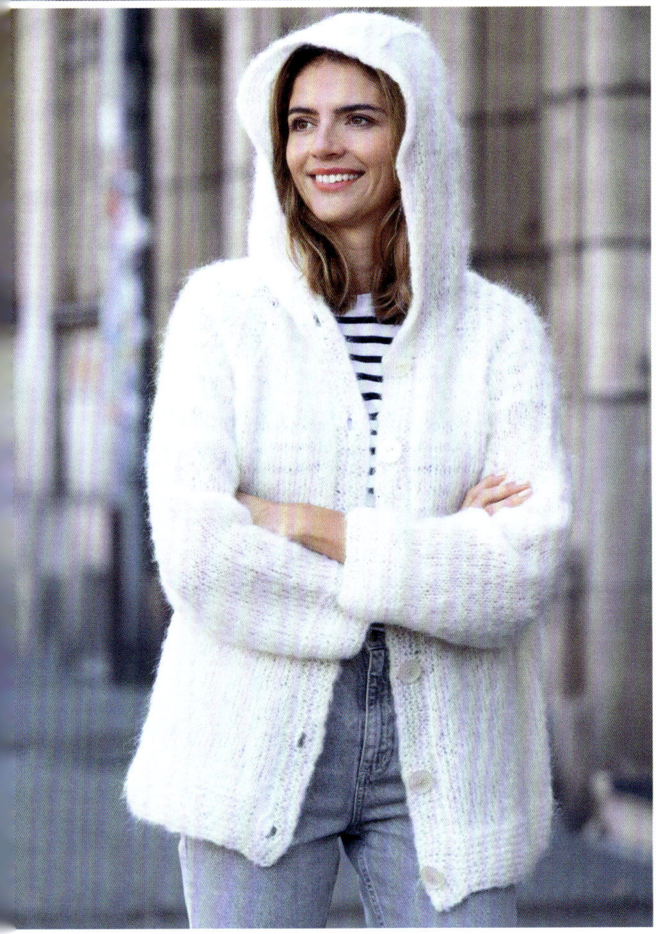
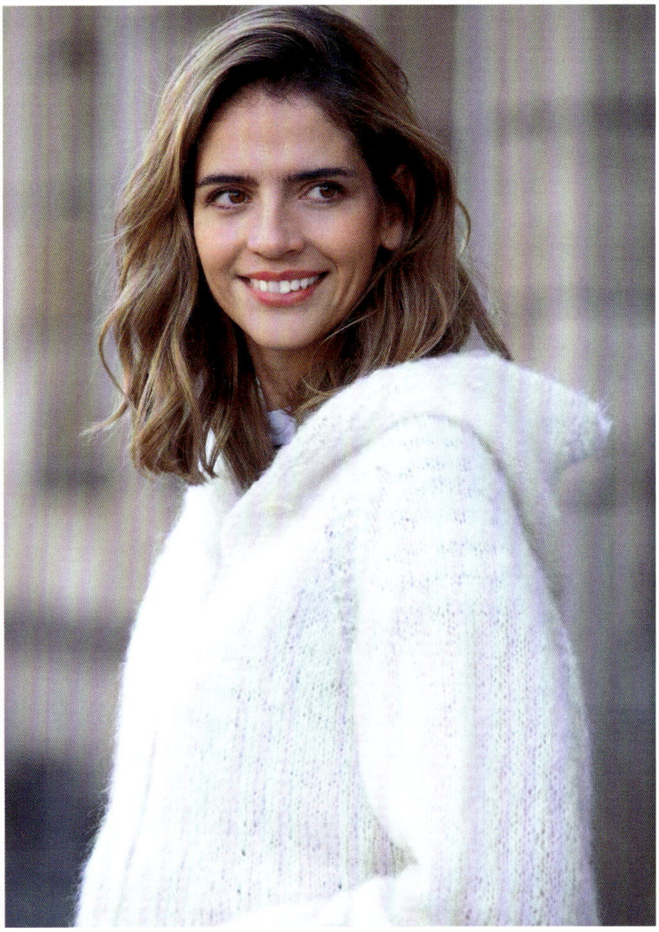

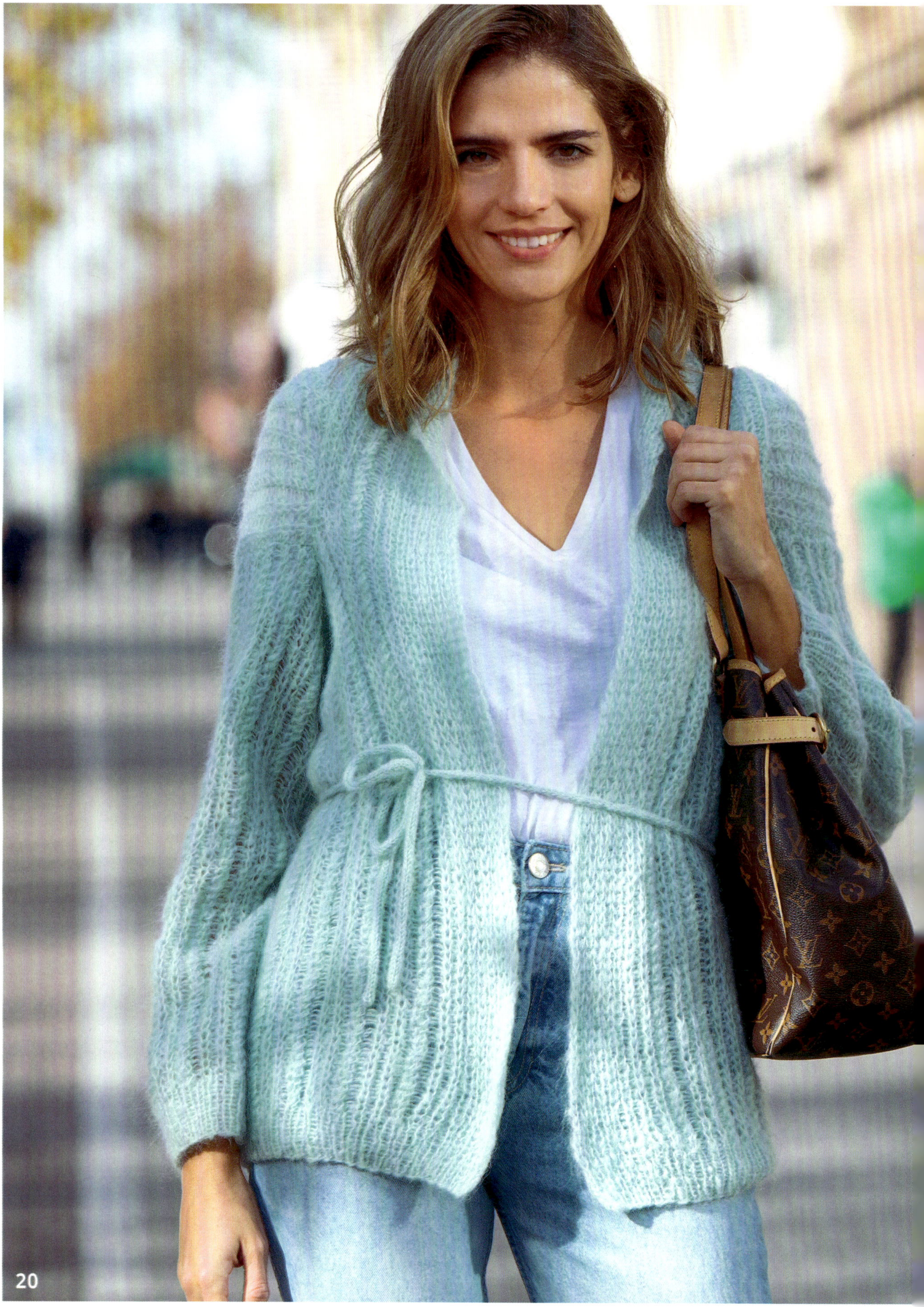

Cardigan Hülle

Größe 36/38, 40/42 und 44
Die Angaben für die Größen 40/42 und 44 stehen in Klammern. Ist nur eine Angabe gemacht, gilt diese für alle Größen.

Material
Lana Grossa Setasuri Big (70 % Alpaka (Suri), 20 % Seide, 10 % Schurwolle (Merino), Lauflänge = 100 m/25 g): 250 (275/300) g Weißgrün (Fb 516); Stricknadeln 4 mm und 5,5 mm, eine Strickmühle von PRYM.

Rippenmuster
1 M rechts, 1 M links im Wechsel stricken.

Rippenstrukturmuster
M-Zahl teilbar durch 7 + 5 + Randm. Siehe Strickschrift. Es sind Hin- und Rückr gezeichnet. Die M sind so dargestellt, wie sie gestrickt werden. Die Rückr 1x arbeiten, dann die 1. und 2. R stets wiederholen.

Blendenmuster
am linken Vorderteil (über 12 M)
1. R (Hinr): * 1 M links, 1 M rechts abheben, dabei den Faden hinter der Arbeit führen und fest anziehen, ab * stets wiederholen, enden mit 1 M links, 1 M rechts. **2. R (Rückr):** 1 M links abheben, dabei den Faden vor der Arbeit führen und fest anziehen, * 1 M rechts, 1 M links, ab * stets wiederholen, 1 M rechts.

Blendenmuster
am rechten Vorderteil (über 12 M)
1. R (Hinr): * 1 M rechts abheben, dabei den Faden hinter der Arbeit führen und fest anziehen, 1 M links, ab * stets weiderholen. **2. R (Rückr):** * 1 M rechts, 1 M links, ab * stets wiederholen.

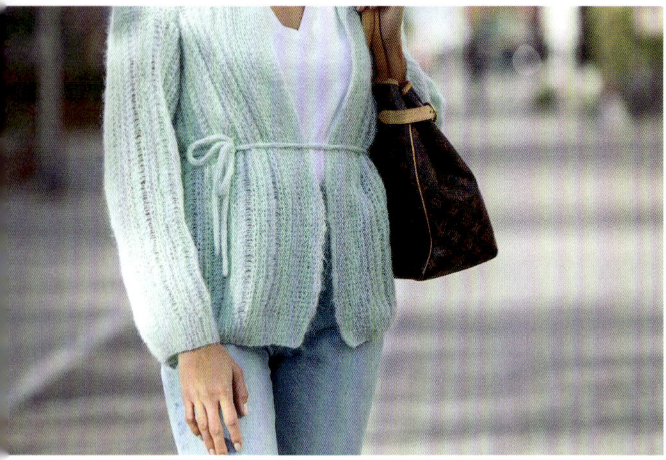

Knötchen-Randm
Randm in Hin- und Rückr rechts stricken.

Maschenprobe
Rippenstrukturmuster mit Nadeln 5,5 mm:
14 M und 24 R = 10 cm x 10 cm.

Anleitung

Rückenteil
86 (92/100) M mit Nadeln 4 mm anschlagen. Im Rippenmuster stricken, dabei in der **1. R (Rückr)** die M wie folgt einteilen: Knötchen-Randm, * 1 M links, 1 M rechts, ab * stets wiederholen, Knötchen-Randm. Nach 4 cm in der letzten Hinr verteilt 2 M (mittig 1 M / verteilt 2 M) abnehmen = 84 (91/98) M.

In der folgenden Rückr mit Nadeln 5,5 mm im Rippenstrukturmuster weiterarbeiten: Knötchen-Randm, nach der Strickschrift 5 M bis zum linken Pfeil stricken, 11x (12x/13x) den Rapport zwischen den beiden Pfeilen arbeiten, Knötchen-Randm. In dieser Einteilung die 1. und 2. R der Strickschrift stets wiederholen. In 43 cm Gesamthöhe beidseitig den Beginn der Armausschnitte markieren. In 64 (65/66) cm Gesamthöhe alle M abketten.

Linkes Vorderteil
53 (57/61) M mit Nadeln 4 mm anschlagen und in der **1. R (Rückr)** die M wie folgt einteilen: 12 M Blendenmuster linkes Vorderteil, 40 (44/48) M Rippenmuster, Knötchen-Randm. Nach 4 cm in der letzten Rückr innerhalb des Rippenmusters 0 M (mittig 1 M / mittig 1 M) abnehmen = 53 (56/60) M.

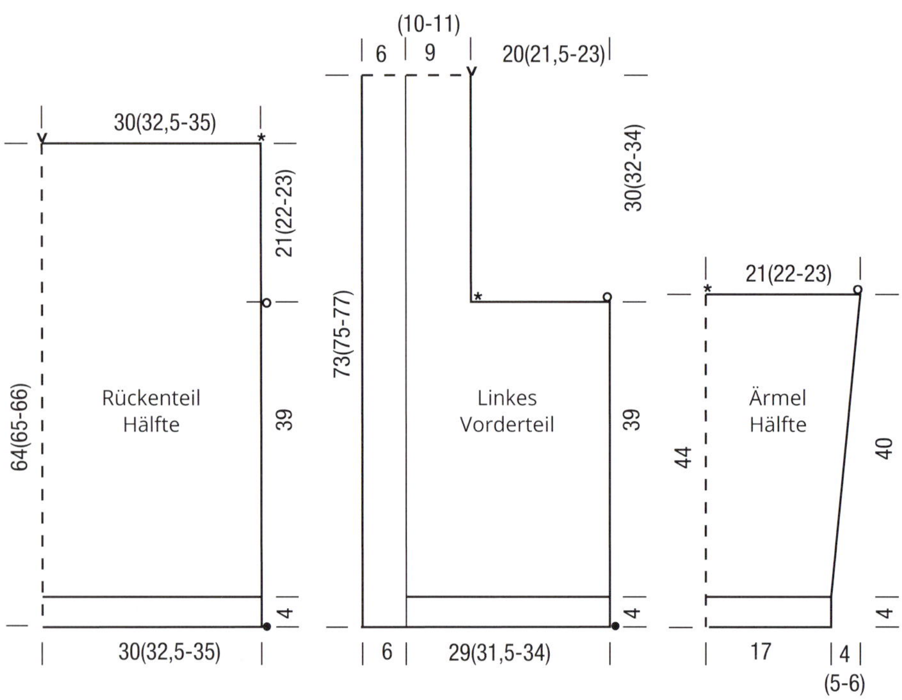

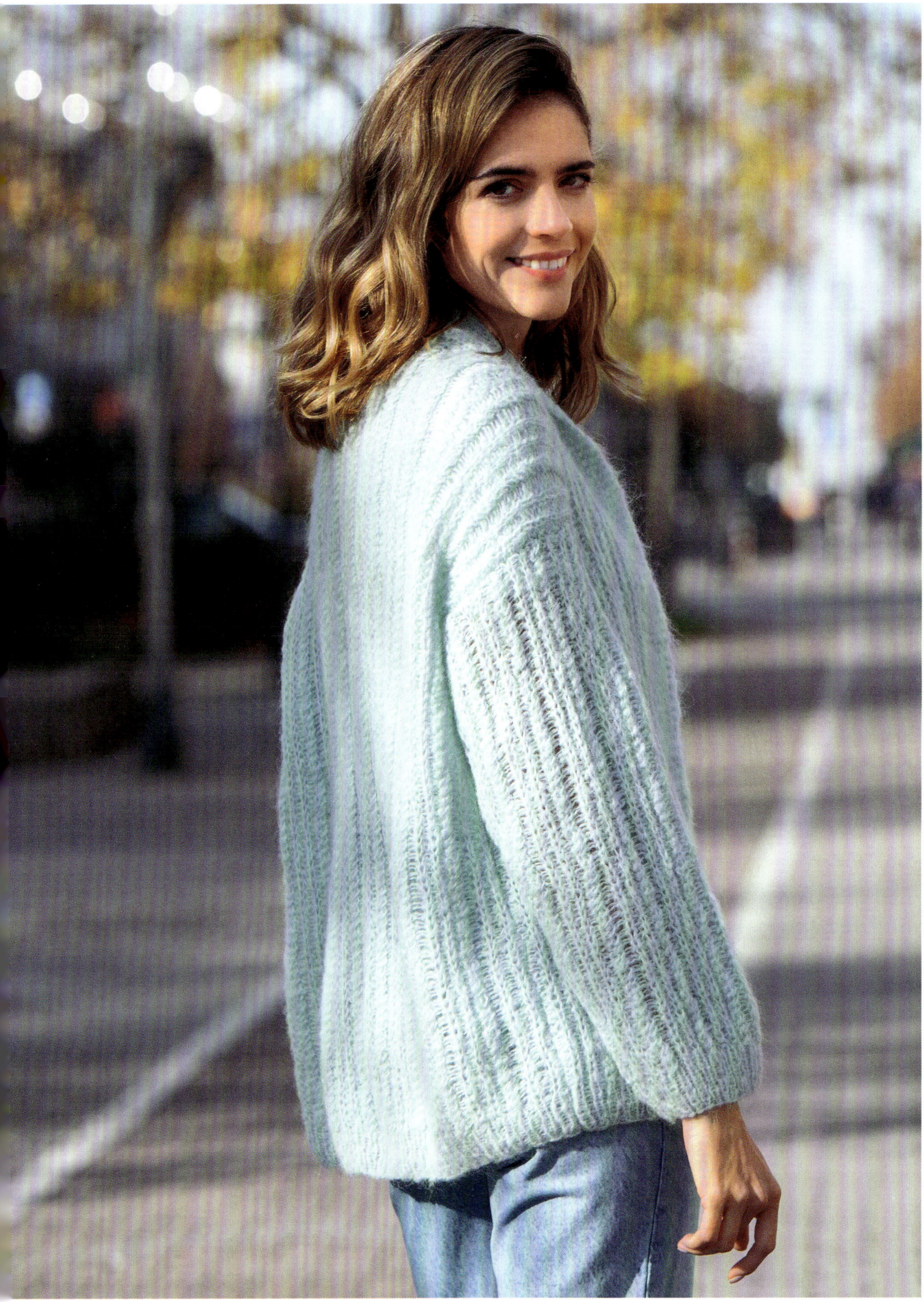

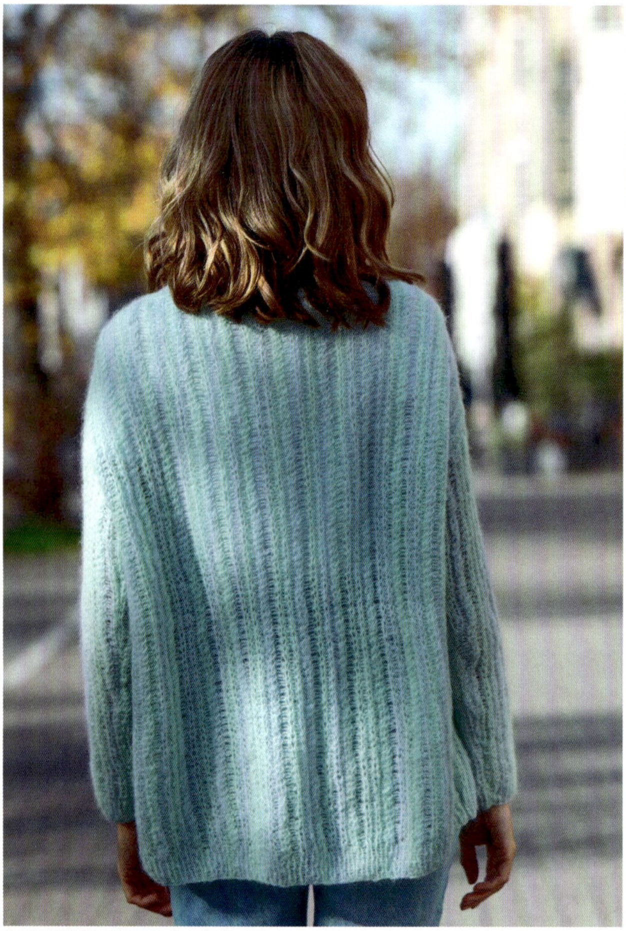

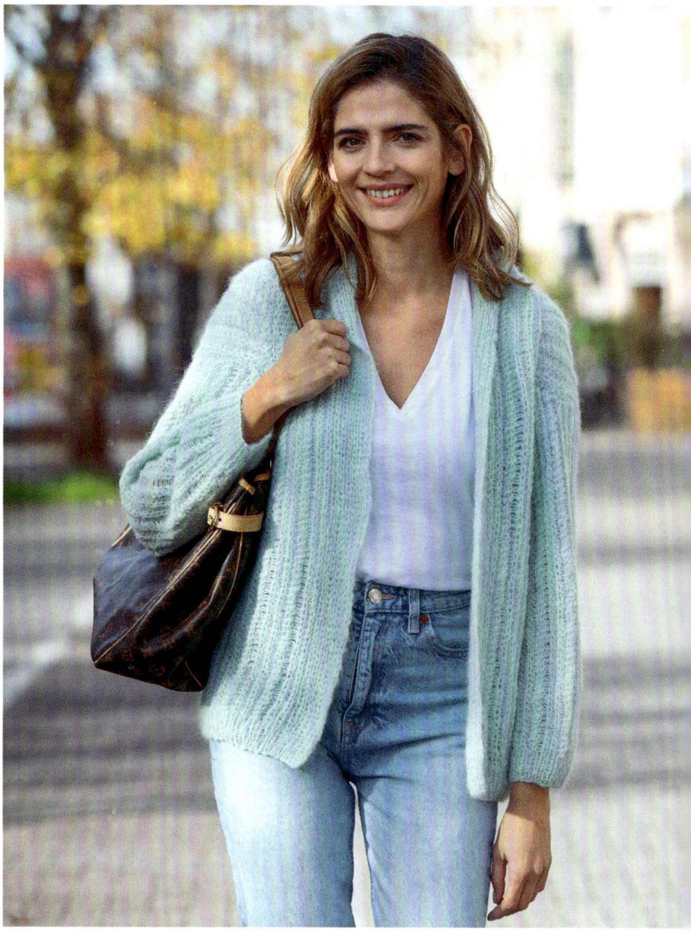

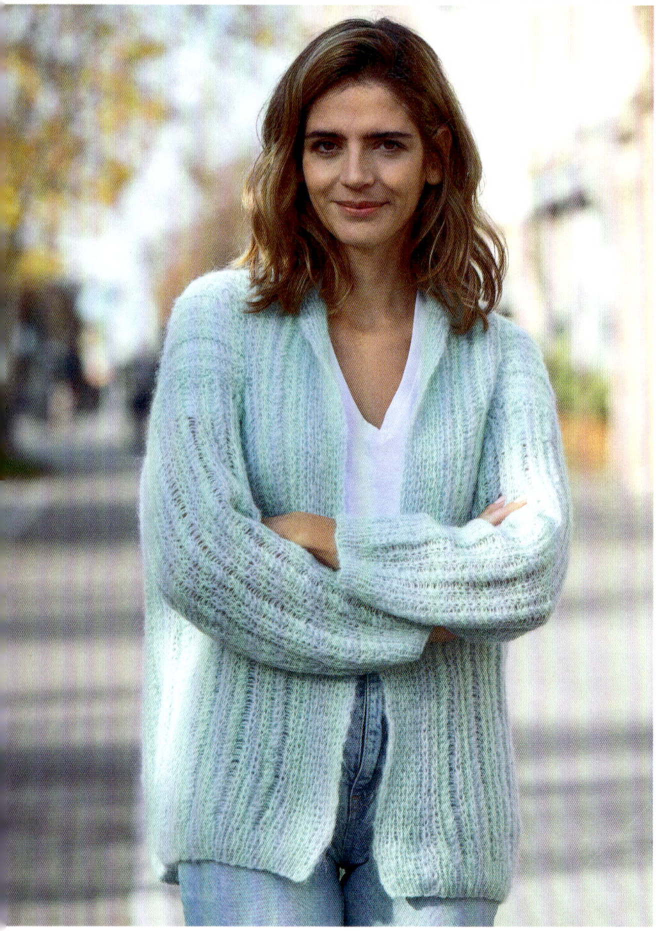

Mit Nadeln 5,5 mm weiterarbeiten und die M in der folgenden Hinr neu einteilen: Knötchen-Randm, 40 (43/47) M Rippenstrukturmuster [= 5x den Rapport arbeiten, dann mit den 5 M nach dem linken Pfeil enden (6x den Rapport arbeiten, dann mit 1 M nach dem linken Pfeil enden / 6x den Rapport arbeiten, dann mit den 5 M nach dem linken Pfeil enden)], 12 M Blendenmuster.

In 43 cm Gesamthöhe für den Armausschnitt am rechten Rand 1x 28 (30/32) M abketten = 25 (26/28) M. Mit den restlichen M noch 30 (32/34) cm stricken, dann die M stilllegen.

Rechtes Vorderteil
Wie das linke Vorderteil, jedoch gegengleich arbeiten.

Ärmel

49 M mit Nadeln 4 mm anschlagen. Im Rippenmuster stricken. Nach 4 cm in der folgenden Rückr mit Nadeln 5,5 mm im Rippenstrukturmuster weiterarbeiten: Knötchen-Randm, nach der Strickschrift 5 M bis zum linken Pfeil stricken, 6x den Rapport zwischen den Pfeilen wiederholen, Knötchen-Randm.

Für die Ärmelschräge beidseitig 1x in der 15. (13./13.) R, dann 5x in jeder 14. R (6x in jeder 12. R / 5x abwechselnd in jeder 10. und 12. und noch 2x in jeder 10. R) je 1 M zunehmen = 61 (63/65) M. Die zugenommenen M nach und nach in das Rippenstrukturmuster einfügen. In 44 cm Gesamthöhe alle M abketten. Den 2. Ärmel ebenso arbeiten.

Ausarbeiten

Alle Teile anfeuchten und trocknen lassen. Die stillgelegten M beider Vorderteilhälften wie folgt zusammenstricken: Beide Vorderteilhälften rechts auf rechts legen. Nun die 1. M des 1. Vorderteils mit der entsprechenden 1. M des 2. Vorderteils rechts bzw. links zusammenstricken. Mit der jeweils 2. M ebenso verfahren, dann die letzte M über die soeben gestrickte M ziehen. Diesen Vorgang so lange wiederholen, bis alle stillgelegten M aufgebraucht sind.

Die Schulterpasse des Vorderteils an den Abkettrand des Rückenteils nähen: Die in der Schnittzeichnung markierten Punkte **v** auf **v** und * auf * legen, dann die Naht schließen. Die Seitennähte schließen: Die Punkte ° auf ° und • auf • legen, dann die Naht schließen.

Für den Armausschnitt die Länge von * bis ° offenlassen. Dann die Ärmelnähte schließen.

Rückenteil und Vorderteile entsprechend der Schemazeichnung aneinandernähen: Die Pfeile in der Schemazeichnung geben dazu die Strickrichtung an. Der gebogene Pfeil zeigt, wie die Teile aneinandergenäht werden. Zum Schluss

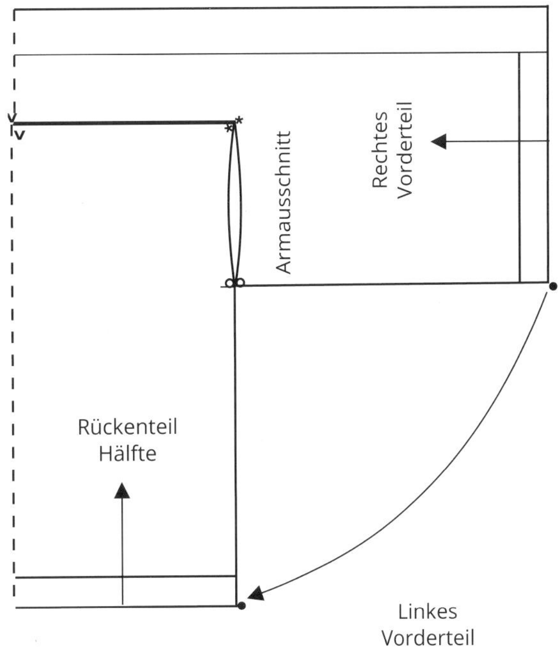

noch die Ärmel in die Armausschnitte einsetzen, dabei wieder die in der Schnittzeichnung markierten Punkte * auf * und ° auf ° legen, dann die Naht schließen.

Mit der Strickmühle ein Band von ca. 150 (160/170) cm Länge herstellen, als Gürtel zum Schließen der Jacke umbinden und verknoten.

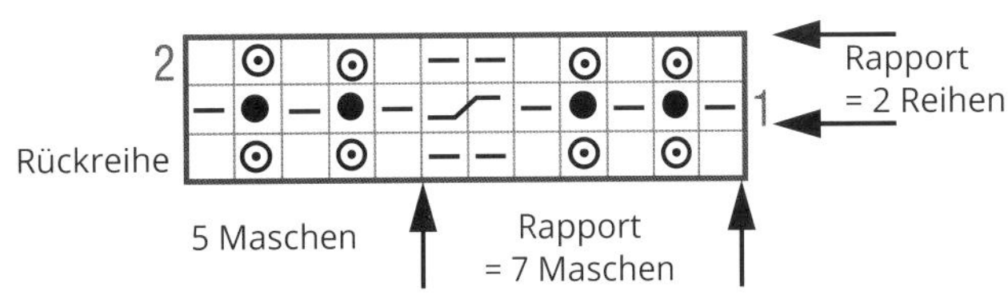

Zeichenerklärung

☐ = 1 M rechts
⊟ = 1 M links
⊙ = 1 M mit 1 Umschlag wie zum Linksstricken abheben
● = die M und den Umschlag der Vor-R rechts zusammenstricken
[Kreuzsymbol] = die 2. M vor der 1. M rechts stricken, dann die 1. M rechts stricken

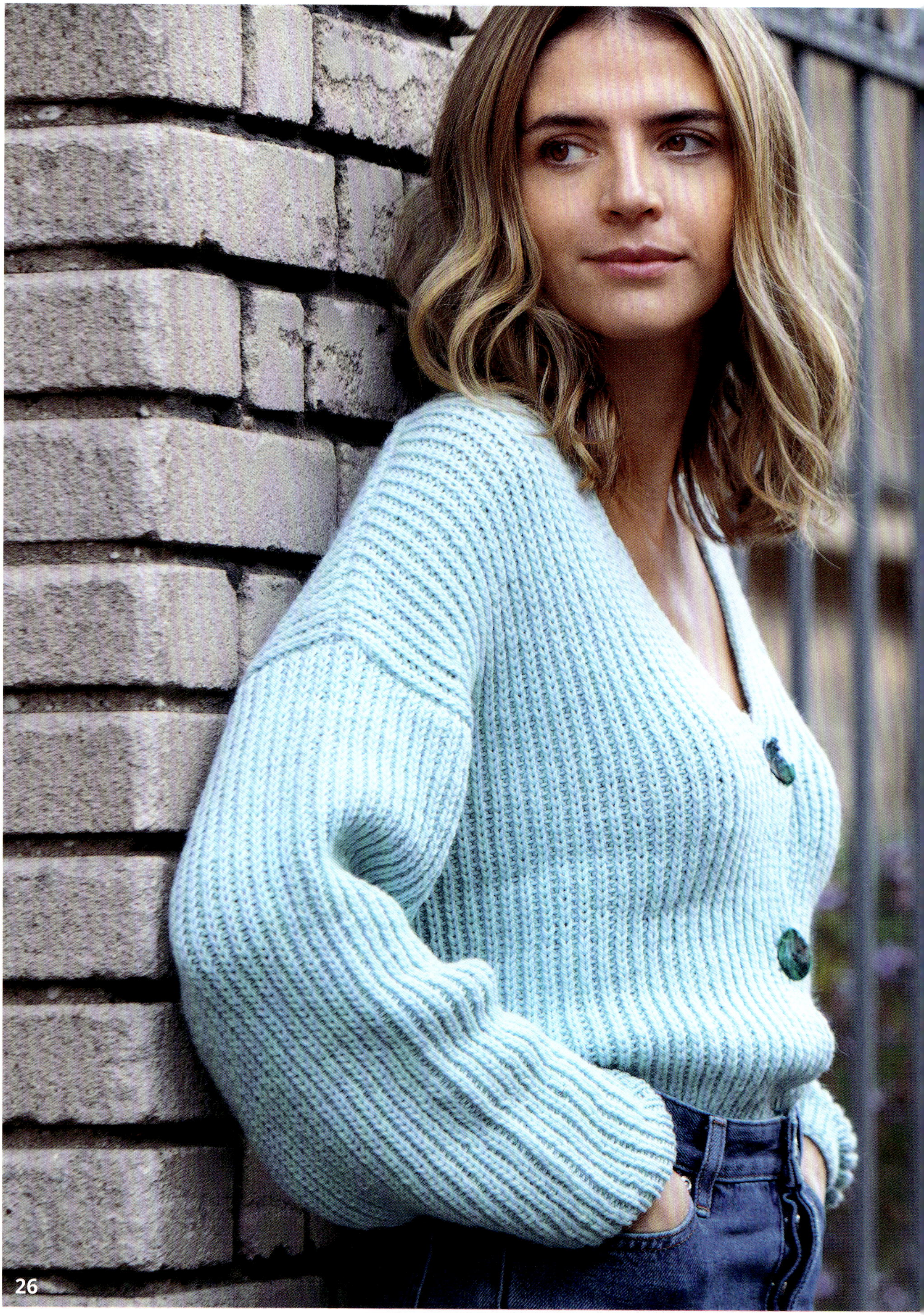

Kurzer Cardigan

Größe 36/38, 40/42 und 44
Die Angaben für die Größen 40/42 und 44 stehen in Klammern. Ist nur eine Angabe gemacht, gilt diese für alle Größen.

Material
Lana Grossa Landlust Alpaka Merino 160 (50 % Schurwolle (Merino), 50 % (Baby) Alpaka, Lauflänge = 160 m/50 g): 450 (500/550) g Mint (Fb 433); Stricknadeln 4 mm und 4,5 mm, 3 Knöpfe von JIM KNOPF: Artikel 13690, Fb 07 Türkis, Ø 25 mm.

Rippenmuster
1 M rechts, 1 M links im Wechsel stricken.

Halbpatent
M-Zahl teilbar durch 2 + 1 + Randm. Siehe Strickschrift. Es sind Hin- und Rückr gezeichnet. Die M sind so dargestellt, wie sie gestrickt werden. Den Rapport von 2 M stets wiederholen und mit der M nach dem linken Pfeil enden. Die 1. – 3. R 1x arbeiten, dann die 2. und 3. R stets wiederholen.

Knopfloch
In einer Hinr in der beschriebenen Höhe: Randm, 3 M Halbpatent, 2 M abketten, die soeben erhaltene M auf die linke Nadel heben und mit der folgenden rechten M rechts zusammenstricken. In der folgenden Rückr anstelle der abgeketteten M 3 M anschlagen und in der folgenden Hinr die 3 angeschlagenen M in das Halbpatent einfügen.

Knötchen-Randm
Randm in Hin- und Rückr rechts stricken.

Doppelte Randm
In den Hinr: Am Anfang der R die 1. M wie zum Linksstricken abheben, dabei den Faden hinter der Arbeit führen und fest anziehen, 1 M rechts stricken. Am Ende der R die vorletzte M rechts stricken, die letzte M wie zum Links-

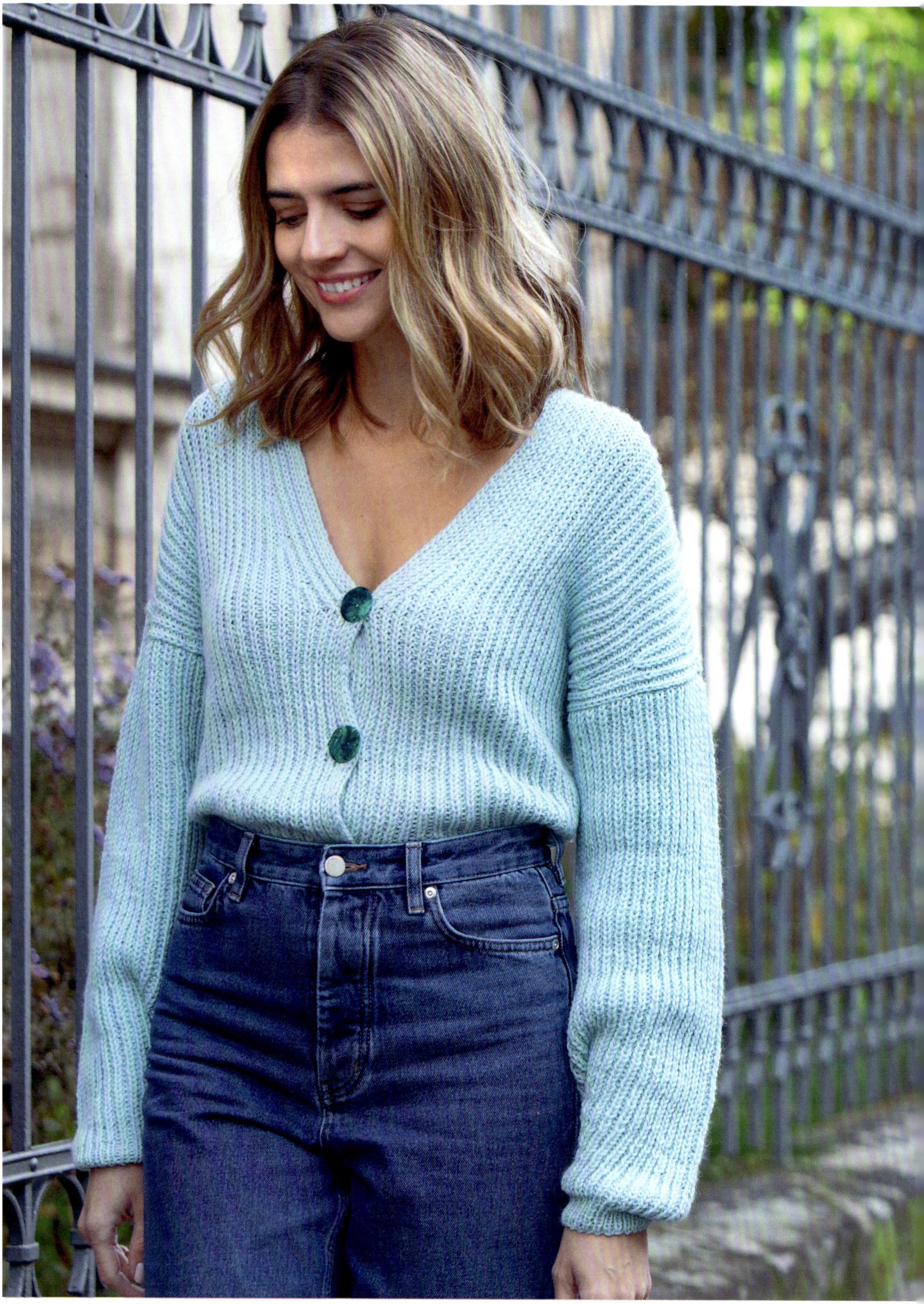

stricken abheben, dabei den Faden hinter der Arbeit führen.

In den Rückr: Am Anfang der R die 1. M links stricken, die folgende M wie zum Linksstricken abheben, dabei den Faden vor der Arbeit führen und fest anziehen. Am Ende der R die vorletzte M wie zum Linksstricken abheben, dabei den Faden vor der Arbeit führen, die letzte M links stricken.

Betonte Abnahmen (über je 11 M)
Rechter Rand: Doppelte Randm, 6 M Halbpatent, 3 M rechts zusammenstricken. Linker Rand: 1 doppelter Überzug (= 1 M wie zum Rechtsstricken abheben, die folgenden 2 M rechts zusammenstricken, dann die abgehobene M überziehen), 6 M Halbpatent, doppelte Randm.

Betonte Zunahmen 1 (über je 6 M), an Rückenteil und Vorderteilen
Rechter Rand: Knötchen-Randm, 4 M Halbpatent, aus der folgenden rechten M (1 M rechts, 1 M links, 1 M rechts) herausstricken. Linker Rand: Aus der folgenden rechten M (1 M rechts, 1 M links, 1 M rechts) herausstricken, 4 M Halbpatent, Knötchen-Randm.

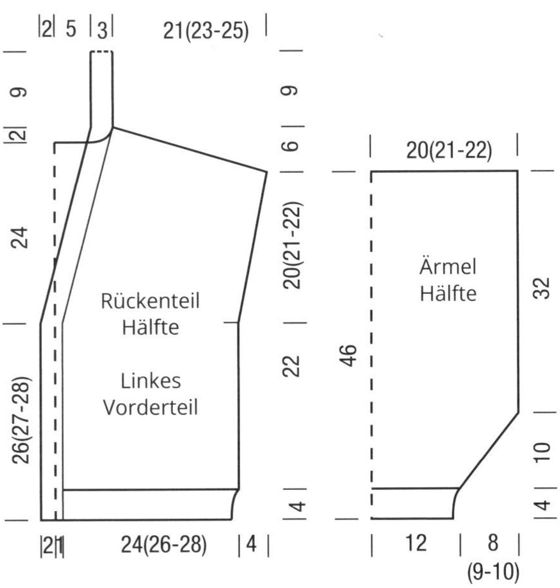

Betonte Zunahmen 2 (über je 7 M), an den Ärmeln
Rechter Rand: Knötchen-Randm, 5 M Halbpatent, aus der folgenden rechten M (1 M rechts, 1 M links, 1 M rechts) herausstricken. Linker Rand: (1 M rechts, 1 M links, 1 M rechts) aus der folgenden rechten M herausstricken, 5 M Halbpatent, Knötchen-Randm.

Maschenprobe
Halbpatent mit Nadeln 4,5 mm: 21 M und 42 R = 10 cm x 10 cm.

Anleitung

Rückenteil
105 (113/121) M mit Nadeln 4 mm anschlagen. Im Rippenmuster stricken, dabei in der **1. R (Rückr)** die M wie folgt einteilen: Knötchen-Randm, * 1 M rechts, 1 M links, ab * stets wiederholen, 1 M rechts, Knötchen-Randm. Nach 4 cm mit Nadeln 4,5 im Halbpatent weiterarbeiten: Knötchen-Randm, den Rapport der Strickschrift stets wiederholen und mit der M nach dem linken Pfeil enden, Knötchen-Randm.

In 26 cm Gesamthöhe die beiden ersten und letzten M rechts zusammenstricken = 103 (111/119) M. Den Beginn der Armausschnitte

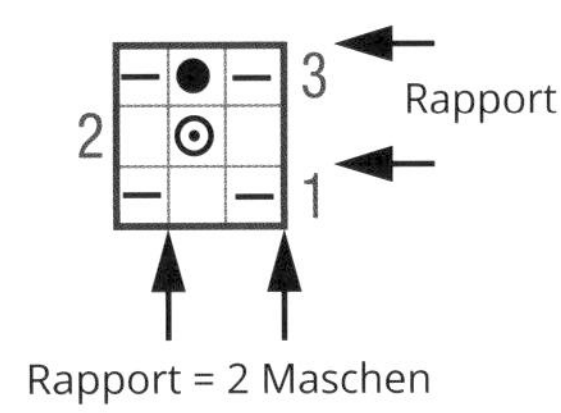

Zeichenerklärung

☐ = 1 M rechts
⊟ = 1 M links
⊙ = 1 M mit 1 Umschlag wie zum Linksstricken abheben
● = die M und den Umschlag der Vor-R rechts zusammenstricken

markieren und für die überschnittenen Schultern beidseitig 1x 2 M zunehmen, dann betonte Zunahmen 1 arbeiten: Beidseitig 3x in jeder 20. (22./22.) R 2 M zunehmen = 119 (127/135) M. Die zugenommenen M nach und nach in das Halbpatent einfügen.

In 20 (21/22) cm Armausschnitthöhe (= nach 84 (88/92) R) für die Schulterschräge beidseitig 1x 3 M abketten, dann in jeder 2. R 8x 3 M und 4x 4 M (in jeder 2. R 4x 3 M und 8x 4 M / in jeder 2. R 12x 4 M) beidseitig abketten = 33 M.

In 50 (51/52) cm Gesamthöhe für den Halsausschnitt die mittleren 27 M abketten, dann in jeder 2. R 1x 2 M und 1x 1 M abnehmen.

Linkes Vorderteil
57 (61/65) M mit Nadeln 4 mm anschlagen und im Rippenmuster stricken, dabei in der **1. R (Rückr)** die M wie folgt einteilen: Doppelte Randm, * 1 M links, 1 M rechts, ab * stets wiederholen, 1 M links, Knötchen-Randm. Nach 4 cm mit Nadeln 4,5 mm im Halbpatent weiterarbeiten, dabei die Randm als Knötchen-Randm arbeiten.

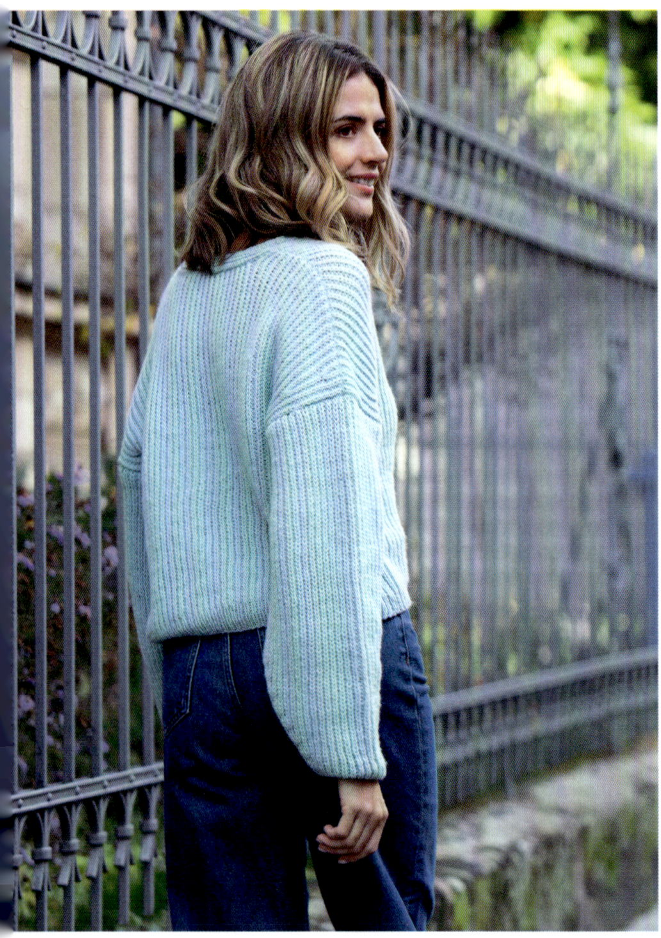

In 26 cm Gesamthöhe die beiden ersten M rechts zusammenstricken = 56 (60/64) M. Am rechten Rand den Beginn des Armausschnittes markieren, für die überschnittenen Schultern betonte Zunahmen 1 arbeiten: 1x 2 M, dann 3x in jeder 20. (22./22.) R je 2 M betont zunehmen und in 20 (21/22) cm Armausschnitthöhe für die Schulterschräge 1x 3 M, dann in jeder 2. R 8x 3 M und 4x 4 M (in jeder 2. R 4x 3 M und 8x 4 M / in jeder 2. R 12x 4 M) abketten. Gleichzeitig in 26 (27/28) cm Gesamthöhe am linken Rand für die Ausschnittschräge betonte Abnahmen arbeiten: 1x 2 M, dann 6x in jeder 16. R je 2 M betont abnehmen = 7 M.

In 52 (53/54) cm Gesamthöhe zu den restlichen 7 M an der Schulterseite 1 M zunehmen = 8 M. Die zugenommene M als Knötchen-Randm stricken. Für die Halsblende noch 9 cm stricken, dann die M stilllegen.

Rechtes Vorderteil
Wie das linke Vorderteil, jedoch gegengleich arbeiten und am rechten Rand 3 Knopflöcher einstricken. Das 1. Knopfloch nach 2 cm ab Anschlag, die restlichen 2 Knopflöcher im Abstand von jeweils 11,5 cm arbeiten.

Ärmel
53 M mit Nadeln 4 mm anschlagen und im Rippenmuster stricken, dabei in der **1. R (Rückr)** die M wie beim Rückenteil einteilen. Nach 4 cm mit Nadeln 4,5 mm im Halbpatent nach der Strickschrift weiterarbeiten, dabei die Randm als Knötchen-Randm arbeiten. Für die Ärmelschräge betonte Zunahmen 2 arbeiten: Beidseitig 1x in der 3. R, dann noch 7x in jeder 6. R (8x abwechselnd in jeder 4. und 6. R / 2x in jeder 6. R und 7x in jeder 4. R) je 2 M betont

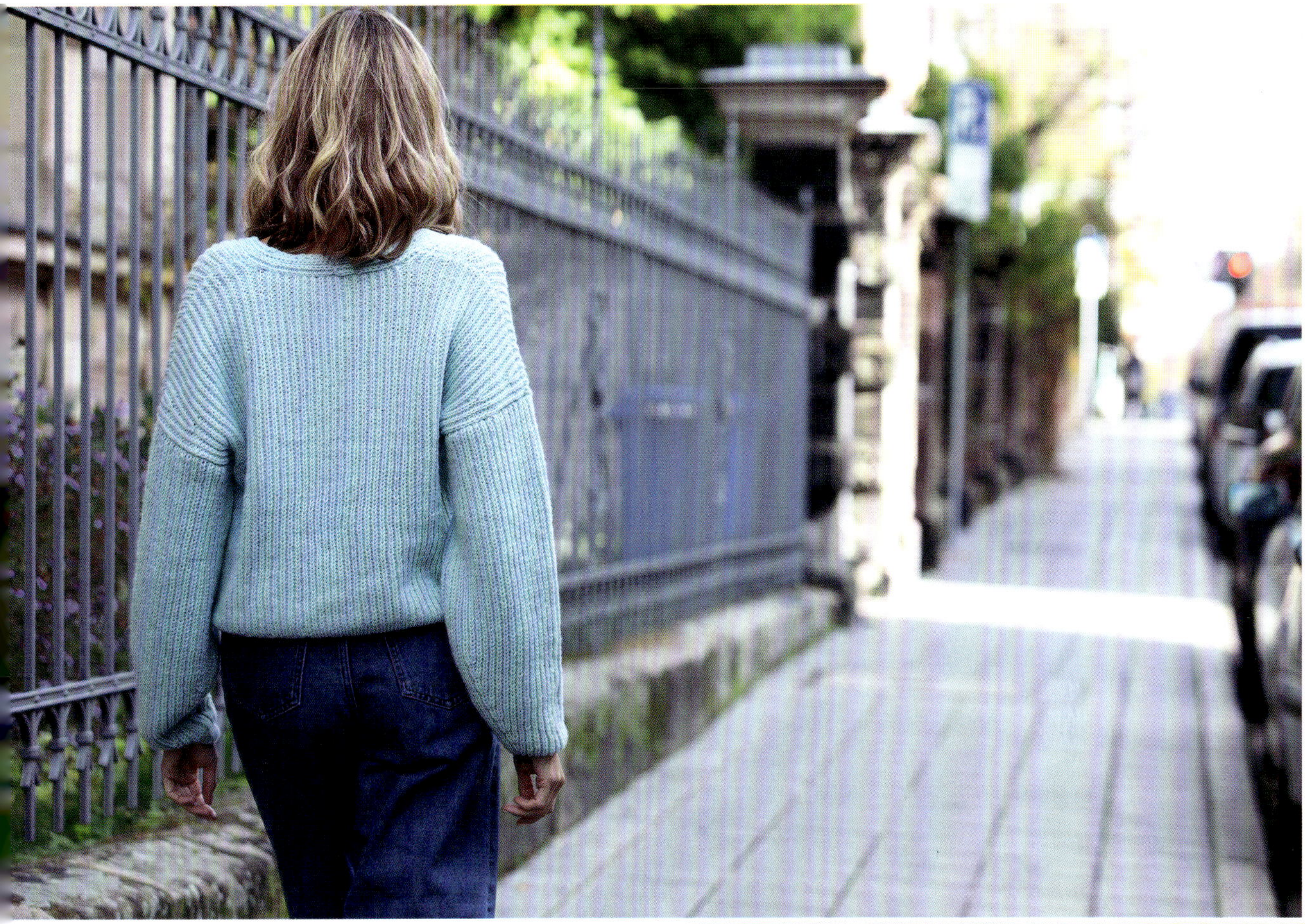

zunehmen = 85 (89/93) M. Geradeaus weiterstricken. In 46 cm Gesamthöhe alle M abketten. Den 2. Ärmel ebenso arbeiten.

Ausarbeiten
Die Teile spannen, anfeuchten und trocknen lassen. Die Schulternähte schließen. Die stillgelegten je 8 M beider Halsblenden wie folgt zusammenstricken: Beide Blenden rechts auf rechts legen. Nun die 1. M der 1. Blende mit der entsprechenden 1. M der 2. Blende rechts zusammenstricken. Mit der jeweils 2. M ebenso verfahren, dann die letzte M über die soeben gestrickte M ziehen. Diesen Vorgang so lange wiederholen, bis alle stillgelegten M aufgebraucht sind. Die Halsblende in den rückwärtigen Halsausschnitt einnähen. Die Ärmel beidseitig der Schulternaht über eine Länge von je 20 (21/22) cm annähen. Die Seiten- und Ärmelnähte schließen und die Knöpfe annähen.

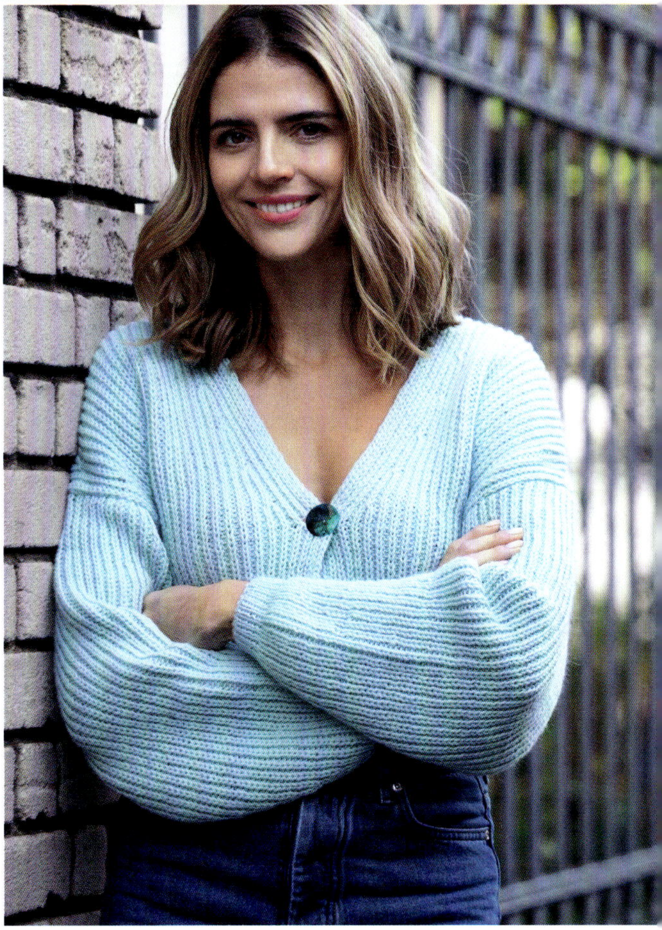

Bolero-jäckchen mit Rüsche

Größe 36/38, 40/42 und 44
Die Angaben für die Größen 40/42 und 44 stehen in Klammern. Ist nur eine Angabe gemacht, gilt diese für alle Größen.

Material
Lana Grossa Linarte (40 % Viskose, 30 % Baumwolle, 20 % Leinen, 10 % Polyamid, Lauflänge = 125 m/50 g): 350 (400/450) g Grège (Fb 45), Lana Grossa Silkhair (70 % Mohair (Superkid), 30 % Seide, Lauflänge = 210 m/25 g): 125 (150/175) g Graubeige (Fb 184) und Lana Grossa Brillino (83 % Viskose, 17 % Metallische Faser (Lurex), Lauflänge = 200 m/25 g): 25 (25/50) g Weiß/Gold (Fb 9); Stricknadeln 4,5 mm, eine 100 cm lange Rundstricknadel 4,5 mm, je 1 Häkelnadel 3 mm und 3,5 mm.

Großes Perlmuster
M-Zahl teilbar durch 2 + Randm. **1. R (Hinr):** Randm, * 1 M rechts, 1 M links, ab * stets wiederholen, Randm. **2. und 4. R (Rückr):** Die M stricken, wie sie erscheinen. **3. R:** Randm, * 1 M links, 1 M rechts, ab * stets wiederholen, Randm. Die 1. – 4. R stets wiederholen.

Knötchen-Randm
Die Randm in Hin- und Rückr rechts stricken.

Betonte Abnahmen (über je 3 M)
Rechter Rand: Knötchen-Randm, 2 M rechts zusammenstricken. Linker Rand: 1 einfacher Überzug (= 1 M rechts abheben, die folgende M rechts stricken, dann die abgehobene M überziehen), Knötchen-Randm.

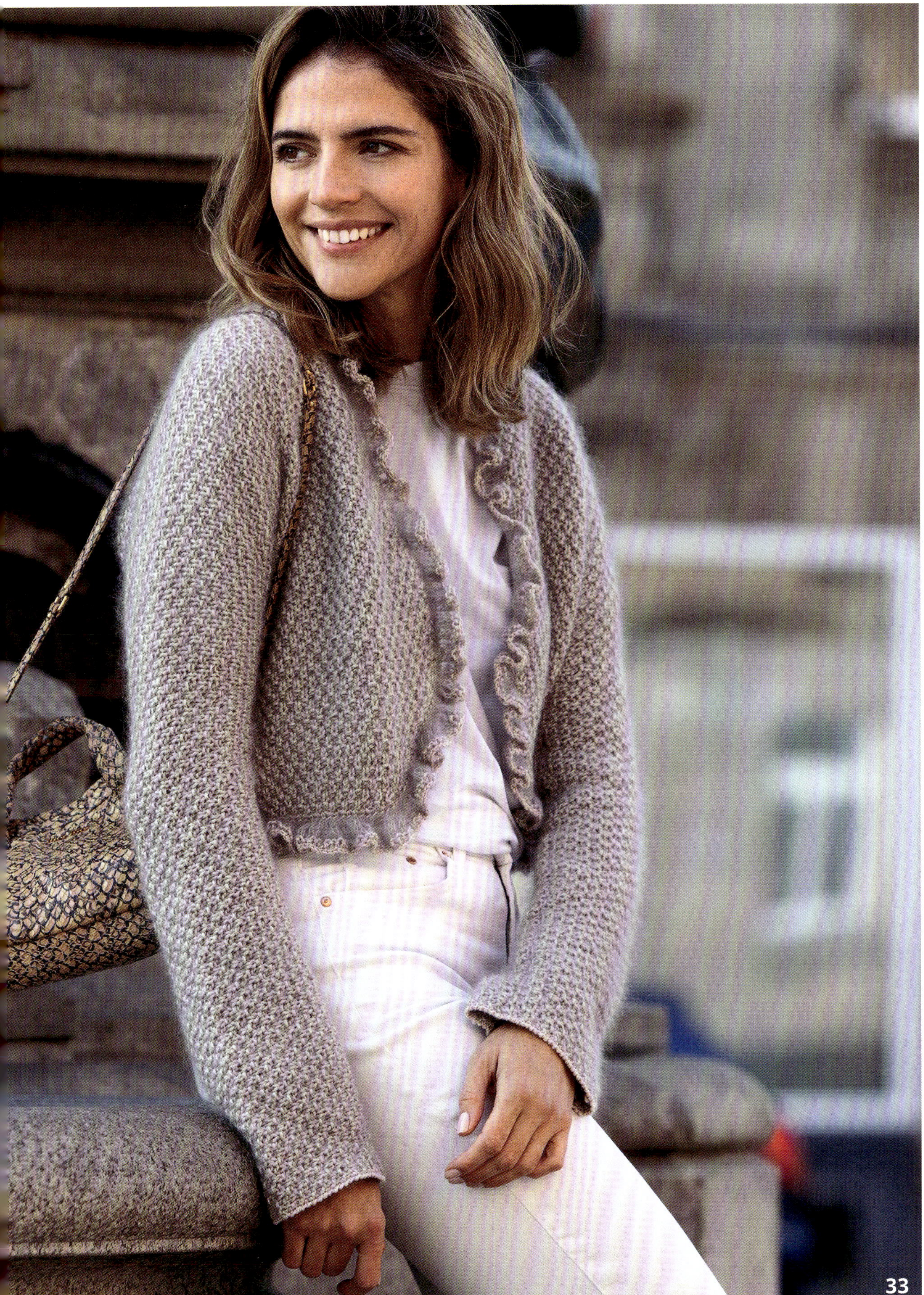

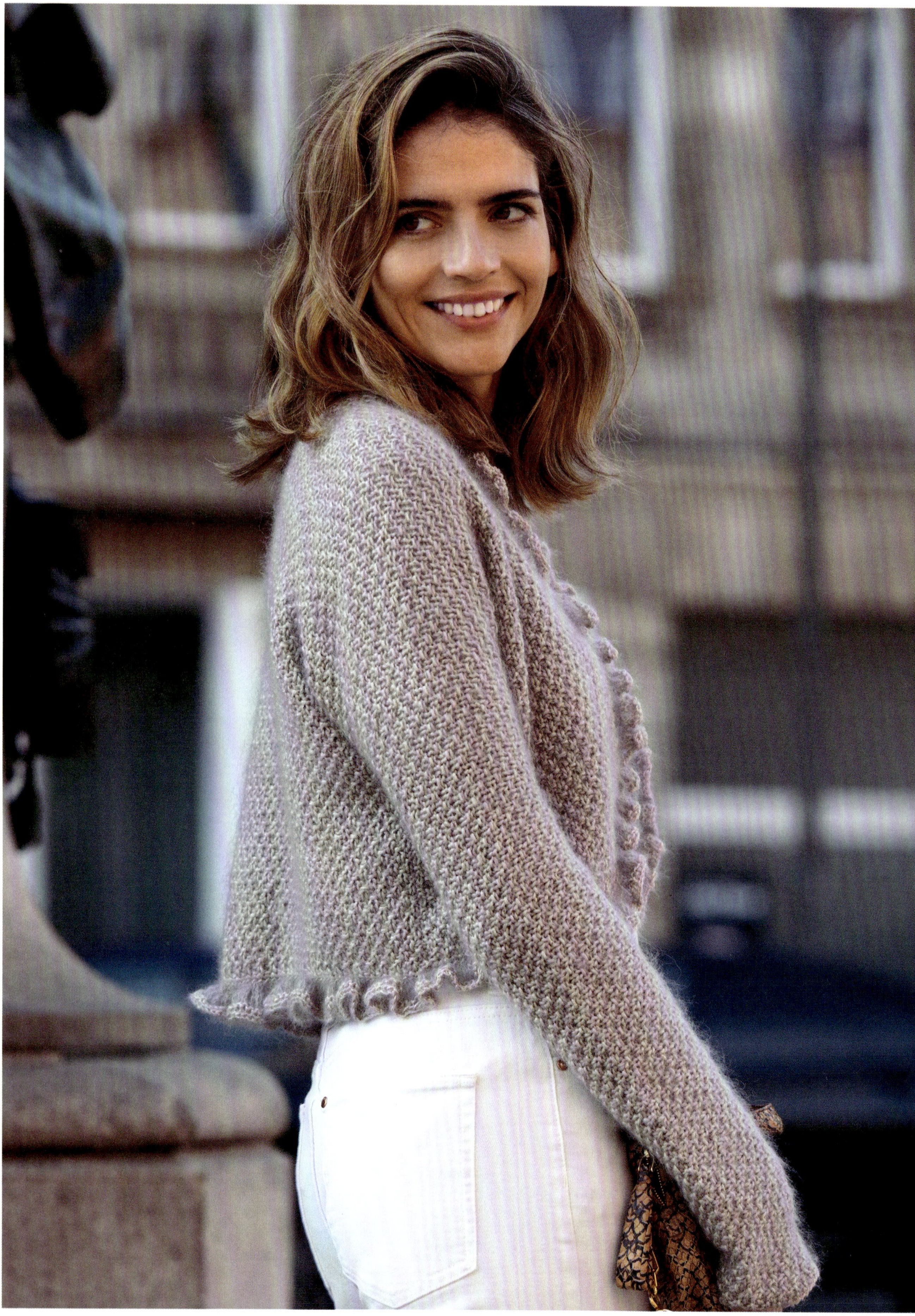

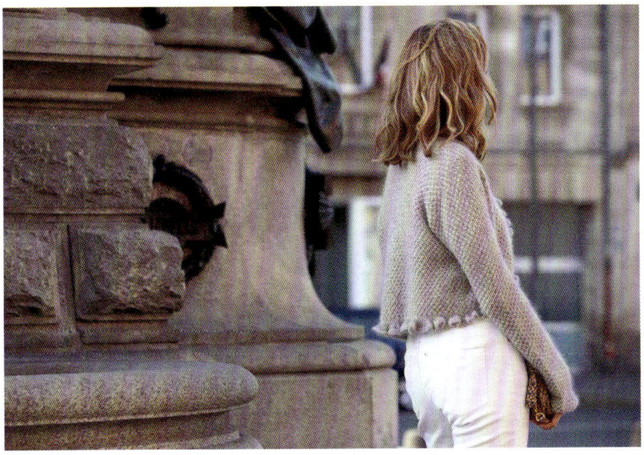

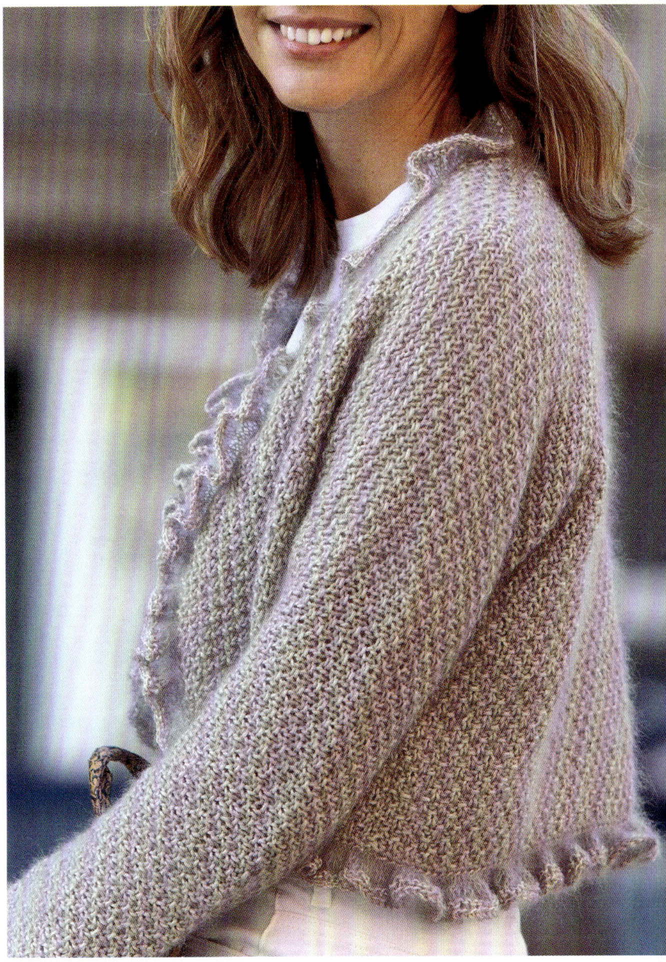

Maschenprobe

Großes Perlmuster doppelfädig mit je 1 Faden Linarte und 1 Faden Silkhair mit Nadeln 4,5 mm: 18 M und 26 R = 10 cm x 10 cm.

Hinweis

Rücken- und Vorderteile werden in einem Stück gestrickt. Der Pfeil in der Schnittzeichnung gibt die Strickrichtung an.

Anleitung

Linkes Vorderteil

28 (32/36) M mit Nadeln 4,5 mm doppelfädig mit je 1 Faden Linarte und 1 Faden Silkhair anschlagen und im großen Perlmuster stricken, dabei die Randm als Knötchen-Randm arbeiten. Für die Rundung am linken Rand in jeder 2. R 1x 3 M, 2x 2 M, 6x 1 M und in der folgenden 4. R noch 1x 1 M dazu anschlagen bzw. zunehmen = 42 (46/50) M. Die zugenommenen M nach und nach in das große Perlmuster einfügen.

In 14 cm Gesamthöhe für die Ausschnittschräge betonte Abnahmen arbeiten: Am linken Rand 1x 1 M, dann in jeder 8. R 4x 1 M betont abnehmen. Gleichzeitig in 16 (15/14) cm Gesamthöhe für den Ärmel am rechten Rand 1 M, dann in jeder 2. R noch 5x 1 M, 3x 2 M, 1x 3 M, 1x 4 M und 1x 65 M zunehmen bzw. dazu anschlagen = 121 (125/129) M.

In 36 cm Gesamthöhe ist die Schulterlinie erreicht. Die Schulterlinie markieren. Für den Kragen die 1. – 112. (116./120.) M stilllegen und zu den restlichen 9 M an der Schulterseite 1 Randm zunehmen = 10 M.

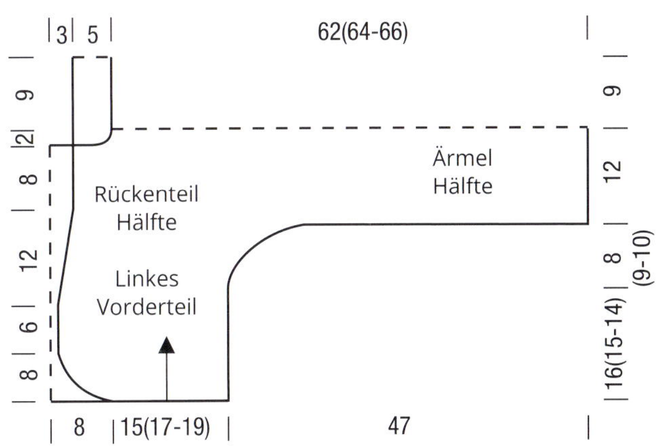

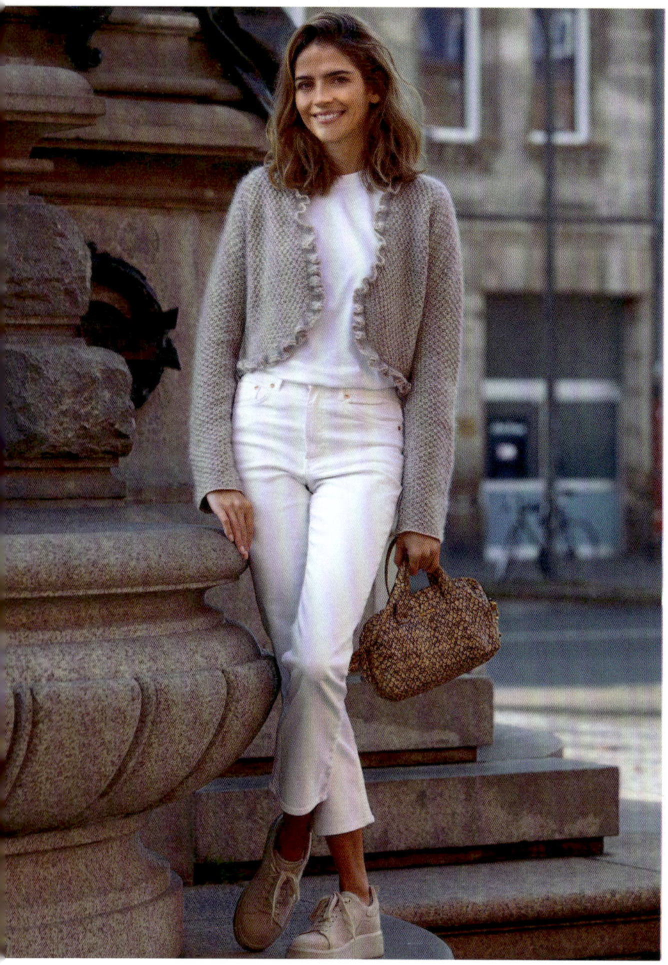

Mit den 10 M für den Kragen noch 9 cm stricken, dann die M stilllegen. Die zuvor stillgelegten 112 (116/120) M wieder in Arbeit nehmen und für den rückwärtigen Halsausschnitt am linken Rand in jeder 2. R 1x 1 M und 1x 2 M zunehmen = 115 (119/123) M. Dann die M stilllegen.

Rechtes Vorderteil
Wie das linke Vorderteil, jedoch gegengleich arbeiten.

Rückenteil
Zwischen den je 115 (119/123) M des linken und rechten Vorderteils für den rückwärtigen Halsausschnitt 22 M anschlagen = insgesamt 252 (260/268) M. Im großen Perlmuster geradeaus weiterstricken. Nach 12 cm ab der markierten Schulterlinie beidseitig je 65 M abketten, dann in jeder 2. R 1x 4 M, 1x 3 M, 3x 2 M und 6x 1 M abnehmen = 84 (92/100) M. Geradeaus weiterstricken. Nach 36 cm ab der markierten Schulterlinie alle M abketten.

Ausarbeiten
Die Teile spannen, anfeuchten und trocknen lassen. Die Kragenschmalseiten miteinander verbinden. Den Kragen in den rückwärtigen Halsausschnitt einnähen. Die Seiten- und Ärmelnähte schließen.

Für die Rüsche den gesamten Rand des Boleros (= Saum, Verschlussränder und Kragen) mit der Häkelnadel 3,5 mm doppelfädig mit je 1 Faden Silkhair und 1 Faden Brillino mit 1 Rd feste M umhäkeln, dabei an der linken Seitennaht beginnen: Den Faden anschlingen, 1 Wende-Luftm, dann feste M häkeln und mit 1 Kettm in die Wende-Luftm zur Rd schließen. Dann in Silkhair einfädig aus jeder festen M 1 M auffassen. Mit der Rundstricknadel 4,5 mm die Arbeit zur Rd schließen und wie folgt arbeiten: **1. Rd:** Mit Silkhair einfädig aus jeder M 1 M links und 1 M links verschränkt herausstricken. Die M-Zahl verdoppelt sich dadurch. **2. und 3. Rd:** Mit Silkhair einfädig rechte M stricken. **4. Rd:** Mit Silkhair einfädig 1 M rechts, * 1 Umschlag, 2 M rechts, ab * stets wiederholen, 1 Umschlag, 1 M rechts, die M-Zahl nimmt dadurch um ein Drittel zu. **5. Rd:** Mit Silkhair einfädig alle M und Umschläge rechts stricken. **6. Rd:** Mit je 1 Faden Silkhair und Brillino rechte M stricken. **7. Rd:** Mit je 1 Faden Silkhair und Brillino linke M stricken. **8. Rd:** Mit je 1 Faden Silkhair und Brillino alle M locker rechts abketten.

Die Ärmelränder in Brillino einfädig mit der Häkelnadel 3 mm wie folgt umhäkeln: An der Ärmelnaht den Faden anschlingen. **1. Rd:** 1 Wende-Luftm, feste M häkeln und die Rd mit 1 Kettm in die Wende-Luftm schließen. **2. Rd:** 1 Wende-Luftm, Krebsm (= feste M von links nach rechts). Die Rd mit 1 Kettm in die Wende-Luftm schließen. Dann die Arbeit beenden.

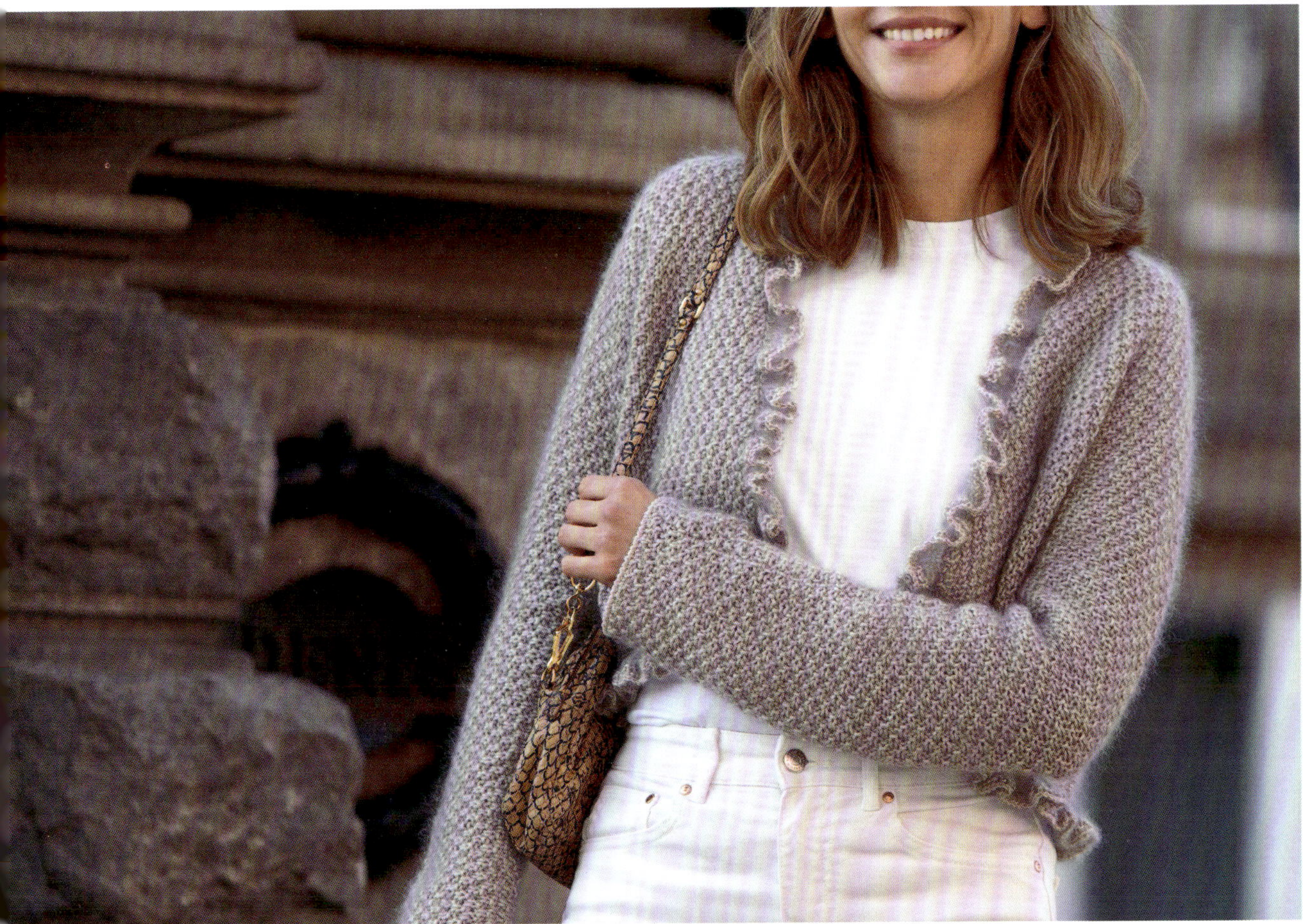

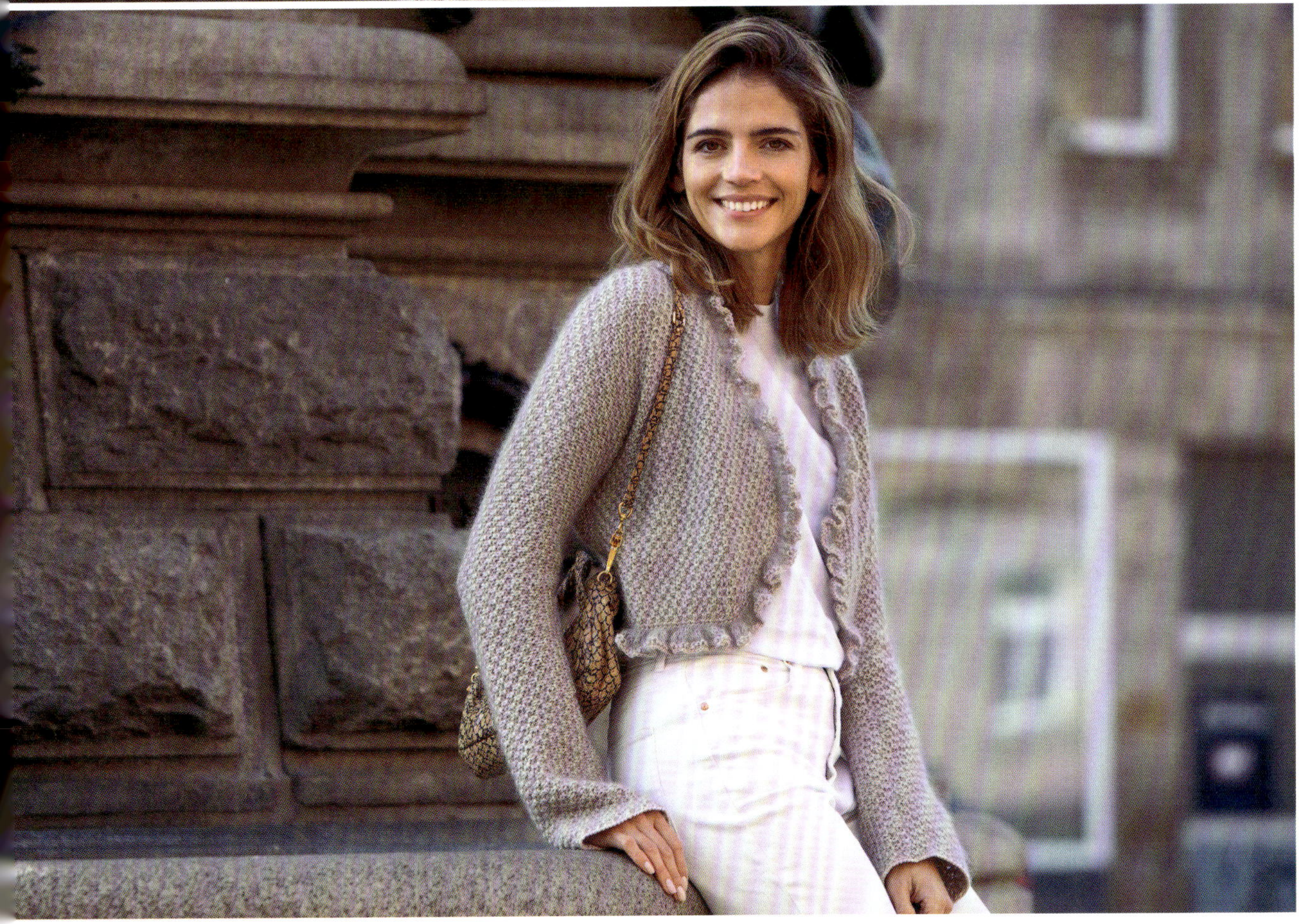

Jacke im Chanel-Stil

Größe 36/38, 40/42 und 44
Die Angaben für die Größen 40/42 und 44 stehen in Klammern. Ist nur eine Angabe gemacht, gilt diese für alle Größen.

Material
Lana Grossa Country Tweed (100 % Schurwolle, Lauflänge = 90 m/50 g): 550 (600/650) g Altrosa meliert (Fb 12) und 100 (150/150) g Mokka meliert (Fb 10); Stricknadeln 5 mm, eine Häkelnadel 4 mm, 5 Druckknöpfe von JIM KNOPF: Artikel 13347, Fb Gold, Ø 20 mm, passendes Nähgarn und 1 Nähnadel.

Kleines Perlmuster
M-Zahl teilbar durch 2 + Randm. **1. R:** Randm, * 1 M rechts, 1 M links, ab * stets wiederholen, Randm. **2. R:** Die M versetzen. Die 2. R stets wiederholen.

Häkelborte
M-Zahl teilbar durch 2 + 1 Steige-Luftm. **1. R (Hinr):** Mit Mokka meliert 1 R Kettm auf die Außenseite zwischen Perlmuster und festen M. Den Faden nicht abschneiden! **2. R (Rückr):** Mit Altrosa meliert 1 Steige-Luftm, * 1 Noppe (= ° 1 Umschlag auf die Nadel nehmen, durch die M stechen und den Faden durchholen, ab ° noch 2x wiederholen, mit 1 Umschlag alle auf der Nadel liegenden Schlingen abmaschen, 1 Kettm), 1 feste M, ab * stets wiederholen, dann den Faden abschneiden. **3. R (Hinr):** Mit Mokka meliert feste M häkeln. **4. R (Rückr):** Mit Mokka meliert Krebsm (= feste M von links nach rechts) häkeln.

Knötchen-Randm
Randm in Hin- und Rückr rechts stricken.

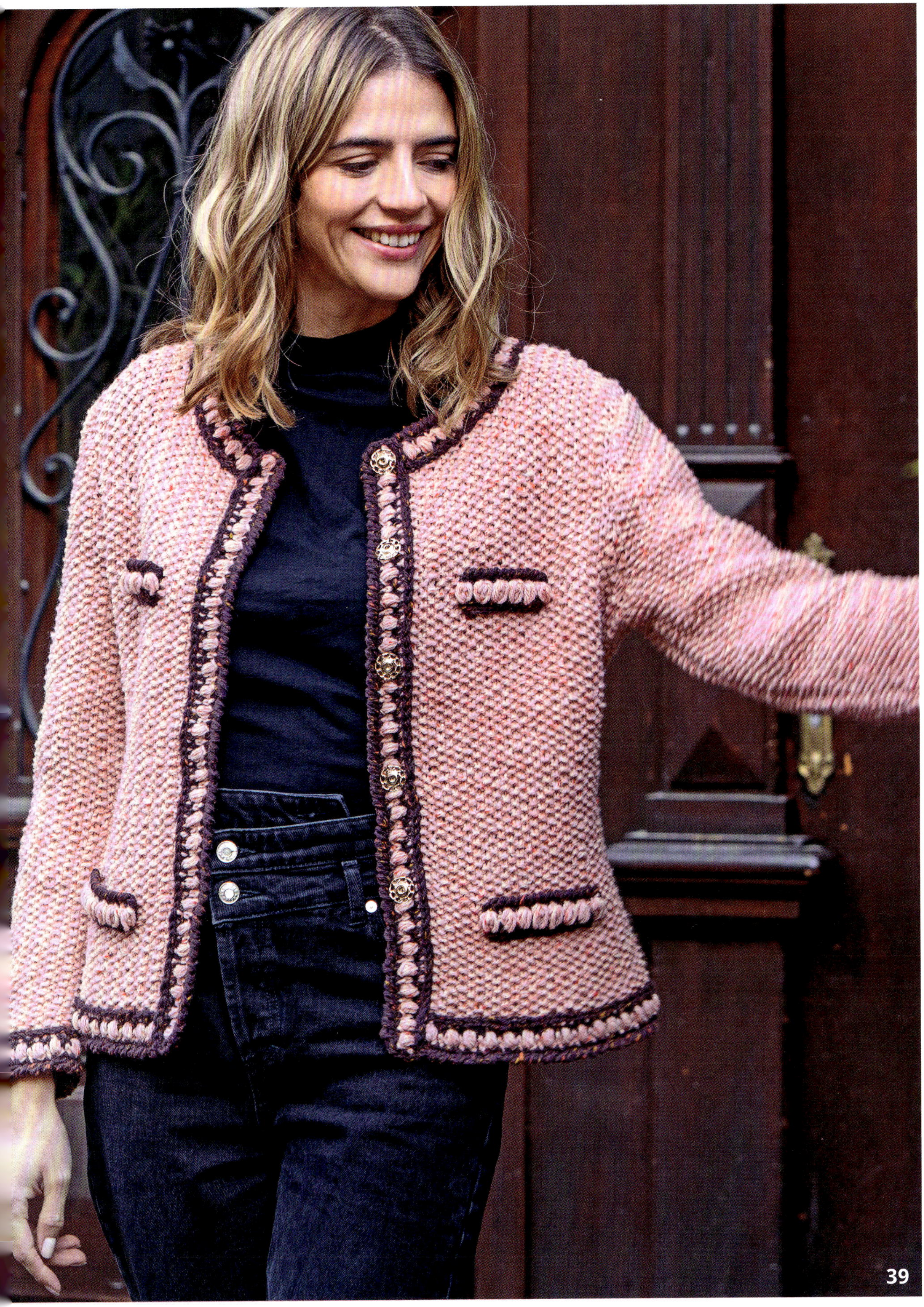

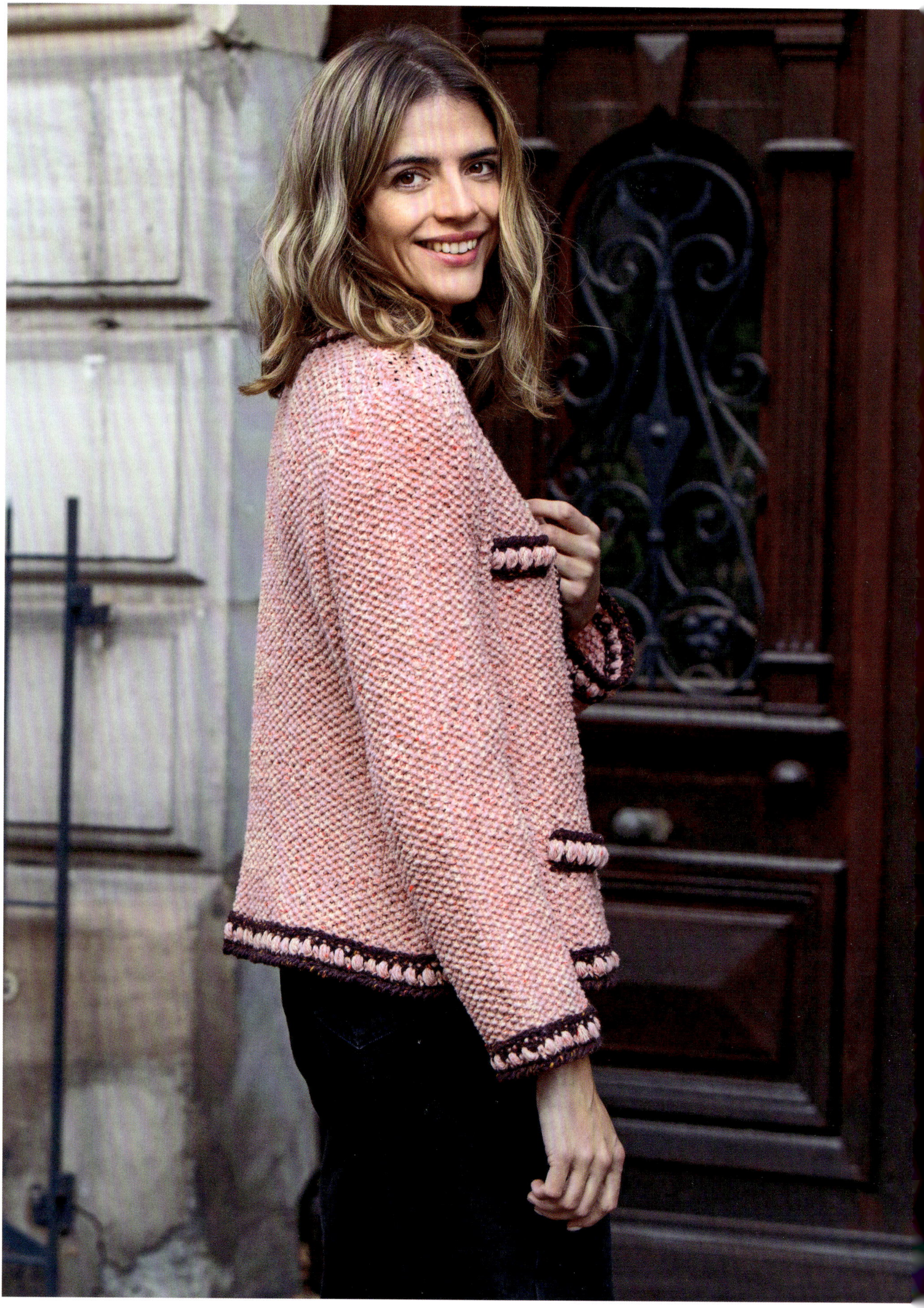

Maschenprobe
Kleines Perlmuster mit Nadeln 5 mm: 15 M und 25 R = 10 cm x 10 cm.

Hinweis
Zunächst alle Teile stricken, dann die Borten anhäkeln. Die Pfeile in der Schnittzeichnung geben die Arbeitsrichtung an.

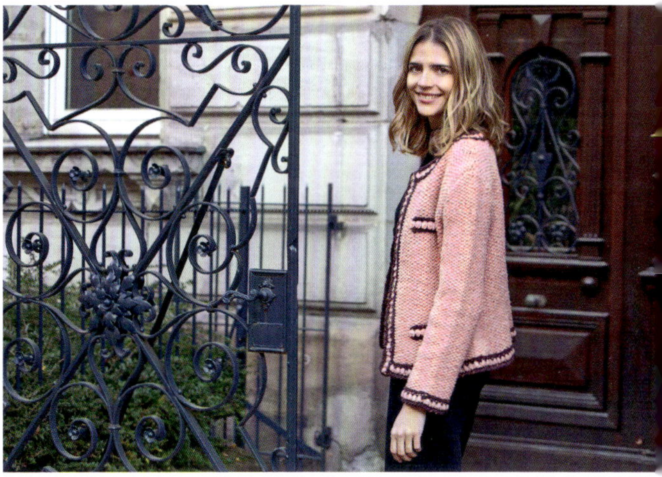

Anleitung

Rückenteil
74 (80/86) M mit Nadeln 5 mm in Altrosa meliert anschlagen und gleich im kleinen Perlmuster stricken, dabei die Randm als Knötchen-Randm stricken. Für die Hüftschräge beidseitig in der 9. R 1 M abnehmen, dann noch 3x in jeder 8. R 1 M abnehmen = 66 (72/78) M.

In 16,5 cm Gesamthöhe für die Seitenschräge beidseitig 1 M zunehmen, dann noch 2x in jeder 14. R 1 M zunehmen = 72 (78/84) M. Die zugenommenen M nach und nach in das kleine Perlmuster einfügen.

In 30,5 cm Gesamthöhe für die Armausschnitte beidseitig je 3 M abketten, dann in jeder 2. R 1x 2 M und 2x (3x/3x) 1 M, anschließend noch 1x (1x/2x) in jeder 4. R 1 M abnehmen = 56 (60/64) M.

In 20 (21/22) cm Armausschnitthöhe für die Schulterschräge beidseitig 1x 4 (5/6) M abketten, dann in jeder 2. R 2x 5 M (1x 5 M und 1x 6 M/2x 6 M) abketten. Gleichzeitig mit der 1. Schulterabnahme in 50,5 (51,5/52,5) cm Gesamthöhe für den Halsausschnitt die mittleren 22 M abketten und beide Seiten getrennt fertigstellen. Dabei jeweils an der Halsausschnittseite in der folgenden 2. R noch 1x 3 M abnehmen.

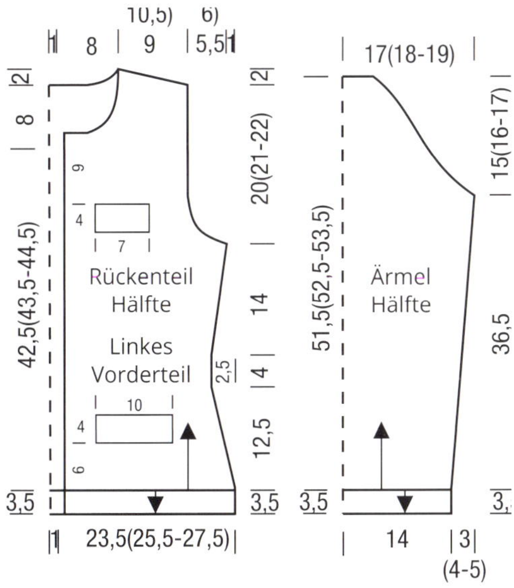

Linkes Vorderteil
36 (39/42) M mit Nadeln 5 mm in Altrosa meliert anschlagen und gleich im kleinen Perlmuster stricken, Randm als Knötchen-Randm stricken. Die Hüft- und Seitenschräge, den Armausschnitt und die Schulterschräge am rechten Rand wie beim Rückenteil beschrieben arbeiten.

In 42,5 (43,5/44,5) cm Gesamthöhe für den Halsausschnitt am linken Rand 1x 5 M abketten, dann in jeder 2. R noch 1x 3 M, 1x 2 M, 2x 1 M und in der folgenden 4. R 1x 1 M abnehmen.

Rechtes Vorderteil
Wie das linke Vorderteil, jedoch gegengleich arbeiten.

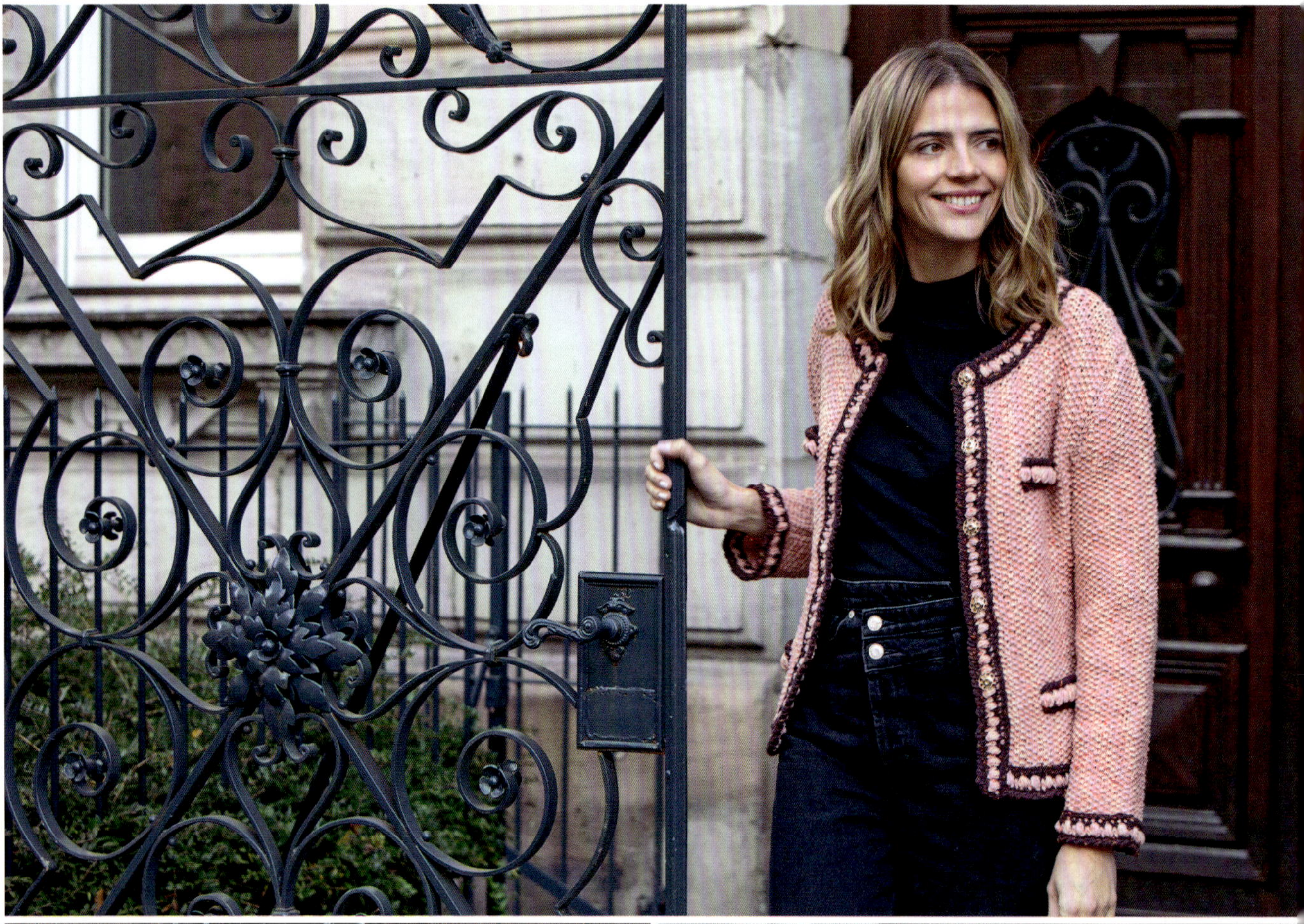
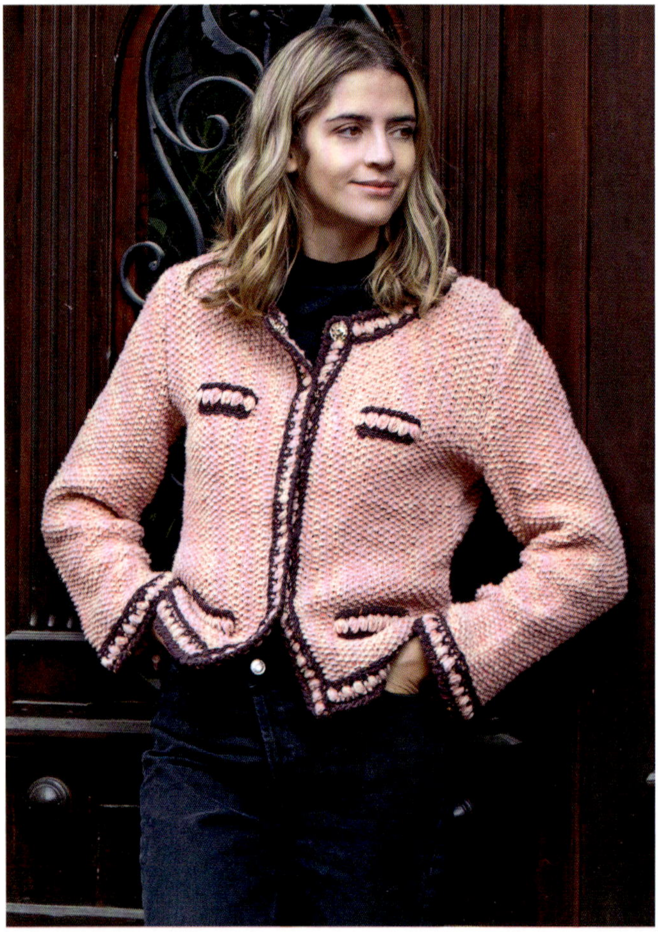
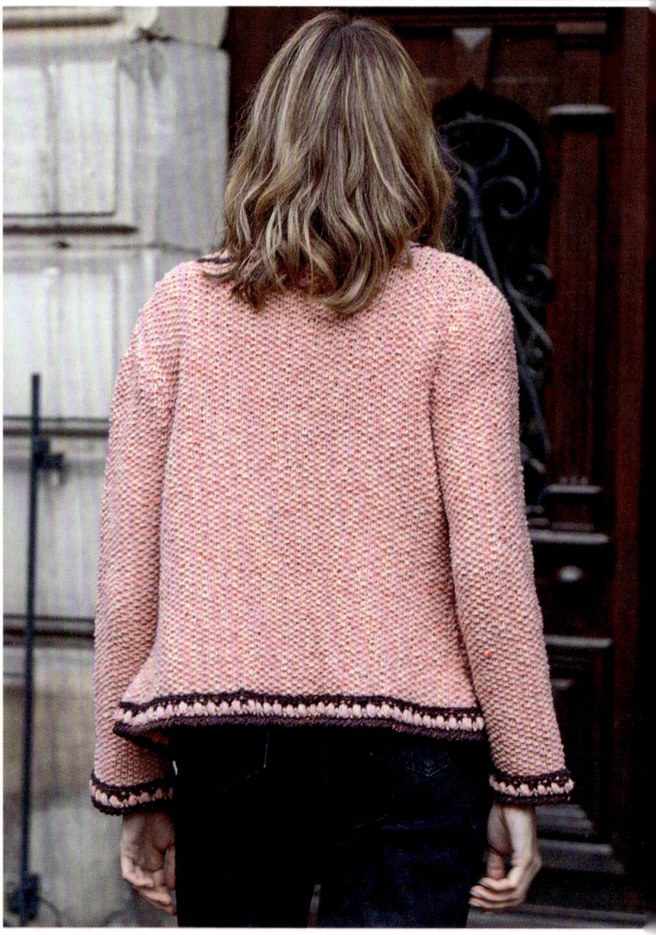

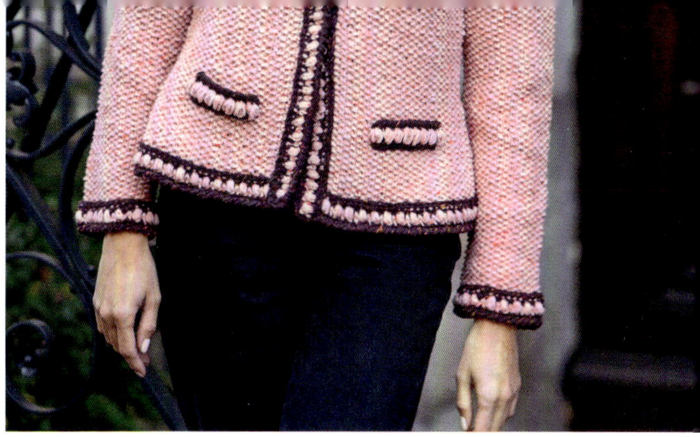

Ärmel

42 M mit Nadeln 5 mm in Altrosa meliert anschlagen und gleich im kleinen Perlmuster stricken, dabei die Randm als Knötchen-Randm stricken. Für die Ärmelschräge beidseitig 1x in der 19. (15./13.) R, dann 3x in jeder 18. R (5x abwechselnd in jeder 12. und 14. R / 5x in jeder 12. R und 1x in der folgenden 10. R) je 1 M zunehmen = 50 (54/56) M. Die zugenommenen M nach und nach in das kleine Perlmuster einfügen.

In 36,5 cm Gesamthöhe für die Armkugel beidseitig 1x 3 M, dann in jeder 2. R 1x 2 M und 2x (4x/4x) 1 M, anschließend in jeder 4. R 6x (4x/5x) 1 M und wieder in jeder 2. R 2x (4x/4x) 1 M und 2x 2 M abketten. In 15 (16/17) cm Armkugelhöhe die restlichen 12 M abketten. Den 2. Ärmel ebenso arbeiten.

Ausarbeiten

Die Teile spannen, anfeuchten und trocknen lassen. Die Schulternähte schließen. Die Ärmel einsetzen. Die Seitennähte schließen.

Die Borte wie folgt an den unteren Jackenrand anhäkeln: Mit Häkelnadel 4 mm in Mokka meliert 1 Hinr feste M in den Anschlagrand häkeln: Je Vorderteil 33 feste M und am Rückenteil 70 feste M = 136 M. Den Faden nicht abschneiden! Nun 4 R Bortenmuster häkeln.

Die Borte an den Ärmelrändern ebenso anhäkeln, dabei in der 1. R je 40 feste M häkeln. Mit Häkelnadel 4 mm in Mokka meliert 1 Hinr feste M in den Halsausschnitt häkeln: Je Vorderteil 22 feste M und am Rückenteil 30 feste M = insgesamt 74 M. Den Faden nicht abschneiden! Nun 4 R Bortenmuster häkeln, dabei in der 3. R an den Halsrundungen verteilt je 5 M abnehmen (= 5x 2 M zusammen abmaschen) = 64 M.

Als Verschlussblende die Borte an die Verschlussränder und die Schmalseiten der Saum- und Halsausschnittblende anhäkeln: Mit Häkelnadel 4 mm in Mokka meliert 1 Hinr 70 (72/74) feste M häkeln. Den Faden nicht abschneiden! Nun 4 R Bortenmuster häkeln.

Die Ärmelnähte schließen. Für die 2 Taschenborten mit Häkelnadel 4 mm in Mokka meliert je 15 Luftm + 1 Wende-Luftm anschlagen und wie folgt arbeiten: **1. R (Hinr):** Kettm in das halbe hintere M-Glied häkeln. **2. R (Rückr):** 1 Wende-Luftm, feste M in das halbe vordere M-Glied häkeln. Nicht wenden und den Faden nicht abschneiden! **3. R (Rückr):** Am Anfang der letzten Rückr den Faden in Altrosa meliert neu anschlingen. 1 Wende-Luftm, * 1 Noppe, 1 feste M, ab * stets wiederholen, 1 Noppe, 1 Kettm in die letzte M. Den Faden fest anziehen, dann abschneiden. **4. R (Hinr):** Mit Mokka meliert 1 Wende-Luftm, dann feste M häkeln. **5. R (Rückr):** Mit Mokka meliert 1 Wende-Luftm, dann Krebsm (= feste M von links nach rechts) häkeln.

Die 2 Borten für die Brusttaschen ebenso arbeiten, jedoch nur je 11 Luftm + 1 Wende-Luftm anschlagen.

Die Borten für die Taschen und die Brusttaschen laut Schnittzeichnung mit Nähgarn und Nähnadel auf die Vorderteile nähen, dabei nur die Schmalseiten und den unteren Rand der Borte annähen. Der obere Rand der Borte wird nicht angenäht. Die Druckknöpfe auf die Borten der Verschlussblenden nähen: Der 1. Druckknopf an den Halsrand, die restlichen 4 Druckknöpfe im Abstand von je 9 (9/9,5) cm annähen.

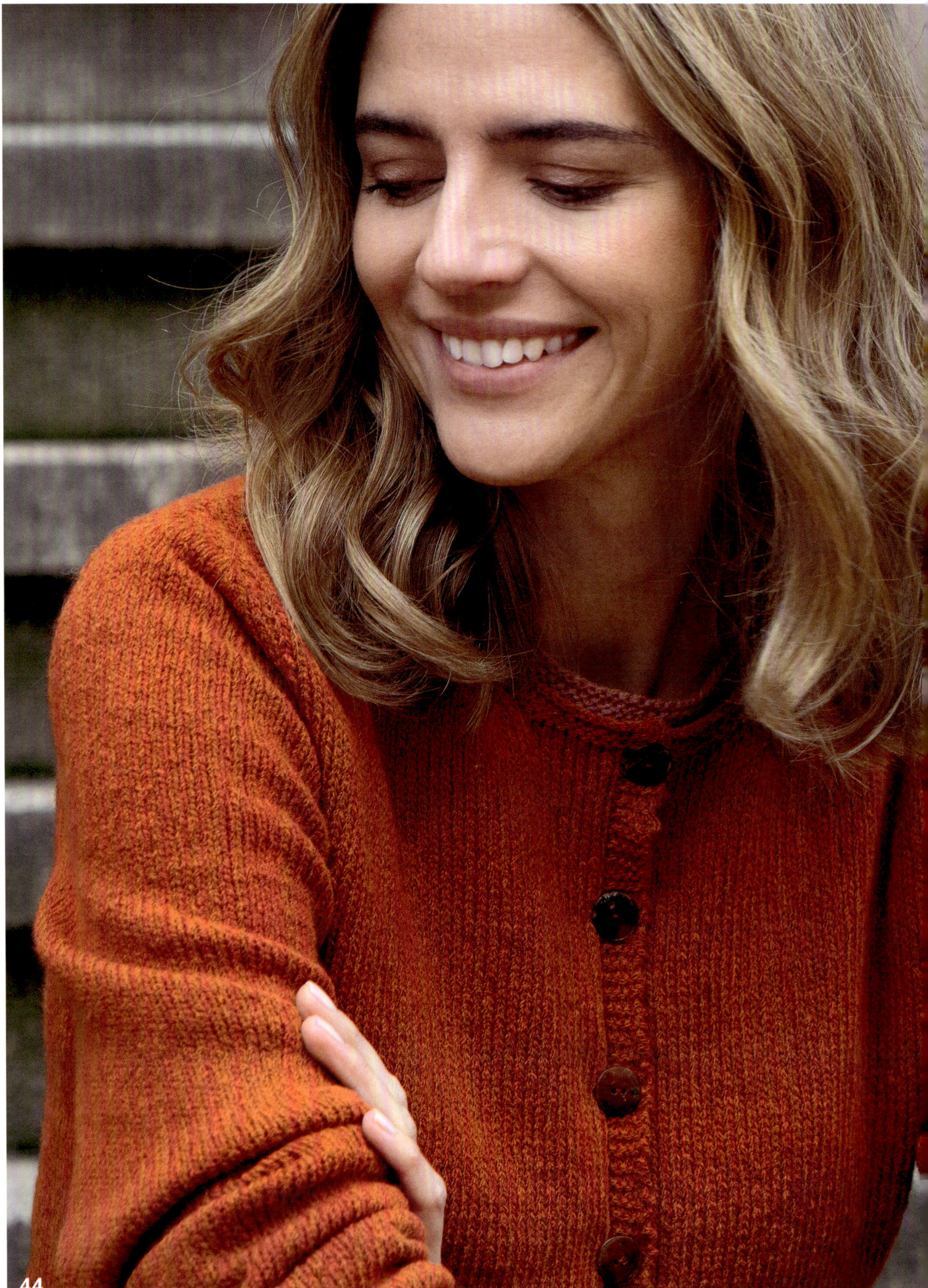

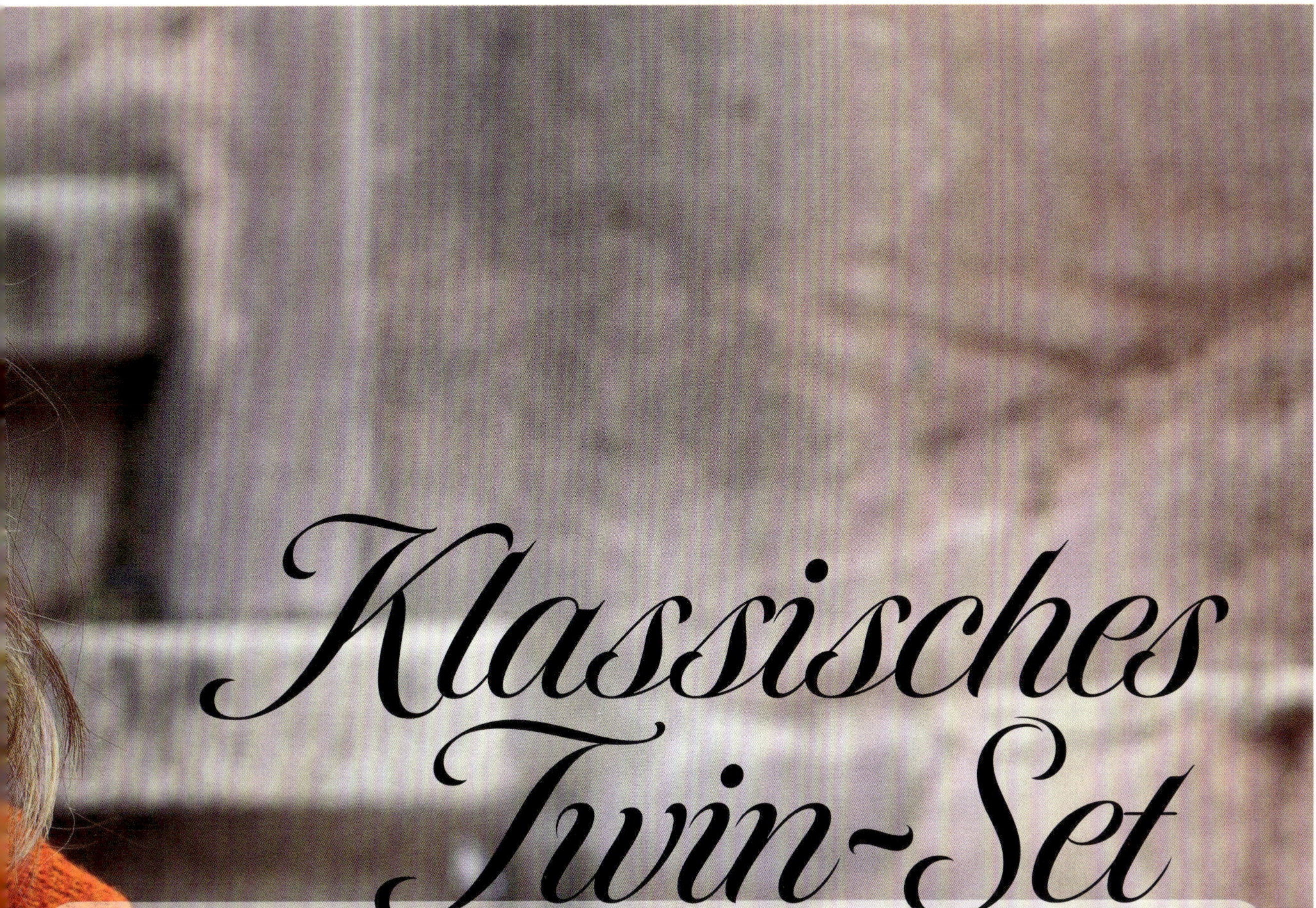

Klassisches Twin-Set

Größe 36, 38/40 und 42
Die Angaben für die Größen 38/40 und 42 stehen in Klammern. Ist nur eine Angabe gemacht, gilt diese für alle Größen.

Material
Lana Grossa Cashmere 16 Fine (80 % Schurwolle (Merino), 10 % Kaschmir, 10 % Polyamid, Lauflänge = 320 m/50 g):
für die Jacke 250 (300/300) g Rost (Fb 44),
für das Top 150 (200/200) g Erika (Fb 46); Stricknadeln 5 mm, je eine 40 cm lange Rundstricknadel, 4,5 mm und 5 mm; **für die Jacke** 8 Knöpfe von JIM KNOPF: Artikel 12640, Fb 02 Kupfer.

Kraus rechts
Hin- und Rückr rechts stricken.

Kraus links
Hin- und Rückr links stricken.

Glatt rechts
Hinr rechts, Rückr links stricken.

Glatt links
Hinr links, Rückr rechts stricken.

Knötchen-Randm
Randm in Hin- und Rückr rechts stricken.

Betonte Abnahmen 1 (über je 18 M)
Rechter Rand: Knötchen-Randm, 15 M glatt rechts, 2 M rechts zusammenstricken. Linker Rand: 1 einfacher Überzug (= 1 M wie zum Rechtsstricken abheben, die folgende M rechts stricken, dann die abgehobene M überziehen), 15 M glatt rechts, Knötchen-Randm.

Betonte Abnahmen 2
Wenn 2 M abgenommen werden (über je 6 M):
Rechter Rand: Knötchen-Randm, 2 M glatt

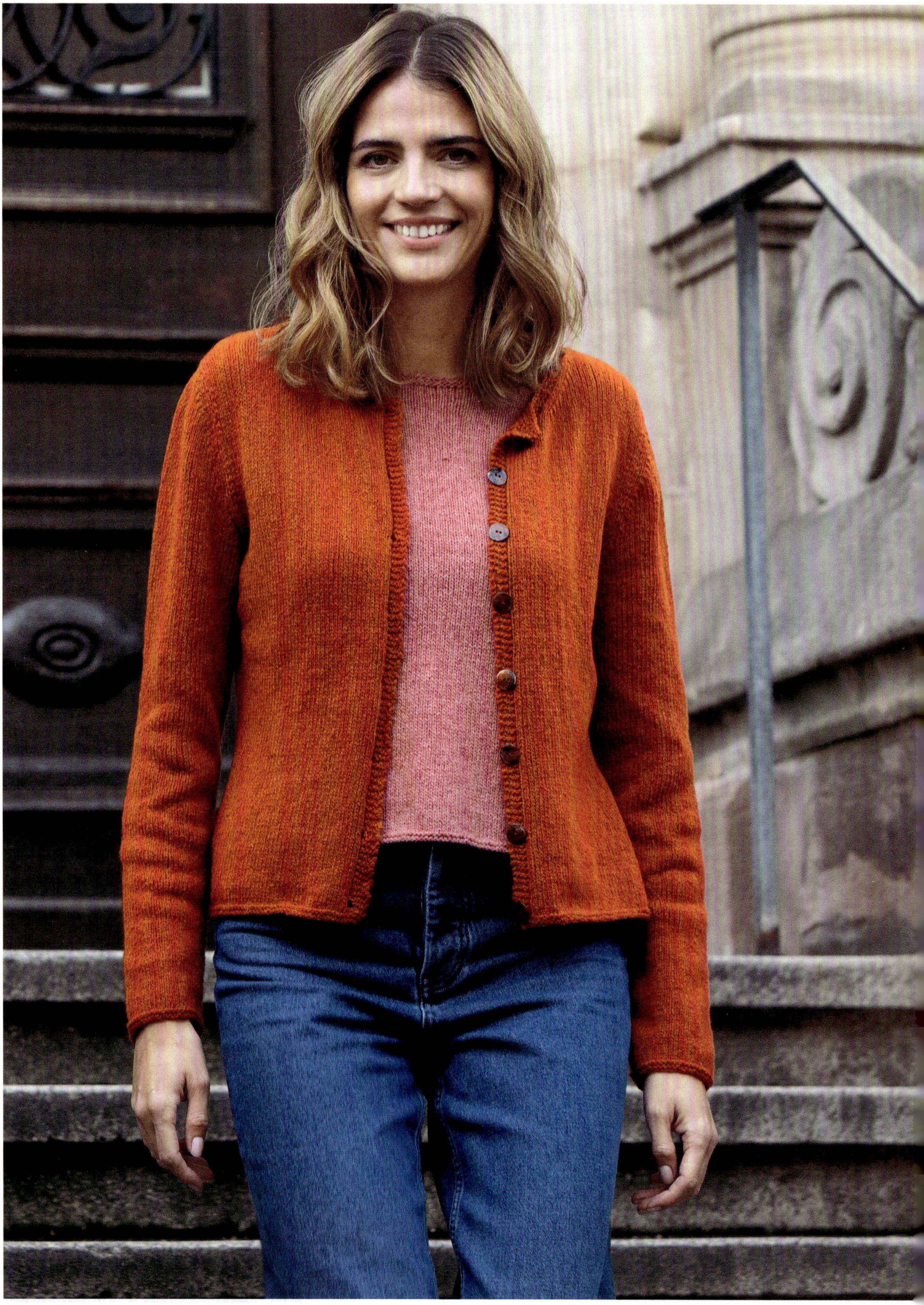

rechts, 3 M rechts zusammenstricken. Linker Rand: 1 doppelter Überzug (= 1 M wie zum Rechtsstricken abheben, die folgenden 2 M rechts zusammenstricken, dann die abgehobene M überziehen), 2 M glatt rechts, Knötchen-Randm.

Wenn 1 M abgenommen wird (über je 5 M): Rechter Rand: Knötchen-Randm, 2 M glatt rechts, 2 M rechts zusammenstricken. Linker Rand: 1 einfacher Überzug (= 1 M rechts abheben, die folgende M rechts stricken, dann die abgehobene M überziehen), 2 M glatt rechts, Knötchen-Randm.

Betonte Abnahmen 3

Wenn 2 M abgenommen werden (über je 8 M): Rechter Rand: 4 M kraus links, 1 M glatt links, 3 M rechts zusammenstricken. Linker Rand: 1 doppelter Überzug (= 1 M wie zum Rechtsstricken abheben, die folgenden 2 M rechts zusammenstricken, dann die abgehobene M überziehen), 1 M glatt links, 4 M kraus links.

Wenn 1 M abgenommen wird (über je 7 M): Rechter Rand: 4 M kraus links, 1 M glatt links,

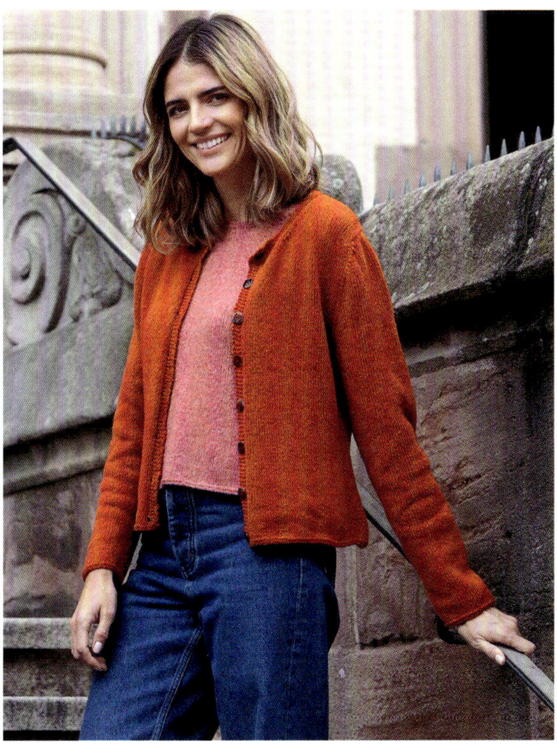

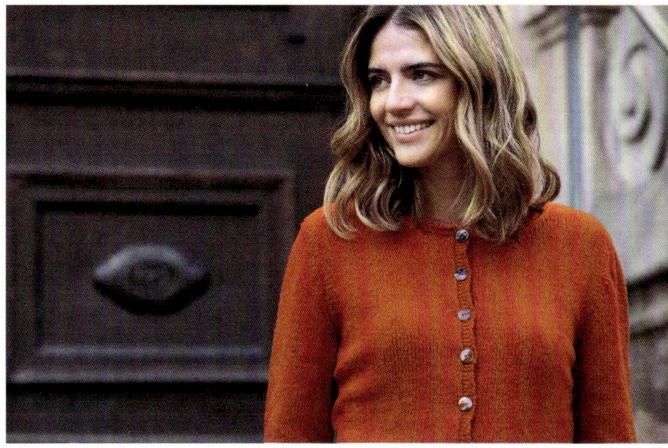

2 M rechts zusammenstricken. Linker Rand: 1 einfacher Überzug (= 1 M wie zum Rechtsstricken abheben, die folgende M rechts stricken, dann die abgehobene M überziehen), 1 M glatt links, 4 M kraus links.

Betonte Zunahmen (über je 4 M)
Rechter Rand: Knötchen-Randm, 2 M glatt rechts, aus dem Querfaden zur folgenden M 1 M rechts verschränkt herausstricken. Linker Rand: Aus dem Querfaden zur folgenden M 1 M rechts verschränkt herausstricken, 2 M glatt rechts, Knötchen-Randm.

Maschenprobe
Glatt rechts mit Nadeln 5 mm: 24 M und 34 R = 10 cm x 10 cm.

Anleitung Jacke

Rückenteil
116 (126/136) M mit Nadeln 5 mm anschlagen und in der **1. R (Rückr)** rechte M stricken, dann 3 R kraus rechts stricken. Glatt rechts weiterarbeiten, dabei die Randm als Knötchen-Randm stricken.

Für die Hüftschräge betonte Abnahmen 1 arbeiten: Beidseitig 1x in der 9. R, dann noch 4x in jeder 6. R und 3x in jeder 4. R je 1 M betont abnehmen = 100 (110/120) M. Dann 20 R geradeaus weiterstricken.

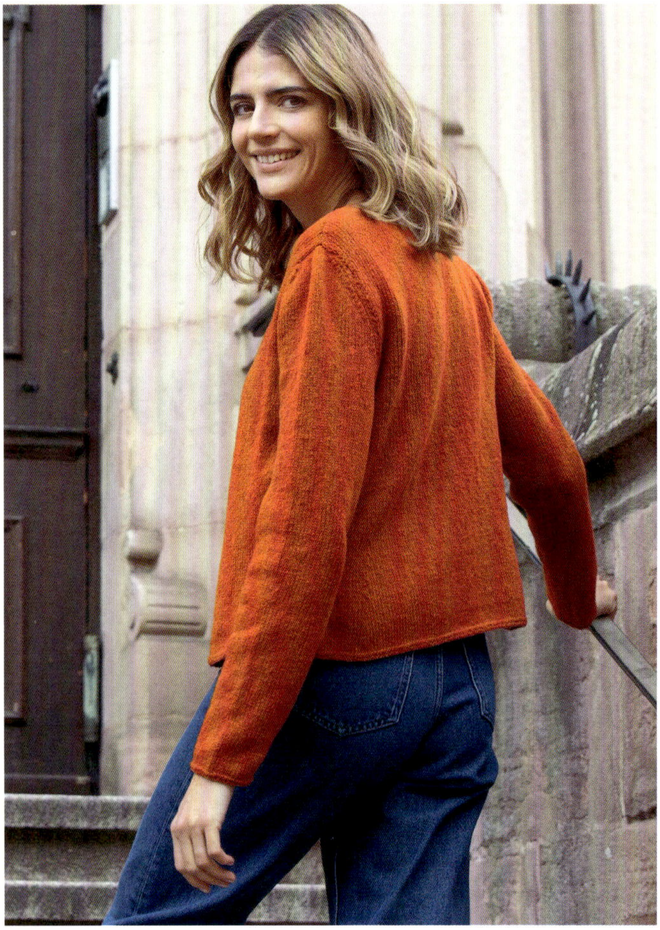

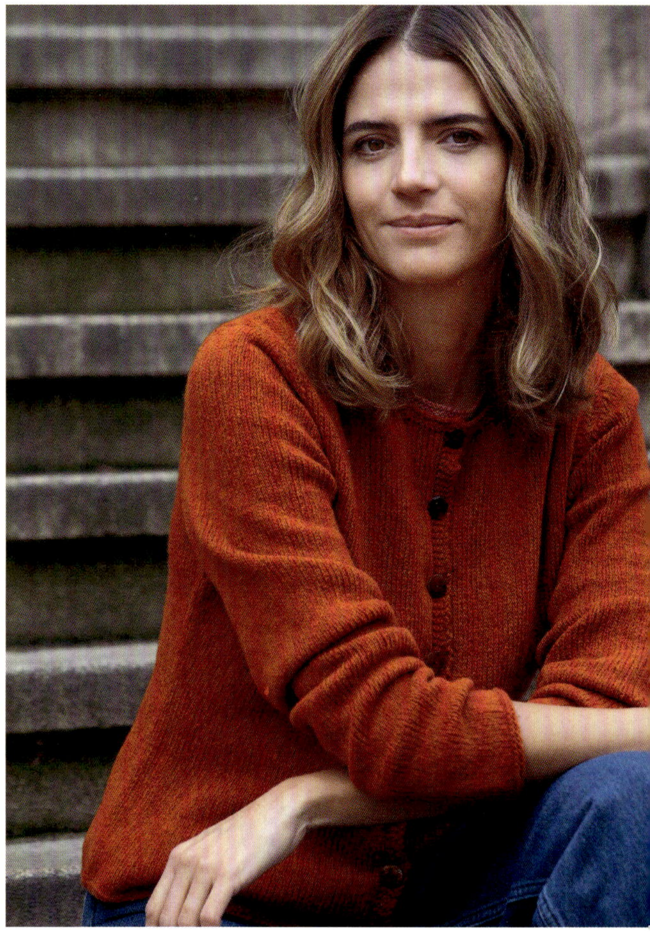

In 20 cm Gesamthöhe für die Seitenschräge betonte Zunahmen arbeiten: Beidseitig 1x 1 M, dann noch 5x abwechselnd in jeder 6. und 8. R je 1 M betont zunehmen = 112 (122/132) M.

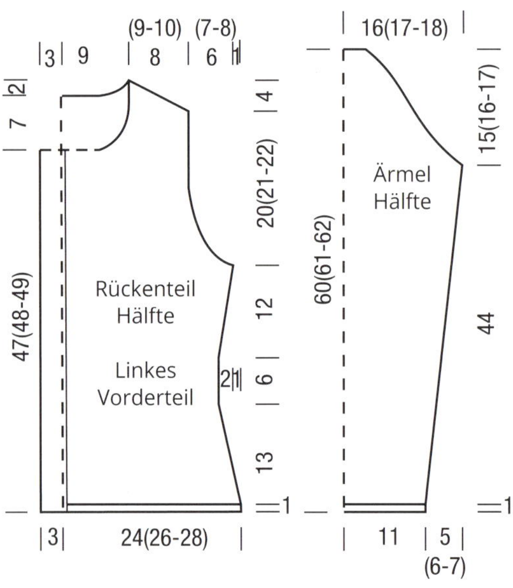

In 32 cm Gesamthöhe für die Armausschnitte beidseitig je 3 (3/4) M abketten, dann betonte Abnahmen 2 arbeiten: Beidseitig in jeder 2. R 2x (3x/3x) je 2 M und 5x (5x/6x) je 1 M, dann noch 3x in jeder 4. R je 1 M betont abnehmen = 82 (88/94) M.

In 20 (21/22) cm Armausschnitthöhe für die Schulterschräge beidseitig je 2 (3/3) M abketten, dann in jeder 2. R 1x 2 M und 5x 3 M (5x 3 M und 1x 4 M / 2x 3 M und 4x 4 M) abketten.

In 54 (55/56) cm Gesamthöhe für den Halsausschnitt die mittleren 34 M abketten und beide Seiten getrennt fertigstellen. Dabei jeweils an der Halsausschnittseite in jeder 2. R je 1x 3 M und 1x 2 M abnehmen.

Linkes Vorderteil

64 (69/74) M mit Nadeln 5 mm anschlagen und

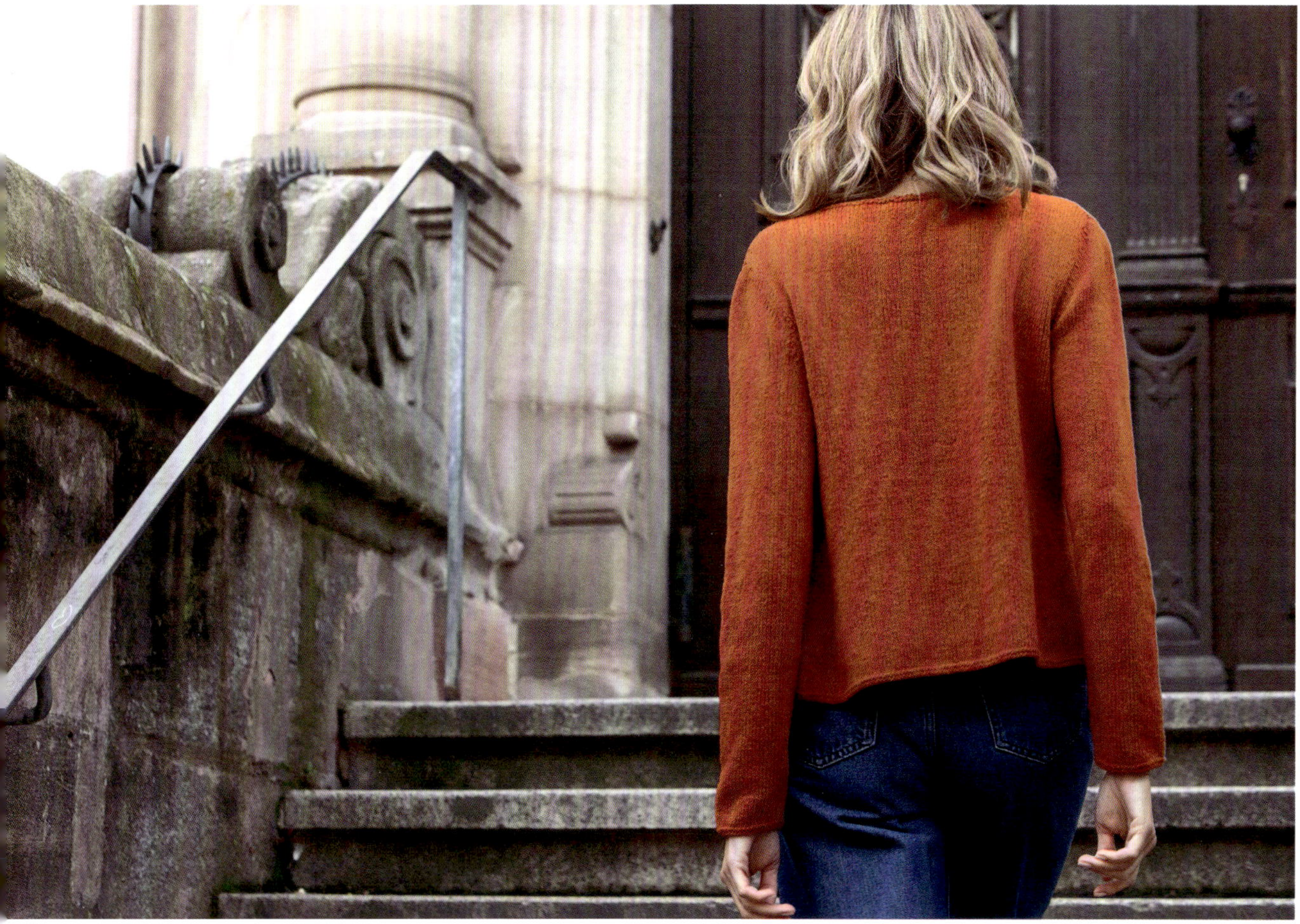

in der **1. R (Rückr)** rechte M stricken, dann 3 R kraus rechts stricken. Glatt rechts mit Randm als Knötchen-Randm weiterarbeiten. Die Hüft- und Seitenschräge, den Armausschnitt und die Schulterschräge am rechten Rand wie beim Rückenteil arbeiten.

In 47 (48/49) cm Gesamthöhe für den Halsausschnitt am linken Rand 1x 14 M stilllegen, dann für die Halsrundung betonte Abnahmen 2 arbeiten: In jeder 2. R 2x 2 M und 8x 1 M, dann noch 2x in jeder 4. R je 1 M betont abnehmen.

Rechtes Vorderteil
Wie das linke Vorderteil, jedoch gegengleich arbeiten, dabei wie folgt 7 Knopflöcher einstricken: Das 1. Knopfloch nach 1 cm ab Anschlag, die restlichen 6 Knopflöcher im Abstand von je 6,5 (7/7,5) cm einstricken, dazu in den beschriebenen Höhen jeweils in einer Hinr 4 M kraus links stricken, 1 Umschlag, 2 M rechts zusammenstricken. In der folgenden Rückr den Umschlag rechts stricken.

Ärmel
57 M mit Nadeln 5 mm anschlagen und in der **1. R (Rückr)** rechte M stricken, dann 3 R kraus rechts stricken. Glatt rechts weiterarbeiten, die Randm als Knötchen-Randm stricken.

Für die Ärmelschräge betonte Zunahmen arbeiten: Beidseitig 1x in der 15. (13./11.) R, dann 2x in jeder 14. R und 8x in jeder 12. R (8x abwechselnd in jeder 10. und 12. R und noch 4x in jeder 10. R / 4x in jeder 10. R und 10x abwechselnd in jeder 8. und 10. R) je 1 M betont zunehmen = 79 (83/87) M.

In 45 cm Gesamthöhe für die Armkugel beidseitig je 3 M abketten, dann betonte Abnahmen 2 arbeiten: Beidseitig in jeder 2. R 2x 2 M und 8x (9x/11x) 1 M, dann in jeder 4. R 3x (3x/2x) 1 M und wieder in jeder 2. R 8x (9x/10x) 1 M und 2x 2 M beidseitig betont abnehmen.

In 15 (16/17) cm Armkugelhöhe die restlichen 19 M abketten. Den 2. Ärmel ebenso arbeiten.

Ausarbeiten
Die Teile spannen, anfeuchten und trocknen lassen. Die Schulternähte schließen. Aus dem Halsausschnitt, einschließlich der stillgelegten je 14 M des linken und rechten Vorderteils, insgesamt 116 M auffassen. Mit der Rundstricknadel 5 mm kraus rechts stricken, dabei in der folgenden Hinr am rechten Rand das letzte Knopfloch einstricken und dafür wie folgt arbeiten: 4 M rechts, 1 Umschlag, 2 M rechts zusammenstricken. In der folgenden Rückr alle M rechts stricken. Nach 4 R alle M rechts abketten. Die Ärmel einsetzen. Dann die Seiten- und Ärmelnähte schließen. Zum Schluss die Köpfe annähen.

Anleitung Top

Rückenteil
112 (122/132) M mit Nadeln 5 mm anschlagen und in der **1. R (Rückr)** rechte M stricken, dann 3 R kraus rechts stricken. Glatt rechts weiterarbeiten, dabei die Randm als Knötchen-Randm stricken. Für die Hüftschräge betonte Abnahmen 1 arbeiten: Beidseitig 1x in der 9. R, dann 4x in jeder 6. R und noch 3x in jeder 4. R je 1 M betont abnehmen = 96 (106/116) M. Nun 22 R geradeaus weiterstricken.

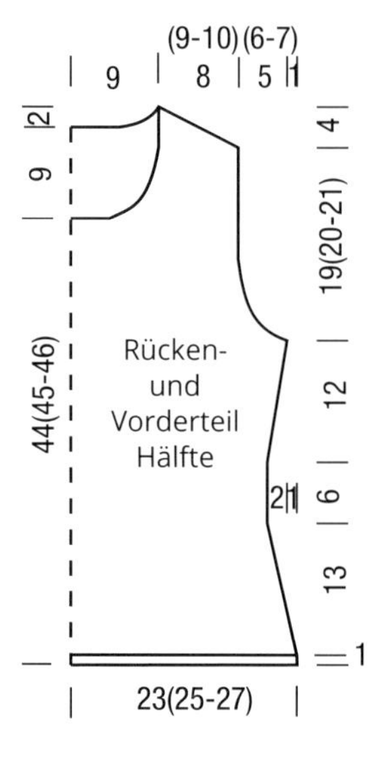

In 20 cm Gesamthöhe für die Seitenschräge betonte Zunahmen arbeiten: Beidseitig 1x 1 M, dann 5x abwechselnd in jeder 6. und 8. R je 1 M betont zunehmen = 108 (118/128) M.

In 31 cm Gesamthöhe für die Betonung der Armausschnitte am Anfang der R 4 M kraus links, 1 M glatt links und am Ende der R 1 M glatt links, 4 M kraus links stricken. Die M dazwischen glatt rechts stricken. Diese Einteilung der M bis zum Ende des Rückenteils weiterführen.

In 32 cm Gesamthöhe für die Armausschnitte betonte Abnahmen 3 arbeiten: Beidseitig 1x 2 M, dann in jeder 2. R 1x (2x/2x) je 2 M und 6x (6x/8x) je 1 M und noch 3x in jeder 4. R je 1 M betont abnehmen = 82 (88/94) M.

In 19 (20/21) cm Armausschnitthöhe für die Schulterschräge beidseitig 1x 2 (3/3) M, dann in jeder 2. R 1x 2 M und 5x 3 M (5x 3 M und 1x 4 M / 2x 3 M und 4x 4 M) abketten.

In 53 (54/55) cm Gesamthöhe für den Halsausschnitt die mittleren 34 M stilllegen und beide Seiten getrennt fertigstellen. Dabei in jeder 2. R jeweils an der Halsausschnittseite noch je 1x 3 M und 1x 2 M abnehmen.

Vorderteil
Wie das Rückenteil arbeiten, dabei in 44 (45/46) cm Gesamthöhe für den Halsausschnitt die mittleren 18 M stilllegen und beide Seiten getrennt fertigstellen. Dabei an der Halsausschnittseite für die Halsrundung betonte Abnahmen 2 arbeiten: in jeder 2. R 2x 2 M und 5x 1 M, dann in jeder 4. R noch 4x 1 M betont abnehmen.

Ausarbeiten
Die Teile spannen, anfeuchten und trocknen lassen. Die Schulternähte schließen. Aus dem Halsausschnitt einschließlich der stillgelegten M insgesamt 118 M auffassen. Mit der Rundstricknadel 4,5 mm kraus links in Rd stricken. Nach 4 Rd alle M links abketten. Dann die Seitennähte schließen.

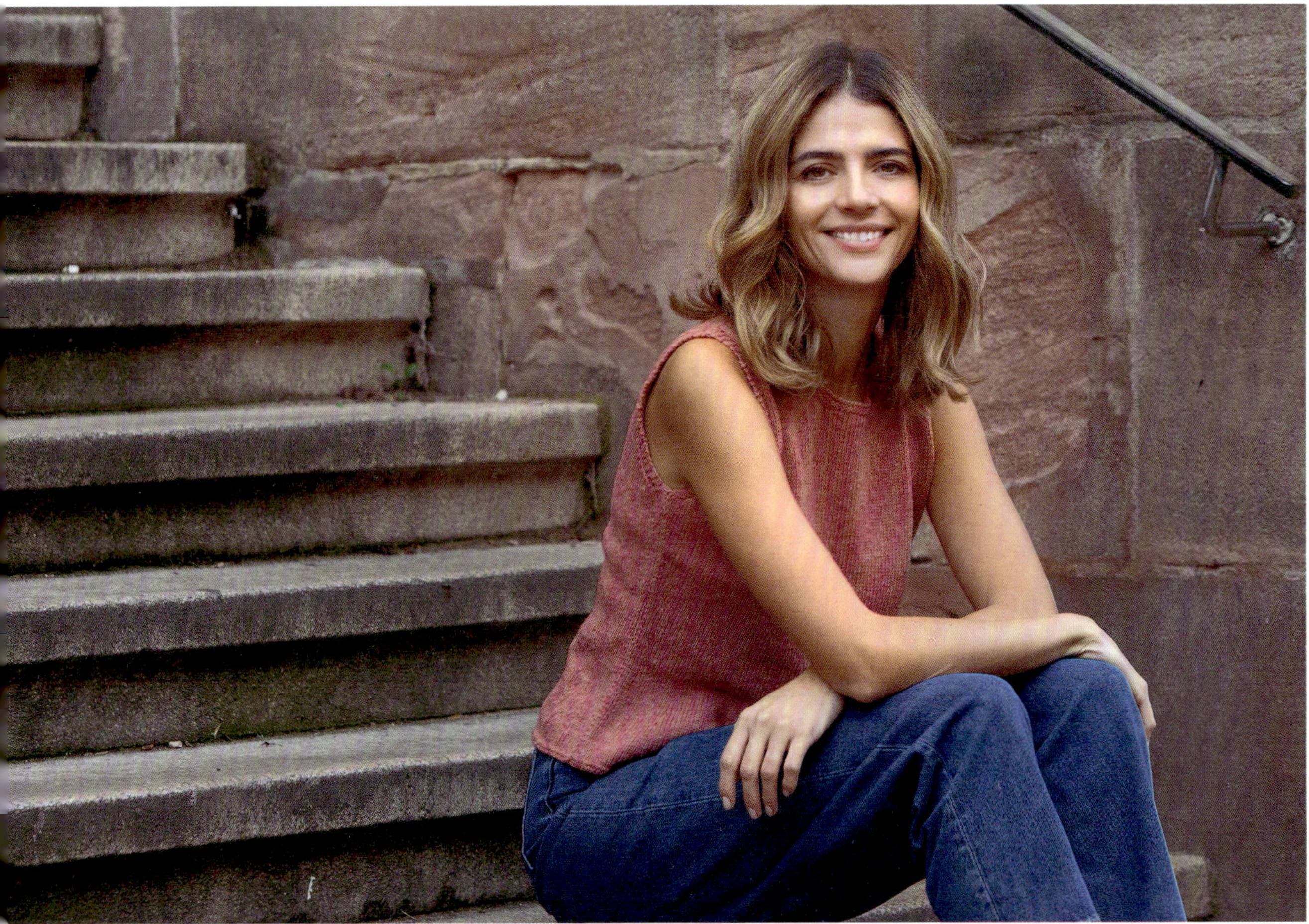
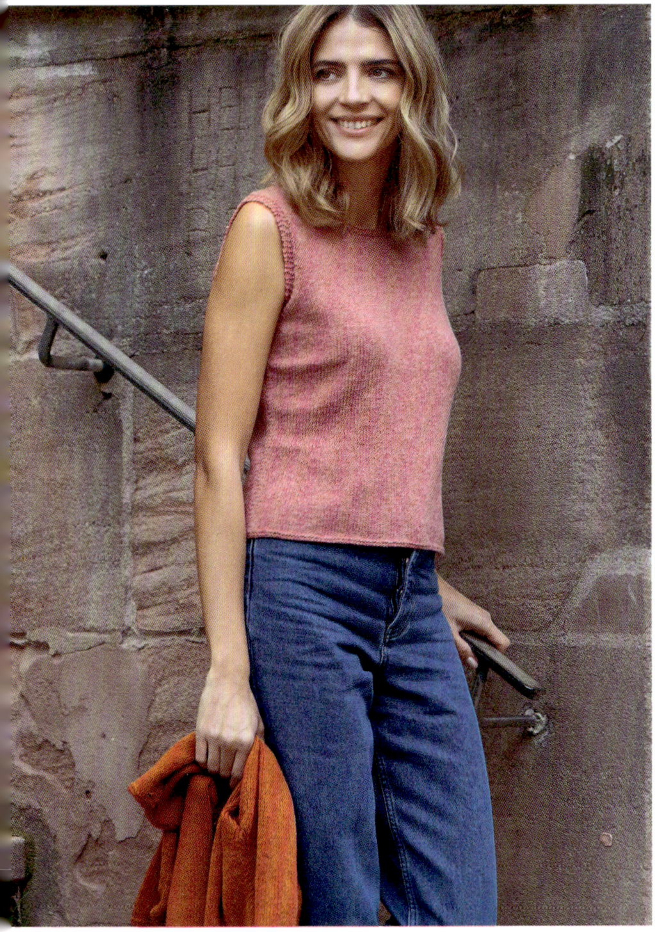
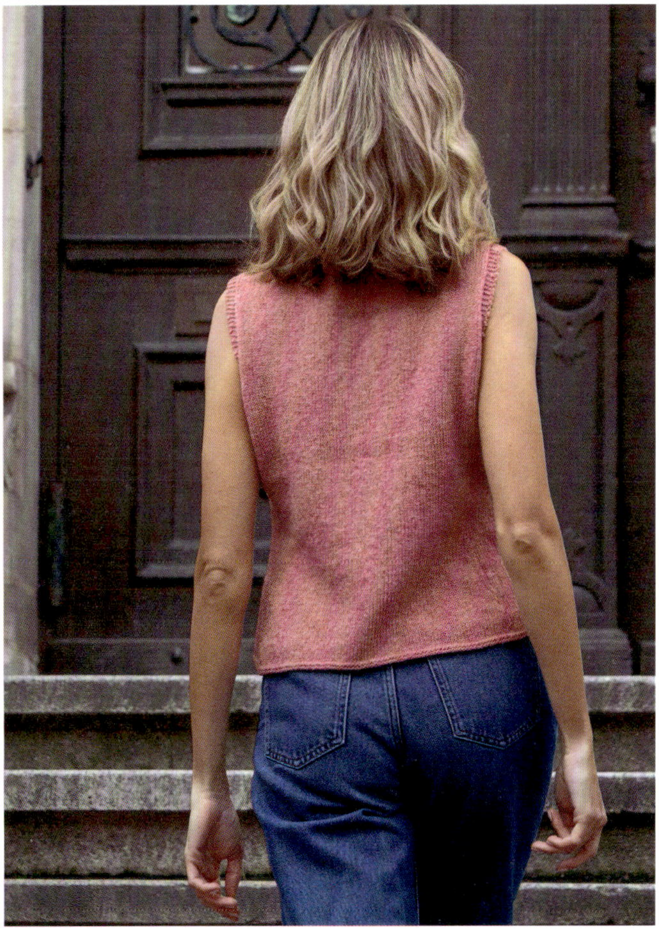

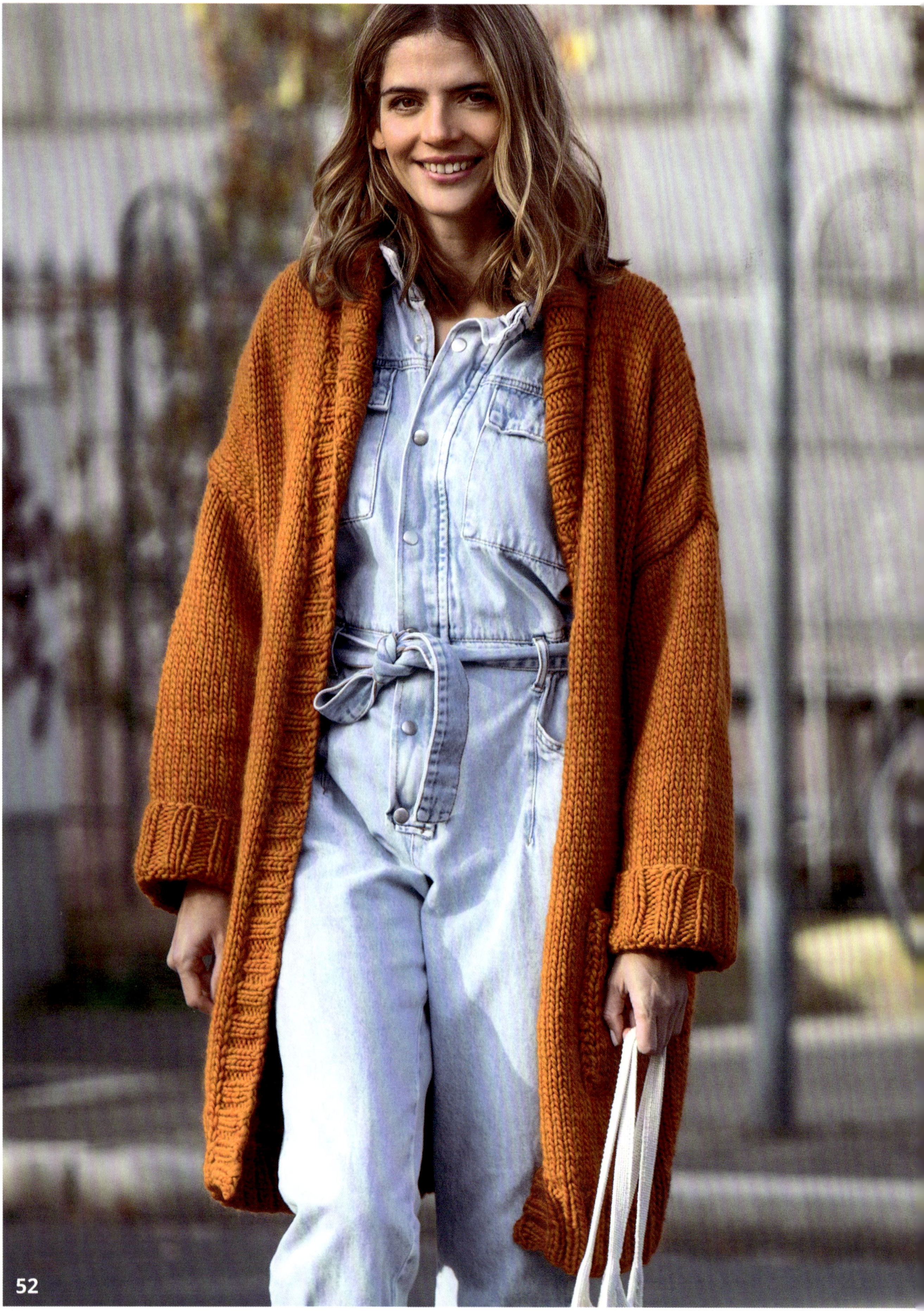

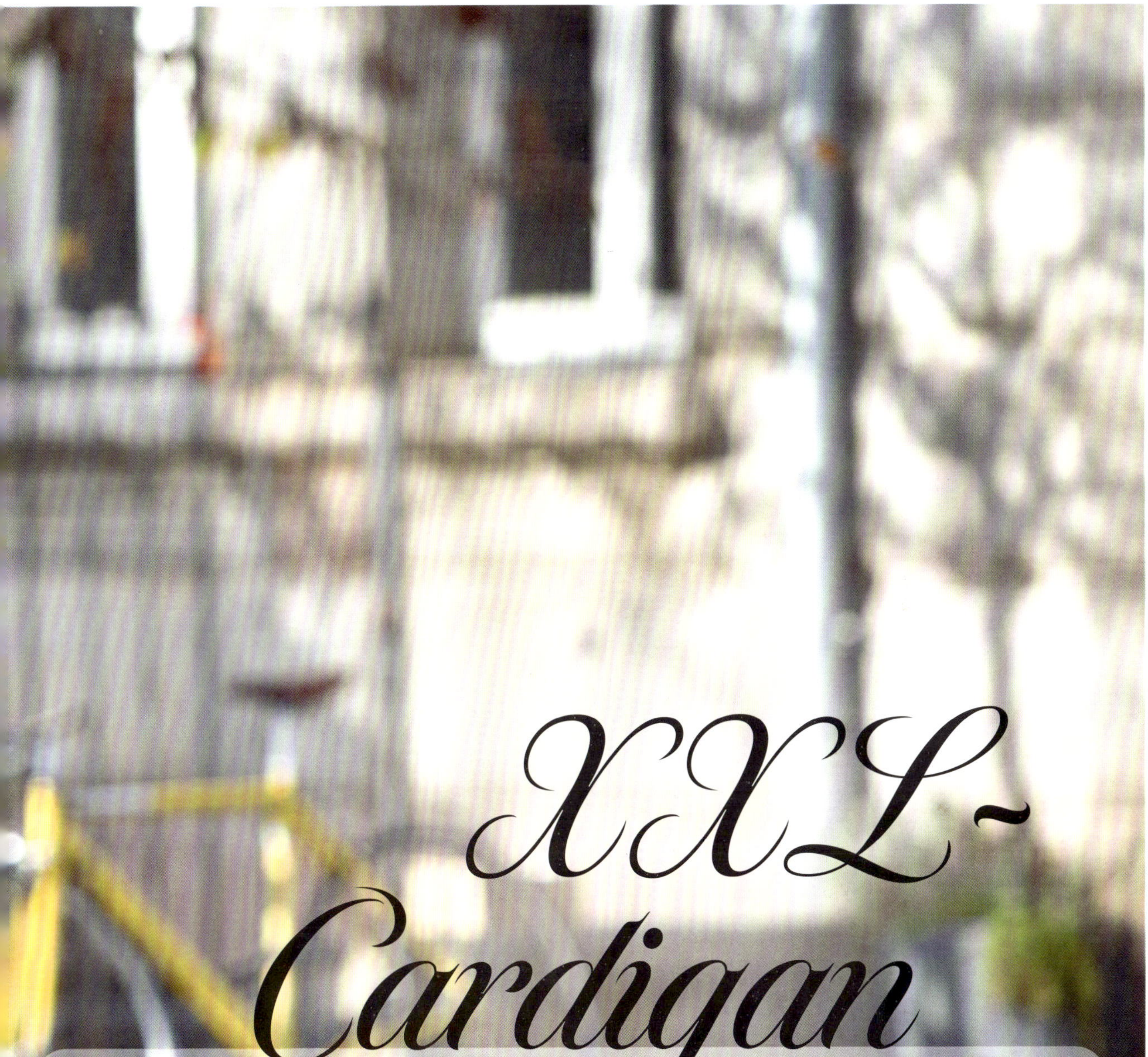

XXL-Cardigan

Größe 36/38, 40/42 und 44
Die Angaben für die Größen 40/42 und 44 stehen in Klammern. Ist nur eine Angabe gemacht, gilt diese für alle Größen.

Material
Lana Grossa Per Lei (100 % Schurwolle, Lauflänge = 60 m/50 g): 950 (1000/1050) g Kupfer (Fb 16); Stricknadeln 9 mm, eine 120 cm lange Rundstricknadel 9 mm, eine Häkelnadel 5 mm, 3 Druckknöpfe von JIM KNOPF: Artikel 11943, Fb 05, Ø 40 mm.

Rippenmuster
2 M links, 2 M rechts im Wechsel stricken.

Glatt rechts
Hinr rechts, Rückr links stricken.

Knötchen-Randm
Die Randm in Hin- und Rückr rechts stricken.

Ketten-Randm
In den Hinr: Die 1. M rechts verschränkt stricken, die letzte M wie zum Linksstricken abhe-

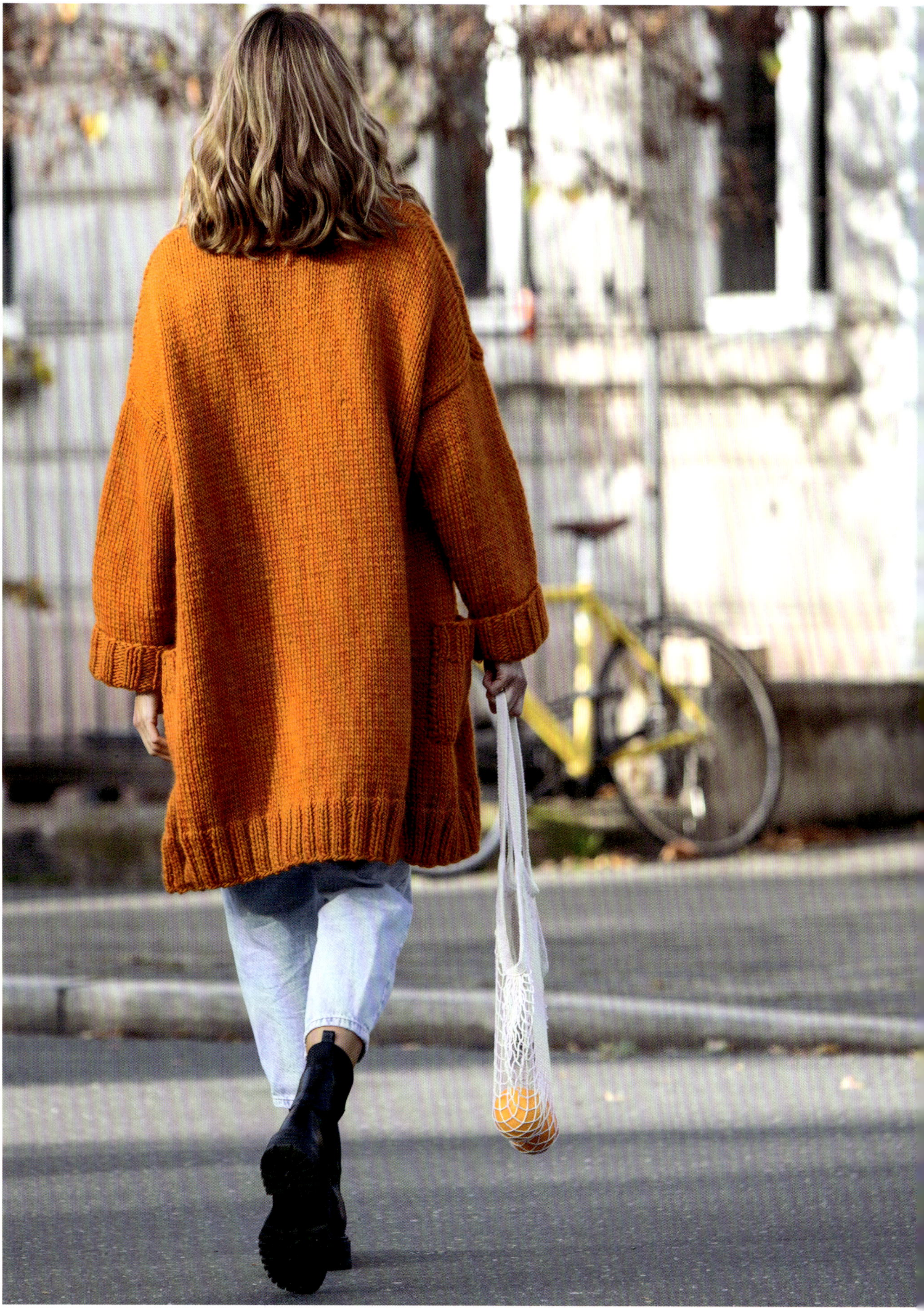

ben, dabei den Faden hinter der Arbeit führen. **In den Rückr:** Die 1. M links verschränkt stricken, die letzte M wie zum Linksstricken abheben, dabei den Faden vor der Arbeit führen.

Betonte Abnahmen (über je 3 M)
Rechter Rand: Ketten-Randm, 1 einfacher Überzug (= 1 M rechts abheben, die folgende M rechts stricken, dann die abgehobene Mache überziehen). Linker Rand: 2 M rechts zusammenstricken, Ketten-Randm.

Betonte Zunahmen (über je 4 M)
Rechter Rand: Knötchen-Randm, 3 M rechts, aus dem Querfaden zur folgenden M 1 M rechts verschränkt herausstricken. Linker Rand: Aus dem Querfaden zur folgenden M 3 M rechts verschränkt herausstricken, 1 M rechts, Knötchen-Randm.

Maschenprobe

Glatt rechts mit Nadeln 9 mm: 12 M und 16 R = 10 cm x 10 cm.

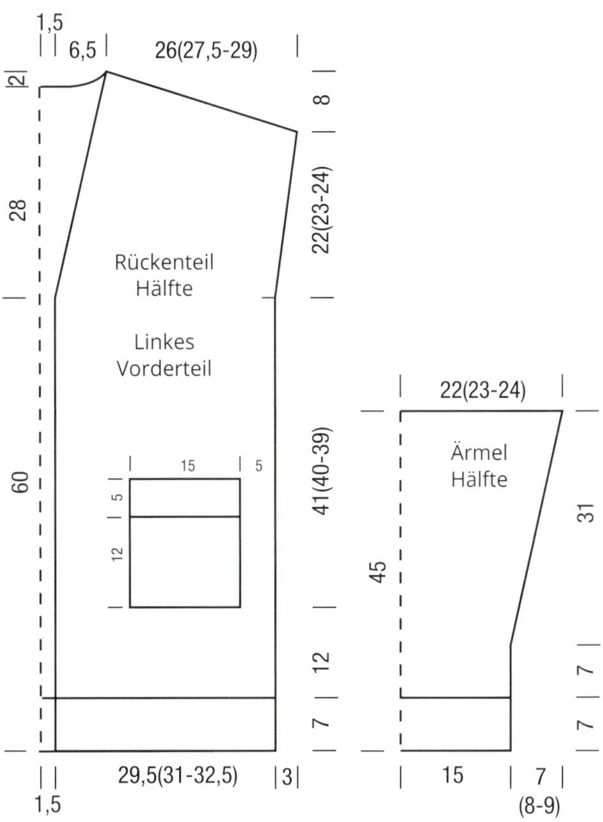

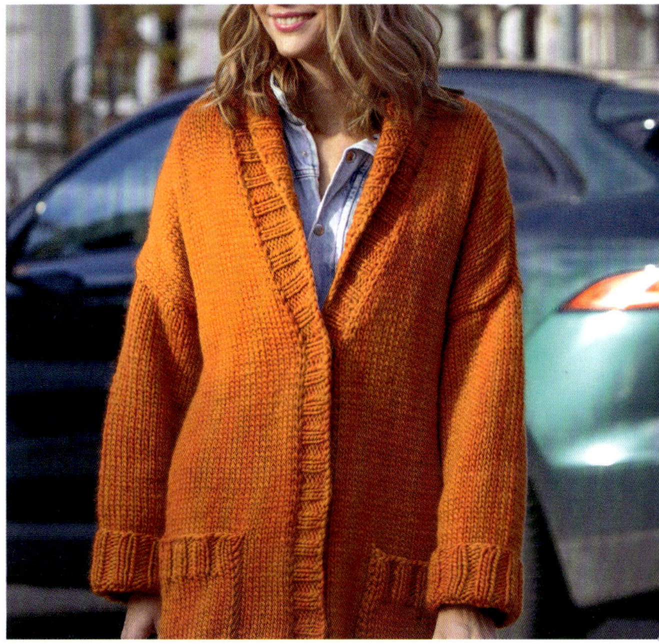

Anleitung

Rückenteil

74 (78/82) M mit Nadeln 9 mm anschlagen. Im Rippenmuster stricken, dabei in der **1. R (Rückr)** die M wie folgt einteilen: Knötchen-Randm, 1 M links, * 2 M rechts, 2 M links, ab * stets wiederholen, 2 M rechts, 1 M links, Knötchen-Randm. Nach 7 cm glatt rechts weiterarbeiten, dabei die Randm als Knötchen-Randm arbeiten.

In 60 (59/58) cm Gesamthöhe beidseitig den Beginn der Armausschnitte markieren und für die überschnittenen Schultern beidseitig betonte Zunahmen arbeiten: 1x je 1 M zunehmen, dann noch 3x abwechselnd in jeder 8. und 10. R (3x in jeder 10. R / 3x in jeder 10. R) je 1 M betont zunehmen = 82 (86/90) M.

In 22 (23/24) cm Armausschnitthöhe für die Schulterschräge beidseitig 4 (4/5) M abketten, dann in jeder 2. R 3x 4 M und 3x 5 M (1x 4 M und 5x 5 M/6x 5 M) beidseitig abketten.

In 88 cm Gesamthöhe für den Halsausschnitt die mittleren 16 M abketten, dann in der folgenden 2. R 1x 2 M abketten.

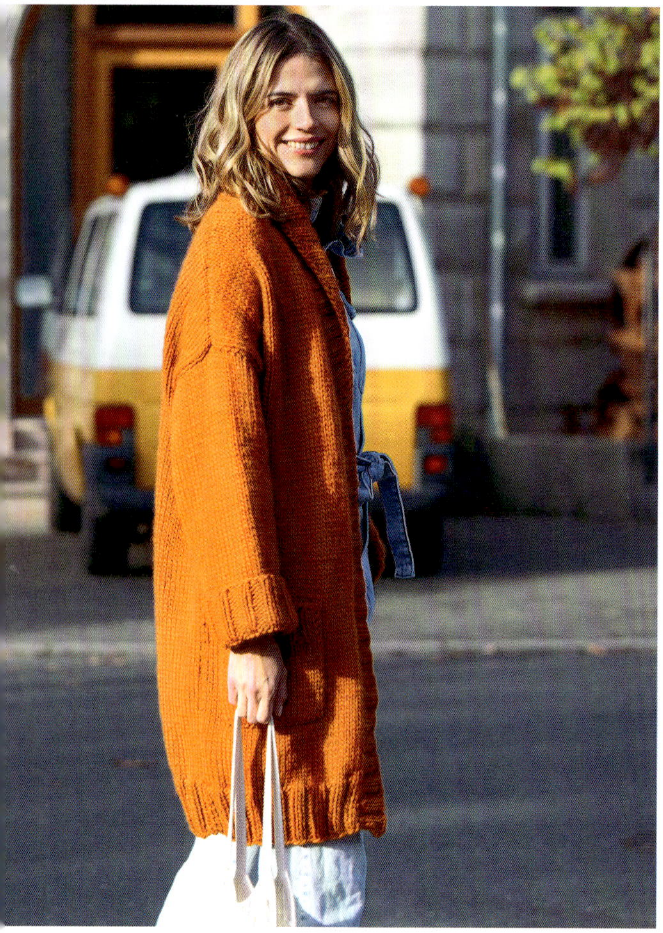

Linkes Vorderteil

35 (39/43) M mit Nadeln 9 mm anschlagen und im Rippenmuster stricken, dabei in der **1. R (Rückr)** die M wie folgt einteilen: Ketten-Randm, 2 M links, * 2 M rechts, 2 M links, ab * stets wiederholen, 2 M rechts, 1 M links, Knötchen-Randm. Nach 7 cm in der letzten Rückr verteilt 0 (2/4) M abnehmen = 35 (37/39) M. Glatt rechts weiterarbeiten, dabei die Randm am Seitenrand als Knötchen-Randm, am Verschlussrand als Ketten-Randm arbeiten.

In 60 (59/58) cm Gesamthöhe am linken Rand für die Ausschnittschräge betonte Abnahmen arbeiten: 1x 1 M, dann noch 7x in jeder 6. R 1 M betont abnehmen. Gleichzeitig am rechten Rand den Beginn des Armausschnittes markieren. Die Zunahmen für die überschnittenen Schultern und die Abnahmen für die Schulterschräge wie beim Rückenteil arbeiten.

Rechtes Vorderteil

Wie das linke Vorderteil, jedoch gegengleich arbeiten.

Ärmel

38 M mit Nadeln 9 mm anschlagen. Im Rippenmuster stricken, dabei in der **1. R (Rückr)** die M wie beim Rückenteil einteilen. Nach 7 cm glatt rechts weiterarbeiten. In 14 cm Gesamthöhe für die Ärmelschräge beidseitig je 1 M zunehmen, dann 1x in der folgenden 8. R und 6x in jeder 6. R (7x in jeder 6. R und 1x in der folgenden 4. R / 9x abwechselnd in jeder 4. und 6. R) je 1 M zunehmen = 54 (56/58) M. In 45 cm Gesamthöhe alle M abketten. Den 2. Ärmel ebenso arbeiten.

Tasche (2x)

20 M mit Nadeln 9 mm anschlagen. Glatt rechts stricken, dabei die Randm als Knötchen-Randm arbeiten. Nach 12 cm im Rippenmuster weiterstricken, dabei in der 1. R (Hinr) die M wie folgt einteilen: Knötchen-Randm, * 2 M rechts, 2 M links, ab * stets wiederholen, 2 M rechts, Knötchen-Randm. Nach 5 cm die M abketten, wie sie erscheinen.

Ausarbeiten

Die Teile spannen, anfeuchten und trocknen lassen. Die Schulternähte schließen. Aus den Verschlussrändern der Vorderteile je 77 M, aus den Ausschnittschrägen je 40 M und aus dem rückwärtigen Halsausschnitt 22 M wie folgt auffassen: * 3x aus jeder R je 1 M, 1x 1 M aus der folgenden 2. R (= aus 5 R 4 M auffassen), ab * stets wiederholen = insgesamt 256 M. Mit der Rundstricknadel 9 mm in offener Arbeit im Rippenmuster stricken, dabei in der 1. R (Rückr) die M wie folgt einteilen: Ketten-Randm, 2 M links, * 2 M rechts, 2 M links, ab * stets wiederholen, Ketten-Randm, dabei in der 1. R (Rückr) alle M verschränkt abstricken.

Nach 5 R über alle M für den Schalkragen die mittleren 102 M markieren und über diese M

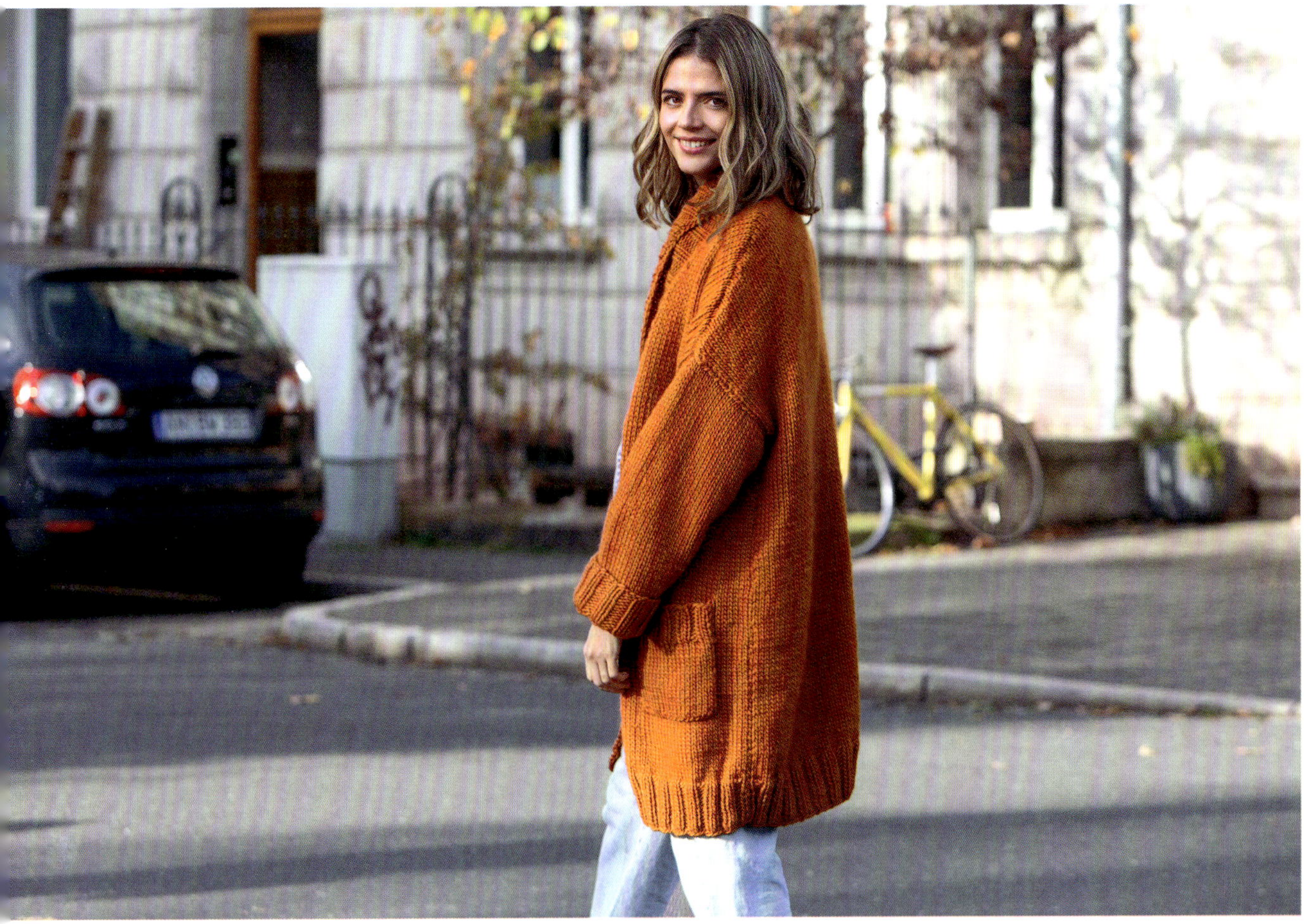

von nun an in verkürzten R wie folgt arbeiten: **1. R (Hinr):** 77 M Verschlussblende und 100 M Kragen stricken, 1 Umschlag auf die rechte Nadel nehmen, 98 M stricken, Arbeit wenden. **2. R (Rückr):** 1 Umschlag auf die rechte Nadel nehmen, 96 M stricken, Arbeit wenden. **3. R (Hinr):** 1 Umschlag auf die rechte Nadel nehmen, 94 M stricken, Arbeit wenden. **4. R (Rückr):** 1 Umschlag auf die rechte Nadel nehmen, 92 M stricken, Arbeit wenden. Das Prinzip der 3. und 4. R wiederholen und dabei in jeder 2. R noch 2x 2 M, 8x 3 M und 2x 4 M beidseitig stilllegen. Danach 1 R über alle 256 M stricken, dabei alle M abketten, wie sie erscheinen, und die Umschläge der verkürzten R mustergemäß mit der M davor bzw. mit der folgenden M rechts bzw. rechts verschränkt oder links bzw. links verschränkt zusammenstricken. Die fertige Blendenbreite beträgt dabei ca. 5 cm.

Die Taschen entsprechend der Schnittzeichnung auf die Vorderteile nähen. Die Ärmel beidseitig der Schulternaht über eine Länge von je 22 (23/24) cm annähen. Die Seiten- und Ärmelnähte schließen, dabei die Ärmelnähte für den Aufschlag ab Anschlag 12 cm hoch mit der Naht nach außen schließen. Die Druckknöpfe auf der Innenseite der rechten Verschlussblende und auf der Außenseite der linken Verschlussblende annähen: Den 1. Druckknopf am Beginn der Ausschnittschräge, die restlichen 2 Druckknöpfe im Abstand von je ca. 7 Rippen annähen. Zur Stabilisierung der Schulternaht und des rückwärtigen Halsausschnittes mit Häkelnadel 5 mm 1 R Kettm von einer Schulter über den Halsausschnitt bis zur nächsten Schulter häkeln, dabei die Schnittmaße einhalten.

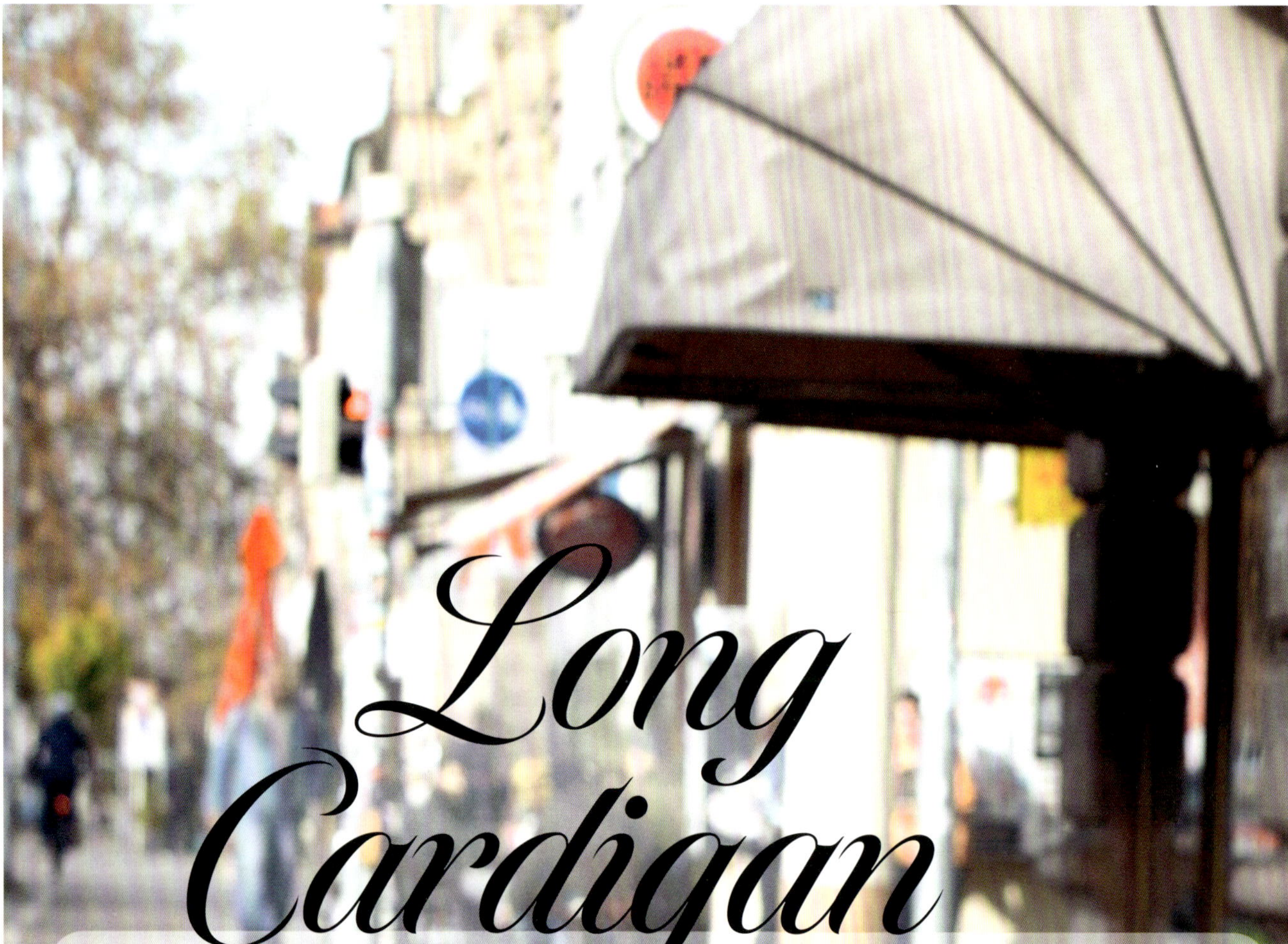

Long Cardigan

Größe 36/38, 40/42 und 44
Die Angaben für die Größen 40/42 und 44 stehen in Klammern. Ist nur eine Angabe gemacht, gilt diese für alle Größen.

Material
Woll Butt Primo Alpaka (70 % Alpaka, 30 % Polyamid, Lauflänge = 125 m/50 g): 800 (850/900) g Altrosa (Fb 99.102.906); Stricknadeln 3,5 mm und 4,5 mm, 4 Knöpfe von JIM KNOPF: Artikel 13474, Farbe 03 Braun, Ø 28 mm.

Rippenmuster
1 M rechts, 1 M links im Wechsel stricken.

Vollpatent
M-Zahl teilbar durch 2 + 1 + Randm. Siehe Strickschrift. Es sind Hin- und Rückr gezeichnet. Die M sind so dargestellt, wie sie gestrickt werden. Die 1. – 4. R 1x arbeiten, dann die 3. und 4. R stets wiederholen.

Tunnelpatent
Gerade M-Zahl. **1. R:** * 1 M rechts, 1 M links, ab * stets wiederholen. **2. R:** * 1 M rechts, 1 M wie zum Linksstricken abheben, dabei den Faden vor der Arbeit führen, ab * stets wiederholen. **3. R:** * 1 M rechts, 1 M wie zum Linksstricken abheben, dabei den Faden vor der Arbeit führen, ab * stets wiederholen. Die 2. und 3. R stets wiederholen.

Knötchen-Randm
Die Randm in Hin- und Rückr rechts stricken.

Betonte Abnahmen (über je 16 M)
Rechter Rand: 12 M Tunnelpatent, 1 M mit Umschlag wie zum Linksstricken abheben,

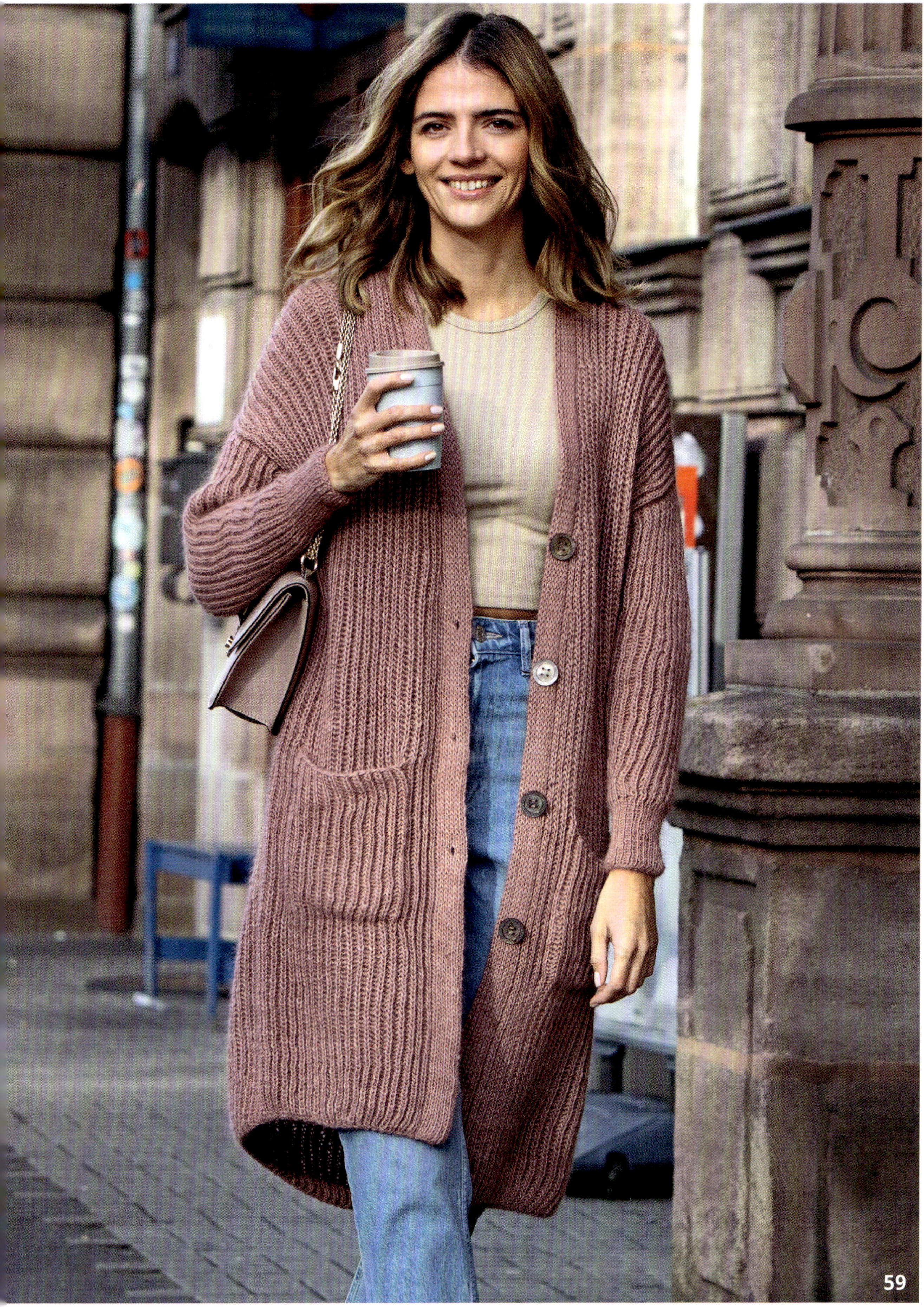

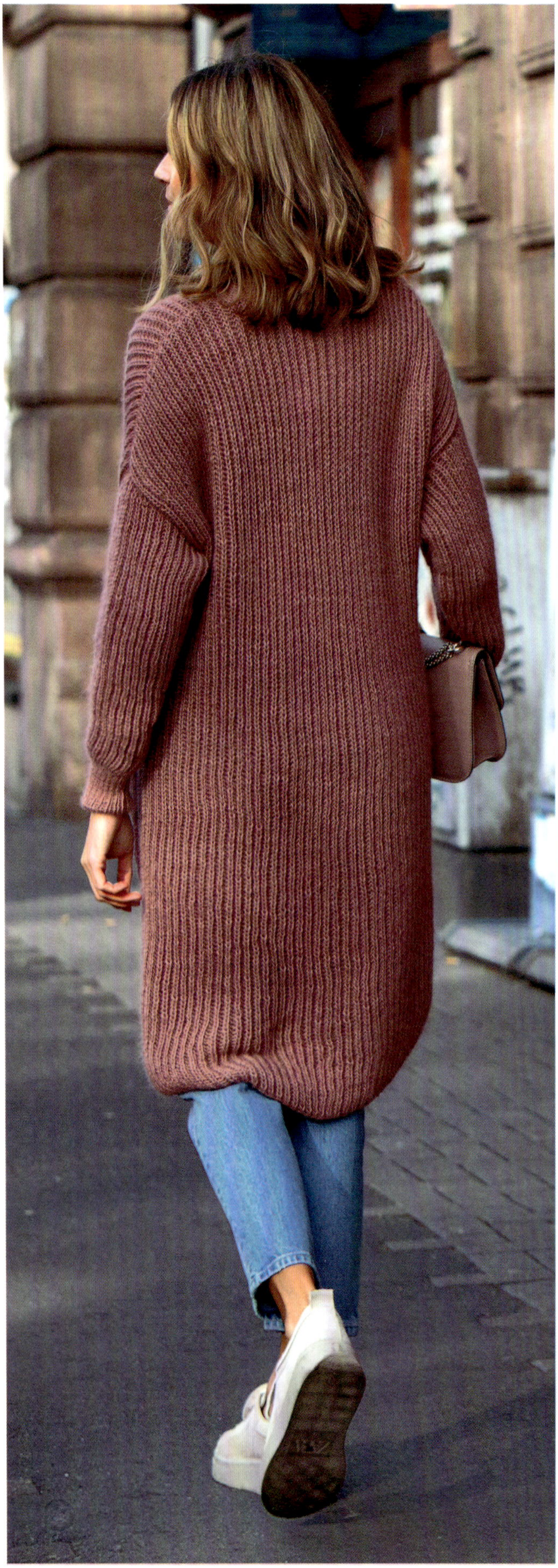
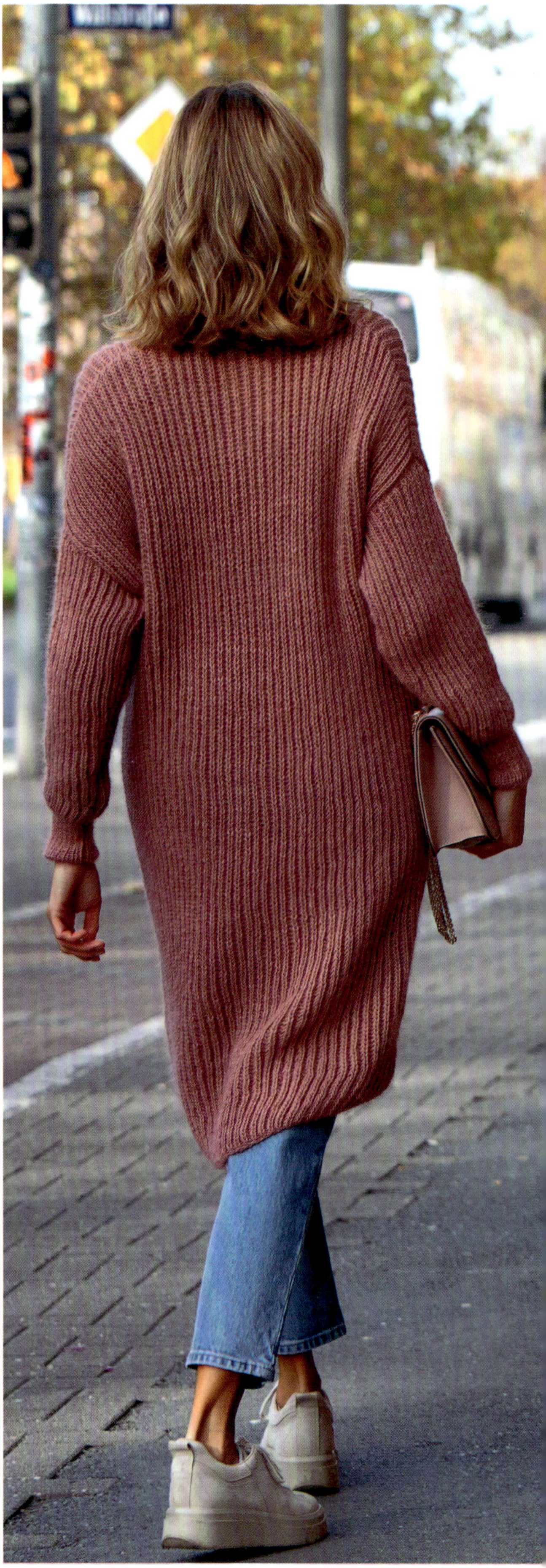

3 M rechts zusammenstricken. Linker Rand: 1 doppelter Überzug (= 1 rechte Patent-M wie zum Rechtsstricken abheben, die folgenden 2 M rechts zusammenstricken, dann die abgehobene M überziehen), 1 M mit Umschlag wie zum Linksstricken links abheben, 12 M Tunnelpatent.

Betonte Zunahmen (über je 5 M)
Rechter Rand: Knötchen-Randm, 3 M Vollpatent aus der folgenden rechten Patent-M 1 M rechts, 1 M links, 1 M rechts herausstricken. Linker Rand: Aus der rechten Patent-M 1 M rechts, 1 M links, 1 M rechts herausstricken, 3 M Vollpatent, Knötchen-Randm.

Maschenprobe

Vollpatent mit Nadeln 4,5 mm: 16 M und 42 R = 10 cm x 10 cm.

Hinweis

In der letzten R vor dem Abketten keine Umschläge mehr arbeiten.

Anleitung

Rückenteil

95 (101/107) M mit Nadeln 4,5 mm anschlagen und gleich im Vollpatent stricken: Knötchen-Randm, im Vollpatent nach der Strickschrift arbeiten, dazu den Rapport stets wiederholen und mit der M nach dem linken Pfeil enden, Knötchen-Randm. In 60 (59/58) cm Gesamthöhe beidseitig den Beginn der Armausschnitte markieren und gleichzeitig für die überschnittenen Schultern beidseitig 1x 2 M zunehmen, dann in der folgenden 32. R 1x 2 M und in der folgenden 30. R 1x 2 M (in jeder 32. R 2x 2 M / in jeder 34. R 2x 2 M) beidseitig zunehmen, dabei betonte Zunahmen arbeiten = 107 (113/119) M.

In 22 (23/24) cm Armausschnitthöhe für die Schulterschräge beidseitig 1x 2 M abketten, dann in jeder 2. R 11x 2 M und 5x 3 M (in jeder 2. R 8x 2 M und 8x 3 M / in jeder 2. R 5x 2 M und 11x 3 M) beidseitig abketten. Gleichzeitig in 88 cm Gesamthöhe für den Halsausschnitt die mittleren 17 M abketten und die beiden Seiten getrennt fertigstellen. Dafür in jeder 2. R 2x 2 M und 2x 1 M abnehmen.

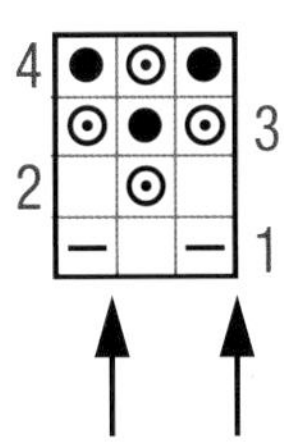

Rapport = 2 Maschen

Zeichenerklärung

□ = 1 M rechts
– = 1 M links
⊙ = 1 M mit 1 Umschlag wie zum Linksstricken abheben
● = die M und den Umschlag der Vor-R rechts zusammenstricken

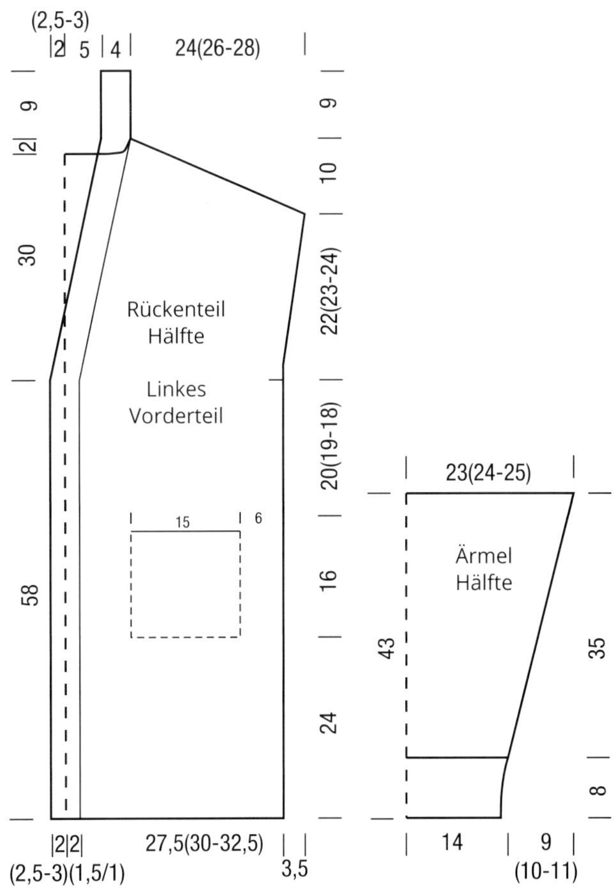

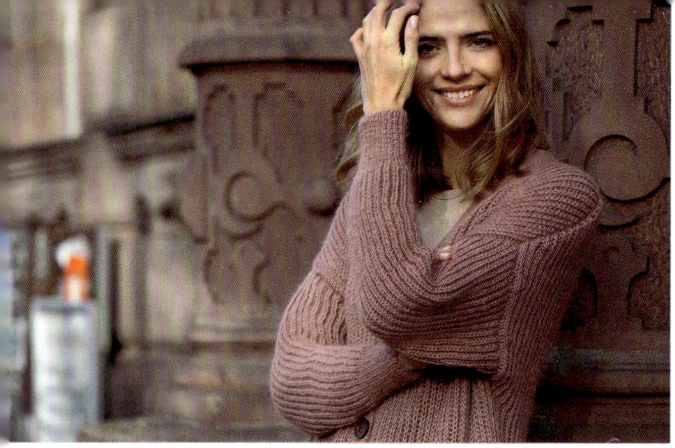

Linkes Vorderteil

Zuerst für den Taschenbeutel 27 M mit Nadeln 4,5 mm anschlagen und gleich im Vollpatent stricken, hierbei mit einer Rückr beginnen. Die Randm als Knötchen-Randm stricken. In 16 cm Gesamthöhe die M stilllegen.

Nun für das linke Vorderteil 56 (60/64) M mit Nadeln 4,5 mm anschlagen und in folgender Einteilung stricken: Knötchen-Randm, 43 (47/51) M Vollpatent nach der Strickschrift arbeiten (den Rapport 21x (23x/25x) arbeiten und mit der M nach dem linken Pfeil enden), 12 M Tunnelpatent.

In 40 cm Gesamthöhe in der folgenden Hinr für den Tascheneingriff wie folgt arbeiten: Knötchen-Randm, 9 (11/13) M Vollpatent, 25 M abketten, wie sie erscheinen, 9 (11/13) M Vollpatent, 12 M Tunnelpatent. In der folgenden Rückr den Taschenbeutel in die Arbeit einfügen, dabei die aufeinandertreffenden Randm zusammenstricken.

In 60 (59/58) cm Gesamthöhe am rechten Rand den Beginn des Armausschnittes markieren, die Zunahmen für die überschnittene Schulter und nach 22 (23/24) cm Armausschnitthöhe die Schulterschräge wie beim Rückenteil arbeiten.

In 58 cm Gesamthöhe für die Ausschnittschräge betonte Abnahmen arbeiten: Am linken Rand 1x 2 M, dann noch 2x in jeder 26. R und 2x in jeder 28. R (4x in jeder 22. R und 1x in der folgenden 26. R / 4x in jeder 22. R und 1x in der folgenden 26. R) je 2 M betont abnehmen.

In 90 cm Gesamthöhe sind nach den Abnahmen für die Schulterschräge noch 13 (12/13) M auf der Nadel. Mit den 12 M wie zuvor im Tunnelpatent weiterstricken, die 13. M an der Schulterseite als Knötchen-Randm stricken (zu den 12 M Tunnelpatent an der Schulterseite 1 M als Randm zunehmen und als Knötchen-Randm stricken/mit den 12 M wie zuvor im Tunnelpatent weiterstricken, die 13. M an der Schulterseite als Knötchen-Randm stricken). Für die Halsblende noch 9 cm stricken, dann alle M abketten, wie sie erscheinen.

Rechtes Vorderteil

Wie das linke Vorderteil, jedoch gegengleich arbeiten und in die Verschlussblende wie folgt 4 senkrechte Knopflöcher einstricken: Nur über die 1. – 6. M 4 R im Tunnelpatent stricken, die restlichen M so lange stilllegen. Dann die 1. – 6. M stilllegen und über die zuvor stillgelegten M ebenfalls 4 R stricken. Jetzt wieder über alle M weiterarbeiten. Das 1. Knopfloch in 32 cm Gesamthöhe einstricken, die restlichen 3 Knopflöcher im Abstand von je 11 cm einstricken.

Ärmel

45 M mit Nadeln 3,5 mm anschlagen. Im Rippenmuster stricken, dabei in der **1. R (Rückr)** die M wie folgt einteilen: Knötchen-Randm, * 1 M rechts, 1 M links, ab * stets wiederholen, 1 M rechts, Knötchen-Randm. Nach 8 cm mit Nadeln 4,5 mm im Vollpatent weiterarbeiten: Knötchen-Randm, nach der Strickschrift den Rapport 21x arbeiten und mit der M nach dem linken Pfeil enden, Knötchen-Randm. Für die Ärmelschräge betonte Zunahmen arbeiten: Beidseitig in der 9. (11./15.) R 1x 2 M zunehmen, dann 6x in jeder 20. R (5x in jeder 18. R und noch 2x in jeder 16. R / 8x abwechselnd in jeder 14. und 16. R) je 2 M betont zunehmen = 73 (77/81) M.

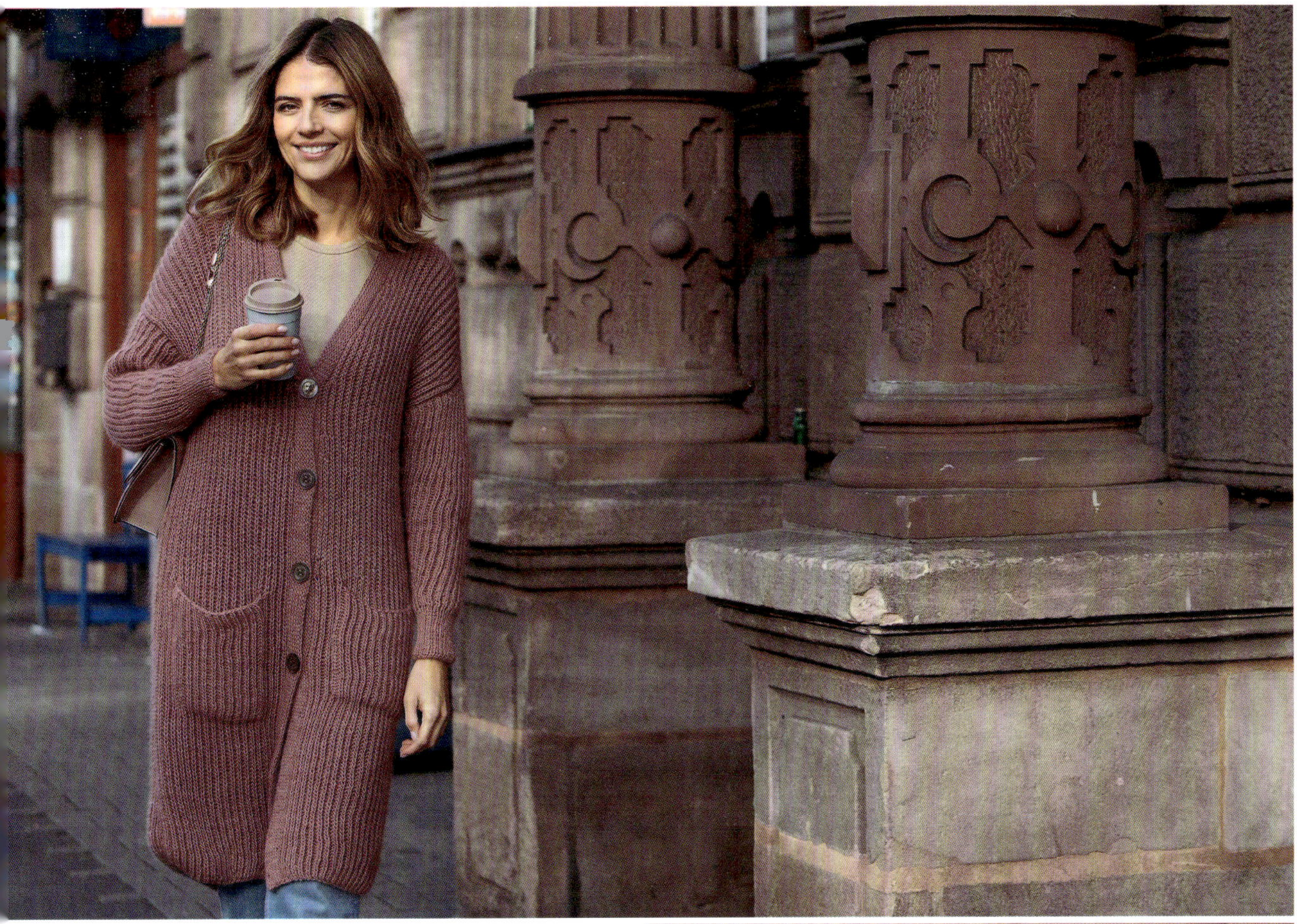

In 43 cm Gesamthöhe alle M abketten. Den 2. Ärmel ebenso arbeiten.

Ausarbeiten
Die Schulternähte schließen. Die Schmalseiten der Halsblenden miteinander verbinden und die Halsblende in den rückwärtigen Halsausschnitt einnähen. Die Taschenbeutel gegen die Vorderteile nähen. Dann die Ärmel beidseitig der Schulternaht über eine Länge von je 22 (23/24) cm annähen. Die Seiten- und Ärmelnähte schließen und die Knöpfe annähen.

Tipp: Vollpatent und Halbpatent dehnen sich leicht aus. Um zu verhindern, dass Schultern und Halsausschnitt zu sehr auslängen, behäkeln Sie mit einer Häkelnadel 3,5 – 4 mm die Schulternähte und den rückwärtigen Halsausschnitt gemäß den Maßen in der Schnittzeichnung mit 1 R Kettm.

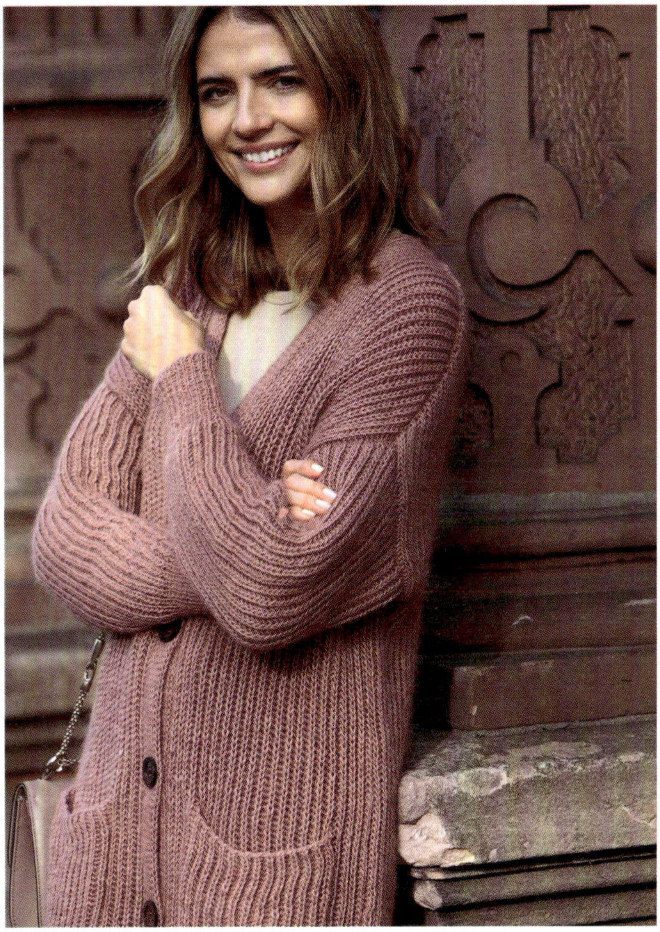

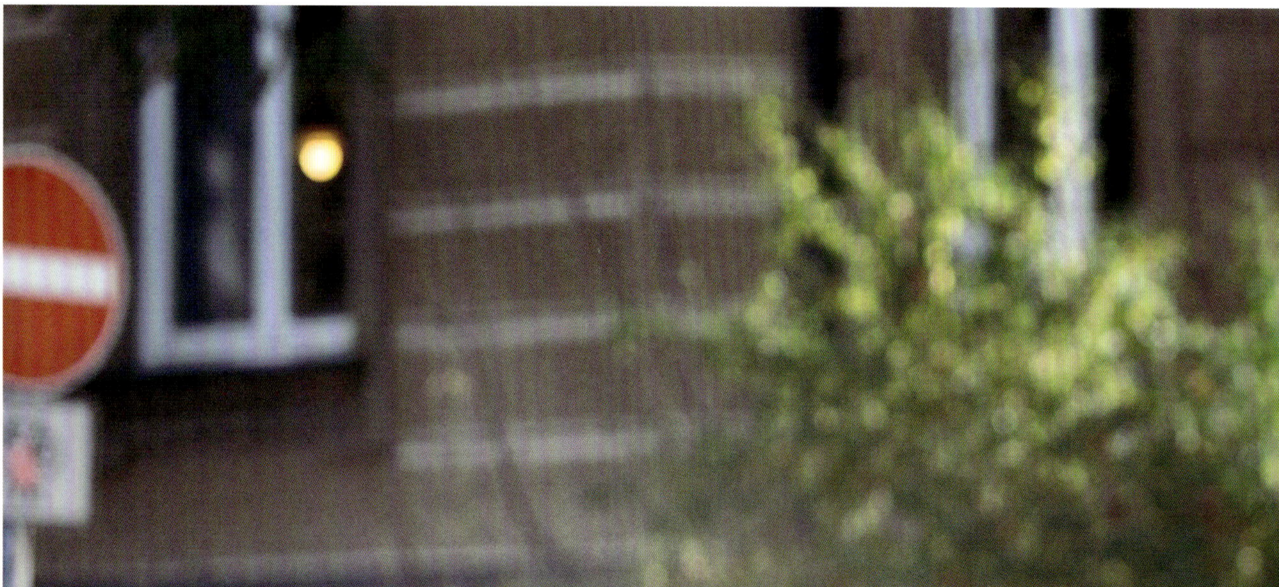

Wrap in Cardigan

Größe 36/38, 40/42 und 44
Die Angaben für die Größen 40/42 und 44 stehen in Klammern. Ist nur eine Angabe gemacht, gilt diese für alle Größen.

Material
Junghans-Wolle Wool-Cotton (74 % Baumwolle, 26 % Schurwolle, Lauflänge = 125 m/50 g): 450 (500/550) g Camel (Fb 137-684); Stricknadeln 3,5 mm und 4,5 mm, je eine 80 cm und eine 100 cm lange Rundstricknadel 4,5 mm, eine Häkelnadel 3,5 mm und eine Zopfnadel.

Rippenmuster
1 M rechts, 1 M links im Wechsel stricken.

Glatt rechts
Hinr rechts, Rückr links stricken.

Glatt links
Hinr links, Rückr rechts stricken.

Zopf (über 9 M)
Siehe Strickschrift. Dargestellt sind nur die Hinr. In den Rückr alle M links stricken. Die 1. – 8. R stets wiederholen.

Tunnelpatent
Gerade M-Zahl. **1. R:** * 1 M rechts, 1 M links, ab * stets wiederholen. **2. R:** * 1 M rechts, 1 M wie zum Linksstricken abheben, dabei den Faden vor der Arbeit führen, ab * stets wiederholen. **3. R:** * 1 M rechts, 1 M wie zum Linksstricken abheben, dabei den Faden vor der Arbeit führen, ab * stets wiederholen. 1x die 1. – 2. R stricken, dann die 2. und 3. R stets wiederholen.

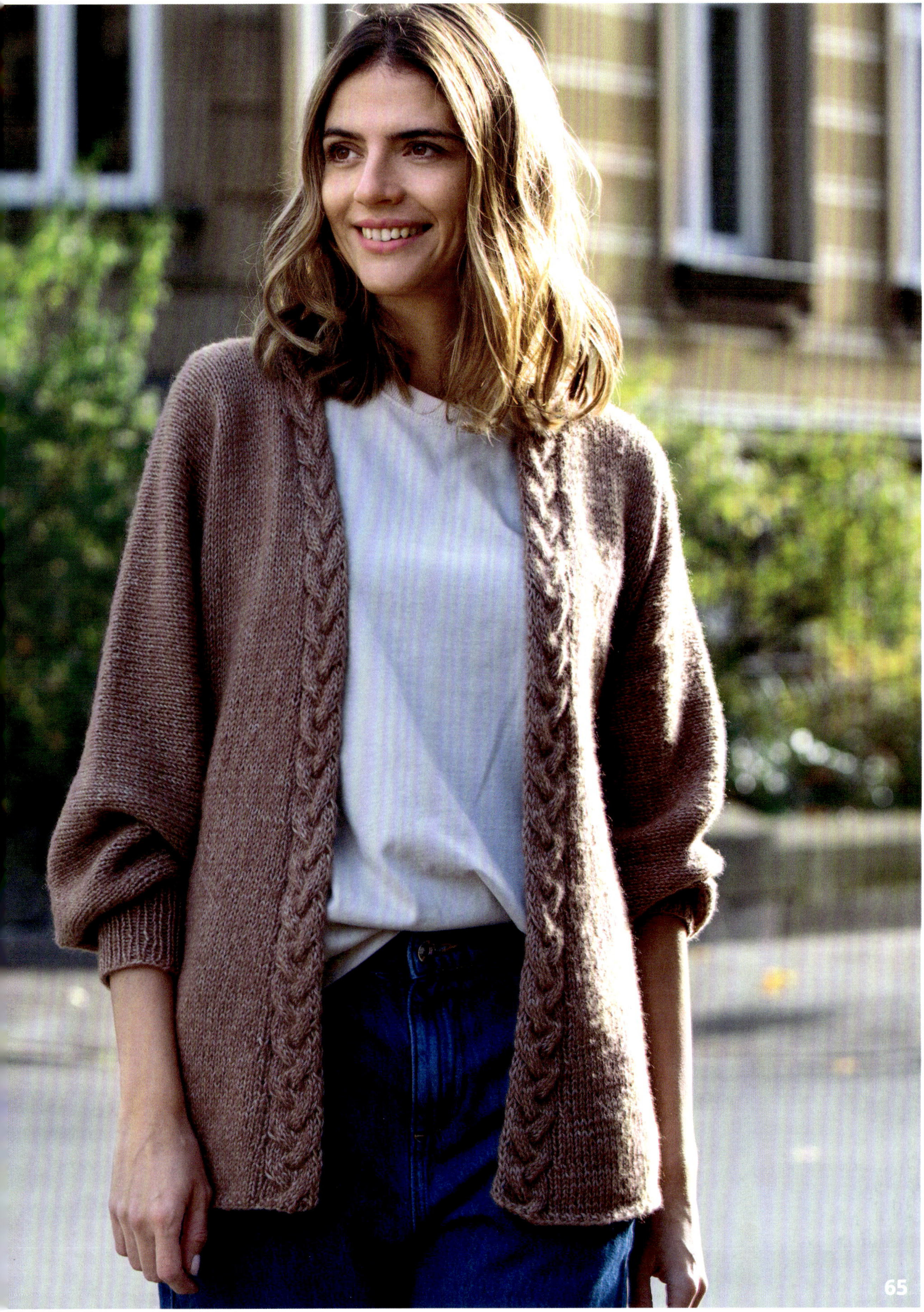

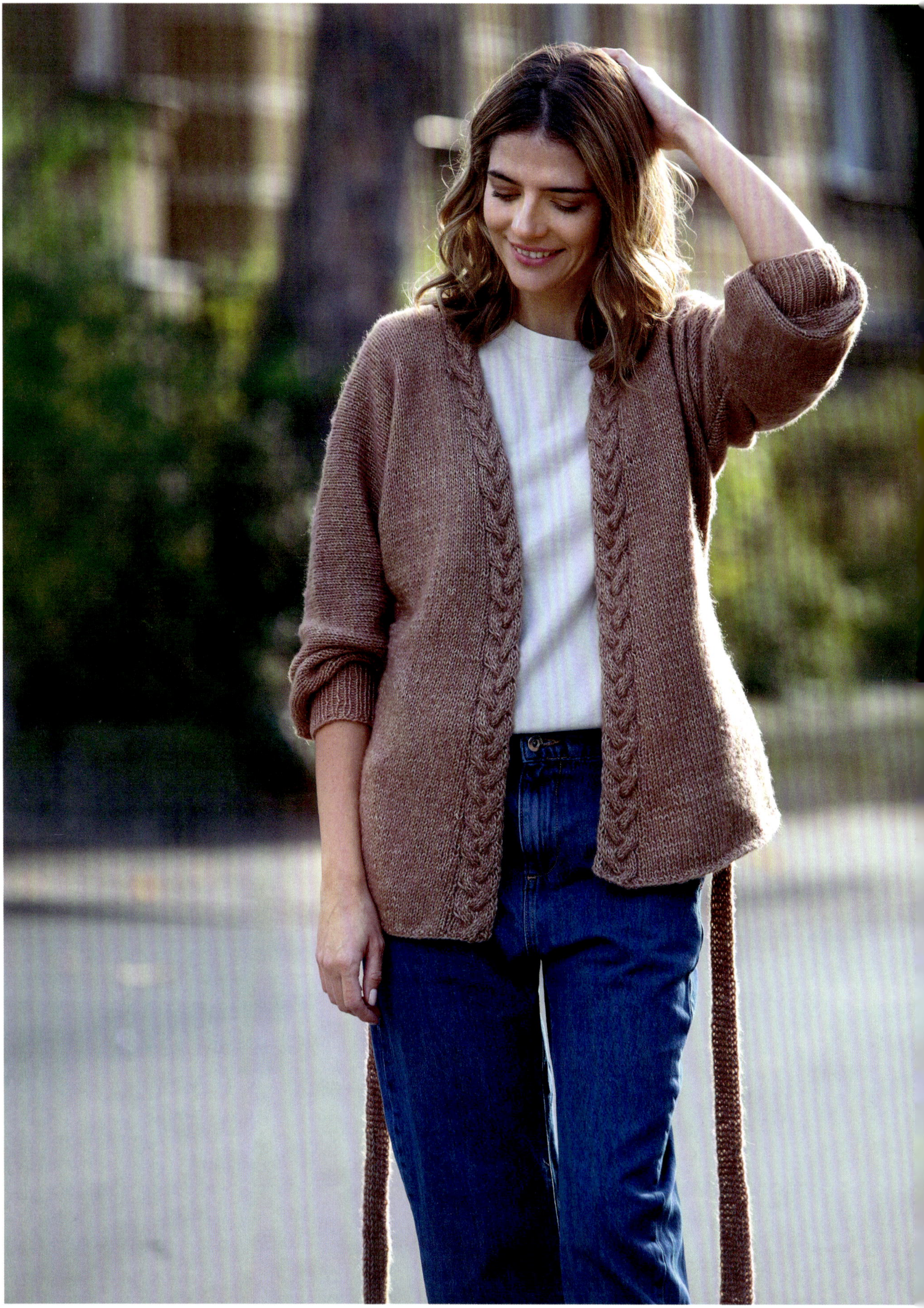

Knötchen-Randm

Die Randm in Hin- und Rückr rechts stricken.

Doppelte Randm

In den Hinr: Am Anfang der R die 1. M wie zum Linksstricken abheben, dabei den Faden hinter der Arbeit führen und fest anziehen, 1 M rechts stricken. Am Ende der R die vorletzte M rechts stricken, die letzte M wie zum Linksstricken abheben, dabei den Faden hinter der Arbeit führen.

In den Rückr: Am Anfang der R die 1. M links stricken, die folgende M wie zum Linksstricken abheben, dabei den Faden vor der Arbeit führen und fest anziehen. Am Ende der R die vorletzte M wie zum Linksstricken abheben, dabei den Faden vor der Arbeit führen, die letzte M links stricken.

Betonte Abnahmen (über je 14 M)
Rechter Rand: Doppelte Randm, 9 M Zopf, 1 M links, 2 M rechts zusammenstricken. Linker Rand: 1 einfacher Überzug (= 1 M wie zum Rechtsstricken abheben, die folgende M rechts stricken, dann die abgehobene M überziehen), 1 M links, 9 M Zopf, doppelte Randm.

Maschenprobe

Glatt rechts mit Nadeln 4,5 mm: 16 M und 24 R = 10 cm x 10 cm.

Hinweis: Rücken- und Vorderteil werden in einem Stück über die Schulter hinweg gestrickt. Man beginnt an den Vorderteilen. Die Pfeile in der Schnittzeichnung geben die Strickrichtung an.

Anleitung

Linkes Vorderteil

56 (59/62) M mit Nadeln 4,5 mm anschlagen und in der **1. R (Rückr)** im Rippenmuster stricken, dabei die Randm als Knötchen-Randm stricken. In der folgenden Hinr die M wie folgt einteilen: Knötchen-Randm, 43 (46/49) M glatt rechts, 1 M glatt links, 9 M Zopf, doppelte Randm. Die doppelten Randm locker arbeiten, damit sich der Rand in der Höhe nicht zusammenzieht.

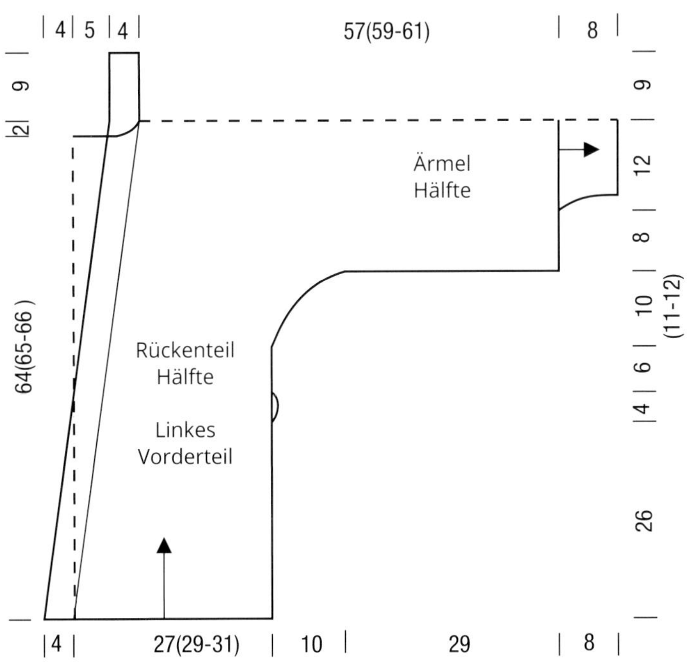

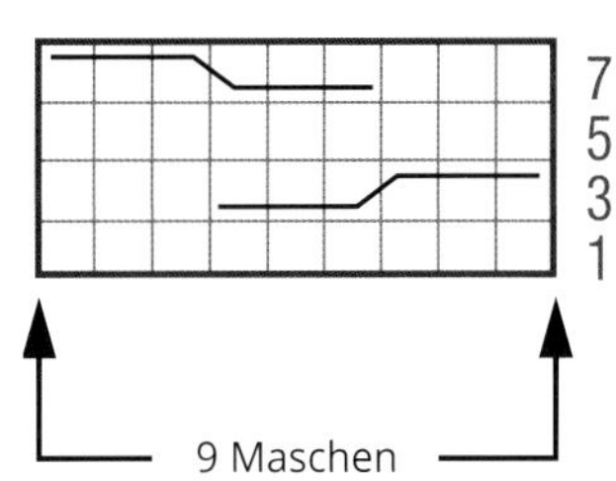

Zeichenerklärung

□ = 1 M rechts

= 3 M auf 1 Zopfnadel vor die Arbeit legen, 3 M rechts stricken, dann die M der Zopfnadel rechts stricken

= 3 M auf 1 Zopfnadel hinter die Arbeit legen, 3 M rechts stricken, dann die M der Zopfnadel rechts stricken

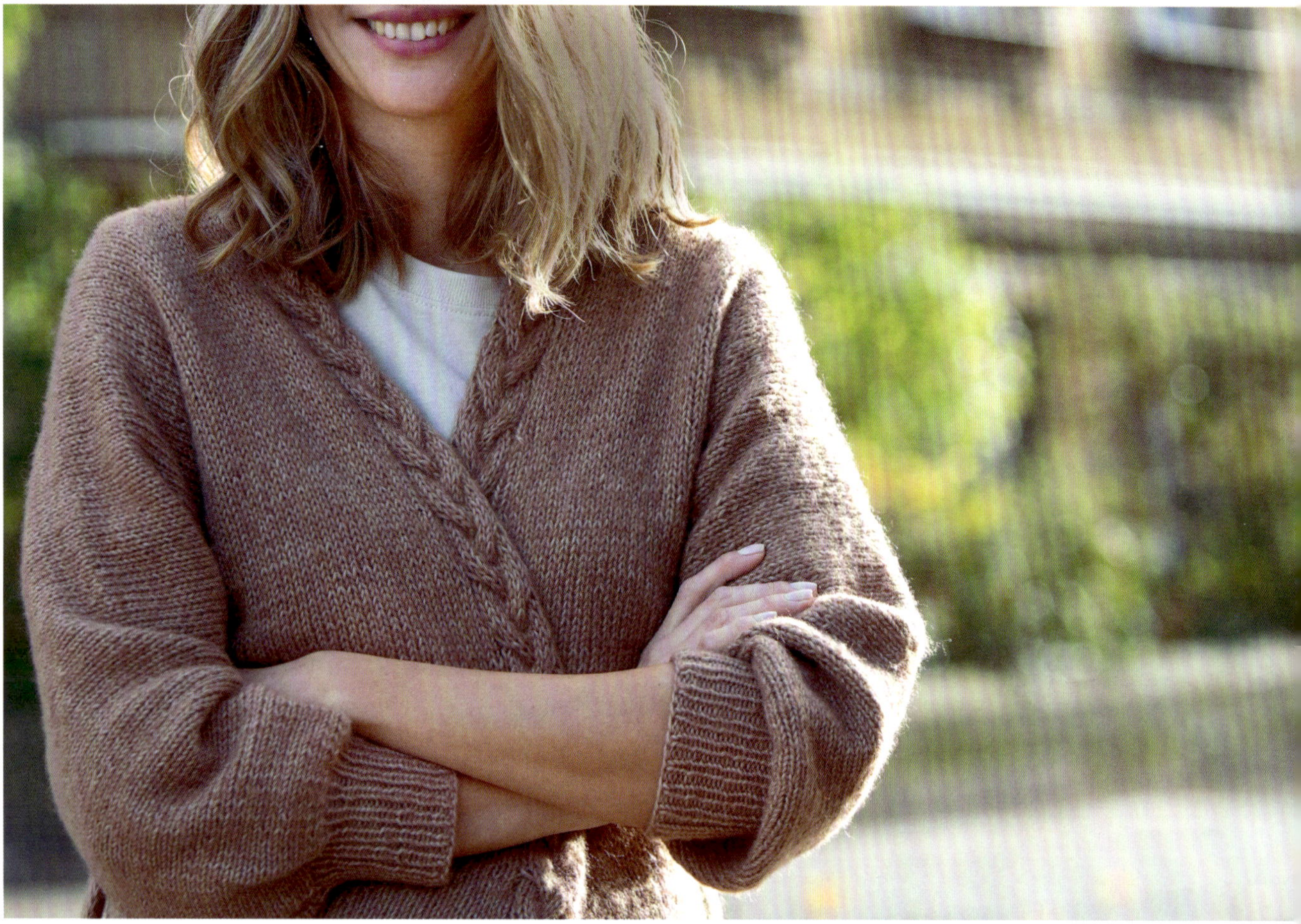

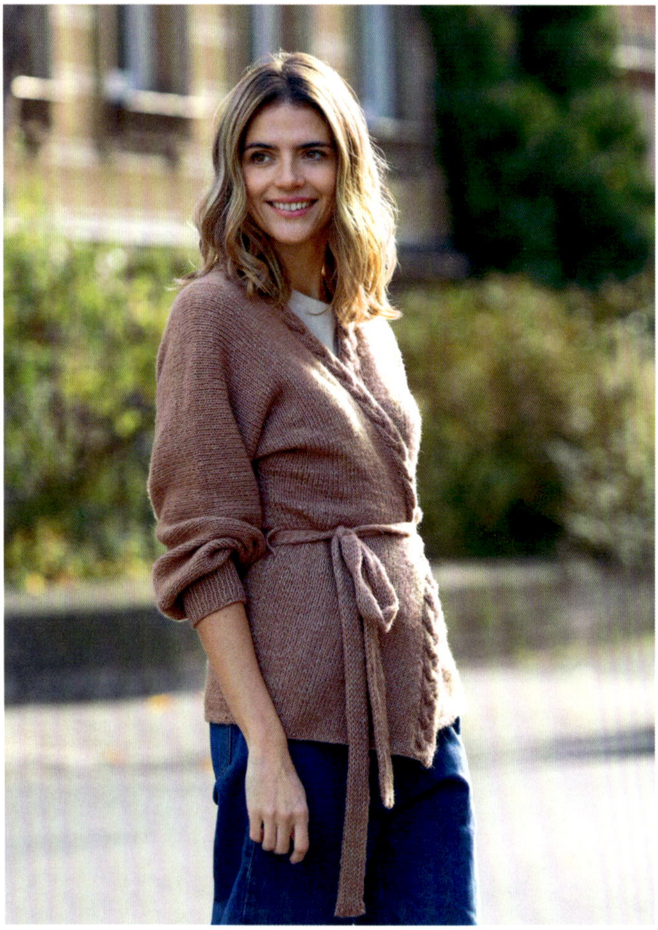

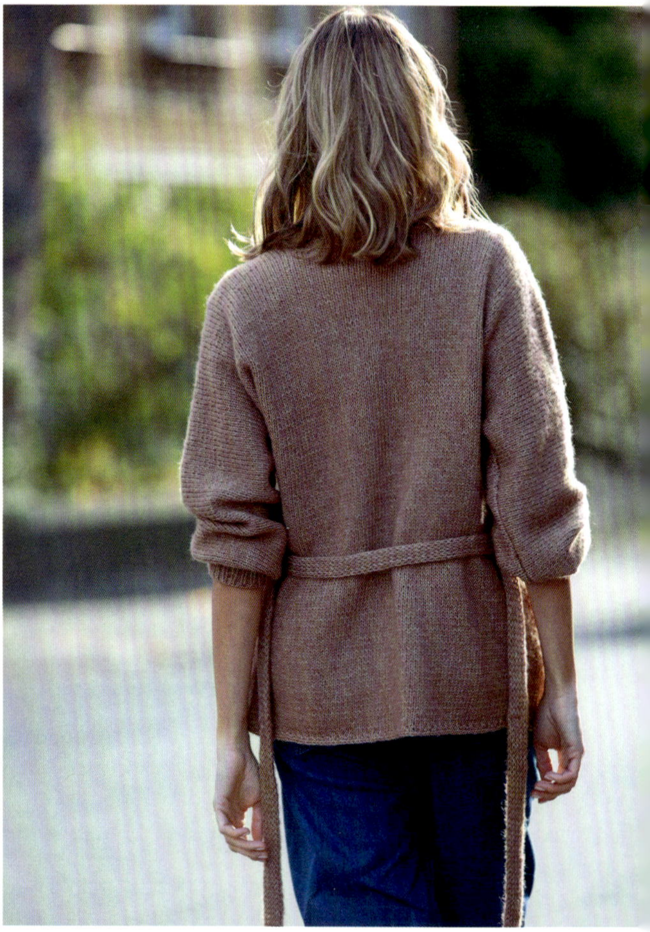

Für die Ausschnittschräge betonte Abnahmen arbeiten: Am linken Rand 1x in der 11. R, dann noch 13x in jeder 10. R je 1 M betont abnehmen. Gleichzeitig in 36 cm Gesamthöhe für den Ärmel am rechten Rand 1 M zunehmen, dann in jeder 2. R noch 5x 1 M und 5x (6x/7x) 2 M zunehmen, anschließend 1x 46 (44/42) M dazu anschlagen. Die zugenommenen M glatt rechts stricken.

In 66 (67/68) cm Gesamthöhe ist die Schulterlinie erreicht und es sind 104 (107/110) M auf der Nadel. Die Schulterlinie markieren. Am linken Rand 1x 12 M stilllegen. Mit den restlichen 92 (95/98) M glatt rechts weiterstricken und für den rückwärtigen Halsausschnitt in der folgenden Hinr am linken Rand 1x 2 M dazu anschlagen = 94 (97/100) M. Noch 1 Rückr linke M stricken, dann alle M stilllegen.

Rechtes Vorderteil
Wie das linke Vorderteil, jedoch gegengleich arbeiten.

Rückenteil
Die je 94 (97/100) stillgelegten M beider Vorderteile auf die 80 cm lange Rundstricknadel 4,5 mm nehmen und für den rückwärtigen Halsausschnitt zwischen beiden Teilen 24 M anschlagen = 212 (218/224) M. Glatt rechts weiterarbeiten, die Randm beidseitig als Knötchen-Randm arbeiten.

Nach 20 cm ab der markierten Schulterlinie für die Ärmel beidseitig 1x 46 (44/42) M abketten, dann in jeder 2. R 5x (6x/7x) 2 M und 6x (5x/6x) 1 M beidseitig abnehmen = 88 (94/100) M. Geradeaus weiterstricken.

In 66 (67/68) cm Höhe ab der markierten Schulterlinie noch 1 R Rippenmuster stricken. Dann alle M abketten, wie sie erscheinen.

Gürtel
10 M mit Nadeln 4,5 mm anschlagen und im Tunnelpatent stricken. In 170 (176/182) cm Gesamtlänge die M abketten, wie sie erscheinen.

Ausarbeiten
Für die Halsblende die stillgelegten 12 M des linken Vorderteils mit Nadeln 4,5 mm wieder in Arbeit nehmen und an der Schulterseite 1 M als Randm zunehmen. Die zugenommene Randm als Knötchen-Randm stricken. In dieser Einteilung 9 cm stricken, dann die M abketten. Am rechten Vorderteil die Halsblende gegengleich stricken. Die Schmalseiten beider Halsblenden miteinander verbinden und in den rückwärtigen Halsausschnitt einnähen.

Die Jacke anfeuchten und trocknen lassen. Aus den Ärmelrändern je 58 M auffassen. Mit Nadeln 3,5 mm im Rippenmuster stricken, dabei in der 1. R verteilt 20 M abnehmen = 38 M. Nach 8 cm Rippenmuster alle M abketten, wie sie erscheinen. Die Seiten- und Ärmelnähte schließen.

Für die Gürtelschlaufen an jeder Seitennaht 36 (37/38) cm ab Schulterlinie mit der Häkelnadel 3,5 mm den Faden anschlingen, 10 Luftm häkeln und 4 cm unterhalb der Anschlingstelle mit 1 Kettm in die Seitennaht die Arbeit beenden. Den Faden abschneiden und die Fäden vernähen. Den Gürtel durch die Gürtelschlaufen einziehen.

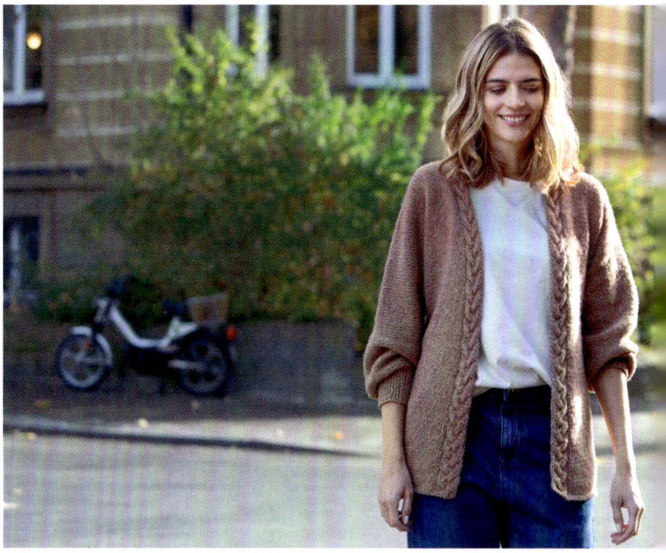

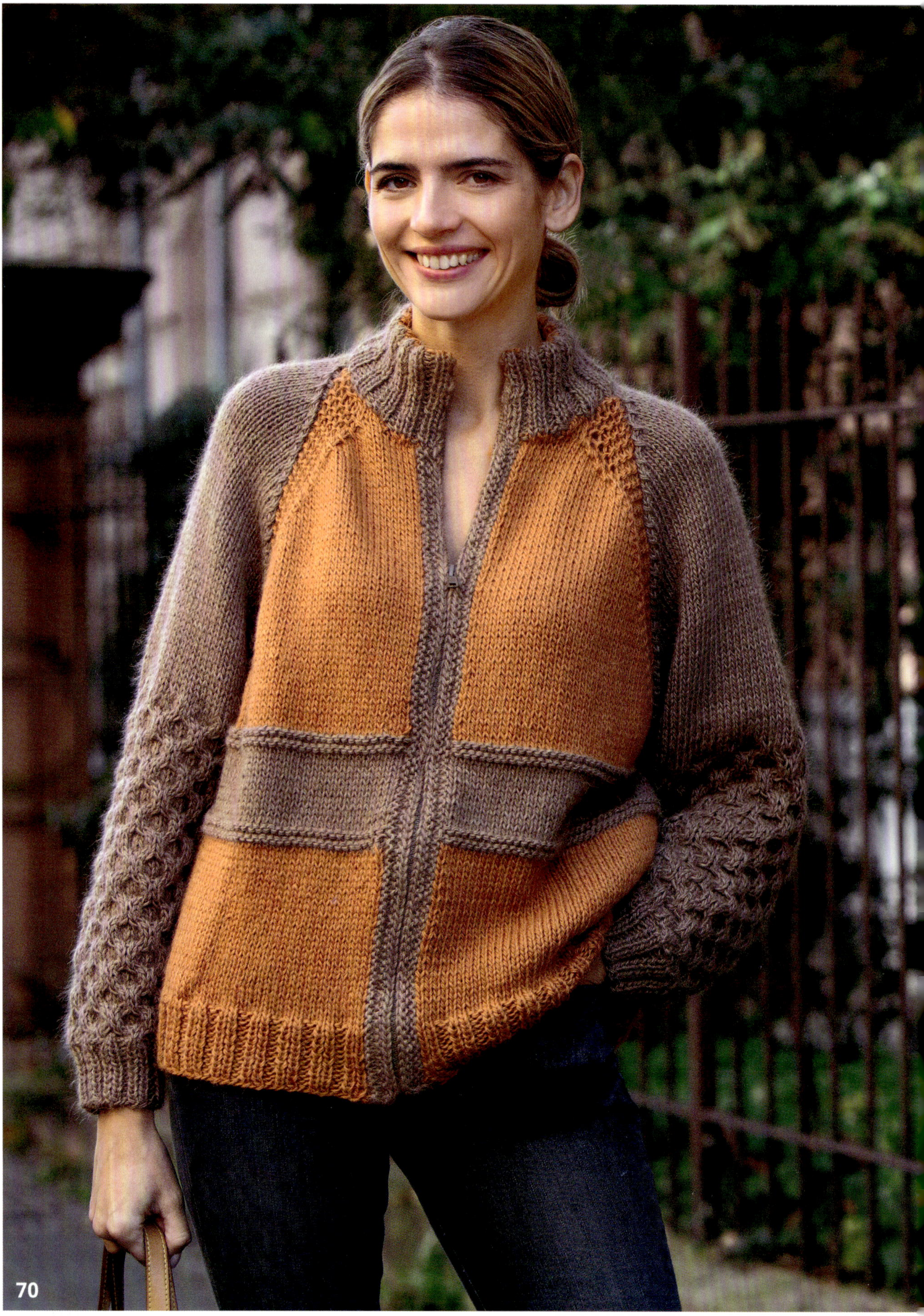

Cardigan mit Reißverschluss

Größe 36/38, 40/42 und 44
Die Angaben für die Größen 40/42 und 44 stehen in Klammern. Ist nur eine Angabe gemacht, gilt diese für alle Größen.

Material
Woll Butt Primo Alpaka (70 % Alpaka, 30 % Polyamid, Lauflänge = 125 m/50 g): 600 (650/700) g Hellbraun (Fb 99.102.903) und 450 (450/500) g Terra (Fb 99.102.905); Stricknadeln 5,5 mm und 6 mm, eine 60 cm lange Rundstricknadel 5,5 mm, eine Häkelnadel 5 mm, eine Zopfnadel; ein 60 cm langer, teilbarer Reißerschluss aus Kunststoff von YKK: Fb 563 Hellbraun passendes Nähgarn und eine Nähnadel.

Rippenmuster
2 M links, 2 M rechts im Wechsel stricken.

Glatt rechts
Hinr rechts, Rückr links stricken.

Kraus links
Hin- und Rückr links stricken.

Wabenmuster
M-Zahl teilbar durch 8 + Randm. Siehe Strickschrift. Dargestellt sind nur die Hinr. In den Rückr alle M links stricken. Die 1. – 8. R stets wiederholen.

Knötchen-Randm
Die Randm in Hin- und Rückr rechts stricken.

Betonte Abnahmen 1
Wenn 1 M abgenommen wird (über je 7 M): Rechter Rand: Knötchen-Randm, 4 M kraus

links, 2 M rechts zusammenstricken. Linker Rand: 1 einfacher Überzug (= 1 M rechts abheben, die folgende M rechts stricken, dann die abgehobene M überziehen), 4 M kraus links, Knötchen-Randm.

Wenn 2 M abgenommen werden (über je 8 M): Rechter Rand: Knötchen-Randm, 4 M kraus links, 3 M rechts zusammenstricken. Linker Rand: 1 doppelter Überzug (= 1 M rechts abheben, die folgenden 2 M rechts stricken, dann die abgehobene M überziehen), 4 M kraus links, Knötchen-Randm.

Betonte Abnahmen 2

Wenn 1 M abgenommen wird (über je 3 M): Rechter Rand: Knötchen-Randm, 2 M rechts zusammenstricken. Linker Rand: 1 einfacher Überzug (= 1 M rechts abheben, die folgende M rechts stricken, dann die abgehobene M überziehen), Knötchen-Randm.

Wenn 2 M abgenommen werden (über je 4 M): Rechter Rand: Knötchen-Randm, 3 M rechts zusammenstricken. Linker Rand: 1 doppelter Überzug (= 1 M rechts abheben, die folgenden 2 M rechts stricken, dann die abgehobenen M überziehen), Knötchen-Randm.

Betonte Zunahmen (über je 2 M)
Rechter Rand: Knötchen-Randm, 1 M rechts, aus dem Querfaden zur folgenden M 1 M rechts verschränkt herausstricken. Linker Rand: Aus dem Querfaden zur folgenden M 1 M rechts verschränkt herausstricken, 1 M rechts, Knötchen-Randm.

Maschenprobe
Glatt rechts doppelfädig mit Nadeln 6 mm: 15 M und 19 R = 10 cm x 10 cm.

Wabenmuster doppelfädig mit Nadeln 6 mm: 22 M und 20 R = 10 cm x 10 cm.

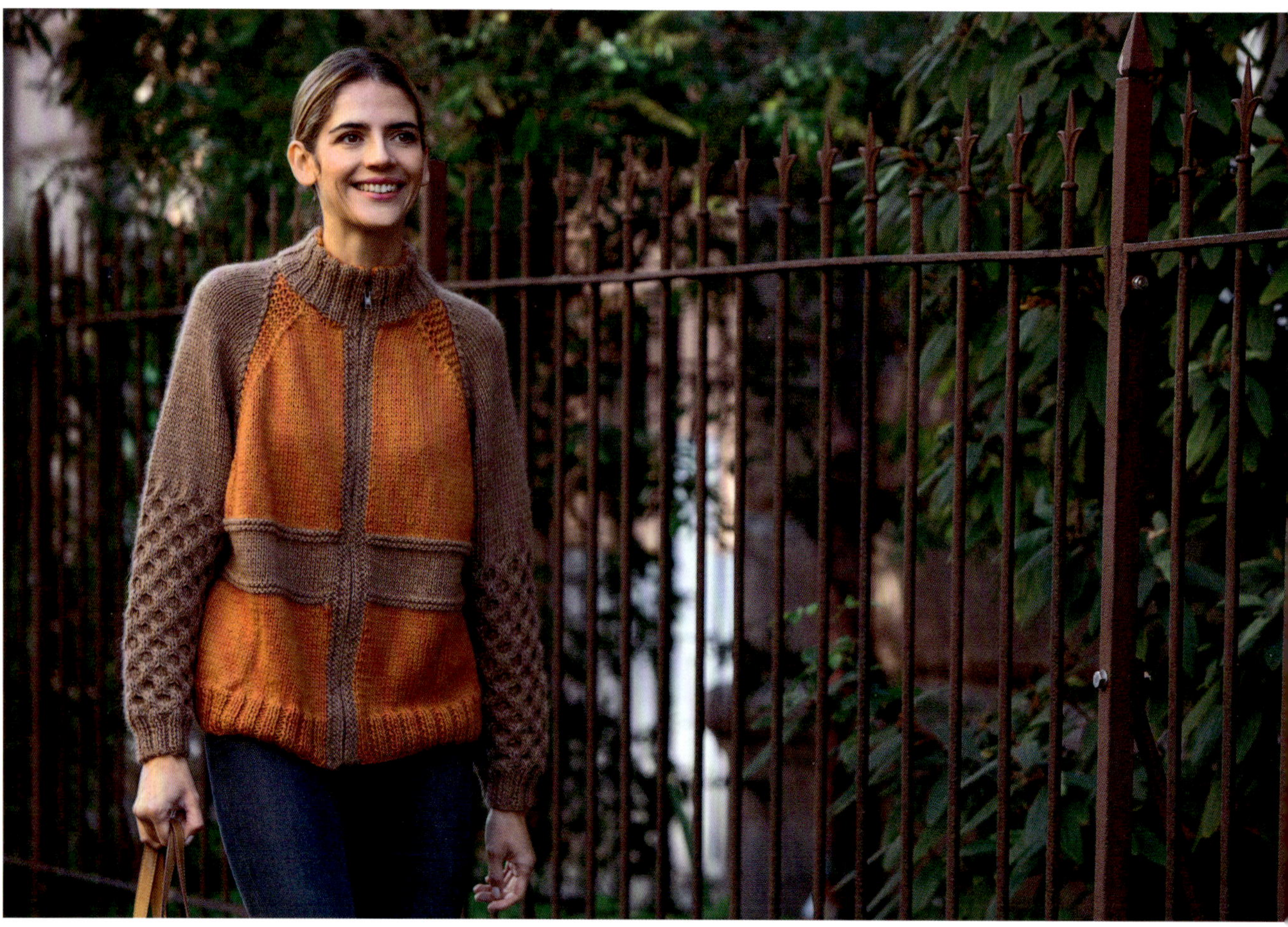

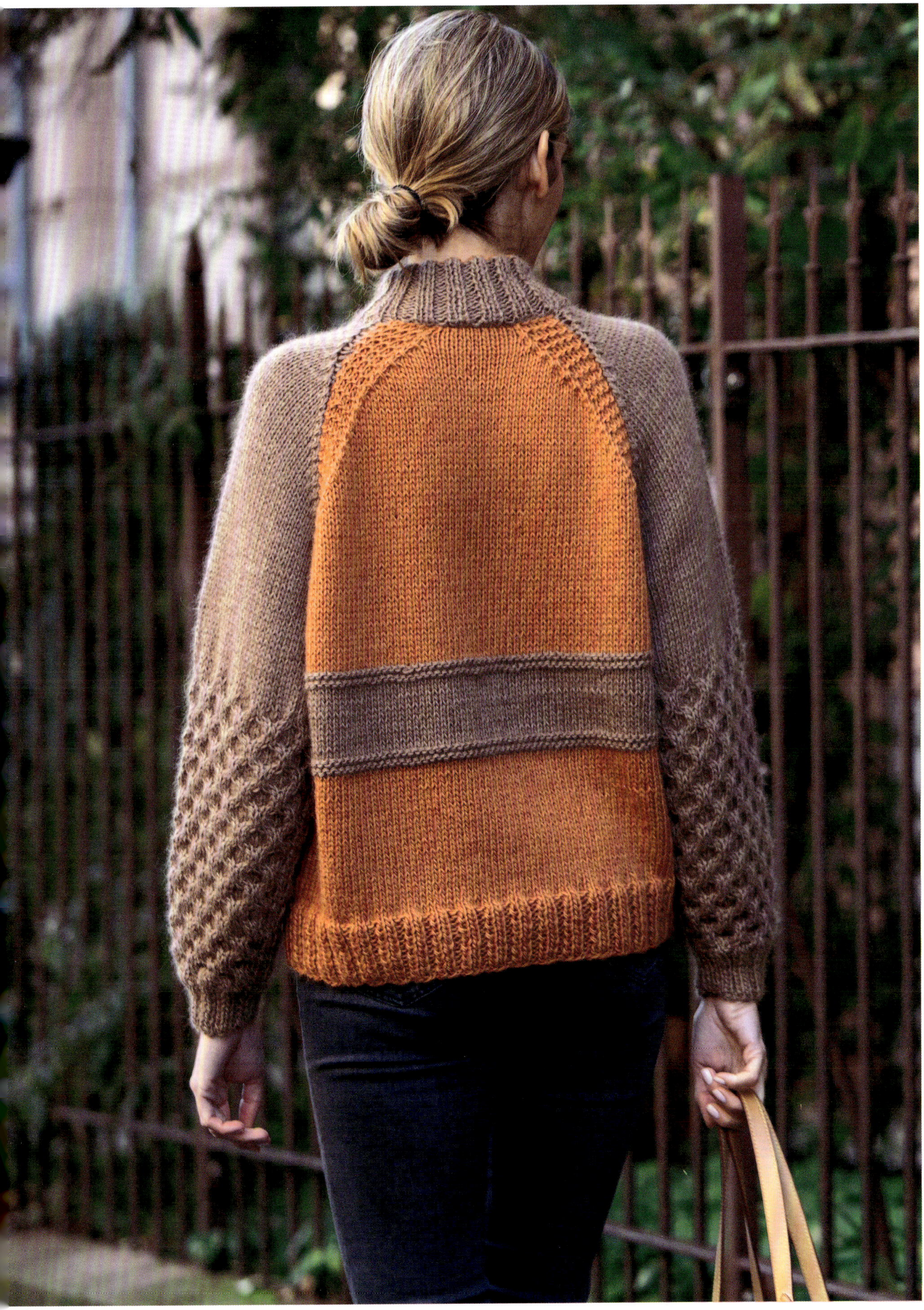

Anleitung

Hinweis: Die ganze Jacke wird doppelfädig gearbeitet.

Rückenteil

86 (90/94) M mit Nadeln 6 mm doppelfädig in Terra anschlagen. Im Rippenmuster stricken, dabei in der 1. R (Rückr) die M wie folgt einteilen: Knötchen-Randm, 1 M links, * 2 M rechts, 2 M links, ab * stets wiederholen, 2 M rechts, 1 M links, Knötchen-Randm. Nach 6 cm in der letzten Rückr verteilt 0 (2/4) M zunehmen = 86 (92/98) M. Glatt rechts weiterstricken, dabei die Randm als Knötchen-Randm arbeiten. Für die Seitenschräge betonte Zunahmen arbeiten: Beidseitig 1x in der 7. R, dann noch 5x in jeder 6. R je 1 M betont zunehmen = 98 (104/110) M.

Nach 13 cm glatt rechts doppelfädig in Hellbraun 4 R kraus rechts, 12 R glatt rechts und 4 R kraus rechts stricken.

In 27 cm Gesamthöhe in Terra glatt rechts weiterarbeiten und in der 1. R 1x 4 M beidseitig abketten = 90 (96/102) M. Danach die M wie folgt einteilen: Knötchen-Randm, 4 M kraus links, 80 (86/92) M glatt rechts, 4 M kraus links, Knötchen-Randm. Für die Raglanschräge betonte Abnahmen 1 arbeiten: Beidseitig in jeder 2. R 22x (23x/24x) 1 M und 6x (7x/8x) 2 M abnehmen. In 57 (58/59) cm Gesamthöhe die restlichen 22 M abketten.

Linkes Vorderteil

39 (43/47) M mit Nadeln 6 mm doppelfädig in Terra anschlagen. Im Rippenmuster stricken, dabei in der 1. R (Rückr) die M wie folgt einteilen: Knötchen-Randm, 2 M links, * 2 M rechts, 2 M links, ab * stets wiederholen, 2 M rechts, 1 M links, Knötchen-Randm.

Nach 6 cm die M in der nächsten Hinr wie folgt einteilen: Für den Tascheneingriff Knötchen-Randm, 4 M kraus links, 33 (37/41) M glatt rechts, Knötchen-Randm. Die Seitenschräge am rechten Rand wie beim Rückenteil arbeiten, die 1. – 4. betonte Zunahme am Tascheneingriff dabei jedoch wie folgt arbeiten: Knötchen-Randm, 4 M kraus links, aus dem Querfaden

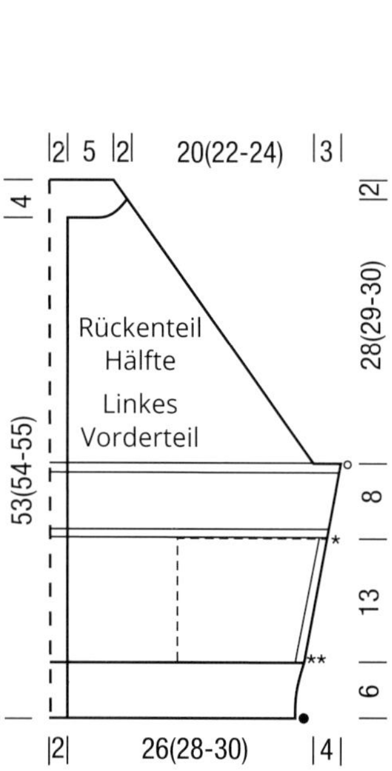

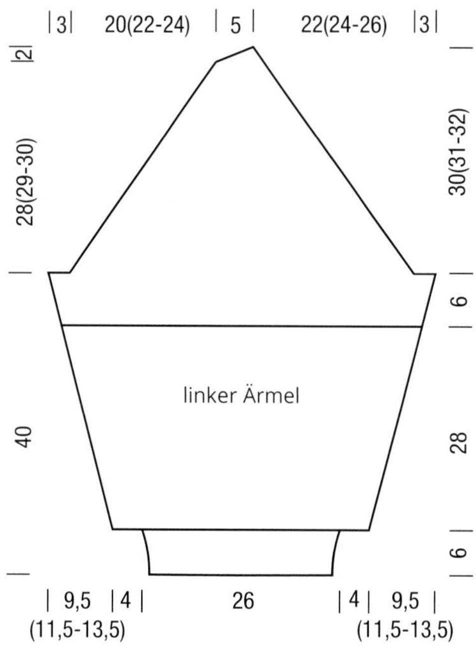

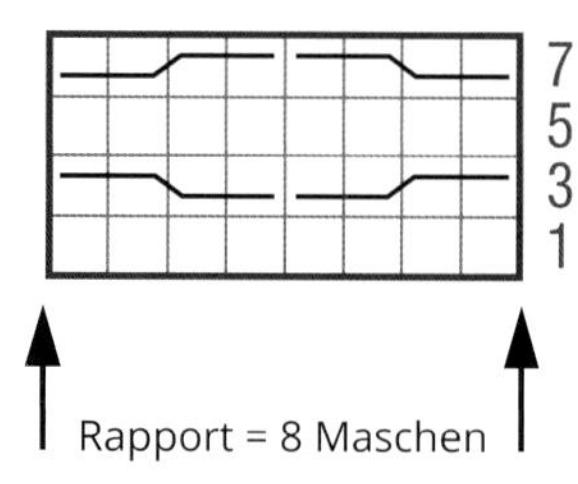

Zeichenerklärung

= 1 M rechts

= 2 M auf 1 Zopfnadel vor die Arbeit legen, 2 M rechts stricken, dann die M der Zopfnadel rechts stricken

= 2 M auf 1 Zopfnadel hinter die Arbeit legen, 2 M rechts stricken, dann die M der Zopfnadel rechts stricken

zur folgenden M 1 M rechts verschränkt herausstricken. Nach 13 cm ist der Tascheneingriff beendet.

Nun über alle M in Hellbraun doppelfädig 4 R kraus rechts, 12 R glatt rechts und 4 R kraus rechts stricken und die restlichen 2 Zunahmen für die Seitenschräge als betonte Zunahmen arbeiten = 45 (49/53) M.

In 27 cm Gesamthöhe in Terra glatt rechts weiterarbeiten und in der 1. R am rechten Rand 1x 4 M abketten = 41 (45/49) M. Danach die M wie folgt einteilen: Knötchen-Randm, 4 M kraus links, 35 (39/43) M glatt rechts, Knötchen-Randm. Für die Raglanschräge betonte Abnahmen 1 arbeiten: Am rechten Rand in jeder 2. R 22x (23x/24x) 1 M und 4x (5x/6x) 2 M abnehmen. In 53 (54/55) cm Gesamthöhe für den Halsausschnitt am linken Rand 1x 6 (7/8) M stilllegen, dann in der folgenden 2. R 1x 5 M abketten.

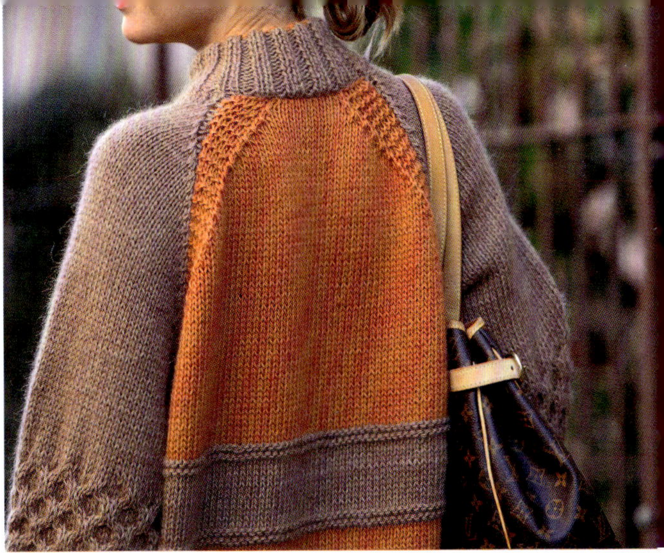

Rechtes Vorderteil
Wie das linke Vorderteil, jedoch gegengleich arbeiten.

Nahttasche, linkes Vorderteil
21 M mit Nadeln 6 mm doppelfädig in Terra anschlagen. Glatt rechts stricken, die Randm

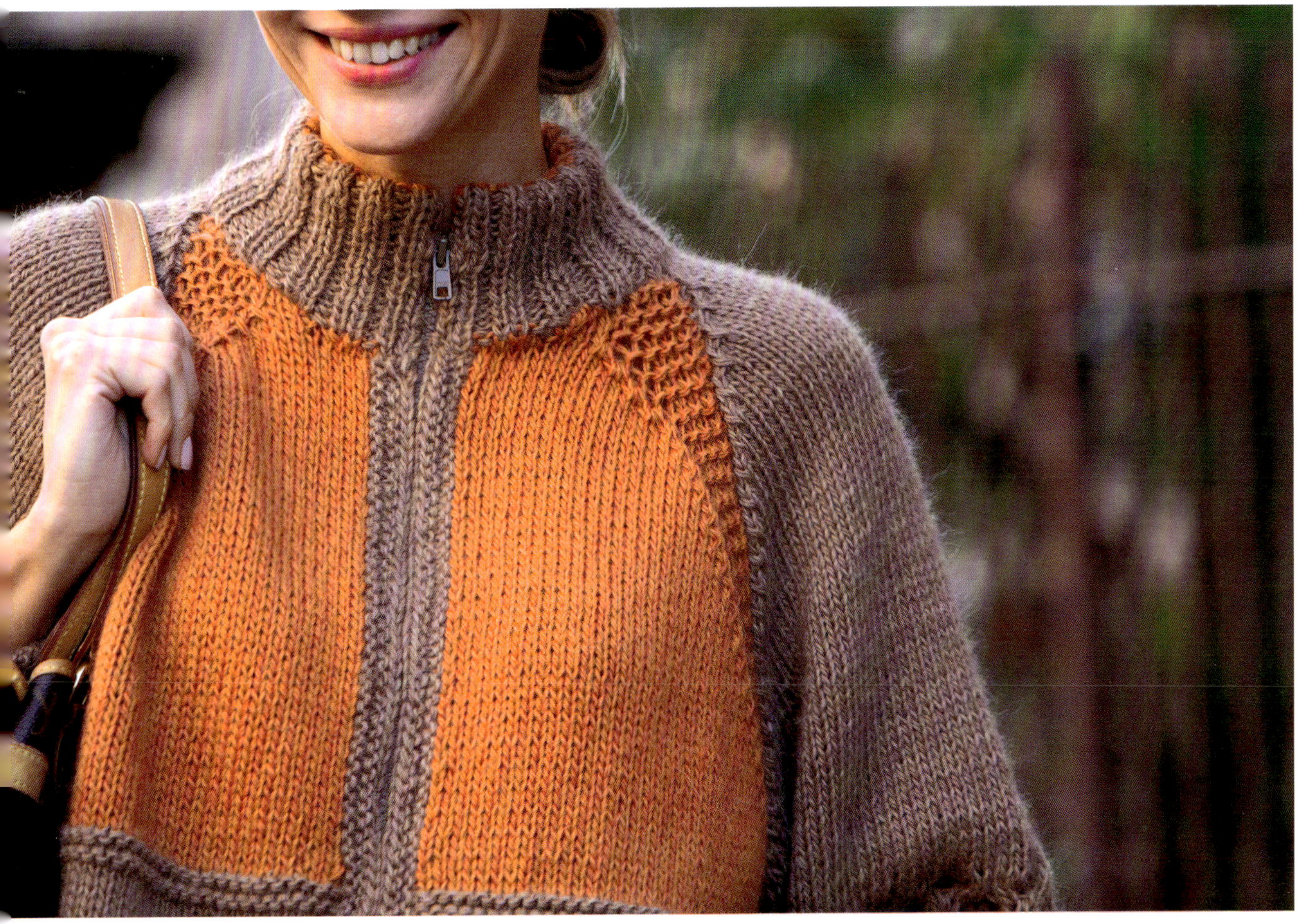

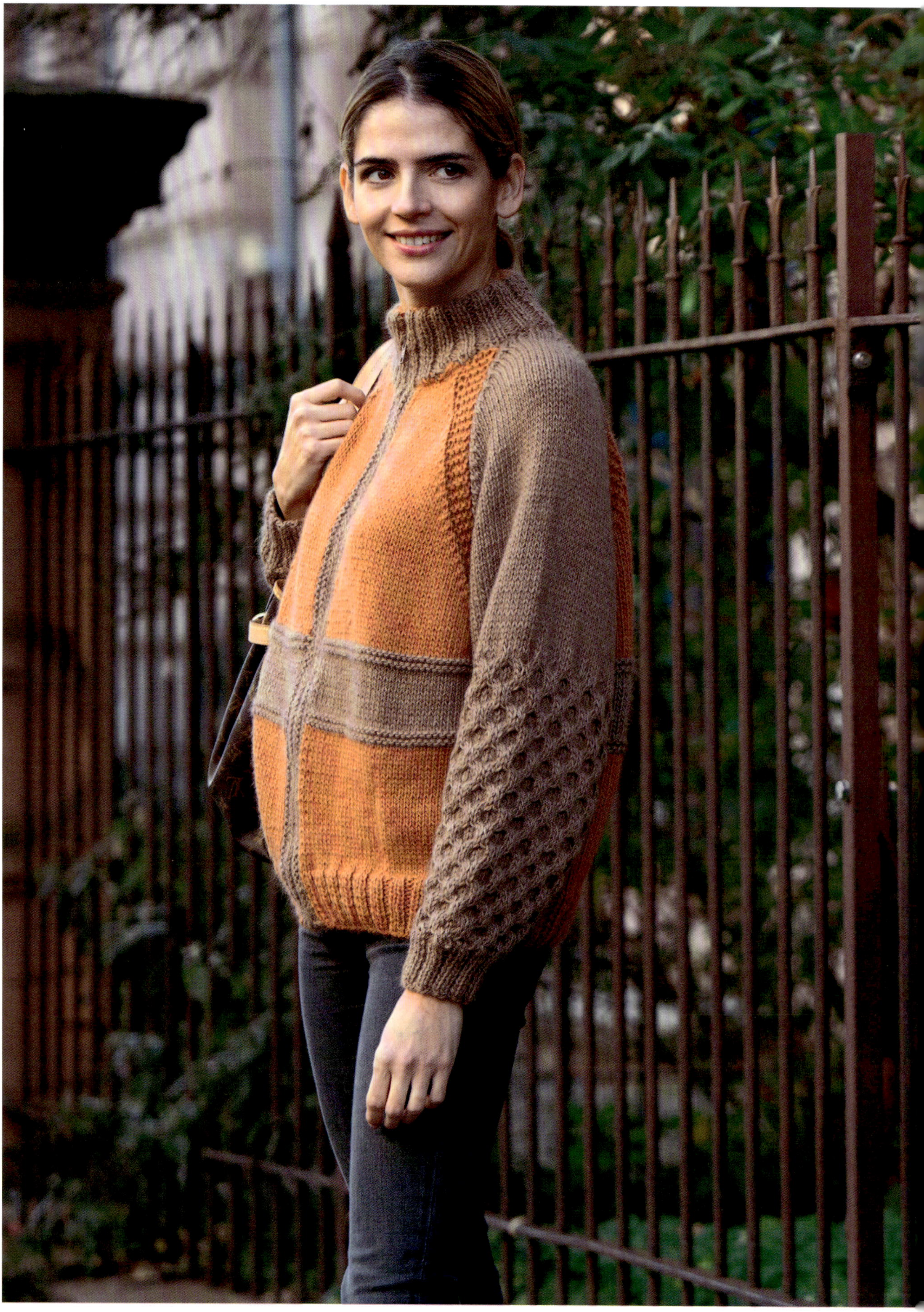

als Knötchen-Randm stricken. Für die Seitenschräge betonte Zunahmen arbeiten: Am rechten Rand 1x in der 7. R, dann noch 3x in jeder 6. R je 1 M zunehmen = 25 M. In 13 cm Gesamthöhe alle M abketten.

Nahtasche, rechtes Vorderteil
Wie die Nahttasche am linken Vorderteil, jedoch gegengleich arbeiten.

Linker Ärmel
42 M mit Nadeln 5,5 mm doppelfädig in Hellbraun anschlagen. Im Rippenmuster stricken, dabei in der 1. R (Rückr) die M wie beim Rückenteil einteilen. Nach 6 cm in der letzten Rückr gleichmäßig verteilt 24 M zunehmen = 66 M. Mit Nadeln 6 mm im Wabenmuster weiterarbeiten: Knötchen-Randm, nach der Strickschrift den Rapport 8x arbeiten, Knötchen-Randm. Für die Ärmelschräge betonte Zunahmen arbeiten: Beidseitig 18x abwechselnd in jeder 2. und 4. R, dann noch 3x in jeder 2. R je 1 M betont zunehmen. Die zugenommenen M nach und nach in das Wabenmuster einfügen = 108 M.

Nach 60 R Wabenmuster glatt rechts weiterarbeiten, dabei in der 1. R gleichmäßig verteilt 27 (21/15) M abnehmen = 81 (87/93) M. Die Randm weiterhin als Knötchen-Randm stricken.

In 40 cm Gesamthöhe beidseitig 1x 4 M abketten, dann für die Raglanschräge betonte Abnahmen 2 arbeiten: in jeder 2. R 22x (23x/24x) 1 M und 4x (5x/6x) 2 M beidseitig abnehmen.

Dann am rechten Rand weiter betonte Abnahmen 2 für die Raglanschräge arbeiten: noch 2x in jeder 2. R je 2 M abnehmen, gleichzeitig am linken Rand für die Schräge 1x 5 M abketten, dann in der folgenden 2. R 1x 4 M abketten.

Rechter Ärmel
Wie den linken Ärmel, jedoch gegengleich arbeiten.

Ausarbeiten
Die Teile spannen, anfeuchten und trocknen lassen. Die Nahttaschen ab dem Rippenbündchen zwischen die in der Schnittzeichnung markierten Punkte ** bis * an das Rückenteil annähen. Die Nahttasche für das linke Vorderteil an den linken Rand des Rückenteils, die Nahttasche für das rechte Vorderteil an den rechten Rand des Rückenteils jeweils im Matratzenstich annähen. Dann die Raglannähte und die Ärmelnähte schließen. Die Seitennähte von ° bis * und von ** bis • schließen. Die Taschenbeutel gegen die Vorderteile nähen.

Aus den Verschlussrändern der Vorderteile je 86 (88/90) M doppelfädig in Hellbraun auffassen. Mit der Rundstricknadel 5,5 mm in offener Arbeit kraus rechts stricken, dabei in der **1. R (Rückr)** alle M rechts verschränkt abstricken. In der **4. R** alle M kraus rechts abketten. Für den Beleg aus der Innenseite die gleiche M-Zahl in Hellbraun mit Häkelnadel 5 mm heraushäkeln. Mit Rundstricknadel 5,5 mm in Terra kraus rechts stricken, dabei in der **1. R (Rückr)** alle M rechts verschränkt stricken. In der **4. R** alle M rechts abketten.

Für den Kragen aus dem Halsausschnitt einschließlich der hellbraunen Verschlussblende 72 M in Hellbraun auffassen. Mit der Rundstricknadel 5,5 mm im Rippenmuster stricken, dabei in der **1. R (Rückr)** alle M verschränkt abstricken und die M wie folgt einteilen: Knötchen-Randm, * 2 M links, 2 M rechts, ab * stets wiederholen, 2 M links, Knötchen-Randm. Nach 8 cm in Terra noch 7 cm weiterstricken. Nach insgesamt 15 cm Kragenhöhe alle M locker abketten, wie sie erscheinen. Den Kragen zur Hälfte nach innen umschlagen und am Auffassrand und den Schmalseiten der Belege in Terra unsichtbar annähen. Mit passendem Nähgarn und der Nähnadel den Reißverschluss zwischen Kragen, Verschlussblende und Belegen einnähen, dabei ca. 1 – 1,5 cm ab Kragenrand beginnen.

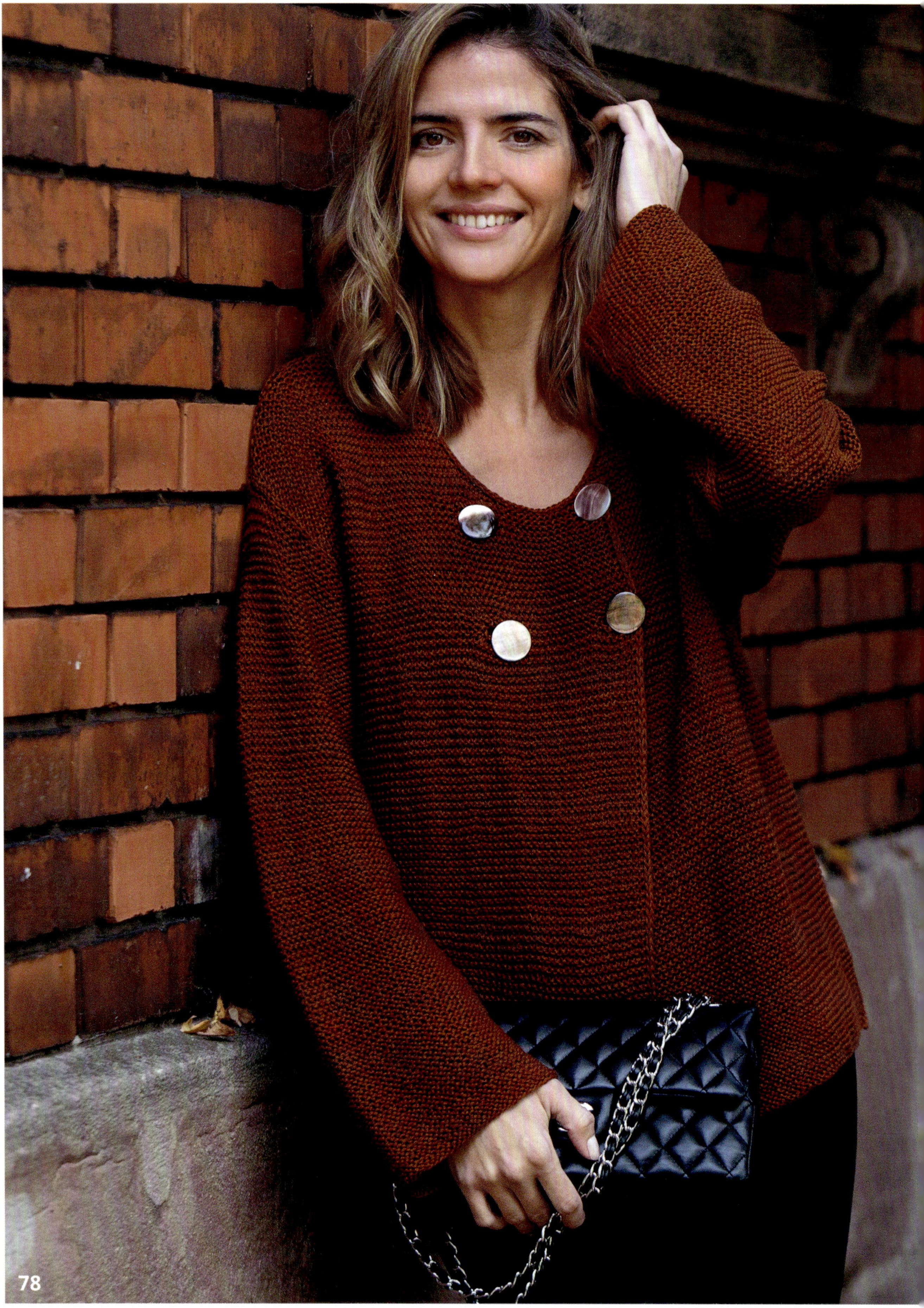

Doppelreihig geknöpfter Cardigan

Größe 36/38, 40/42 und 44
Die Angaben für die Größen 40/42 und 44 stehen in Klammern. Ist nur eine Angabe gemacht, gilt diese für alle Größen.

Material
Junghans-Wolle Cottonprima (100 % Baumwolle, Lauflänge = 130 m/50 g): 650 (700/750) g Rost (Fb 127-671); Stricknadeln 4 mm, eine Rundsticknadel 3,5 mm, 4 Knöpfe von JIM KNOPF: Artikel 13718, Fb Perlmutt, Ø 30 mm.

Kraus rechts
Hin- und Rückr rechts stricken.

Doppelte Abkettung
* 1 M rechts, 2 M rechts verschränkt zusammenstricken, die 2 M der rechten Nadel auf die linke Nadel heben, ab * stets wiederholen. Wenn noch 3 M übrig sind, die 3 M rechts verschränkt zusammenstricken, dann die Arbeit beenden.

Knötchen-Randm
Randm in Hin- und Rückr rechts stricken.

Doppelte Randm
In Hinr: Am Anfang der R die 1. M wie zum Linksstricken abheben, dabei den Faden hinter der Arbeit führen und fest anziehen, 1 M rechts stricken. Am Ende der R die vorletzte M rechts stricken, die letzte M wie zum Linksstricken abheben, dabei den Faden hinter der Arbeit führen.

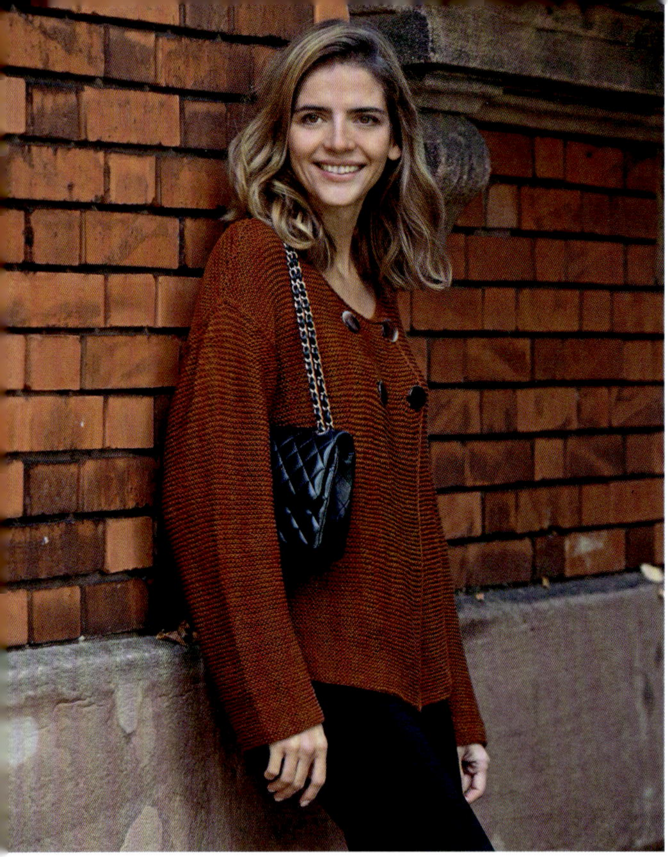

In Rückr: Am Anfang der R die 1. M links stricken, die folgende M wie zum Linksstricken abheben, dabei den Faden vor der Arbeit führen und fest anziehen. Am Ende der R die vorletzte M wie zum Linksstricken abheben, dabei den Faden vor der Arbeit führen, die letzte M links stricken.

Betonte Abnahmen

Wenn 1 M abgenommen wird (über je 5 M): Rechter Rand: Doppelte Randm, 1 M rechts, 2 M rechts zusammenstricken. Linker Rand: 2 M rechts verschränkt zusammenstricken, 1 M rechts, doppelte Randm.

Wenn 2 M abgenommen werden (über je 6 M): Rechter Rand: Doppelte Randm, 1 M rechts, 3 M rechts zusammenstricken. Linker Rand: 3 M rechts verschränkt zusammenstricken, 1 M rechts, doppelte Randm.

Betonte Zunahmen (über je 3 M)
Rechter Rand: Doppelte Randm, 1 M rechts, aus dem Querfaden zur folgenden M 1 M rechts verschränkt herausstricken. Linker Rand: Aus dem Querfaden zur folgenden M 1 M rechts verschränkt herausstricken, 1 M rechts, doppelte Randm.

Maschenprobe
Kraus rechts mit Nadeln 4 mm: 21 M und 40 R = 10 cm x 10 cm.

Anleitung

Rückenteil
116 (124/132) M mit Nadeln 4 mm anschlagen und 1 Rückr rechte M stricken, dann kraus rechts weiterarbeiten, dabei die Randm als doppelte Randm arbeiten. Nach 6 cm beidseitig das Schlitzende markieren.

In 34 cm Gesamthöhe für die Armausschnitte betonte Abnahmen arbeiten: Beidseitig je 1 M, dann noch 7x (9x/11x) in jeder 2. R je 1 M betont abnehmen = 100 (104/108) M.

In 20 (21/22) cm Armausschnitthöhe für die Schulterschräge beidseitig 1x 4 M, dann in jeder 2. R noch 6x 4 M und 1x 5 M (4x 4 M und

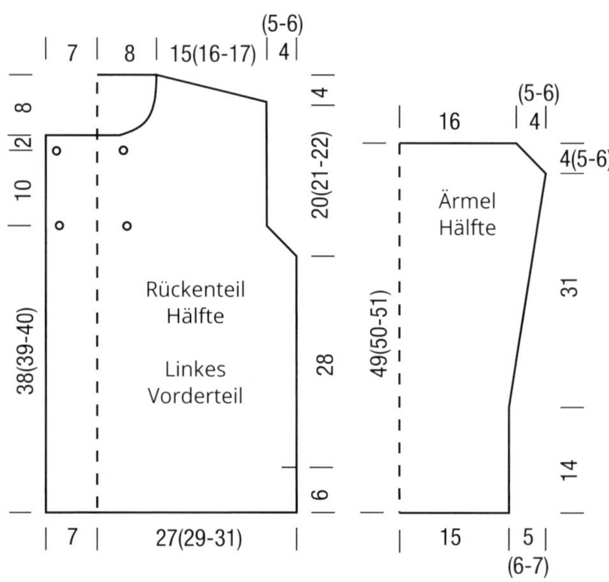

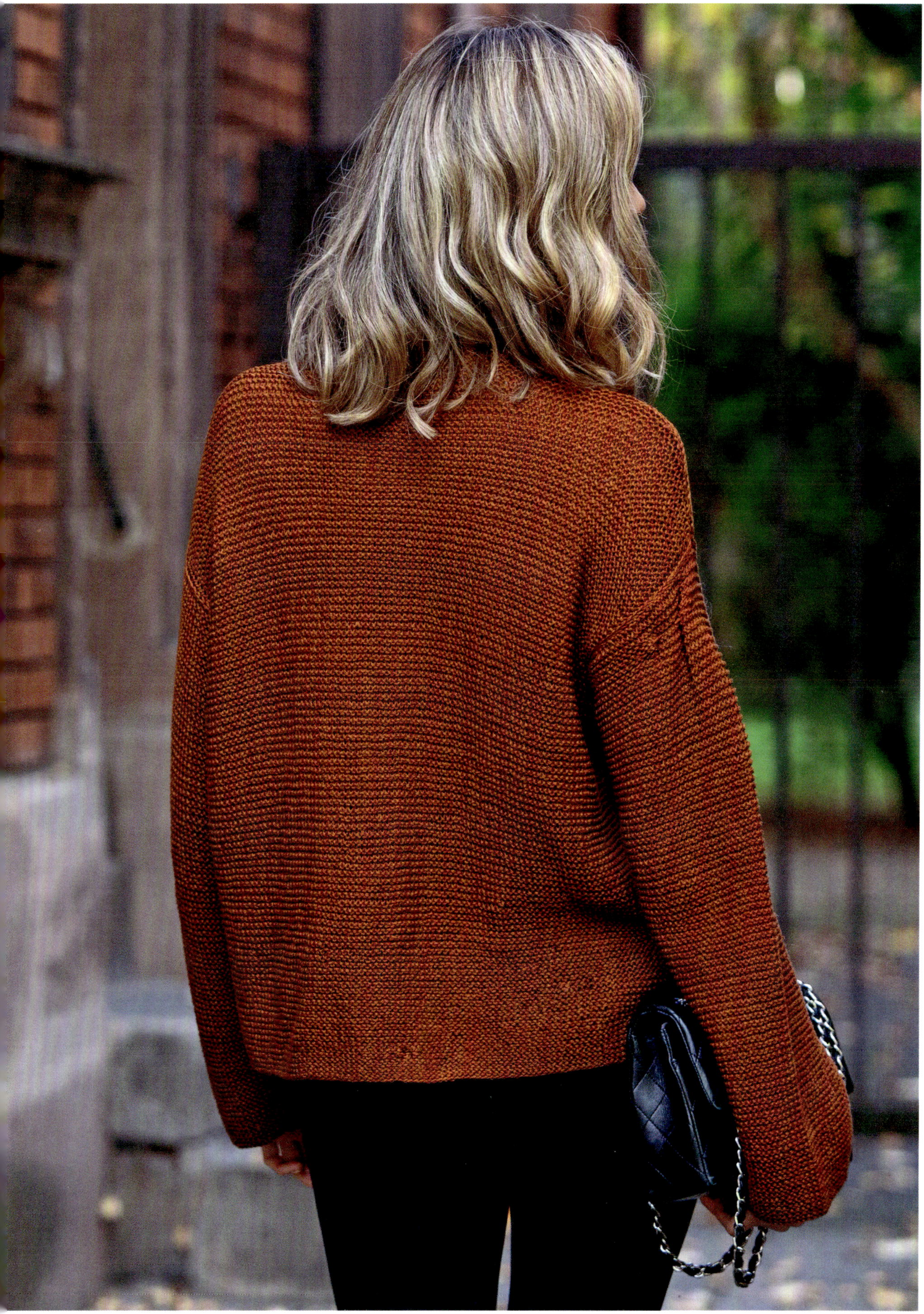

3x 5 M / 2x 4 M und 5x 5 M) abketten. In 58 (59/60) cm Gesamthöhe die restlichen 34 M abketten.

Linkes Vorderteil
73 (77/81) M mit Nadeln 4 mm anschlagen und 1 Rückr rechte M stricken, dann kraus rechts weiterarbeiten, dabei die Randm als doppelte Randm arbeiten. Nach 6 cm Gesamthöhe am rechten Rand das Schlitzende markieren.

Den Armausschnitt und die Schulterschräge am rechten Rand wie beim Rückenteil beschrieben arbeiten. Gleichzeitig in 50 (51/52) cm Gesamthöhe für den Halsausschnitt am linken Rand 1x 20 M stilllegen und für die Halsausschnittrundung in jeder 2. R 2x 2 M und 4x 1 M, dann in jeder 4. R noch 4x 1 M abnehmen.

Rechtes Vorderteil
Wie das linke Vorderteil, jedoch gegengleich arbeiten und 4 waagerechte Knopflöcher

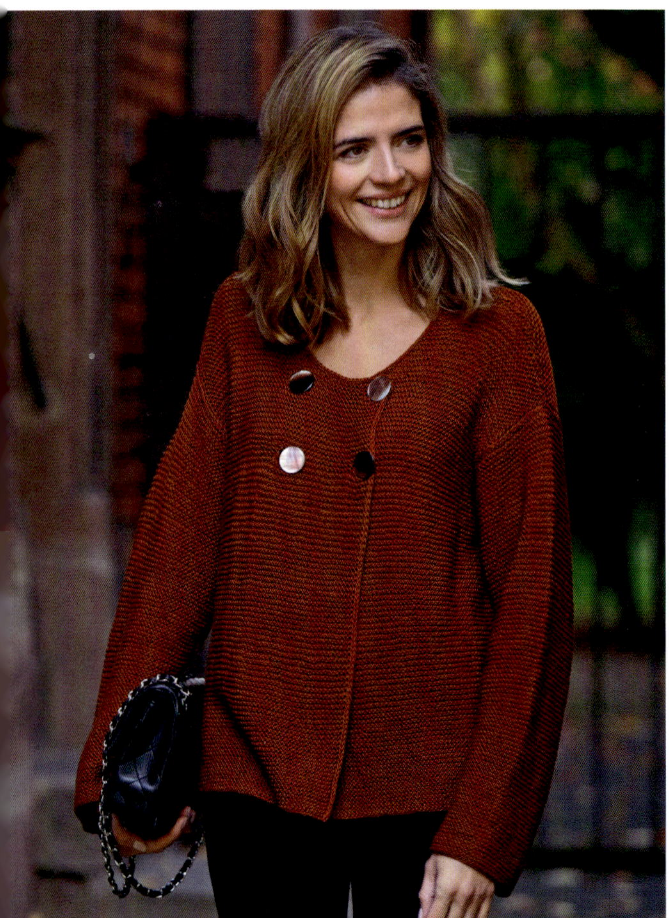

über je 4 M wie folgt einstricken: Das 1. und 2. Knopfloch in 38 (39/40) cm Gesamthöhe wie folgt ab dem rechten Rand arbeiten: Doppelte Randm, 2 M rechts, 1 waagerechtes Knopfloch über 4 M (= 3 M abketten, die letzte M zurück auf die linke Nadel heben, 2 M rechts zusammenstricken. In der folgenden Rückr über den 4 abgeketteten M 4 M neu anschlagen), 16 M rechts, 1 waagerechtes Knopfloch über 4 M, alle weiteren M rechts stricken. Nach weiteren 10 cm noch das 3. und 4. Knopfloch ebenso einstricken.

Ärmel
66 M mit Nadeln 4 mm anschlagen und 1 Rückr rechte M stricken, dann kraus rechts weiterarbeiten, dabei die Randm als doppelte Randm arbeiten. In 14 cm Gesamthöhe für die Ärmelschräge betonte Zunahmen arbeiten: Beidseitig 1 M betont zunehmen, dann noch 2x in jeder 14. R und 7x in jeder 12. R (2x in jeder 12. R und 9x in jeder 10. R /13x abwechselnd in jeder 8. und 10. R) jeweils 1 M betont zunehmen = 86 (90/94) M. Die zugenommenen M kraus rechts stricken.

In 45 cm Gesamthöhe für die Armkugel beidseitig 1x 1 M abnehmen, dann noch 7x (9x/11x) in jeder 2. R 1 M abnehmen = 70 M. In 49 (50/51) cm Gesamthöhe alle M abketten. Den 2. Ärmel ebenso arbeiten.

Ausarbeiten
Die Teile spannen, anfeuchten und trocknen lassen. Die Schulternähte schließen. Aus dem Halsausschnitt 125 M auffassen. Mit der Rundsticknadel 3,5 mm und mit der doppelten Abkettung alle M sofort wieder abketten. Achtung: Der Halsausschnitt darf sich dabei nicht ausdehnen! Die Ärmel einsetzen. Die Seitennähte bis zur Schlitzmarkierung schließen. Die Ärmelnähte schließen. Hinweis: An den Nähten mit doppelten Randm stets zwischen der 1. und 2. doppelten Randm nähen. Dann die Knöpfe annähen.

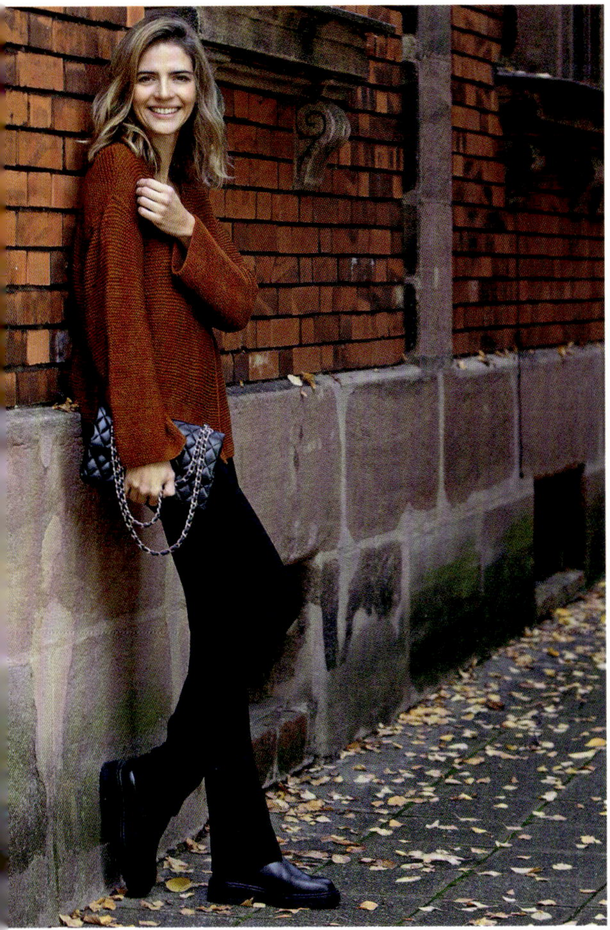
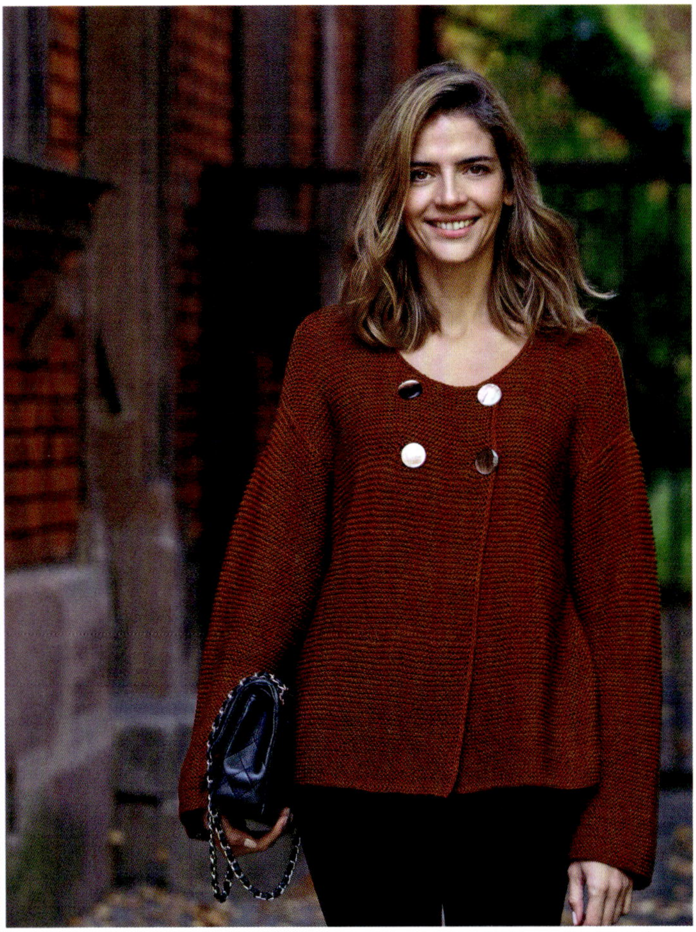
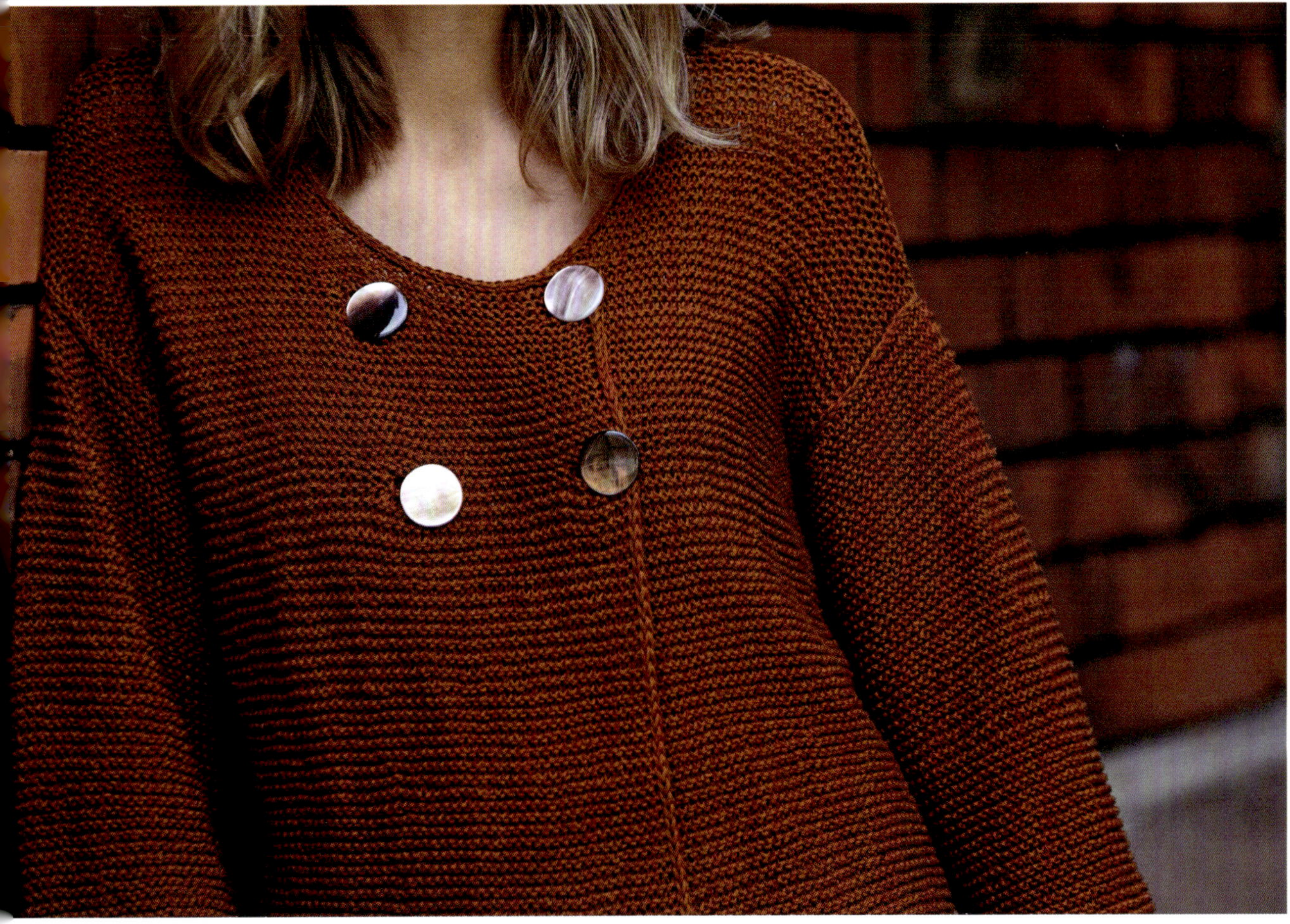

Long Cardigan mit Streifen

Größe 36/38, 40/42 und 44
Die Angaben für die Größen 40/42 und 44 stehen in Klammern. Ist nur eine Angabe gemacht, gilt diese für alle Größen.

Material
Lana Grossa Cool Wool Big (100 % Schurwolle (Merino extrafine), Lauflänge = 120 m/ 50 g): 350 (400/450) g Blaugrün (Fb 1003), 250 (300/300) g Schokobraun (Fb 987), 250 (300/300) g Rost (Fb 1012), 200 (250/250) g Rosenholz (Fb 953) und 100 (150/150) g Rohweiß (Fb 601); Stricknadeln 4,5 mm, eine Häkelnadel 3,5 mm.

Rippenmuster
1 M rechts, 1 M links im Wechsel stricken.

Streifenfolge
14 R Blaugrün,
12 R Schokobraun,
6 R Rosenholz,
4 R Rohweiß,
6 R Rost,
14 R Schokobraun,
22 R Blaugrün,
4 R Rohweiß,
14 R Rost,
6 R Rosenholz,

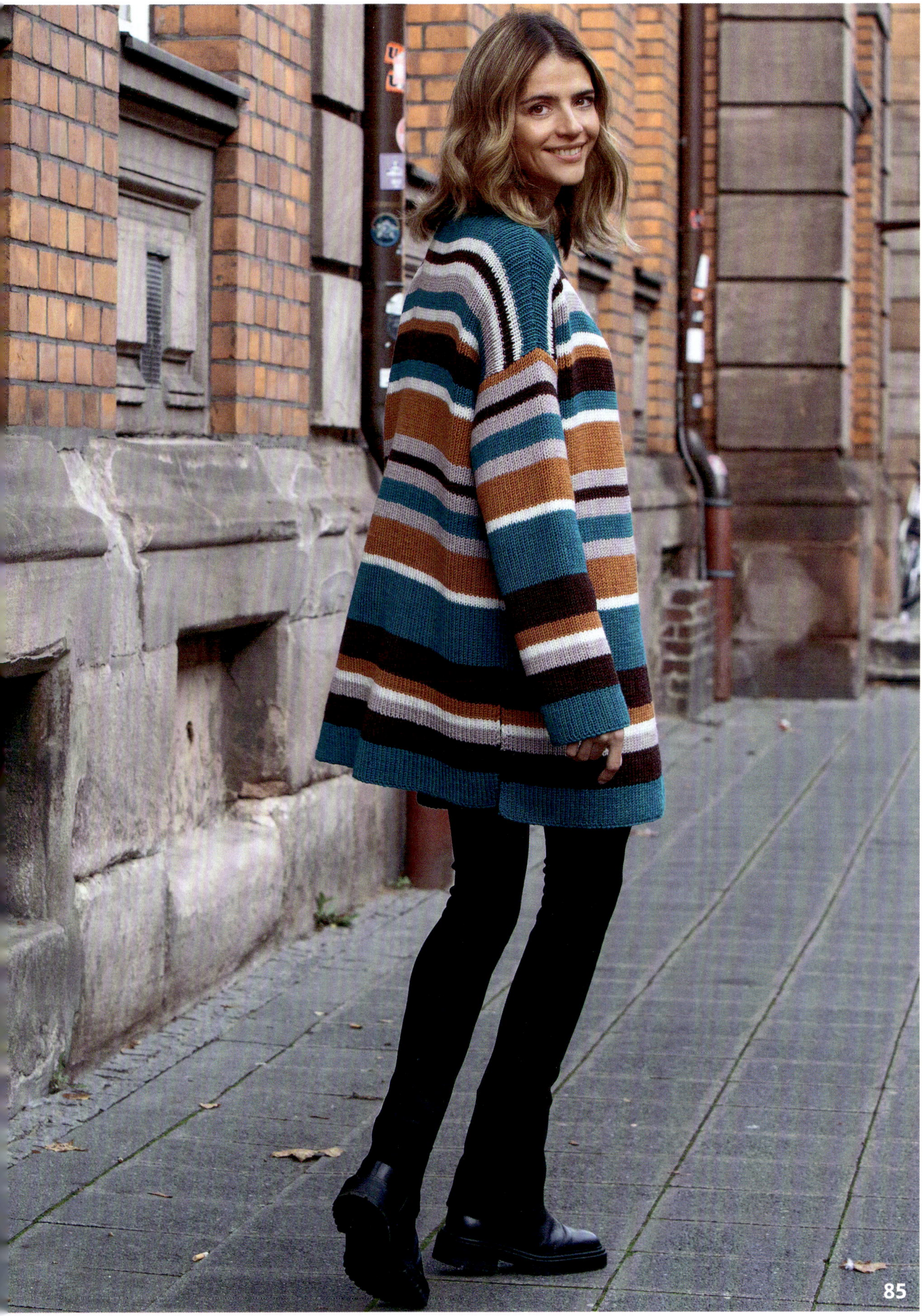

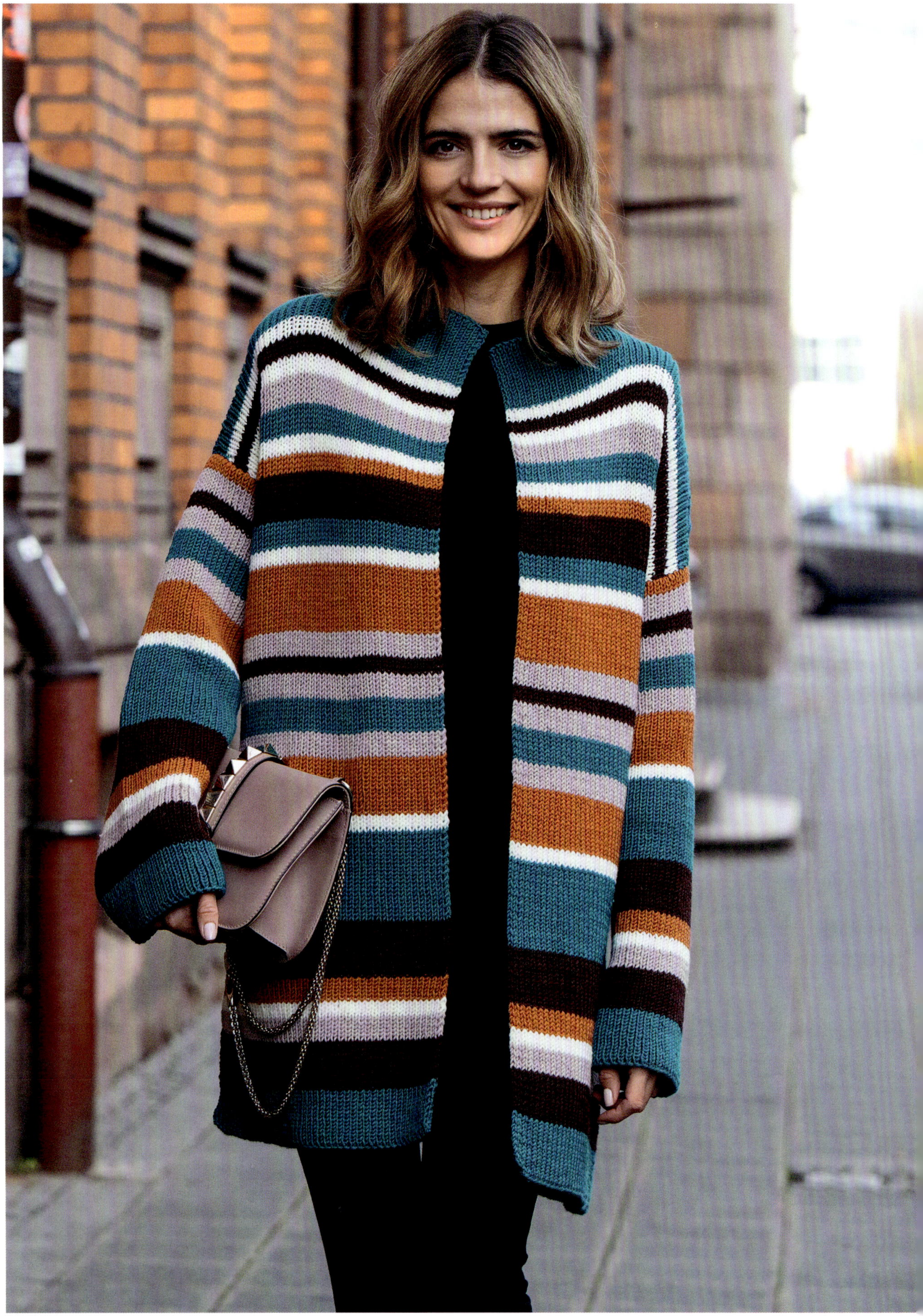

8 R Blaugrün,
6 R Rosenholz,
4 R Schokobraun,
6 R Rosenholz,
14 R Rost,
4 R Rohweiß,
6 R Blaugrün,
10 R Schokobraun,
4 R Rost,
4 R Rohweiß,
6 R Blaugrün,
6 R Rosenholz,
4 R Rohweiß,
4 R Schokobraun,
4 R Rohweiß = 192 R.

Naht-Randm
Die Randm in Hinr rechts, in Rückr links stricken.

Betonte Zunahmen (über je 5 M)
Rechter Rand (Hinr): Naht-Randm, 1 M rechts, 1 M links, 1 M rechts, (1 M links, 1 M rechts verschränkt, 1 M links) aus der folgenden linken M herausstricken, dann im Muster weiterarbeiten.

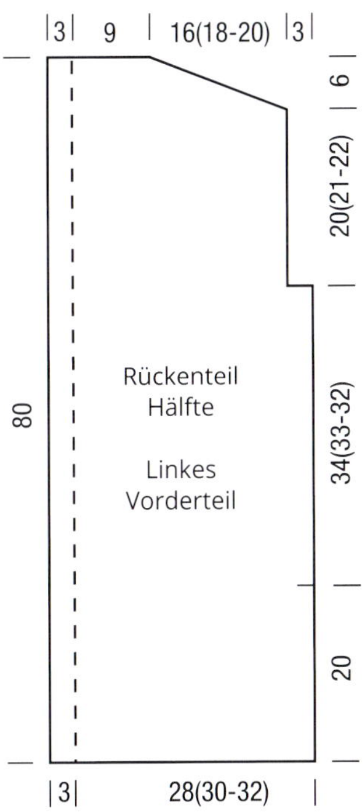

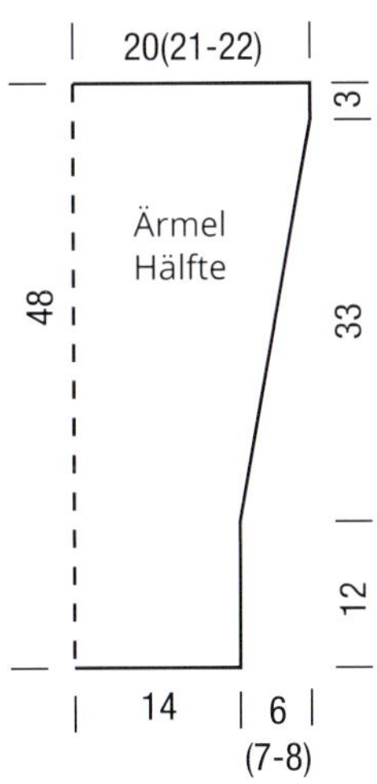

Linker Rand (Hinr): Bis zu den letzten 5 M im Muster arbeiten, (1 M links, 1 M rechts verschränkt, 1 M links) aus der folgenden linken M herausstricken, 1 M rechts, 1 M links, 1 M rechts, Naht-Randm.

Maschenprobe
Rippenmuster mit Nadeln 4,5 mm, ungedehnt gemessen: 30 M und 26 R = 10 cm x 10 cm.

Hinweis
Vor dem Farbwechsel die beiden letzten M der R bereits in der Farbe des nächsten Streifens stricken. Das ergibt einen schönen, sauberen Rand. Beim kurzen Farbwechsel von 2 Farben kann der Faden, der nicht in Arbeit ist mit hochgezogen werden. Er verschwindet in der Linksrippe zwischen der 2. und 4. M. Hier lassen sich später Fadenenden auch gut unsichtbar vernähen.

Anleitung

Rückenteil
171 (183/195) M mit Nadeln 4,5 mm in Blaugrün anschlagen. Im Rippenmuster stricken, dabei in der **1. R (Rückr)** die M wie folgt einteilen: Naht-Randm, * 1 M links, 1 M rechts, ab * stets wiederholen, 1 M links, Naht-Randmasche. Mit einer Rückr enden. Dann 192 R in der Streifenfolge stricken und anschließend das

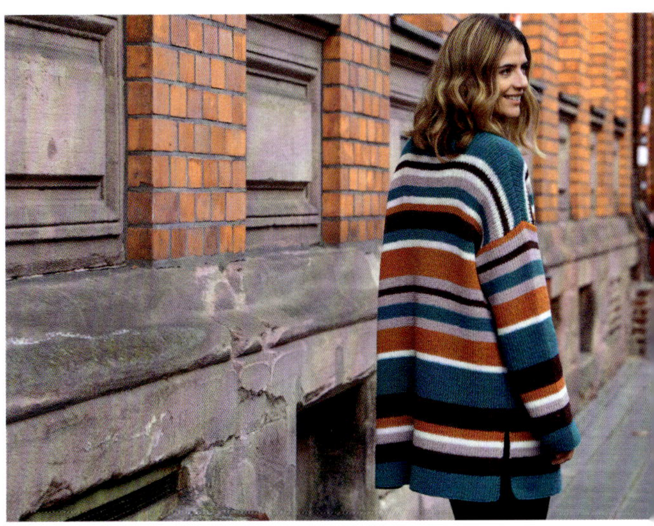

Rückenteil **in Blaugrün beenden**. In 20 cm Gesamthöhe an beiden Seiten das Schlitzende markieren.

In 54 (53/55) cm Gesamthöhe für die Armausschnitte beidseitig je 10 M abketten = 151 (163/175) M.

In 20 (21/22) cm Armausschnitthöhe für die Schulterschräge beidseitig 1x 6 (6/7) M, dann in jeder 2. R 6x 6 M und 1x 7 M (7x 7 M / 2x 7 M und 5x 8 M) abketten. In 80 cm Gesamthöhe die restlichen 53 M abketten.

Tipp: Damit sich der Halsausschnitt nicht ausdehnt, vor dem Abketten zuerst 1 rechte und 1 linke M rechts zusammenstricken, dann erst abketten.

Linkes Vorderteil
95 (101/107) M mit Nadeln 4,5 mm in Blaugrün anschlagen. Im Rippenmuster stricken, dabei in der **1. R (Rückr)** die M wie beim Rückenteil einteilen. Mit einer Rückr enden, dann in der Streifenfolge stricken und dabei den Farbwechsel am rechten Rand (= Seitenrand) vornehmen. Nach den 192 R der Streifenfolge das linke Vorderteil **in Blaugrün weiterarbeiten**.

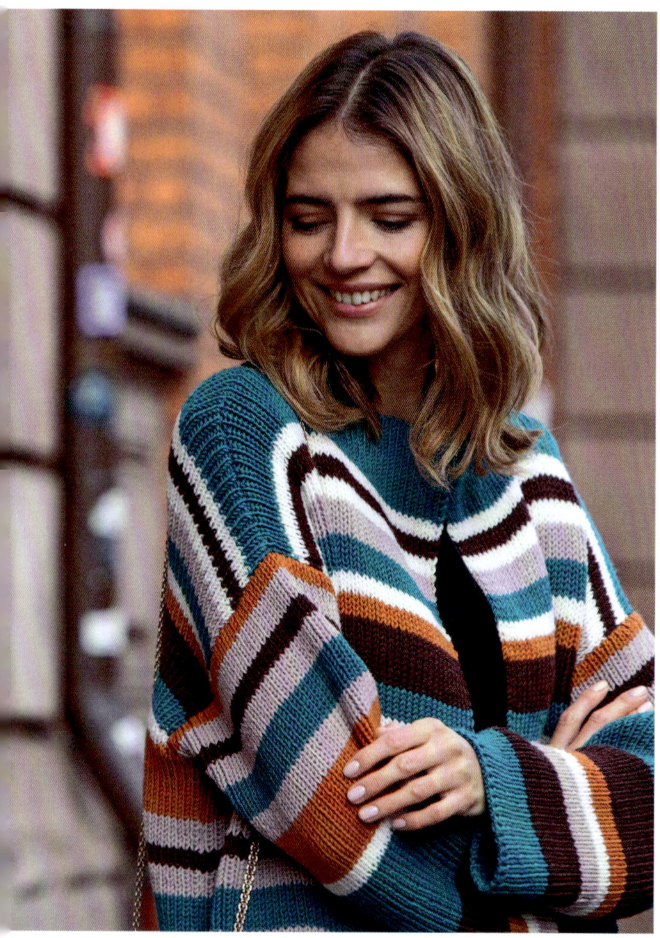

In 20 cm Gesamthöhe am rechten Rand das Schlitzende markieren. Den Armausschnitt und die Schulterschräge am rechten Rand wie beim Rückenteil arbeiten. In 80 cm Gesamthöhe die restlichen 36 M abketten, wie sie erscheinen.

Rechtes Vorderteil
Wie das linke Vorderteil, jedoch gegengleich arbeiten und den Farbwechsel am linken Rand (= Seitenrand) vornehmen.

Ärmel
87 M mit Nadeln 4,5 mm in Blaugrün anschlagen. Im Rippenmuster stricken, dabei in der **1. R (Rückr)** die M wie beim Rückenteil einteilen. Mit einer Rückr enden, dann in der Streifenfolge weiterstricken. In 12 cm Gesamthöhe für die Ärmelschräge betonte Zunahmen arbeiten: Beidseitig 1x 2 M, dann 8x in jeder 10. R je 2 M (6x in jeder 10. R 2 M und 3x in jeder 8. R 1 M / 2x in jeder 10. R und 8x in jeder 8. R je 2 M) betont zunehmen = 123 (127/131) M. In 48 cm Gesamthöhe alle M abketten, wie sie erscheinen. Den 2. Ärmel ebenso arbeiten.

Ausarbeiten
Die Schulternähte schließen und die Ärmel einsetzen. Dann die Seiten- und Ärmelnähte schließen, dabei für die Seitenschlitze beidseitig je 20 cm offenlassen.

Tipp: Um zu verhindern, dass sich Schultern und Halsausschnitt zu sehr ausdehnen, die Schulternähte und den rückwärtigen Halsausschnitt gemäß den Maßen in der Schnittzeichnung mit der Häkelnadel 3,5 mm mit 1 R Kettm behäkeln.

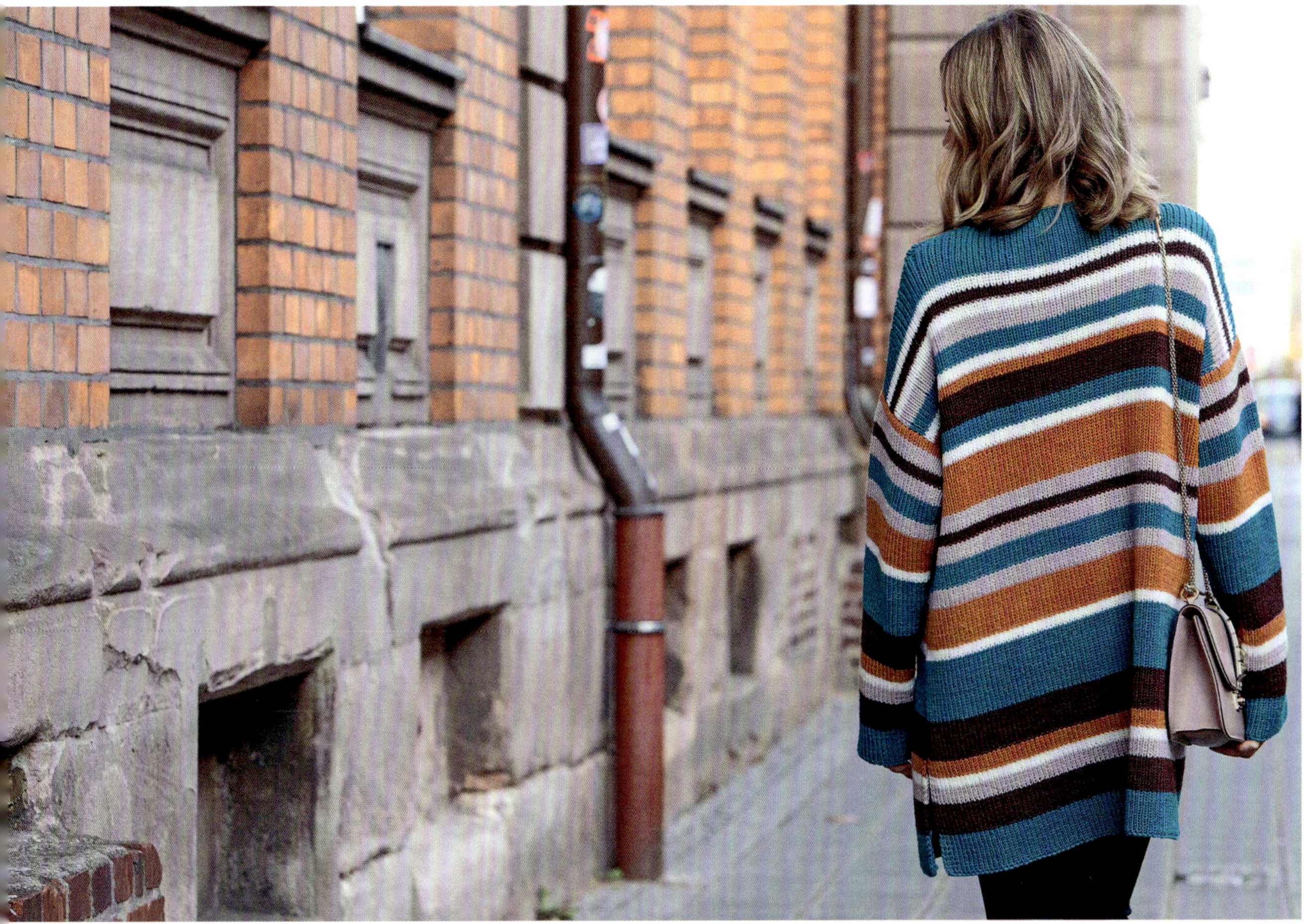
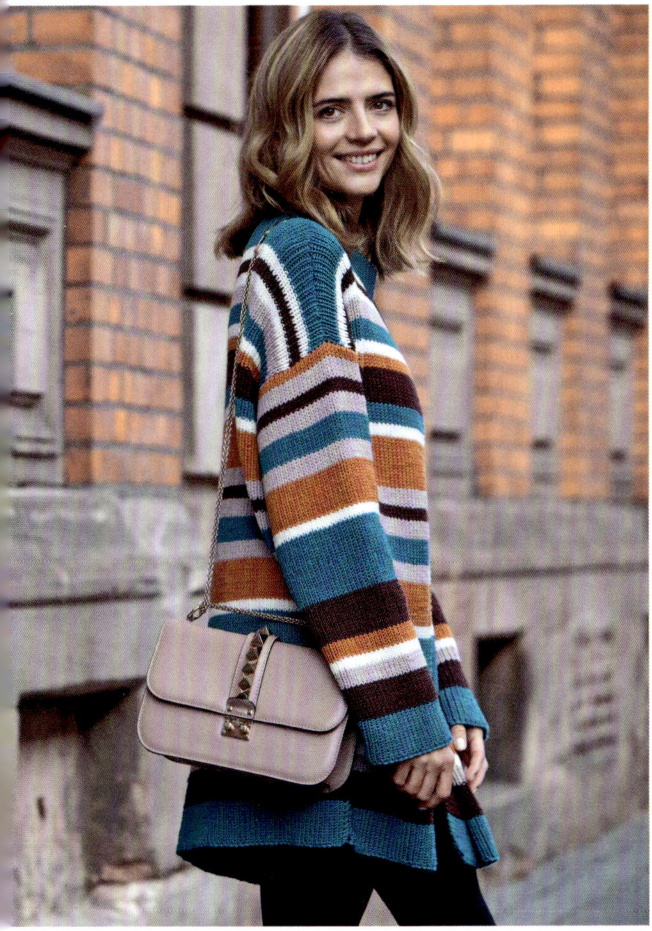
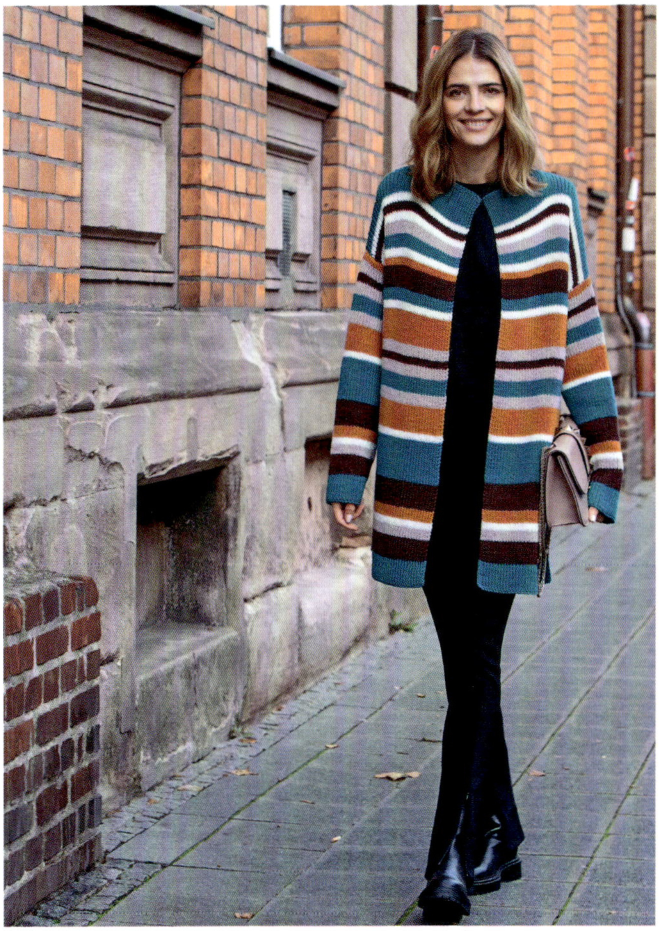

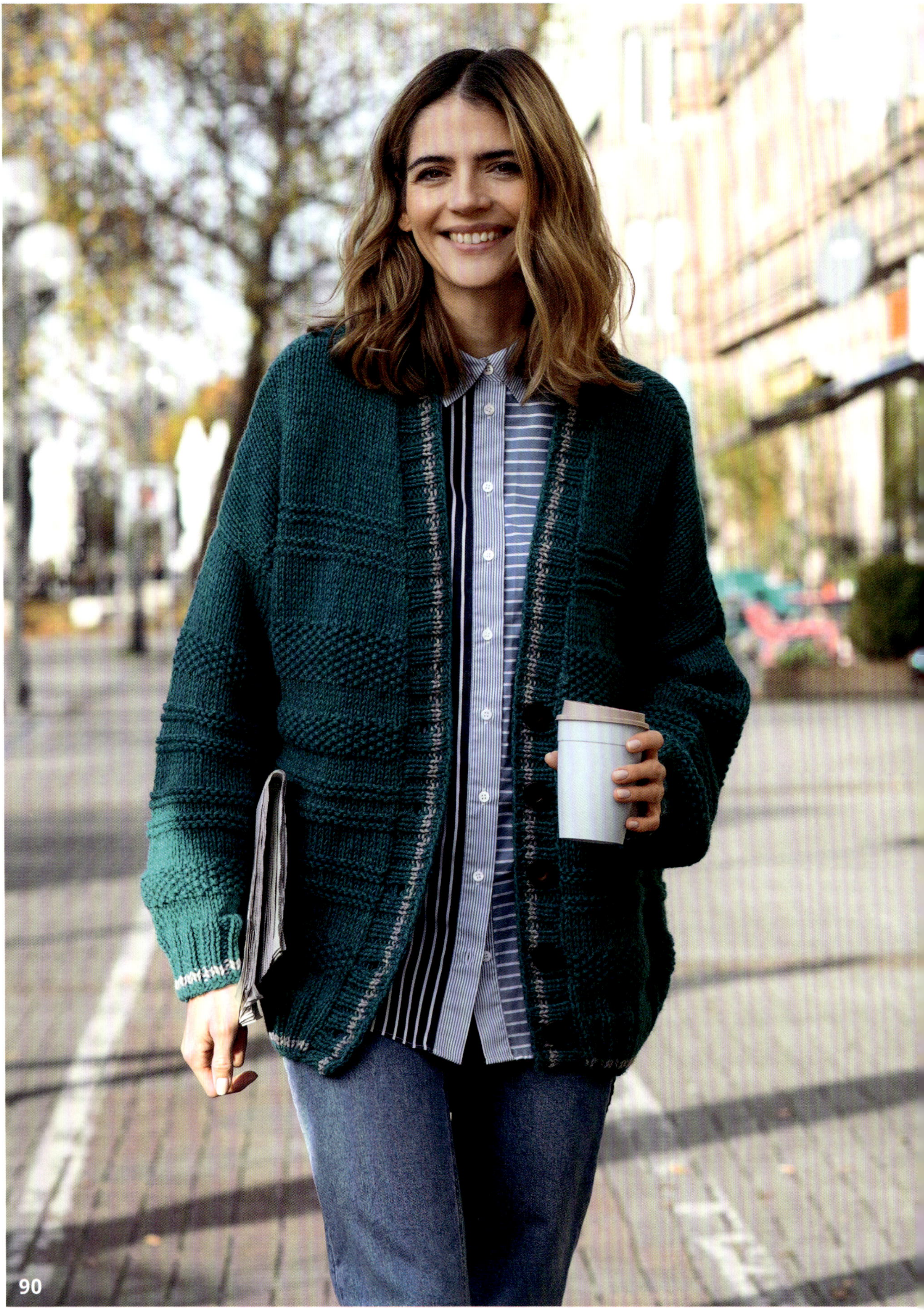

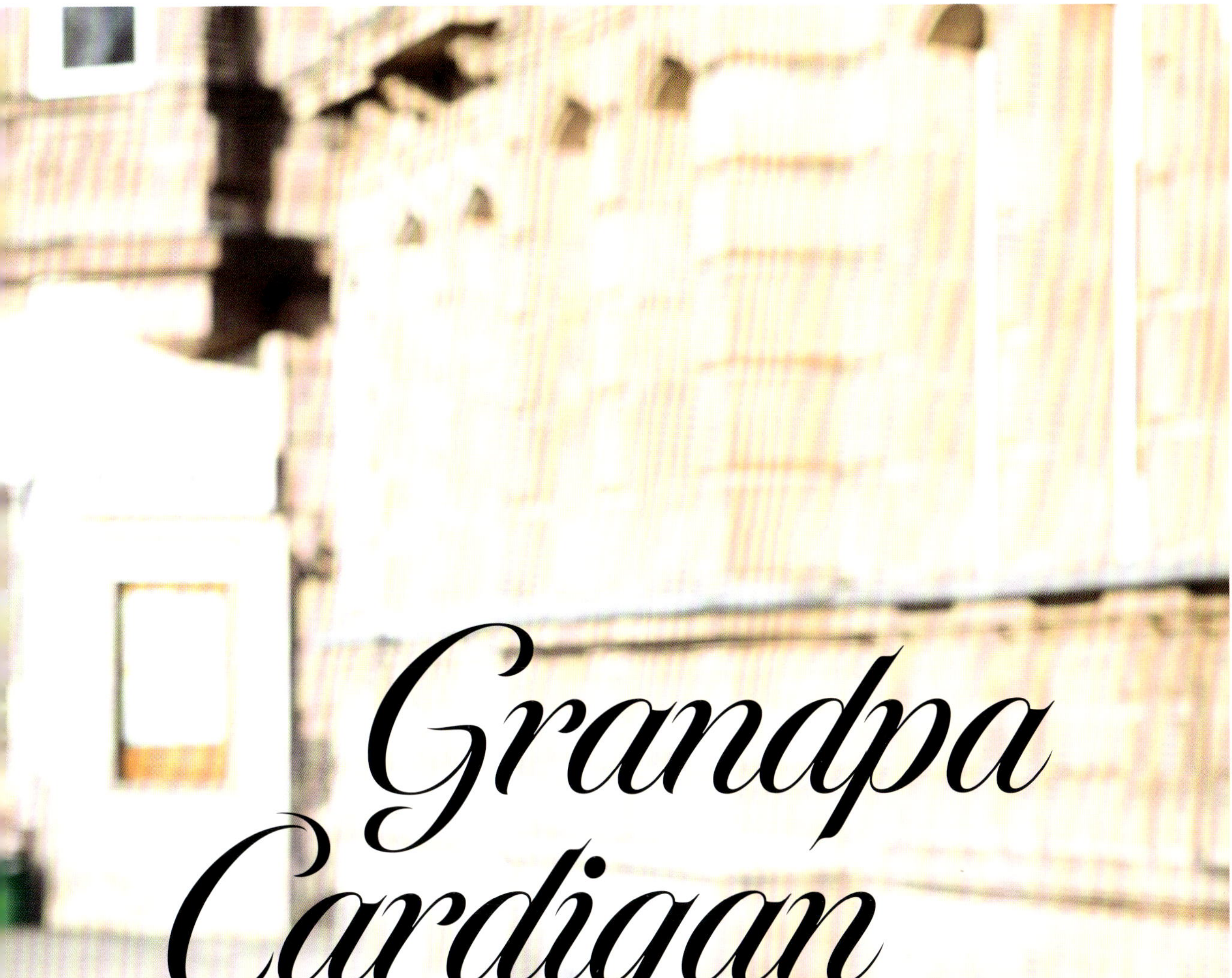

Grandpa Cardigan

Größe 36/38, 40/42 und 44
Die Angaben für die Größen 40/42 und 44 stehen in Klammern. Ist nur eine Angabe gemacht, gilt diese für alle Größen.

Material
Rico Design Essentials Alpaca Blend chunky (50 % Polyacryl, 30 % Schurwolle, 20 % Alpaka, Lauflänge = 90 m/50 g): 500 (550/600) Alge (Fb 383158.026) und 50 g Kiesel (Fb 383158.003); Stricknadeln 5,5 mm und 6 mm, eine 100 cm lange Rundstricknadel 5,5 mm, 5 Lederknöpfe von JIM KNOPF: Artikel 11905, Fb 02, Ø 25 mm.

Rippenmuster
2 M links, 2 M rechts im Wechsel stricken.

Glatt rechts
Hinr rechts, Rückr links stricken.

Kraus rechts
Hin- und Rückr rechts sticken.

Kleines Perlmuster
M-Zahl teilbar durch 2 + Randm. **1. R:** Randm, * 1 M rechts, 1 M links, ab * stets wiederholen, Randm. In jeder folgenden R das Muster um 1 M versetzen.

Musterfolge 1 (Rückenteil und Vorderteile)
6 R glatt rechts,
8 R kleines Perlmuster,
6 R glatt rechts,

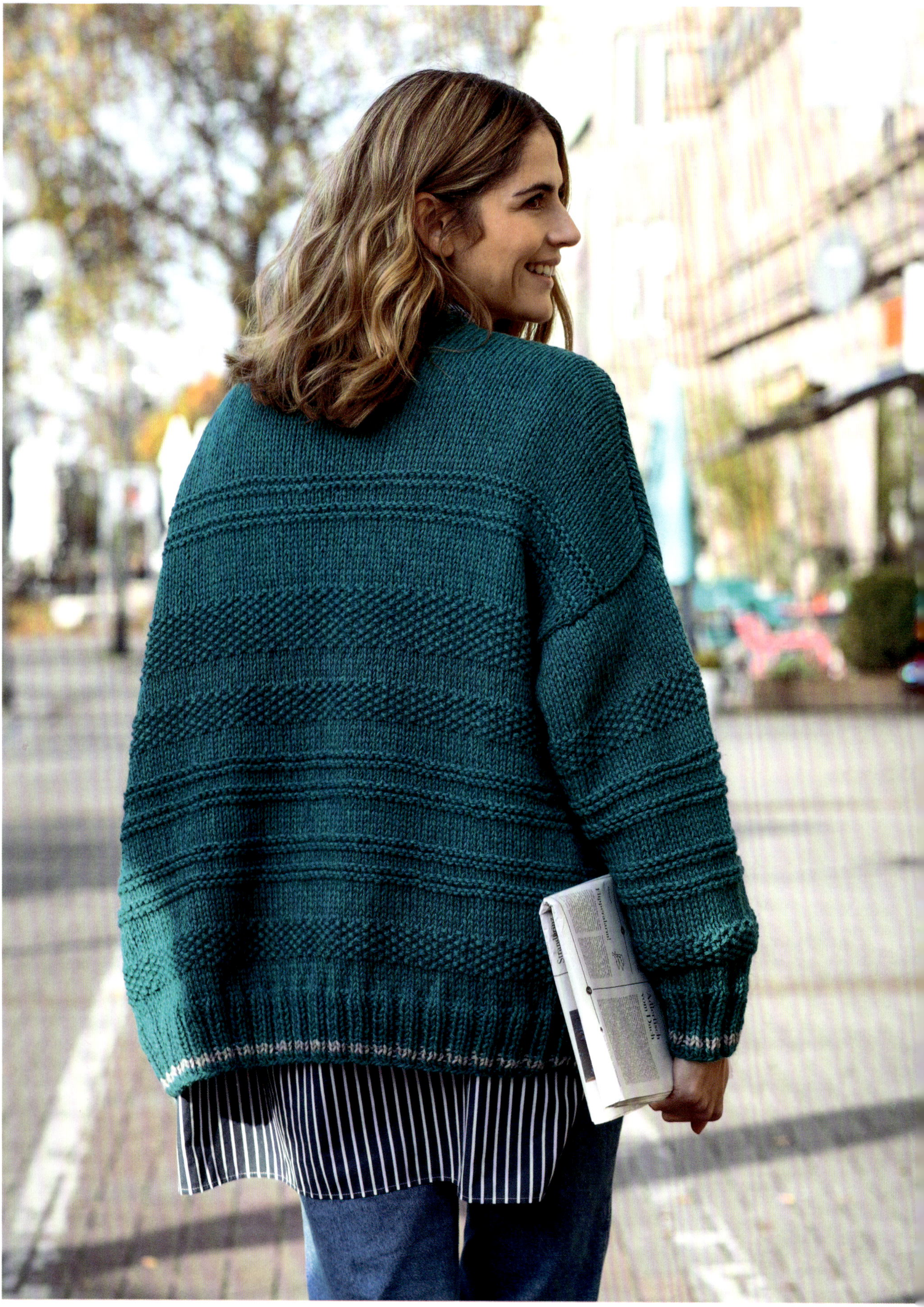

4 R kraus rechts,
2 R glatt rechts,
4 R kraus rechts,
6 R glatt rechts,
4 R kraus rechts,
2 R glatt rechts,
4 R kraus rechts,
6 R glatt rechts,
8 R kleines Perlmuster,
6 R glatt rechts,
12 R kleines Perlmuster,
10 R glatt rechts,
4 R kraus rechts,
2 R glatt rechts,
4 R kraus rechts = 98 R.

Musterfolge 2 (Ärmel)
6 R glatt rechts,
8 R kleines Perlmuster,
6 R glatt rechts,
4 R kraus rechts,
2 R glatt rechts,
4 R kraus rechts,
6 R glatt rechts,
4 R kraus rechts,
2 R glatt rechts,
4 R kraus rechts,
6 R glatt rechts,
8 R kleines Perlmuster = 60 R.

Knötchen-Randm
Die Randm in Hin- und Rückr rechts stricken.

Ketten-Randm
In den Hinr: Die 1. M rechts verschränkt stricken, die letzte M wie zum Linksstricken abheben, dabei den Faden hinter der Arbeit führen. **In den Rückr:** Die 1. M links verschränkt stricken, die letzte M wie zum Linksstricken abheben, dabei den Faden vor der Arbeit führen.

Betonte Abnahmen (über je 3 M)
Rechter Rand: Knötchen-Randm, 2 M rechts zusammenstricken. Linker Rand: 1 einfacher Überzug (= 1 M rechts abheben, die folgende M rechts stricken, dann die abgehobene M überziehen), Knötchen-Randm.

Betonte Zunahmen (über je 1 M)
Rechter Rand: Knötchen-Randm, aus dem Querfaden zur folgend M 1 M rechts verschränkt herausstricken. Linker Rand: Aus dem Querfaden zur folgenden M 1 M rechts verschränkt herausstricken, Knötchen-Randm.

Maschenprobe
Glatt rechts mit Nadeln 6 mm: 14 M und 19 R = 10 cm x 10 cm.

Anleitung

Rückenteil
86 (90/94) M mit Nadeln 5,5 mm in Alge anschlagen. Im Rippenmuster stricken, dabei in der **1. R (Rückr)** die M wie folgt einteilen: Knötchen-Randm, 1 M links, * 2 M rechts, 2 M links, ab * stets wiederholen, 2 M rechts, 1 M links, Knötchen-Randm. Ab der folgenden Hinr 2 R in Kiesel, dann in Alge weiterarbeiten. Nach insgesamt 7 cm in der letzten Rückr gleichmäßig verteilt 0 (2/4) M zunehmen = 86 (92/98) M.

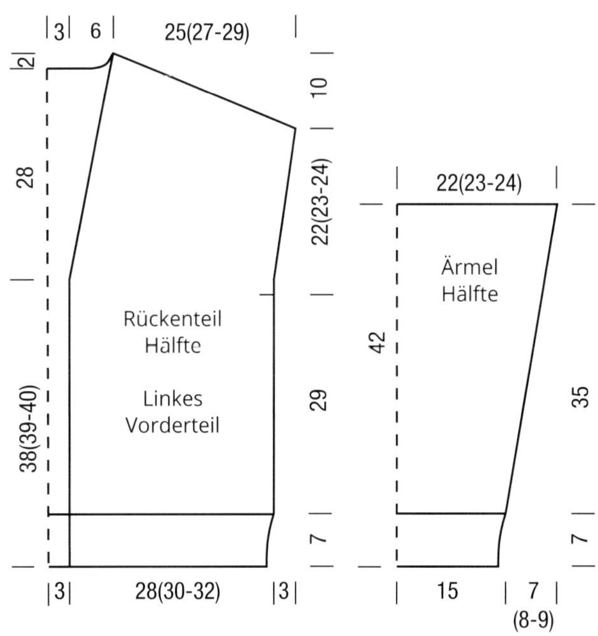

Dann mit Nadeln 6 mm in der Musterfolge 1 weiterstricken, dabei die Randm als Knötchen-Randm arbeiten.

In 36 cm Gesamthöhe beidseitig den Beginn der Armausschnitte markieren und gleichzeitig für die Seitenschräge beidseitig je 1 M zunehmen, dann noch 3x in jeder 10. R (2x in jeder 10. R und 1x in der folgenden 12. R / 3x in jeder 12. R) je 1 M zunehmen = 94 (100/106) M. Nach den 98 R der Musterfolge 1 das Rückenteil glatt rechts weiterarbeiten.

In 22 (23/24) cm Armausschnitthöhe für die Schulterschräge beidseitig je 3 (3/4) M, dann in jeder 2. R noch 4x 3 M und 5x 4 M (1x 3 M und 8x 4 M / 8x 4 M und 1x 5 M) abketten.

In 66 (67/68) cm Gesamthöhe für den Halsausschnitt die mittleren 20 M abketten und beide Seiten getrennt fertigstellen. Dabei in der folgenden 2. R jeweils an der Halsausschnittseite noch 1x 2 M abnehmen.

Linkes Vorderteil
39 (39/43) M mit Nadeln 5,5 mm in Alge anschlagen und im Rippenmuster stricken, dabei in der **1. R (Rückr)** die M wie folgt einteilen: Knötchen-Randm, 2 M links, * 2 M rechts, 2 M links, ab * stets wiederholen, 2 M rechts, 1 M links, Knötchen-Randm. Ab der folgenden Hinr 2 R in Kiesel, dann weiter in Alge stricken. Nach insgesamt 7 cm in der letzten Rückr gleichmäßig verteilt 0 (3/2) M zunehmen = 39 (42/45) M.

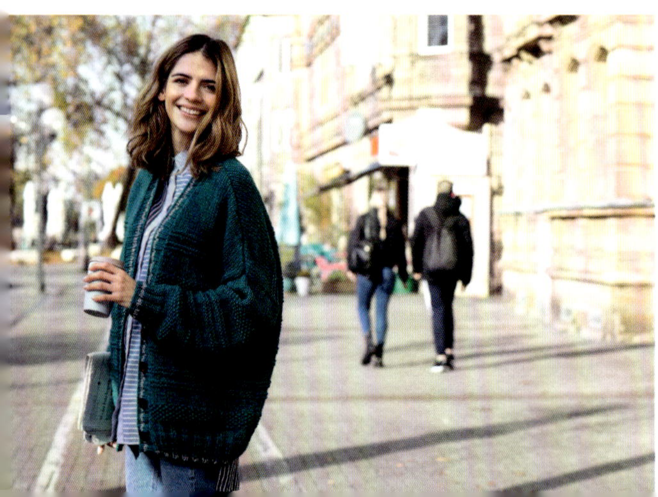

Dann mit Nadeln 6 mm in der Musterfolge 1 weiterstricken, dabei die Randm als Knötchen-Randm arbeiten. Die Seitenschräge und die Schulterschräge am rechten Rand wie beim Rückenteil arbeiten. Gleichzeitig in 38 (39/40) cm Gesamthöhe für die Ausschnittschräge betonte Abnahmen arbeiten: Am linken Rand 1x 1 M, dann noch 7x abwechselnd in jeder 6. und 8. R je 1 M betont abnehmen.

Rechtes Vorderteil
Wie das linke Vorderteil, jedoch gegengleich arbeiten.

Ärmel
42 M mit Nadeln 5,5 mm in Alge anschlagen. Im Rippenmuster stricken, dabei in der **1. R (Rückr)** die M wie beim Rückenteil einteilen. Ab der folgenden Hinr 2 R in Kiesel, dann in Alge weiterarbeiten. Nach insgesamt 7 cm Rippenmuster mit Nadeln 6 mm in der Musterfolge 2 weiterstricken, dabei die Randm als Knötchen-Randm arbeiten.

Für die Ärmelschräge beidseitig 1x in der 7. R, dann 6x in jeder 6. R und noch 4x abwechselnd in jeder 4. und 6. R (2x in jeder 6. R und noch 9x abwechselnd in jeder 4. und 6. R / 10x abwechselnd in jeder 4. und 6. R und noch 2x in jeder 4. R) je 1 M zunehmen = 64 (66/68) M. Die zugenommenen M nach und nach in die Musterfolge 2 einfügen. In 42 cm Gesamthöhe alle M abketten. Den 2. Ärmel ebenso arbeiten.

Ausarbeiten
Die Teile spannen, anfeuchten und trocknen lassen. Die Schulternähte schließen. In Alge aus den Verschlussrändern der Vorderteile je 61 (63/65) M, aus den Ausschnittschrägen je 50 M und aus dem rückwärtigen Halsausschnitt 26 M auffassen = insgesamt 248 (252/256) M. Mit der Rundstricknadel 5,5 mm im Rippenmuster stricken, dabei in der **1. R (Rückr)** die M wie folgt einteilen: Ketten-Randm, 2 M links, * 2 M rechts, 2 M links, ab * stets wiederholen, Ketten-Randm. Hinweis: In der 1. R alle M ver-

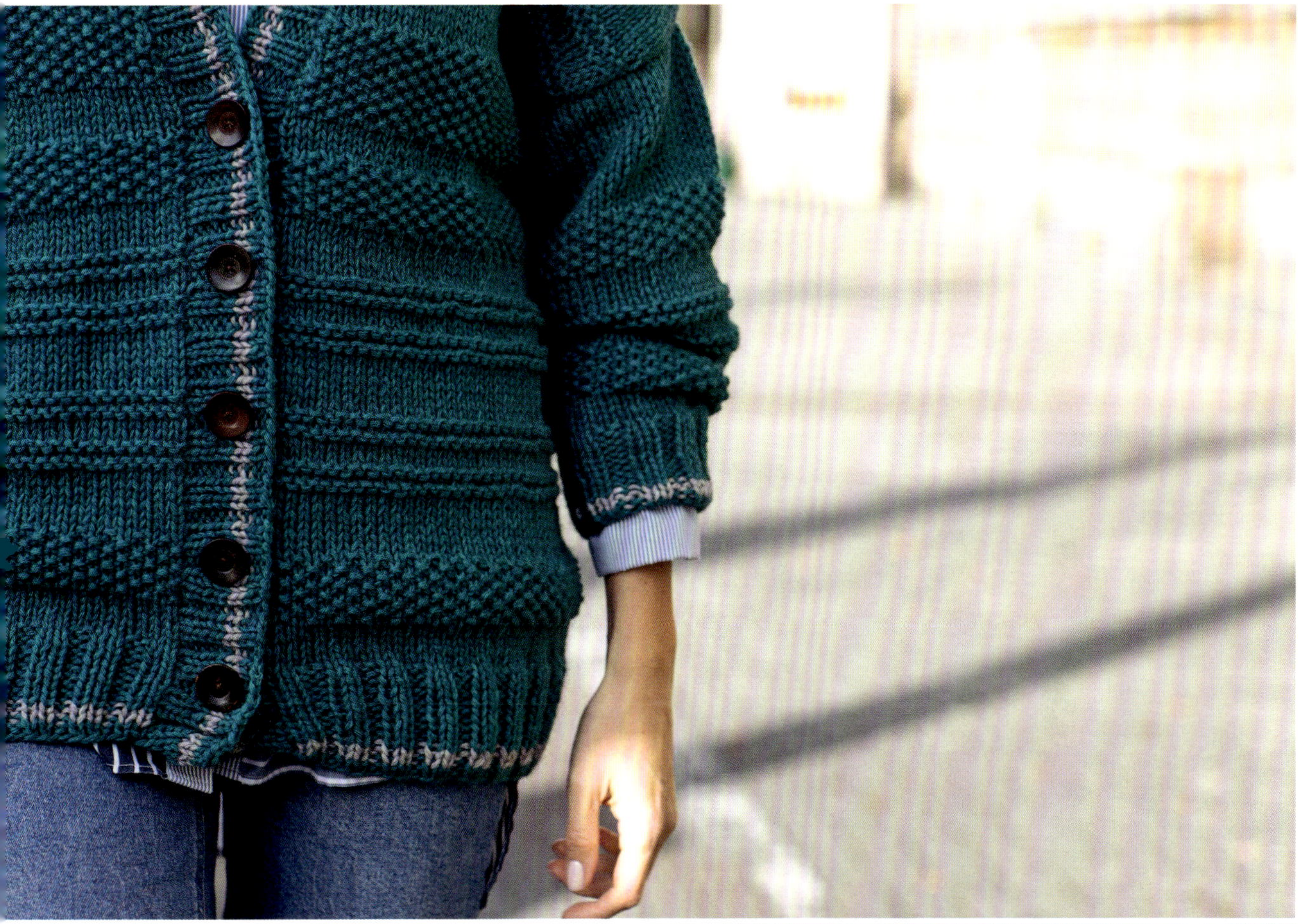

schränkt abstricken! In der **4. R (Hinr)** 5 Knopflöcher über jeweils 4 M (= 1 M rechts, 2 M links, 1 M rechts) wie folgt einstricken: 1 einfacher Überzug (= 1 rechte M wie zum Rechtsstricken abheben, die folgende linke M links stricken, dann die abgehobene M überziehen, 1 Umschlag, die folgenden 2 M rechts zusammenstricken. Das 1. Knopfloch in der 2. Linksrippe ab unterem Jackenrand, die folgenden 4 Knopflöcher in der jeweils folgenden 3. Linksrippe arbeiten. In der folgenden Rückr aus dem Umschlag 1 M rechts und 1 M rechts verschränkt herausstricken. Danach 2 R in Kiesel und 2 R in Alge, dann alle M abketten, wie sie erscheinen = 4,5 cm Blendenbreite.

Die Ärmel beidseitig der Schulternaht über eine Länge von je 22 (23/24) cm annähen. Die Seiten- und Ärmelnähte schließen. Dann die Knöpfe annähen.

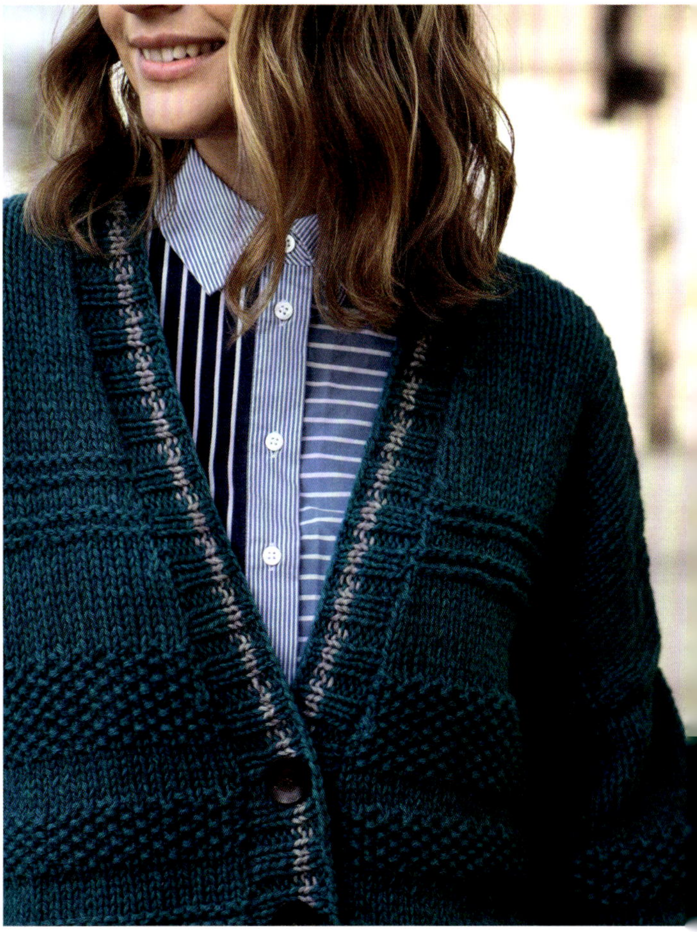

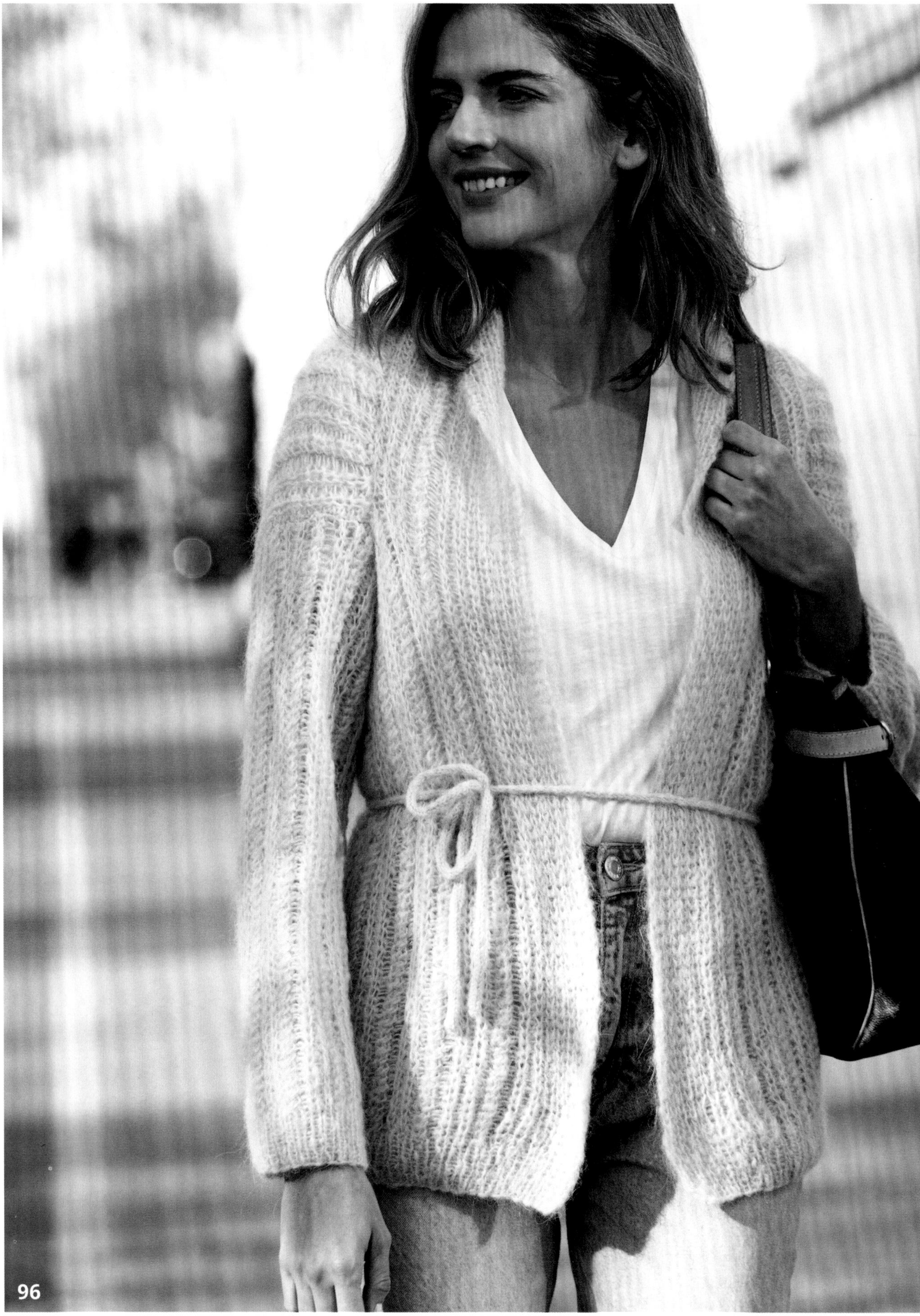

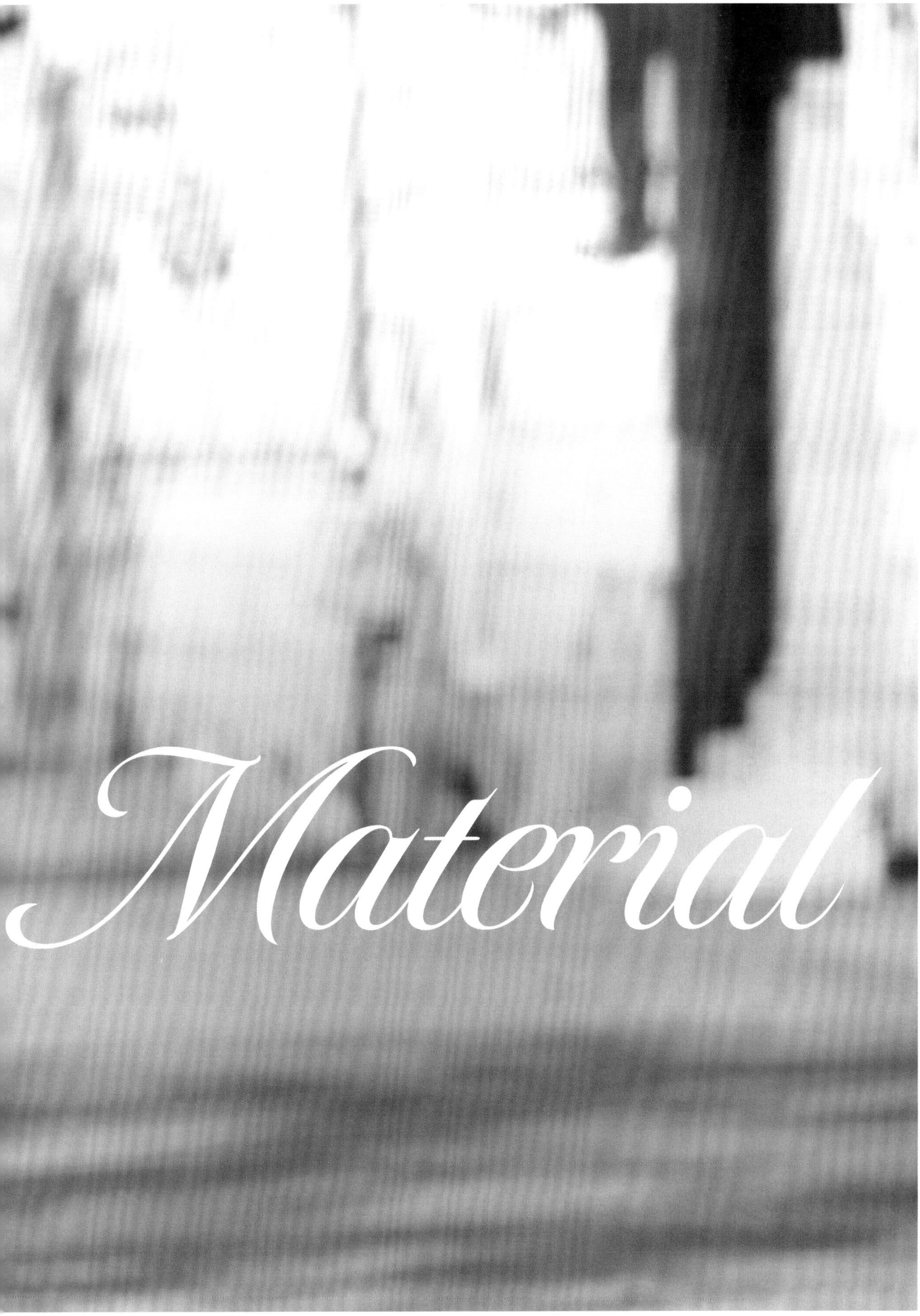

Material

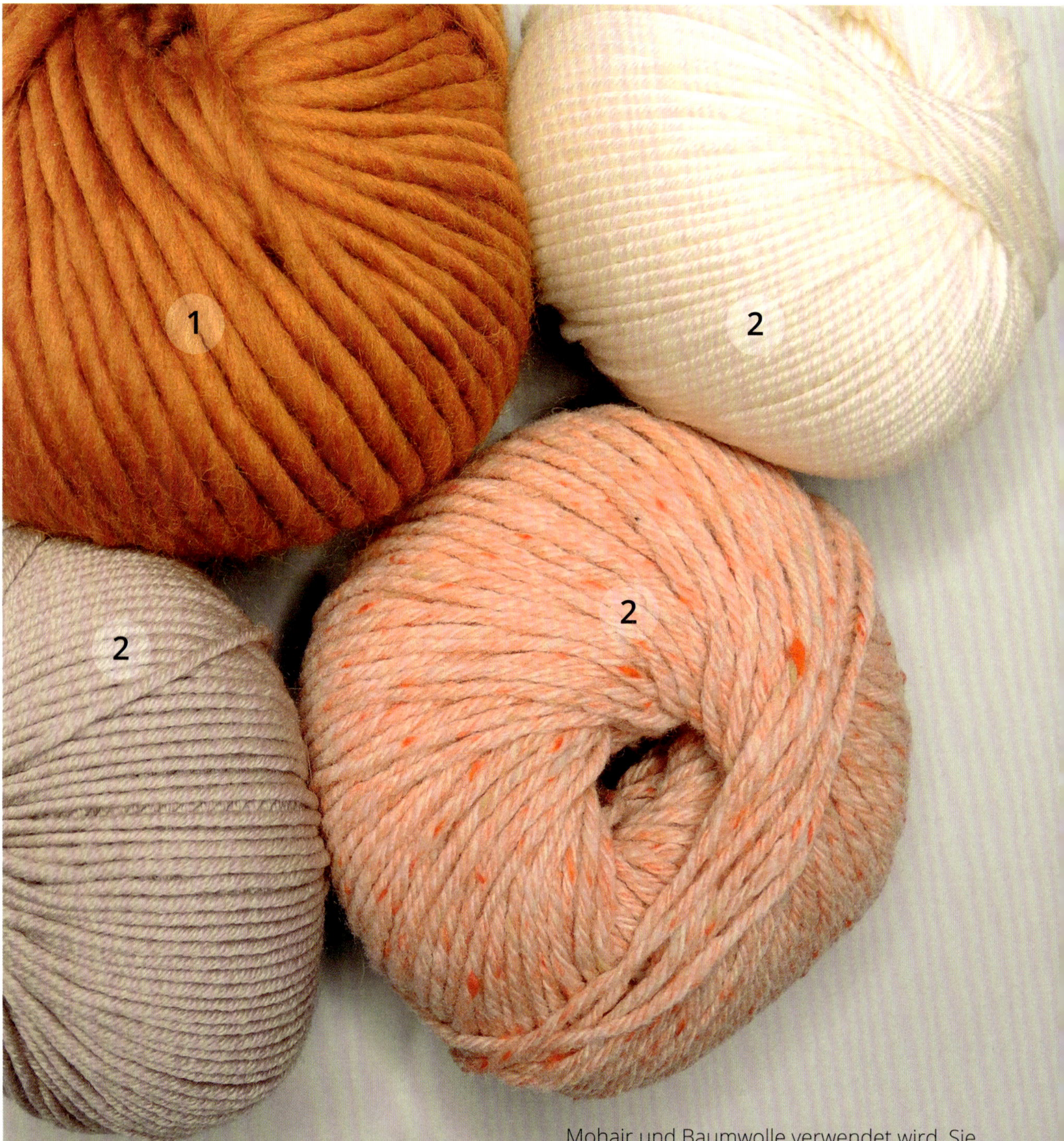

Die Cardigans in diesem Buch sind so vielfältig wie die Garne, aus denen sie gestrickt wurden.

Absoluter Platzhirsch unter den Materialien ist die **Schurwolle**, weil sie sowohl in reiner Form als auch als Beimischung mit Alpaka, Kaschmir, Mohair und Baumwolle verwendet wird. Sie zeigt sich pur als megadickes Dochtgarn (1) beim lässigen XXL-Cardigan auf Seite 52. Mit 9 mm Stricknadeln ist das Garn nicht ganz einfach zu stricken, dafür kommt man aber schnell voran. In der Light-Variante, als edles Schurwoll-Garn vom Merinoschaf (2), verspricht sie reines Strickvergnügen. Kommen dann noch Streifen in fünf harmonisch aufeinander abgestimmten Farben wie beim Long Cardigan auf

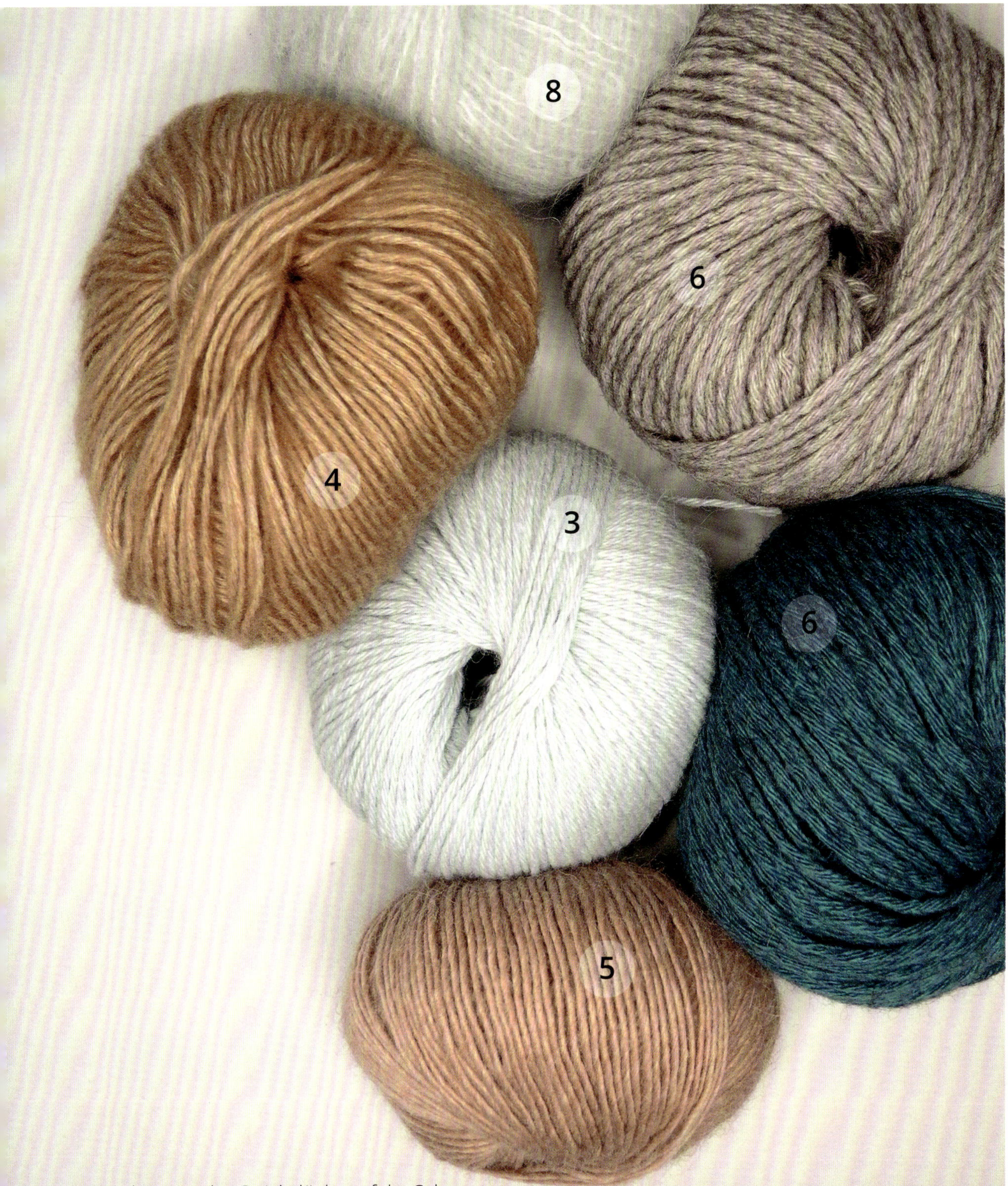

Seite 84 dazu, ist das Strickglück perfekt. Schurwolle ist sehr elastisch, formbeständig, temperaturausgleichend und hält angenehm warm.

Alpaka (3) verfügt über einmalige Thermoeigenschaften. Die Fasern der Alpakawolle sind hohl, wodurch sie die Wärme sehr gut isolieren können. Alpakawolle ist sehr weich, filzt weniger und ist für Allergiker bestens geeignet. Da Alpakawolle sehr teuer ist, werden die Fasern häufig mit Schurwolle (4), Schurwolle und Seide (5)

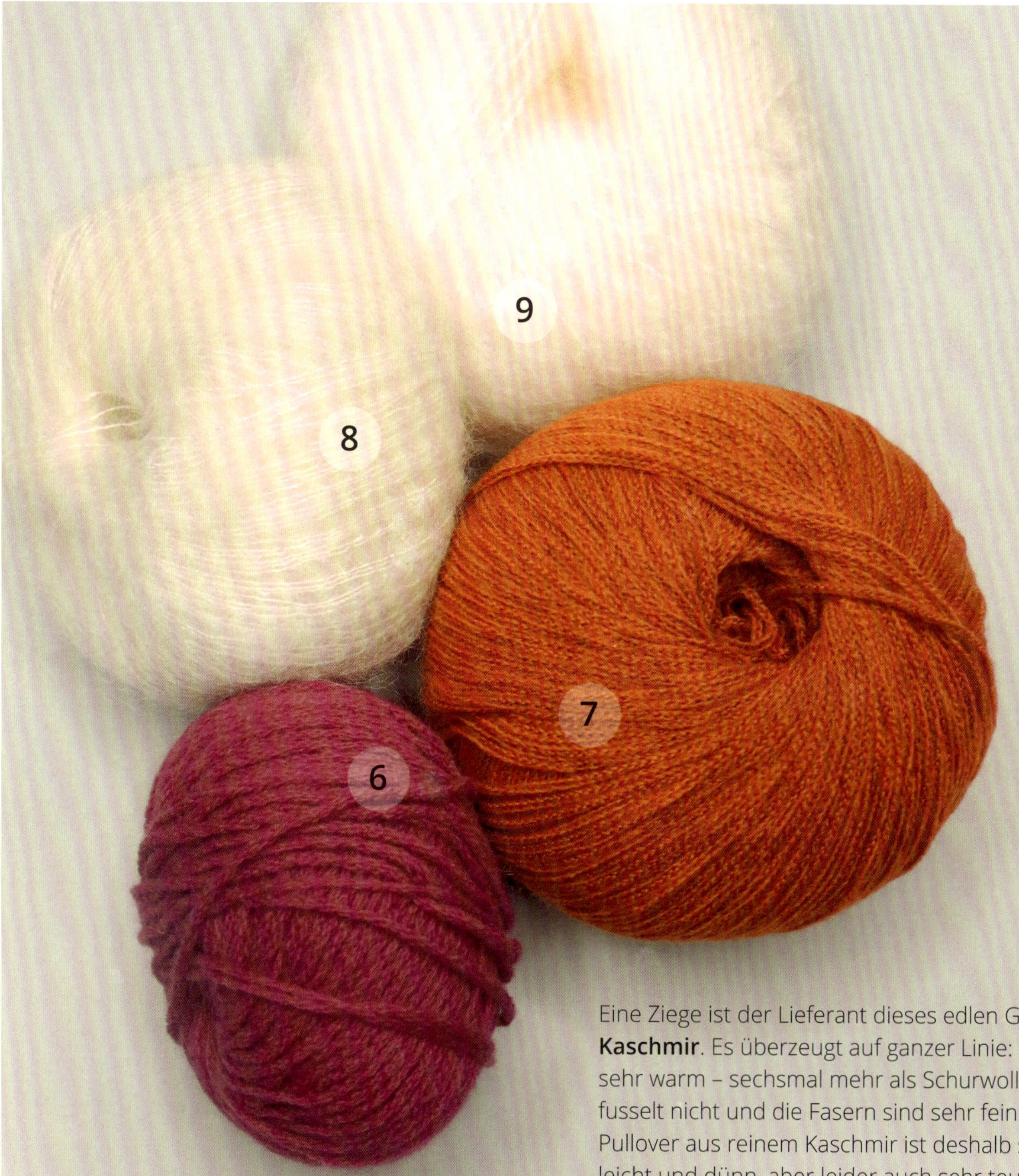

oder Polyamid (6) gemischt. Da Alpaka zudem sehr leicht ist, kann es sowohl einfädig als auch doppelfädig verstrickt werden. Wie vielseitig diese Garne sind, sieht man beim Vergleich des Grandpa Gardigans auf Seite 90 mit dem Long Cardigan auf Seite 58 und dem Cardigan mit Reißverschluss auf Seite 70.

Eine Ziege ist der Lieferant dieses edlen Garns: **Kaschmir**. Es überzeugt auf ganzer Linie: Hält sehr warm – sechsmal mehr als Schurwolle, fusselt nicht und die Fasern sind sehr fein. Ein Pullover aus reinem Kaschmir ist deshalb sehr leicht und dünn, aber leider auch sehr teuer. Eine Mischung aus Schurwolle und Kaschmir (7) wie bei dem Twinset auf Seite 44 ist die perfekte Verbindung: Formstabil, temperaturausgleichend, leicht, herrlich warm und erschwinglich.

Der **Mohair** (8) -Ziege verdanken wir ein absolut zartes und weiches Garn. Die hauchfeinen Fasern mit sehr wenig Gewicht sind wasserabweisend und gleichzeitig können sie Feuchtigkeit aufnehmen, ohne sich nass anzufühlen.

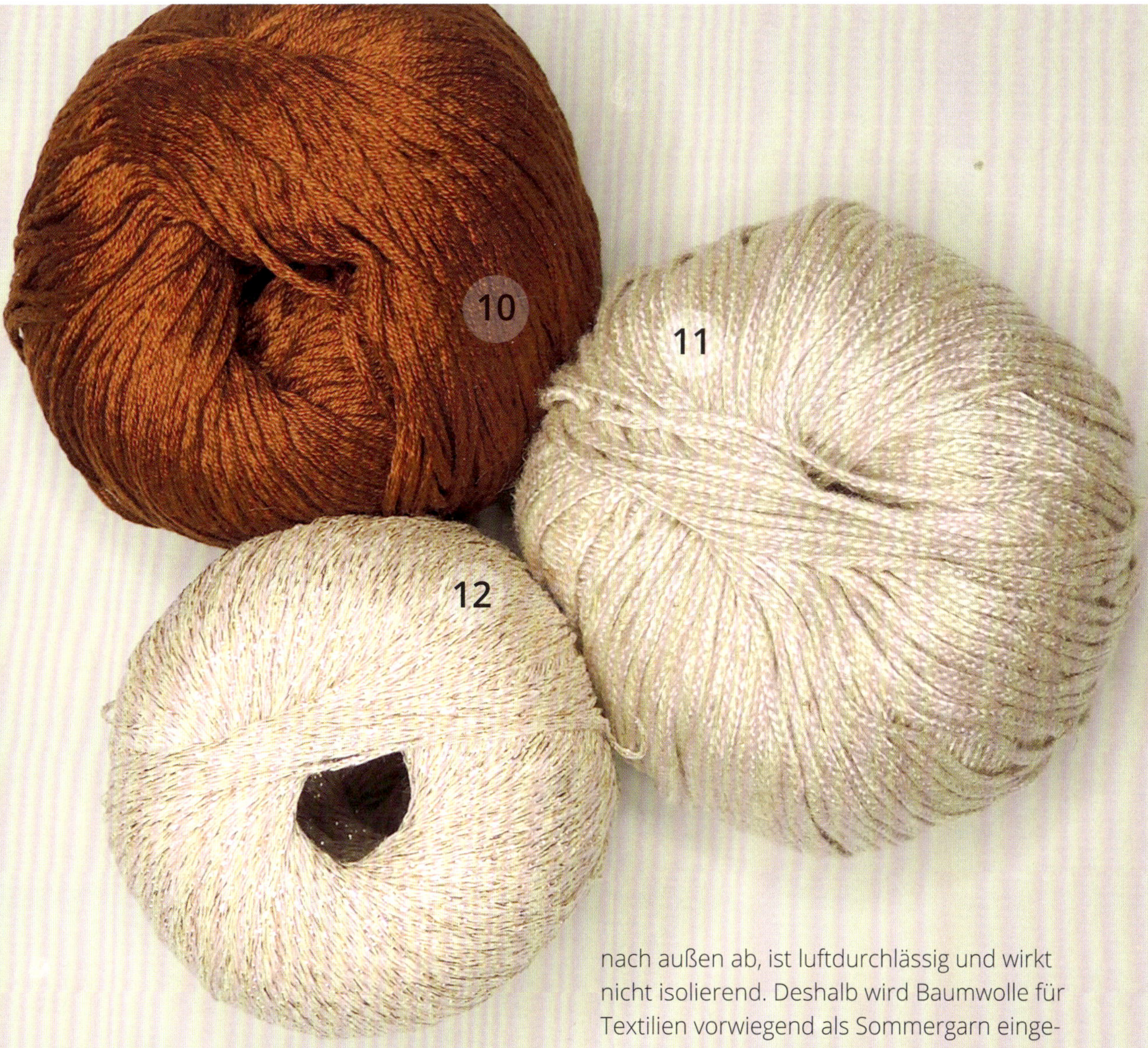

Mohair wärmt im Winter, im Sommer hat Mohair einen kühlenden Effekt. Hier zu sehen beim Cardigan mit Kapuze auf Seite 14.

Seide (9) ist eigentlich ein reines Sommergarn. In Kombination mit Mohair oder Alpaka punktet Seide mit ihren positiven Eigenschaften. Sie ist hautfreundlich, temperaturausgleichend, reißfest und hat einen unnachahmlichen Glanz. Damit ist sie das perfekte Garn für den Cardigan Hülle auf Seite 20.

Baumwolle (10), eine pflanzliche Naturfaser, besticht besonders durch ihre Robustheit und ihre hohe Reißfestigkeit. Die Faser ist sehr hautverträglich, gibt überschüssige Wärme nach außen ab, ist luftdurchlässig und wirkt nicht isolierend. Deshalb wird Baumwolle für Textilien vorwiegend als Sommergarn eingesetzt. Als Mischgarn mit Schurwolle ist sie wie beim Wrap in Cardigan auf Seite 64 auch bei kälteren Temperaturen tragbar.

Unter den Naturfasern ist **Leinen** (11) die Königin. Die Flachsfasern sind deutlich länger als die der Baumwolle, was Leinen strapazierfähig und reißfest macht. Eine positive Eigenschaft von Leinen ist, dass es Feuchtigkeit gut aufnehmen, aber auch schnell wieder abgeben kann. Leinen besitzt eine kühlende Wirkung.

Effekte dürfen nicht fehlen. **Lurex** (12) und Viskose als Beimischung verleihen den Garnen Glanz und Glamour, glanzvoll in Szene gesetzt beim Bolerojäckchen mit Rüsche auf Seite 32.

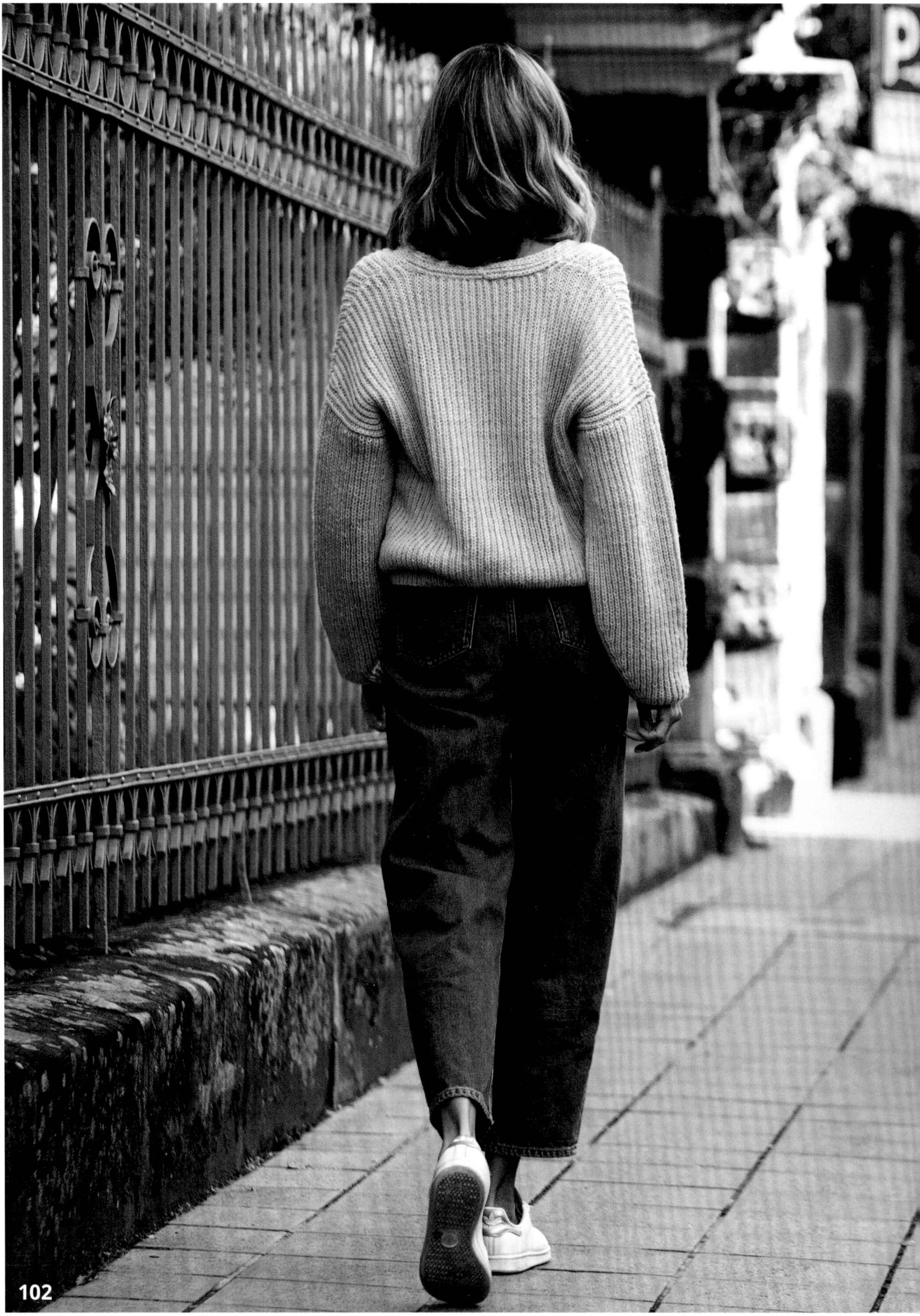

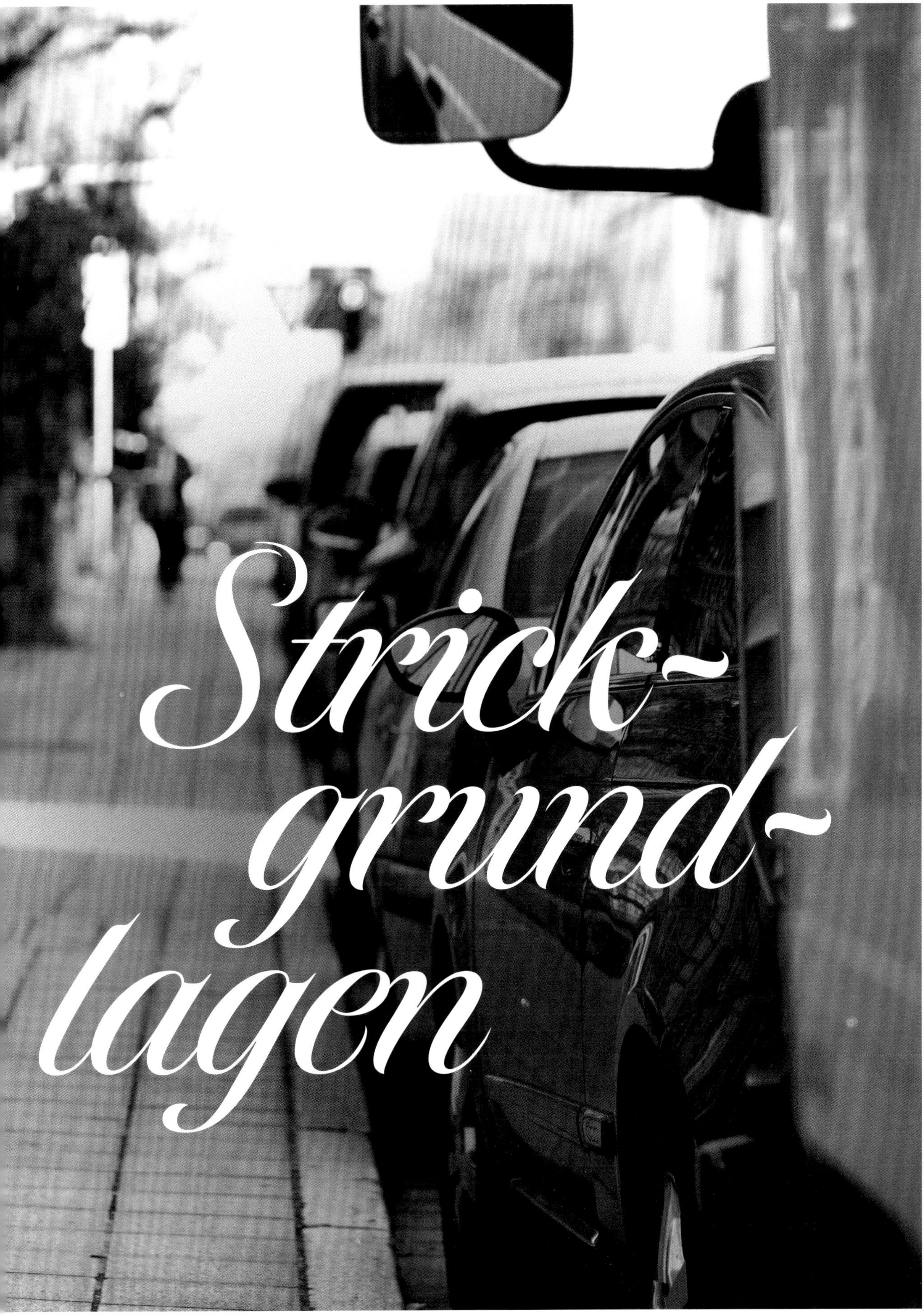

Strick-grund-lagen

Anschläge

Jede Strickarbeit beginnt mit einer Anschlagreihe. Dabei kommt es neben dem guten Aussehen auch auf Elastizität und Haltbarkeit an, damit Blenden und Bündchen – und damit das ganze Strickstück – später nicht die Form verlieren.

Kreuzanschlag

Die bekannteste Art des Anschlags ist der Kreuzanschlag. Dabei entsteht ein fester, elastischer Rand, der zu jedem Muster passt.

Wichtig für das optimale Aussehen ist, dass Sie besonders gleichmäßig arbeiten. Der Anschlag darf nicht zu fest sein, damit sich die erste Reihe leicht abstricken lässt. Er darf auch nicht zu locker sein, sonst leiert das Bündchen zu schnell aus. Werden die Maschen bei Ihrer Arbeitsweise zu fest, können Sie den Anschlag auch mit zwei Stricknadeln parallel arbeiten und die zweite Nadel vor dem Stricken der ersten Reihe herausziehen.

Messen Sie zu Beginn ein Fadenende für den Unter- bzw. Daumenfaden ab. Für jede Anschlagmasche brauchen Sie bei mittelstarken Garnen etwa 2 cm, bei dünneren etwas weniger. Geben Sie zu der errechneten Länge dann noch etwa 20 cm dazu. Lassen Sie den Unterfaden dabei lieber etwas länger – Sie können den Endfaden später auch zum Zusammennähen verwenden. Den Kreuzanschlag können Sie ohne Knoten beginnen.

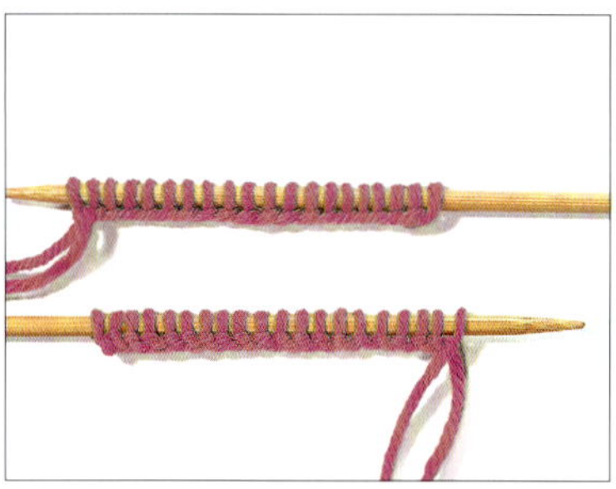

Achten Sie darauf, dass die erste Reihe nach dem Kreuzanschlag eine Rückreihe ist, denn bei der Anschlagreihe bilden sich auf der Rückseite ähnliche Schlingen wie bei einer linken Reihe.

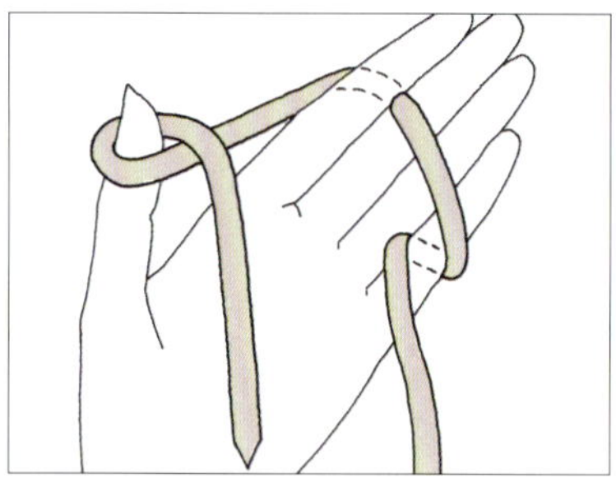

***1** Das Fadenende um den linken kleinen Finger wickeln, zwischen Zeige- und Mittelfinger nach hinten führen und über den Zeigefinger nach vorn. Dann von vorn nach hinten um den Daumen wickeln.*

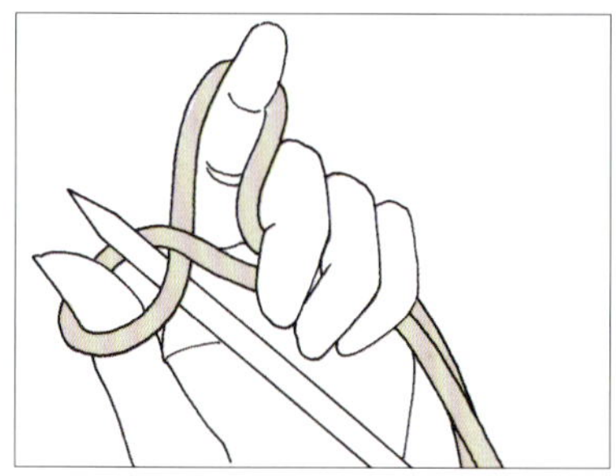

***2** Beide Fadenenden festhalten und mit der rechten Nadel von unten in die Daumenschlinge stechen.*

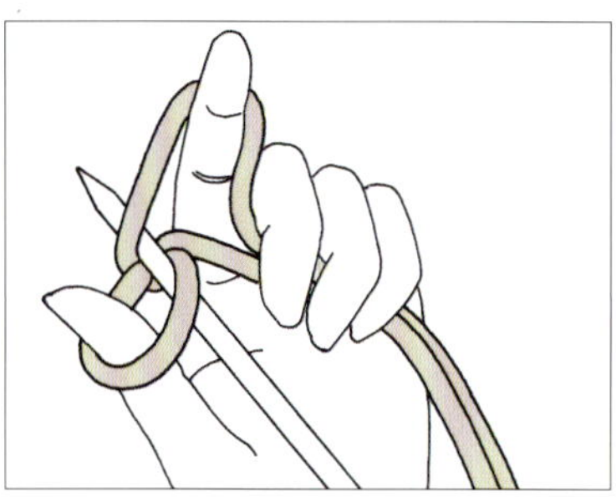

***3** Die rechte Nadel hinter dem vom Zeigefinger kommenden Faden durchführen ...*

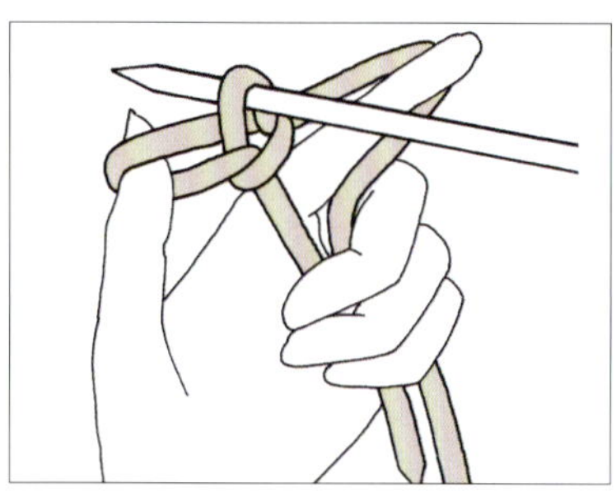

***4** ... und den Faden durch die Daumenschlinge ziehen. Den Faden vom Daumen rutschen lassen.*

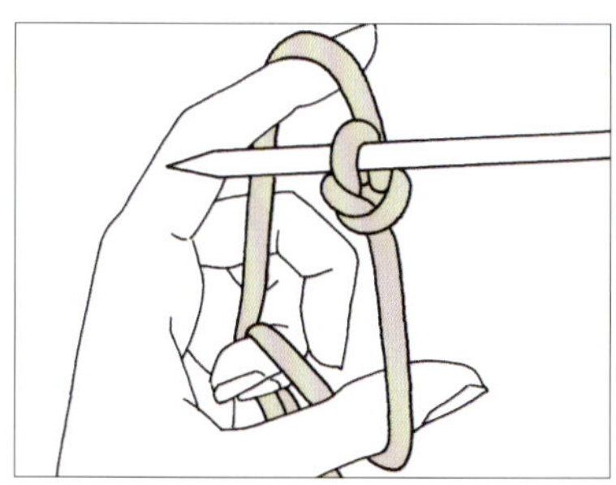

***5** Mit dem Daumen den Endfaden von hinten nach vorn erfassen, die Masche fest anziehen und den Daumen wieder nach oben heben.*

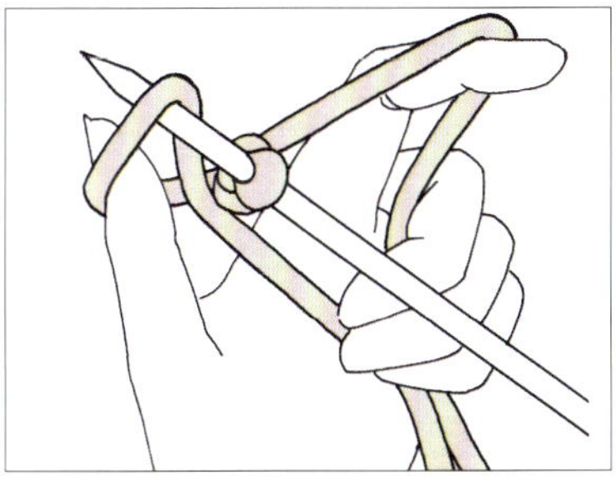

__6__ Die erste Masche ist auf der rechten Nadel. Nun wieder von unten in die Daumenschlinge einstechen, ...

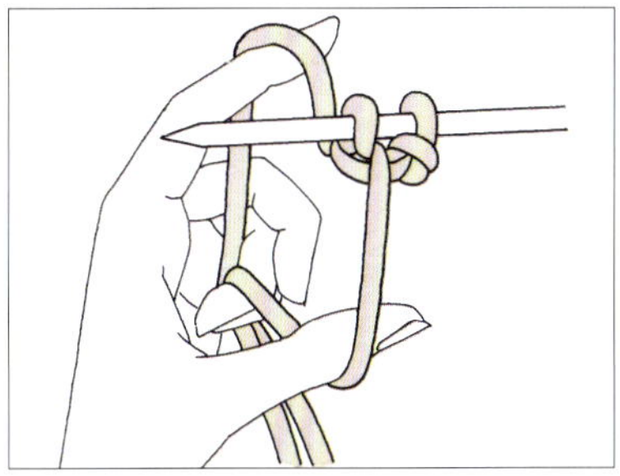

__7__ ... den Faden erneut durchholen und die Schlinge anziehen.

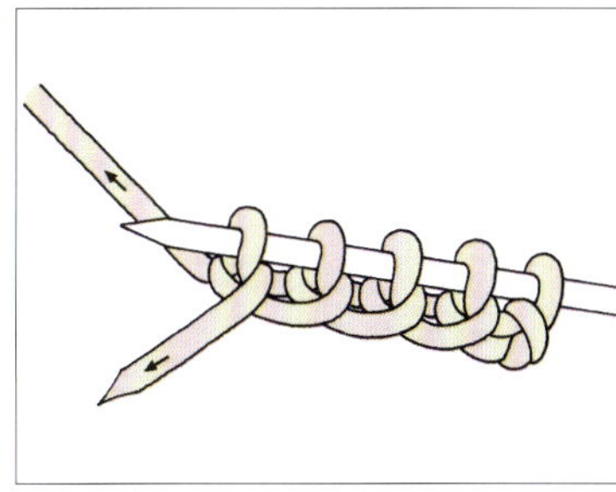

__8__ Jeder Arbeitsgang bildet wieder eine neue Masche.

Doppelte Anschlagskante

Besonders strapazierfähig wird die Kreuzanschlagkante, wenn Sie den Unterfaden doppelt legen. Das ist besonders wichtig bei Pullovern oder Cardigans, bei denen der Anschlag stark gedehnt wird. Legen Sie den Faden wie links beschrieben um die linke Hand. Der Endfaden muss hier etwa doppelt so lang sein.

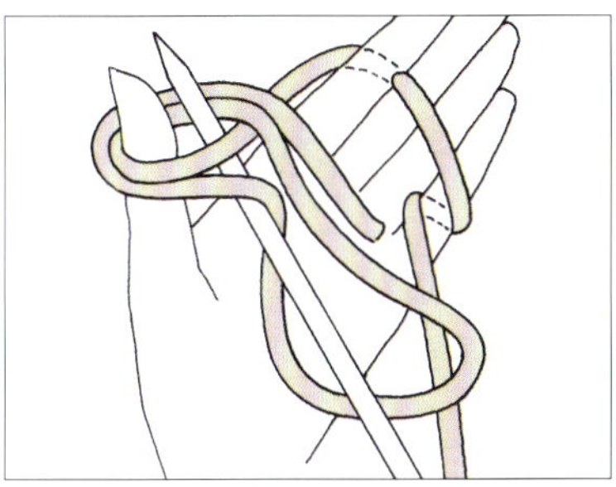

__1__ Legen Sie das Ende des Daumenfadens ebenfalls über die Daumen und beginnen Sie den Kreuzanschlag, wie auf Seite 104 beschrieben.

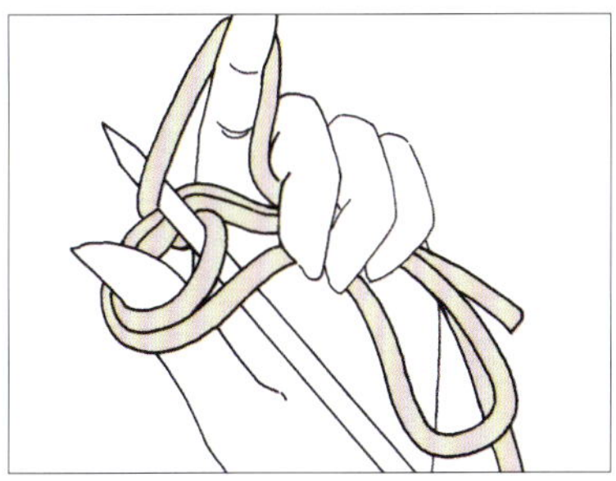

__2__ Legen Sie nach dem Festziehen der ersten Masche das kurze Endstück zur Seite und arbeiten Sie mit den zwei Daumenfäden weiter.

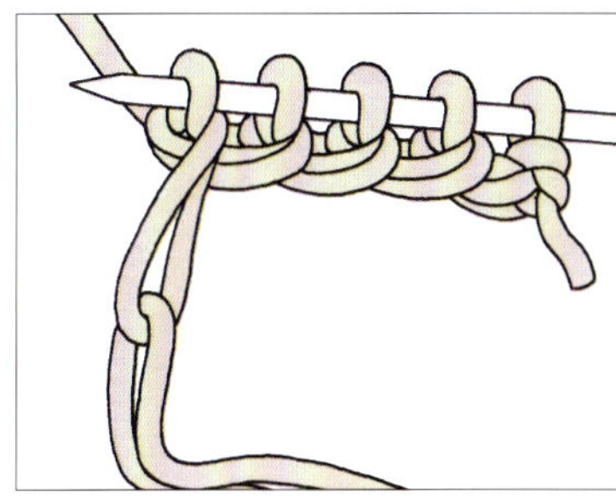

__3__ Wenn hier der Unterfaden nicht reicht, können Sie ihn leicht verlängern, indem Sie einen zusätzlichen Faden in die Schlinge einlegen.

Kreuzanschlag für breite Teile

Für breite Pulloverteile ist es schwierig, die richtige Länge des Unterfadens abzuschätzen. Nehmen Sie für Ober- und Unterfaden je ein Knäuel und verknoten die Fadenenden locker miteinander. So können Sie endlos Maschen anschlagen.
Den Unterfaden am Ende der Anschlagreihe abschneiden, mit dem Oberfaden weiterarbeiten.

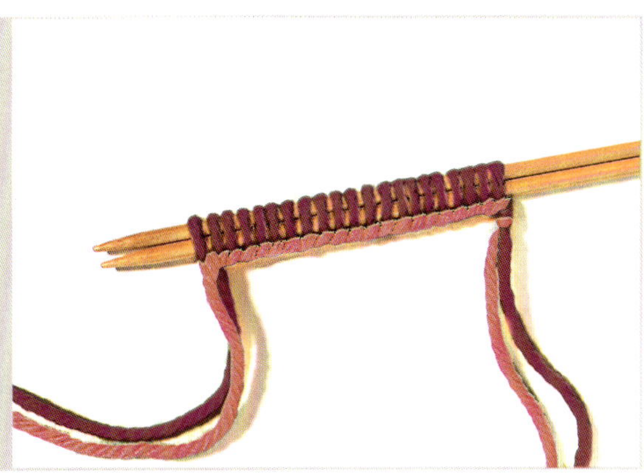

Anschlingen

Das Anschlingen ist ein Hilfsanschlag für kurze Stücke, z. B. für die obere Kante von Knopflöchern oder wenn seitlich an ein bereits gestricktes Stück mehrere neue Maschen angesetzt werden sollen.

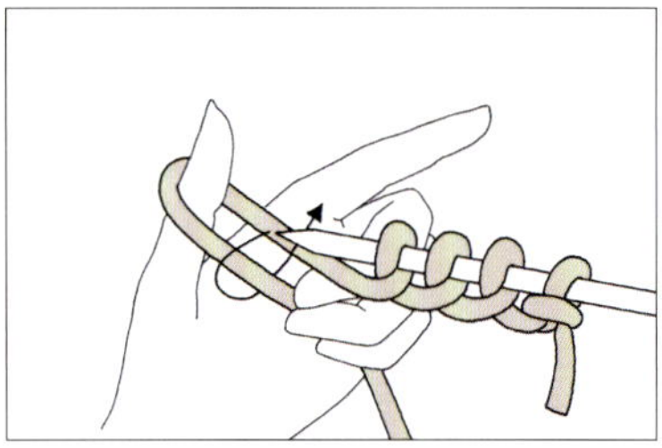

***1** Zum Anschlingen nach der letzten Masche einer Reihe noch nicht wenden, sondern den Faden um den Daumen legen …*

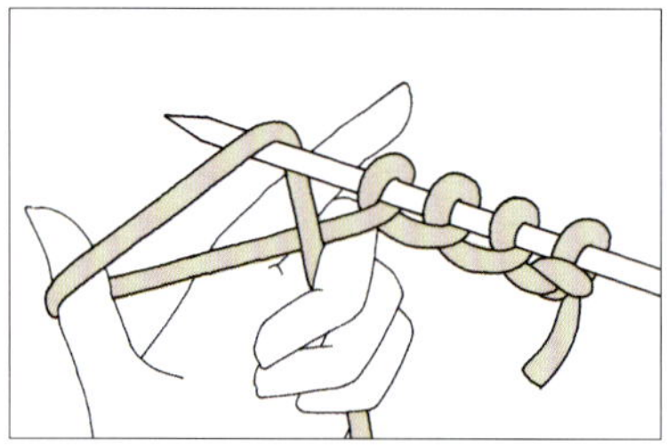

***2** … und den vorderen Faden von unten auf die Nadel heben.*

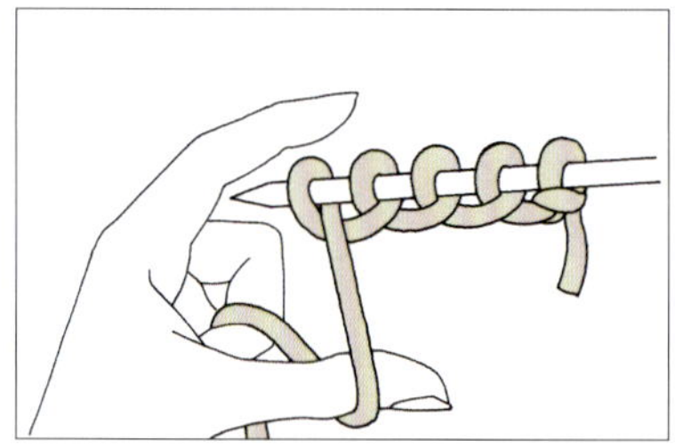

***3** Die Schlinge mit dem Daumen leicht festziehen. In der folgenden Reihe können alle Schlingen wie die übrigen Maschen abgestrickt werden.*

Italienischer Anschlag

Legen Sie den Faden wie gewohnt um die linke Hand und dann über den Daumen. Das Fadenende hängt über dem Daumen und muss, wie bei allen anderen Anschlägen, etwa dreimal so lang sein, wie das Strickstück breit sein soll. Halten Sie das Fadenende zwischen Mittel- und Ringfinger fest. Arbeiten Sie die Anschlag- und die folgenden 4 Reihen mit einer halben Nadelstärke kleiner als für das Bündchen vorgesehen.

TIPP

Es ist Glücksache, wenn man das Fadenende in der Mitte eines Knäuels auf Anhieb erwischt, meist zieht man etwas zu viel Garn heraus. Doch nur wenn Sie ein Knäuel von innen nach außen verarbeiten, bleibt es stets an derselben Stelle liegen und kugelt beim Abwickeln nicht überall herum. Das ist besonders beim Stricken mit mehreren Garnen wichtig. Und außerdem lässt sich das kleine Anfangsknäuel leicht entwirren und ist schnell verstrickt.

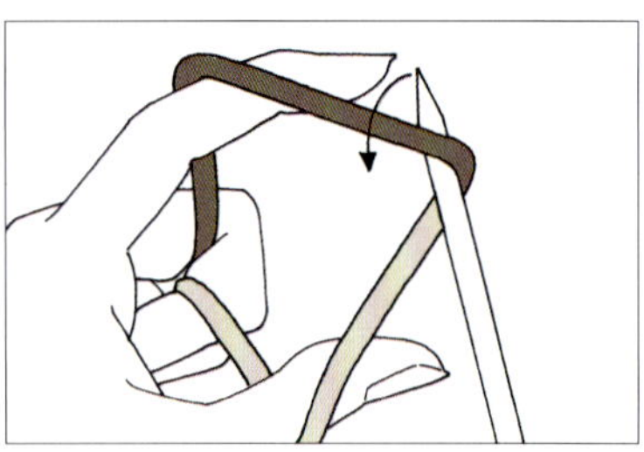

***1** Legen Sie die Nadelspitze von links nach rechts unter den Faden und drehen Sie sie, gegen den Uhrzeigersinn, nach rechtsherum, …*

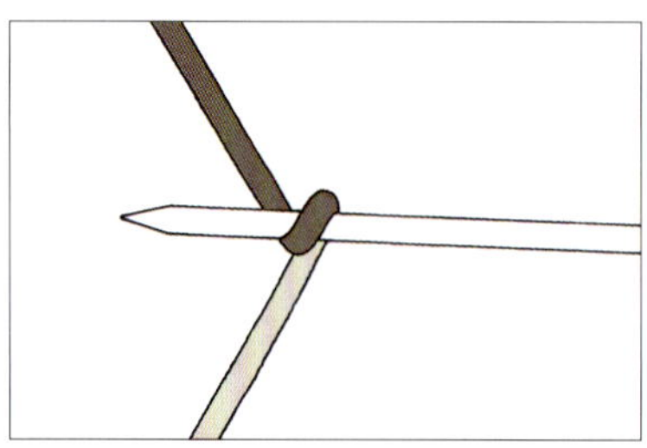

***2** … sodass eine Schlinge auf der Nadel entsteht. Halten Sie diese Schlinge bzw. die Randmasche mit dem rechten Daumen fest.*

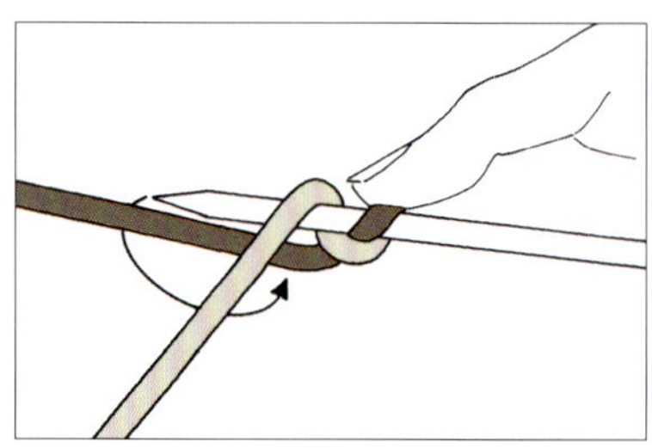

***3** Führen Sie nun die Nadel unter dem Daumenfaden hindurch, fassen Sie den Zeigefingerfaden von oben nach unten und ziehen Sie ihn unter dem Daumenfaden hinweg nach vorn.*

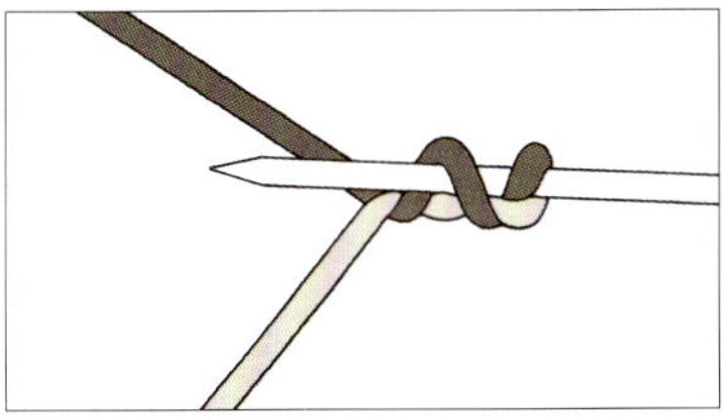

4 *Der Daumenfaden liegt jetzt hinter der ersten (rechten) Masche bzw. hinter der Nadel.*

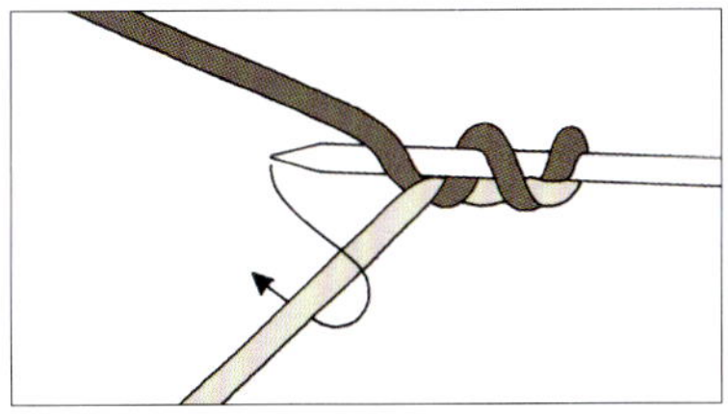

5 *Führen Sie nun die Nadel von hinten nach vorn unter dem Zeigefingerfaden hindurch, fassen Sie von oben nach unten den Daumenfaden und ziehen Sie ihn unter dem Zeigefingerfaden nach hinten durch.*

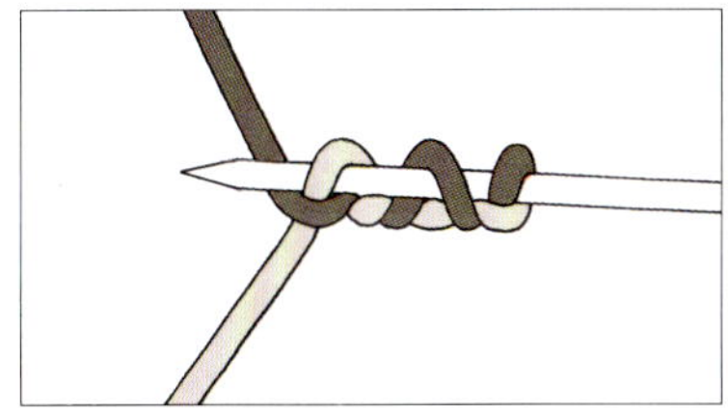

6 *Jetzt liegt der Zeigefingerfaden vor der (linken) Masche bzw. vor der Nadel. Diese linke Masche liegt „falsch" auf der Nadel und wird in der ersten Hinreihe verschränkt abgestrickt.*

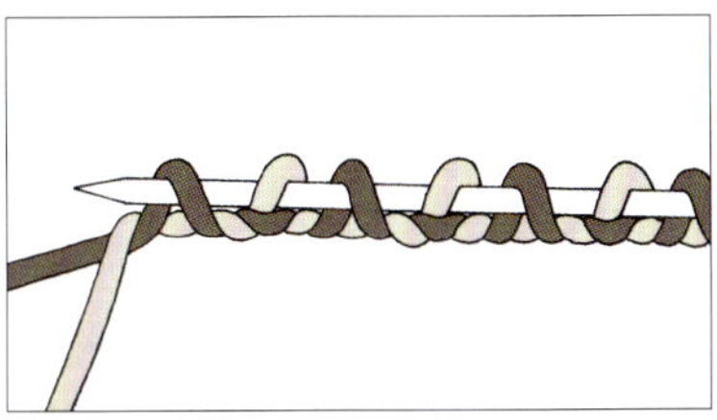

7 *Die Arbeitsgänge von Zeichnung 3 bis 5 stets wiederholen und die Reihe mit einer „rechten" Masche bzw. mit Arbeitsgang 3 bzw. 4 beenden. Nun die Arbeit wenden und die erste Masche als Randmasche stricken.*

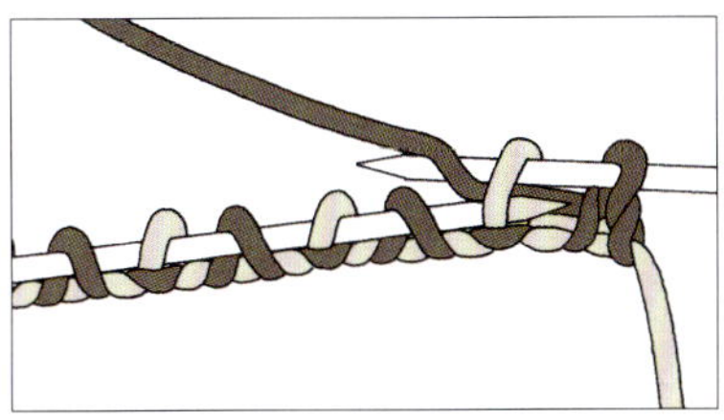

8 *Die nächste Masche ist eine rechte Masche und liegt verschränkt auf der Nadel. Stechen Sie von rechts nach links in das hintere Maschenteil ein und stricken Sie diese Masche rechts verschränkt ab.*

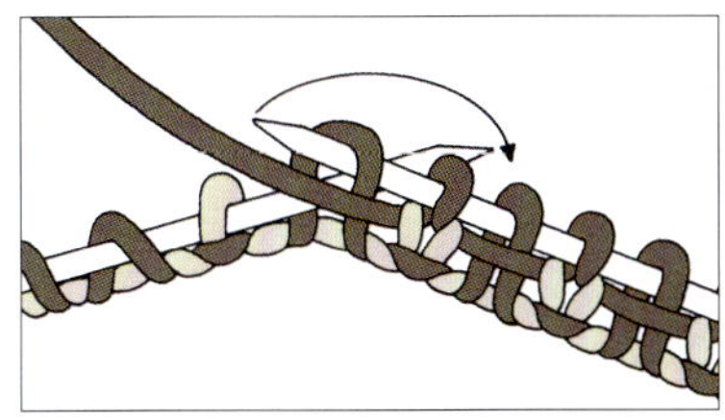

9 *Legen Sie den Faden vor die Arbeit und heben Sie die folgende Masche wie zum Linksstricken ab.*

HINWEIS: *Zum besseren Verständnis der einzelnen Arbeitsgänge haben Daumen- und Zeigefingerfaden in den Zeichnungen und in dem gestrickten Beispiel unterschiedliche Farben.*

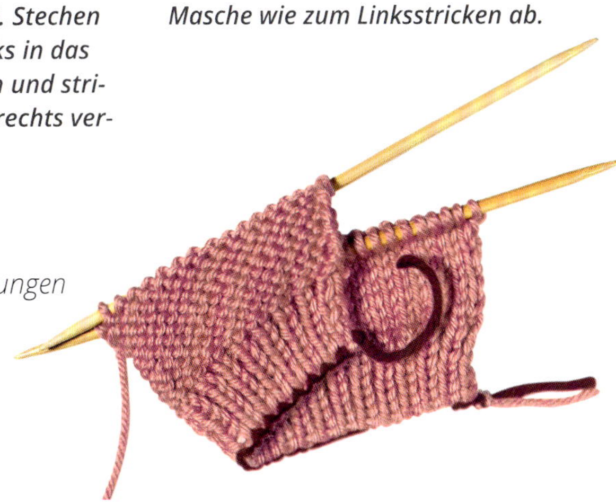

Wenn Sie nach den Arbeitsschritten 1 bis 7 die erforderliche Maschenzahl angeschlagen haben, wenden Sie die Arbeit. Danach müssen Sie die Arbeitsschritte 8 und 9 stets wiederholen; also die rechten Maschen, da sie „falsch" auf der Nadel liegen, rechts verschränkt abstricken, die linken Maschen wie zum Linksstricken abheben und den Faden vor der Arbeit mitführen.

Bei den 3 folgenden Reihen weiter mit der kleineren Nadelstärke immer die rechten Maschen rechts stricken und die linken Maschen wie zum Linksstricken abheben. Nach diesen 4 Reihen mit einer halben Nadelstärke größer im Bündchenmuster weiterarbeiten.

Das fertige Bündchen sieht von beiden Seiten gleich gut aus. Nach dem Abstricken bilden die (in den Zeichnungen gelben) Schlingen des Daumenfadens rechte Maschen auf der einen, die (in den Zeichnungen orangefarbenen) Schlingen des Zeigefingerfadens rechte Maschen auf der anderen Seite.

Randmaschen

Ein wichtiges Thema beim Stricken sind perfekte Ränder. Sie erleichtern zum einen das Zusammennähen der Strickstücke, zum anderen sollen Ränder, die nicht in Nähten verschwinden, besonders dekorativ aussehen.

Für alle Strickstücke, die später zusammengenäht werden, sind zweimal bzw. in jeder Reihe gestrickte Randmaschen empfehlenswerter als einmal gestrickte. Die Maschen neben den Randmaschen werden dabei gleichmäßiger, und außerdem lassen sich die Teile auch schöner zusammennähen, denn bei einmal gestrickten Randmaschen entstehen oft kleine Löcher.

Nahtrand

Beim Nahtrand werden bei glatt rechten Strickstücken alle Maschen glatt rechts gestrickt, d. h. die erste und die letzte Masche in den Hinreihen immer rechts, in den Rückreihen immer links stricken; bei glatt linken Strickstücken umgekehrt.

Dieser feste Rand ist für alle Teile geeignet, die später zusammengenäht werden. Damit die Naht flacher wird, können bei dickeren oder flauschigen Garnen auch halbe Maschen zusammengenäht werden.

Außerdem ist er der am besten geeignete Rand, wenn Sie später Blenden quer anstricken möchten.

Knötchenrand

Für diesen Knötchenrand werden die Randmaschen am Anfang jeder Reihe rechts abgehoben, am Ende jeder Reihe rechts gestrickt. Oder umgekehrt: Die Randmaschen werden am Anfang jeder Reihe rechts gestrickt und am Ende jeder Reihe rechts abgehoben. Doch hat sich gezeigt, dass diese Art des Strickens einige Nachteile hat. Alle zwei Reihen ergibt sich nämlich im Gestrick ein Absatz, der einige Maschen in das Strickstück hineinreicht und auch nach dem Zusammennähen sichtbar bleibt.

Besser geeignet sind daher der **rechts gestrickte** oder der **links gestrickte** Knötchenrand, bei dem die Randmaschen am Anfang und am Ende in jeder Reihe rechts oder links gestrickt werden.

Der rechts gestrickte Knötchenrand ist für alle kraus rechten Strickstücke geeignet, da sich dabei die Reihen mehr zusammenziehen als bei glatt rechten. Ebenfalls geeignet ist er auch bei sehr langhaarigem Mohairgarn, denn die Knötchen können für laschere Nähte so zusammengenäht werden, dass sie wie bei einem Reißverschluss ineinandergreifen.

Beim links gestrickten Knötchenrand lassen sich die Maschen noch fester anziehen. Deshalb ist er besonders für Patent- oder Halbpatentmuster geeignet.

Kettenrandmaschen

Davon gibt es zwei Arten: die klassische Kettenrandmasche und die Zier-Kettenrandmasche

Für die **klassische Kettenrandmasche** am Anfang der Hinreihe den Faden nach vorn nehmen und die Randmasche wie zum Linksstricken abheben, vor der letzten Masche den Faden wieder nach vorn nehmen und die letzte Masche wie zum Linksstricken abheben; in der Rückreihe die erste Masche rechts verschränkt stricken, dafür in das hintere Maschenglied einstechen, und die letzte Masche rechts stricken.

Für die **Zier-Kettenrandmasche** in der Hinreihe die erste Masche rechts verschränkt stricken, dabei in das hintere Maschenglied einstechen, die letzte Masche dann rechts stricken; in der Rückreihe die erste und letzte Masche wie zum Linksstricken abheben, der Faden liegt dabei vor der Arbeit.

Patente Randmaschen

Für Ränder bei Patentgestricktem, die später nicht in Nähten verschwinden, ist dieser Rand besonders schön. Er wird am Anfang und am

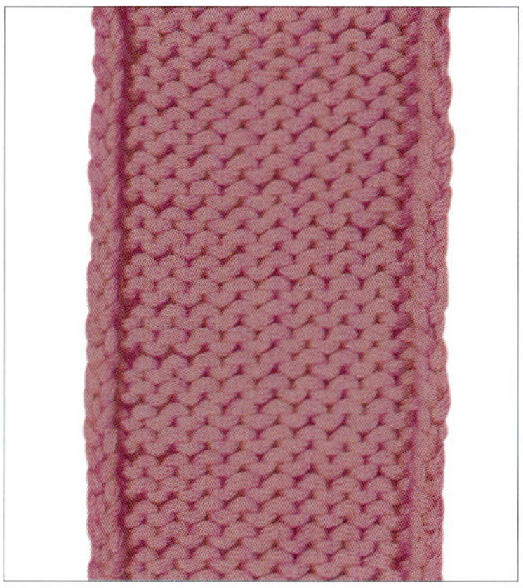

Der Nahtrand

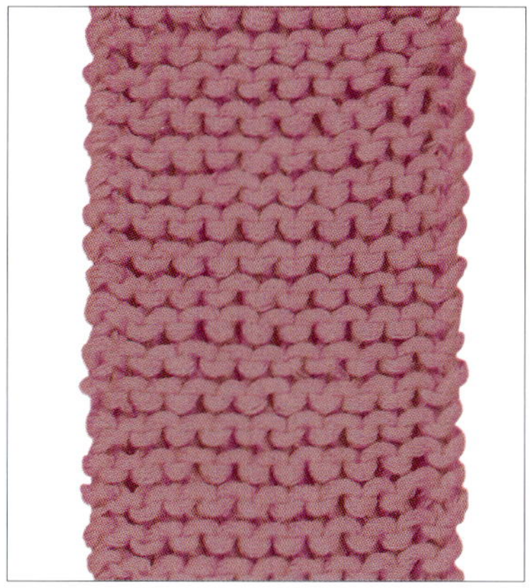

Rechts gestrickter Knötchenrand

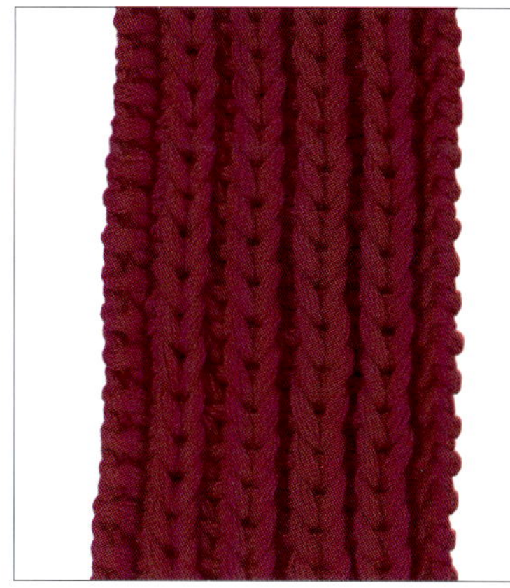

Links gestrickter Knötchenrand

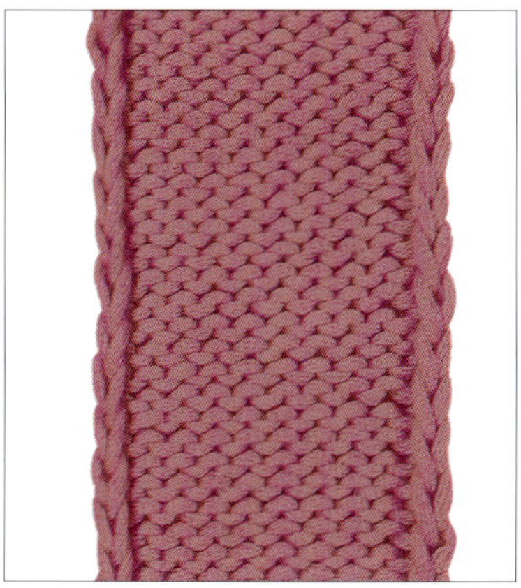

Die klassische Kettenrandmasche

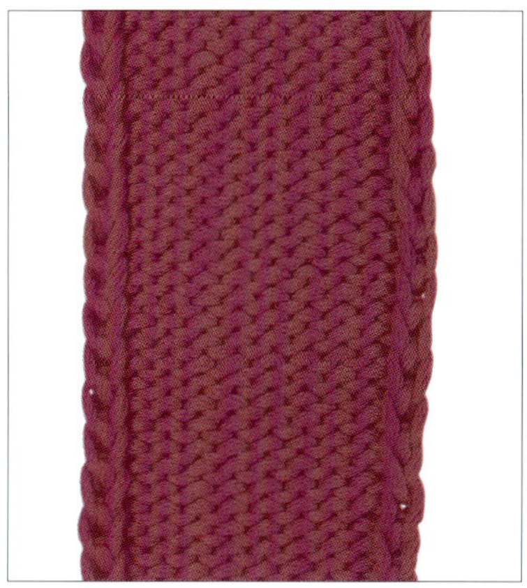

Die Zier-Kettenrandmasche

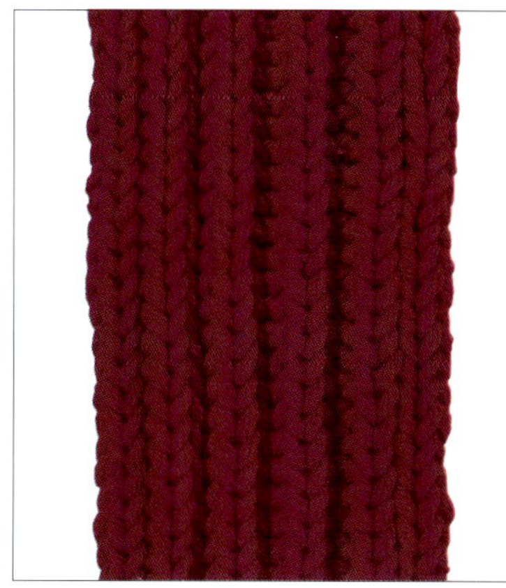

Die patente Randmasche

Ende der Reihen über jeweils 3 Maschen gearbeitet. Damit der Rand später nicht ausleiert, sollten Sie diese 3 Maschen so fest wie möglich stricken.

Hinreihe: Die Randmasche rechts stricken, die folgende Masche wie zum Linksstricken abheben, den Faden dabei vor die Arbeit legen, dann 1 Masche rechts stricken. Nun im Patentmuster weiterarbeiten, dabei mit einer linken Patentmasche beginnen und enden.

Über die letzten 3 Maschen 1 Masche rechts stricken, 1 Masche wie zum Linksstricken abheben, den Faden dabei vor die Arbeit legen, und die Randmasche rechts stricken.

Rückreihe: Die Randmasche links abheben, den Faden dabei vor die Arbeit legen, 1 Masche rechts stricken, 1 Masche wie zum Linksstricken abheben, den Faden dabei vor die Arbeit legen. Dann im Patentmuster stricken, mit einer rechten Patentmasche beginnen und enden. Zum Schluss 1 Masche wie zum Linksstricken abheben, den Faden dabei vor die Arbeit legen, 1 Masche rechts stricken und die Randmasche links abheben, den Faden dabei vor die Arbeit legen.

TIPP

Stricken Sie in jeder Reihe die ersten 4 bis 5 Maschen sehr fest, dann werden auch die Maschen neben den Randmaschen gleichmäßiger.

Abnahmen

Abnahmen sollten immer so gearbeitet sein, dass sie sich möglichst perfekt dem Strickstück anpassen. Das gilt für Abnahmen an den Rändern genauso wie für Abnahmen innerhalb der Strickstücke.

Bei Rundungen oder Schrägungen an den Seitenkanten, wie z. B. bei Armausschnitten, V-Ausschnitten oder Raglanmodellen müssen einzelne Maschen an den Rändern abgenommen werden. Diese Abnahmen sollten immer zu Schnitt und Muster passen, also nach rechts oder links gerichtet sein.

Wenn bei Arm- oder Halsausschnitten nur eine Masche abgenommen werden muss, können Sie die Randmasche mit der folgenden Masche rechts oder links zusammenstricken. Bei allen Raglan- oder V- Ausschnitt-Schrägungen sieht es jedoch besser aus, wenn Sie die Abnahme um 1 oder 2 Maschen nach innen verlegen und die 2. und 3. oder die 3. und 4. Masche zusammenstricken. Bei den gezeigten Beispielen sind jeweils die 3. und 4. Masche zusammengestrickt bzw. überzogen gearbeitet.

Abnahmen in den Strickstücken werden genauso gearbeitet wie an den Rändern. Wenn Sie nun an beiden Seiten symmetrisch abnehmen möchten, müssen Sie 2-mal je 2 Maschen zusammenstricken bzw. überzogen zusammenstricken. Diese doppelten Abnahmen benötigen Sie z. B. bei V-Ausschnitt-Blenden oder bei Zacken- oder Lochmustern.

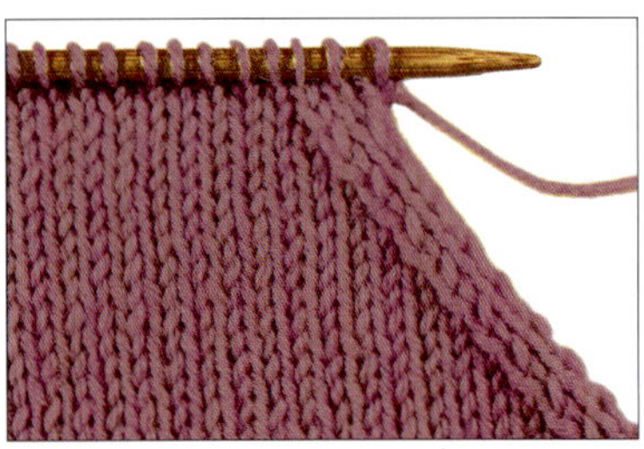

Nach links gerichtete Abnahmen: *Nach der Randmasche 1 Masche rechts stricken, dann einen einfachen Überzug arbeiten: Die folgende Masche wie zum Rechtsstricken abheben, 1 Masche rechts stricken und die abgehobene Masche überziehen.*

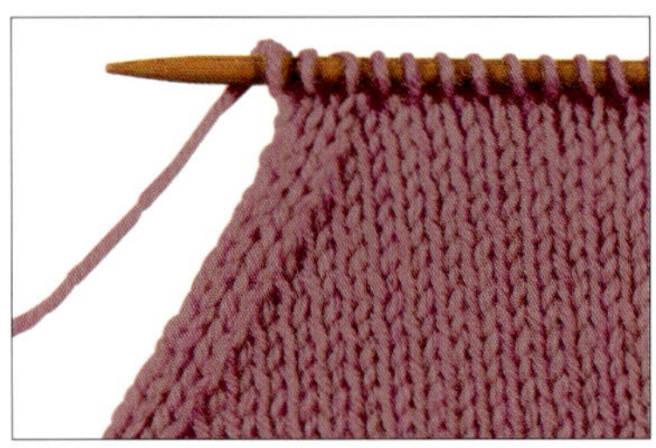

Nach rechts gerichtete Abnahmen: *Bis 4 Maschen vor Ende der Reihe stricken, die folgenden 2 Maschen rechts zusammenstricken und noch 1 Masche rechts und die Randmasche stricken.*

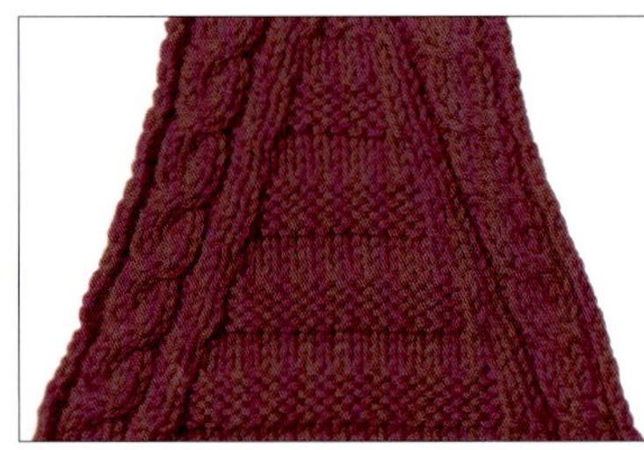

Auf der rechten Seite wird mit der letzten Masche der glatt rechten Rippe und der nächsten Masche ein Überzug gearbeitet, auf der linken Seite ist die erste rechte Masche der Rippe mit der davorliegenden Masche rechts zusammengestrickt.

2 Maschen rechts zusammenstricken

Für eine nach rechts gerichtete Abnahme einer Masche innerhalb eines Strickstücks werden 2 Maschen rechts zusammengestrickt.

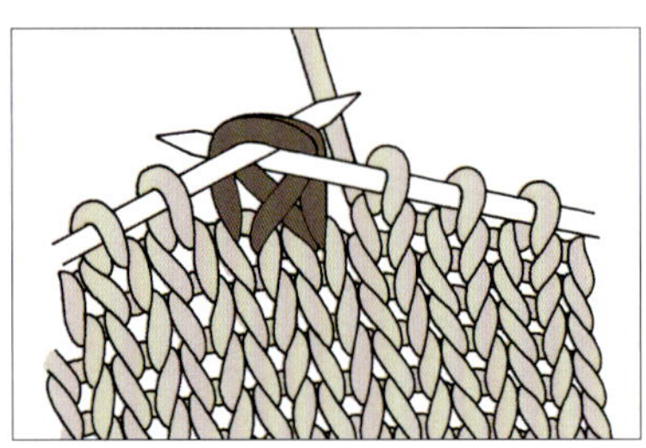

1 *Stechen Sie von links nach rechts in die vorderen Maschenglieder der 2 rechten Maschen ein.*

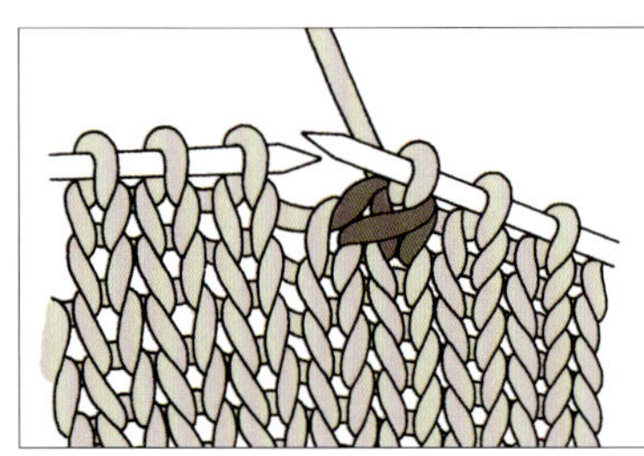

2 *Ziehen Sie den Faden wie zum Rechtsstricken nach vorn durch und lassen Sie beide Maschen von der Nadel gleiten.*

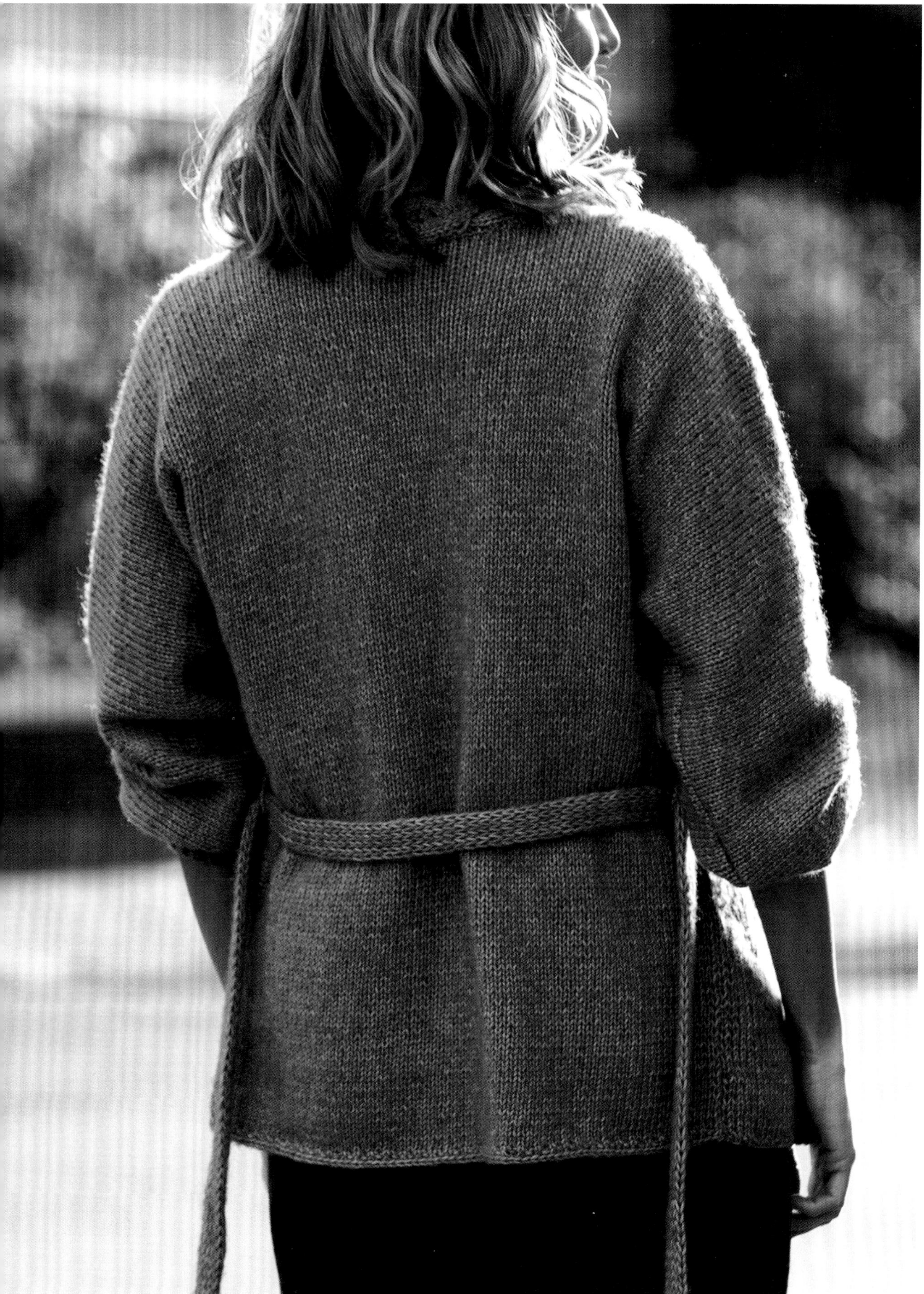

2 Maschen rechts überzogen zusammenstricken

Für eine nach links gerichtete Abnahme einer Masche wird ein einfacher Überzug gearbeitet.

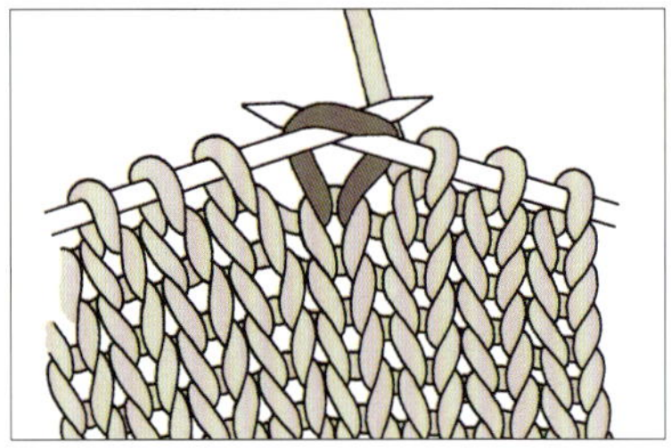

***1** Heben Sie die erste Masche wie zum Rechtsstricken ab.*

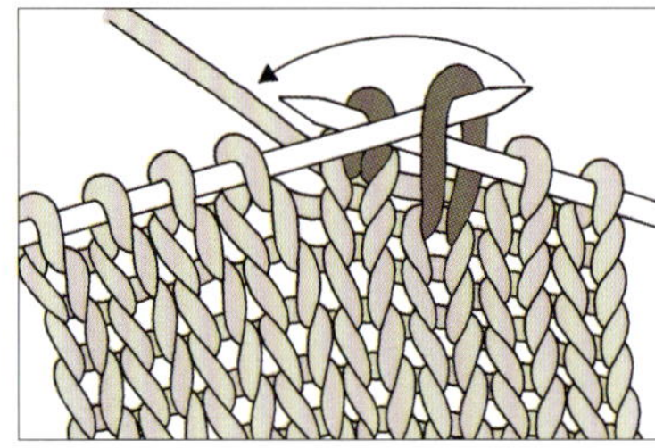

***2** Stricken Sie die folgende Masche rechts und heben Sie die abgehobene Masche über die gestrickte.*

2 Maschen rechts verschränkt zusammenstricken

Die nach links gerichteten Abnahmen einer Masche können Sie auch verschränkt arbeiten, dann verdreht sich die aufliegende Masche.

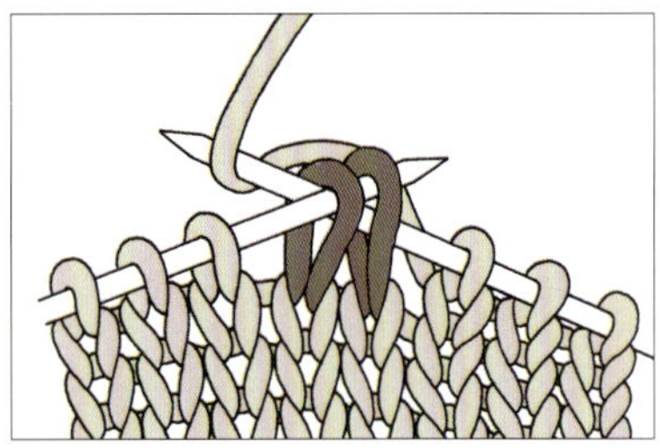

***1** Stechen Sie von rechts nach links in die hinteren Maschenglieder der 2 rechten Maschen ein.*

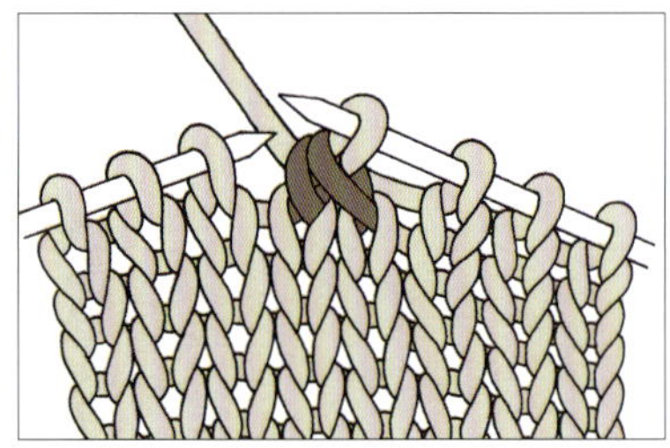

***2** Ziehen Sie den Faden wie zum Rechtsstricken nach vorn durch und lassen Sie beide Maschen von der Nadel gleiten.*

2 Maschen links zusammenstricken

Bei glatt linken Flächen können Sie alle Abnahmen links zusammenstricken. Soll die Abnahme jedoch auf der glatt rechten Seite symmetrisch sein, stricken Sie für die nach rechts gerichtete Abnahme 2 Maschen links zusammen.

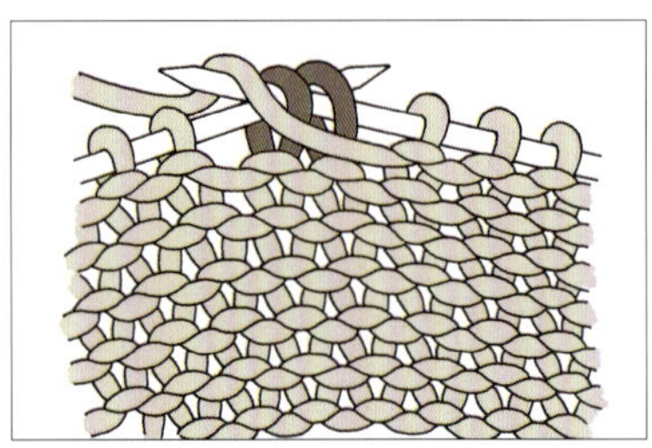

***1** Stechen Sie von rechts nach links in die vorderen Maschenglieder ein.*

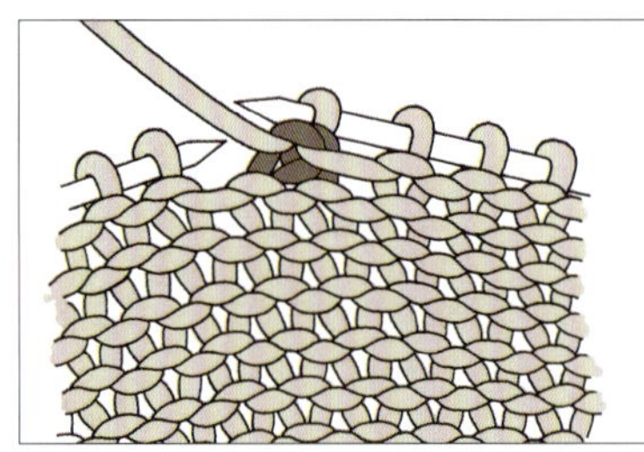

***2** Ziehen Sie den Faden wie zum Linksstricken durch beide Maschen und lassen Sie diese Maschen von der Nadel gleiten.*

2 Maschen links überzogen zusammenstricken

Für eine auf der glatt rechten Seite nach links gerichtete Abnahme wird der Überzug auf der Rückseite wie hier beschrieben gearbeitet.

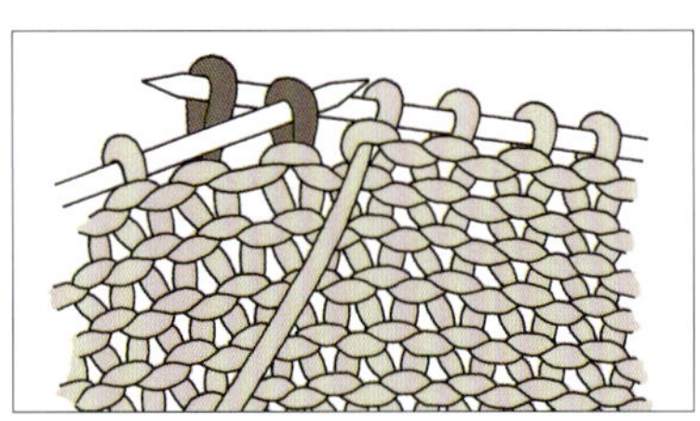

***1** Mit der rechten Nadel hinter der Arbeit von rechts nach links in die 2. Masche einstechen. Die 1. Masche von der Nadel gleiten lassen und mit der linken Nadel gleich wieder auffassen.*

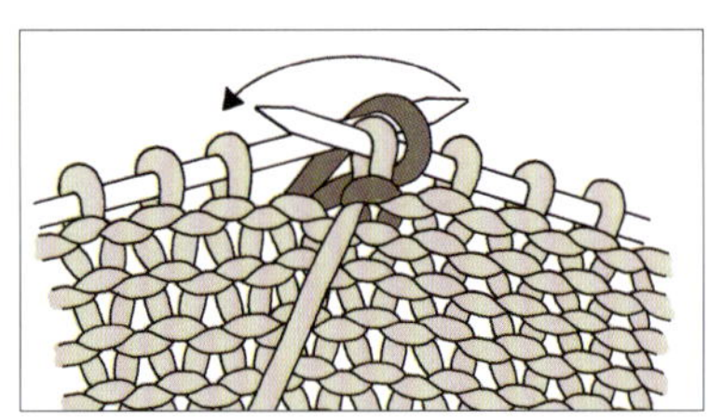

***2** Nun die 1. Masche links stricken (die Masche der linken Nadel), dann hinter der Arbeit die 2. Masche über die 1. Masche ziehen.*

2 Maschen links verschränkt zusammenstricken

Für eine auf der glatt rechten Seite nach links gerichtete Abnahme können Sie auch 2 Maschen links verschränkt zusammenstricken. Dabei verdreht sich die rechte Masche der Rückseite wie beim rechts verschränkten Zusammenstricken.

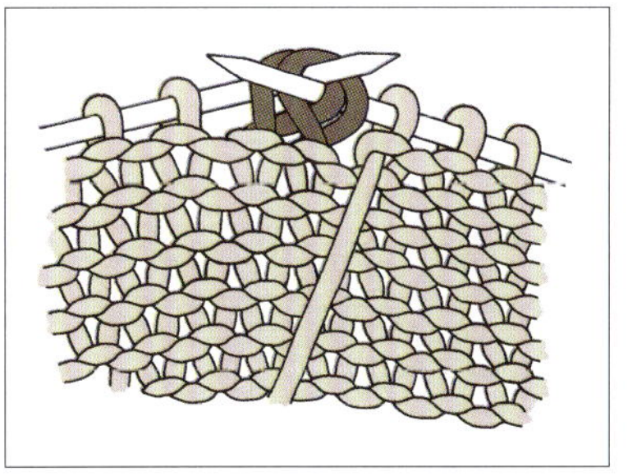

***1** Stechen Sie auf der Rückseite der Arbeit von links nach rechts durch die hinteren Maschenglieder beider Maschen ein.*

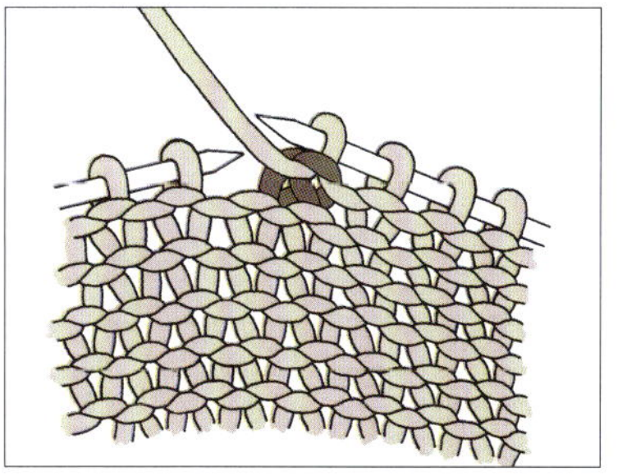

***2** Ziehen Sie den Faden wie zum Linksstricken durch die Maschen und lassen Sie beide Maschen von der linken Nadel gleiten.*

Doppelte Abnahmen, nach links bzw. rechts gerichtet

Möchten Sie 2 Maschen abnehmen, können Sie für eine nach rechts gerichtete Abnahme 3 Maschen zusammenstricken. Für eine nach links gerichtete Abnahme können Sie 3 Maschen rechts verschränkt zusammenstricken oder wie hier beschrieben arbeiten.

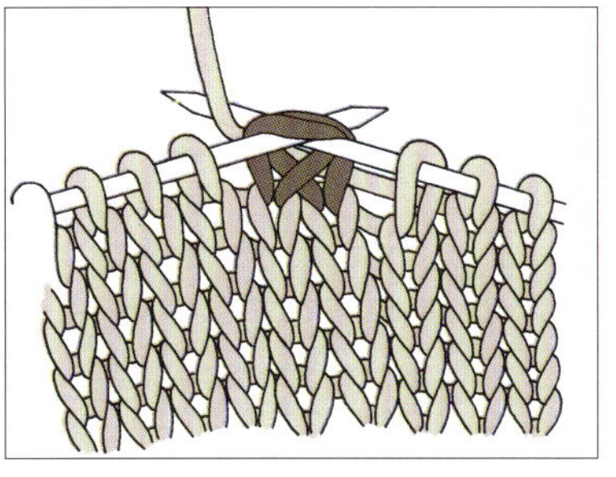

***1** Für eine nach links gerichtete doppelte Abnahme die 1. Masche wie zum Rechtsstricken abheben, die folgenden 2 Maschen rechts zusammenstricken, ...*

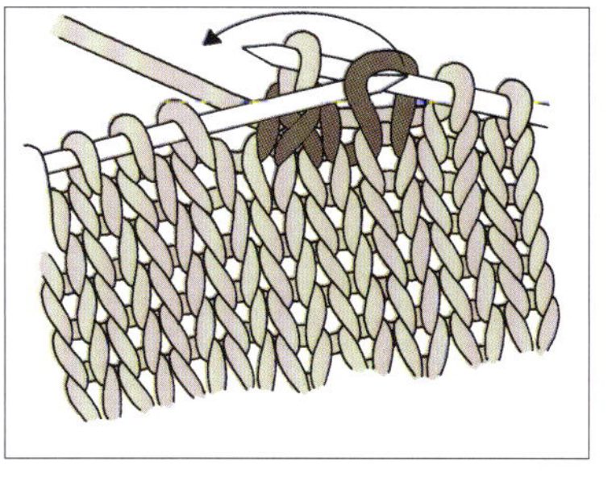

***2** ... dann die abgehobene Masche über die zusammengestrickten Maschen ziehen.*

Doppelte Abnahme mit aufliegender Mittelmasche

Diese Abnahme, auch doppelter Überzug genannt, brauchen Sie häufig bei filigranen Lochmustern. Sie ist außerdem die schönste Abnahme für die vordere Spitze bei angestrickten Blenden in V-Ausschnitten.

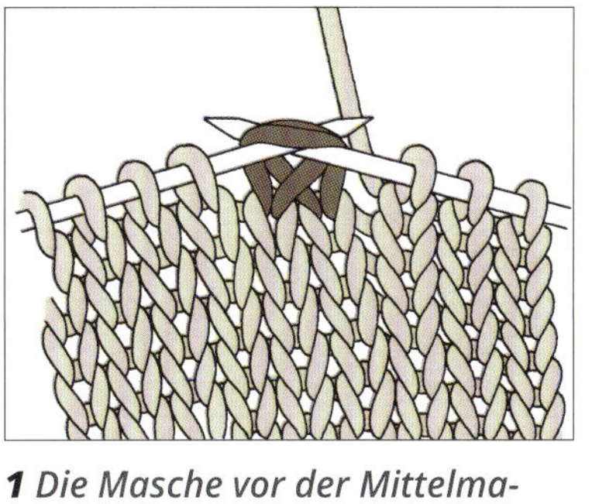

***1** Die Masche vor der Mittelmasche mit der Mittelmasche zusammen wie zum Rechtsstricken abheben, ...*

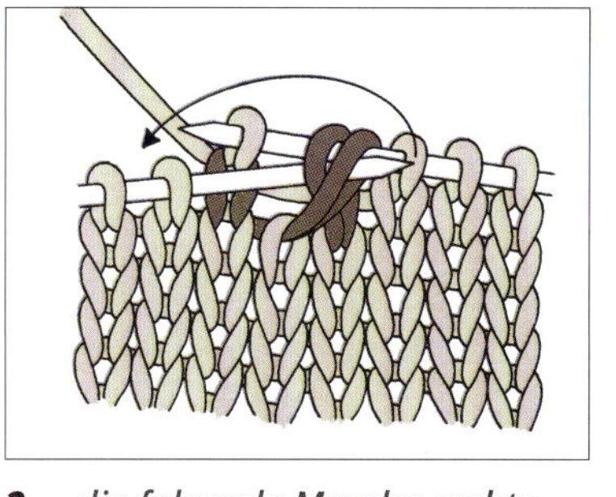

***2** ... die folgende Masche rechts stricken und die abgehobenen Maschen überziehen.*

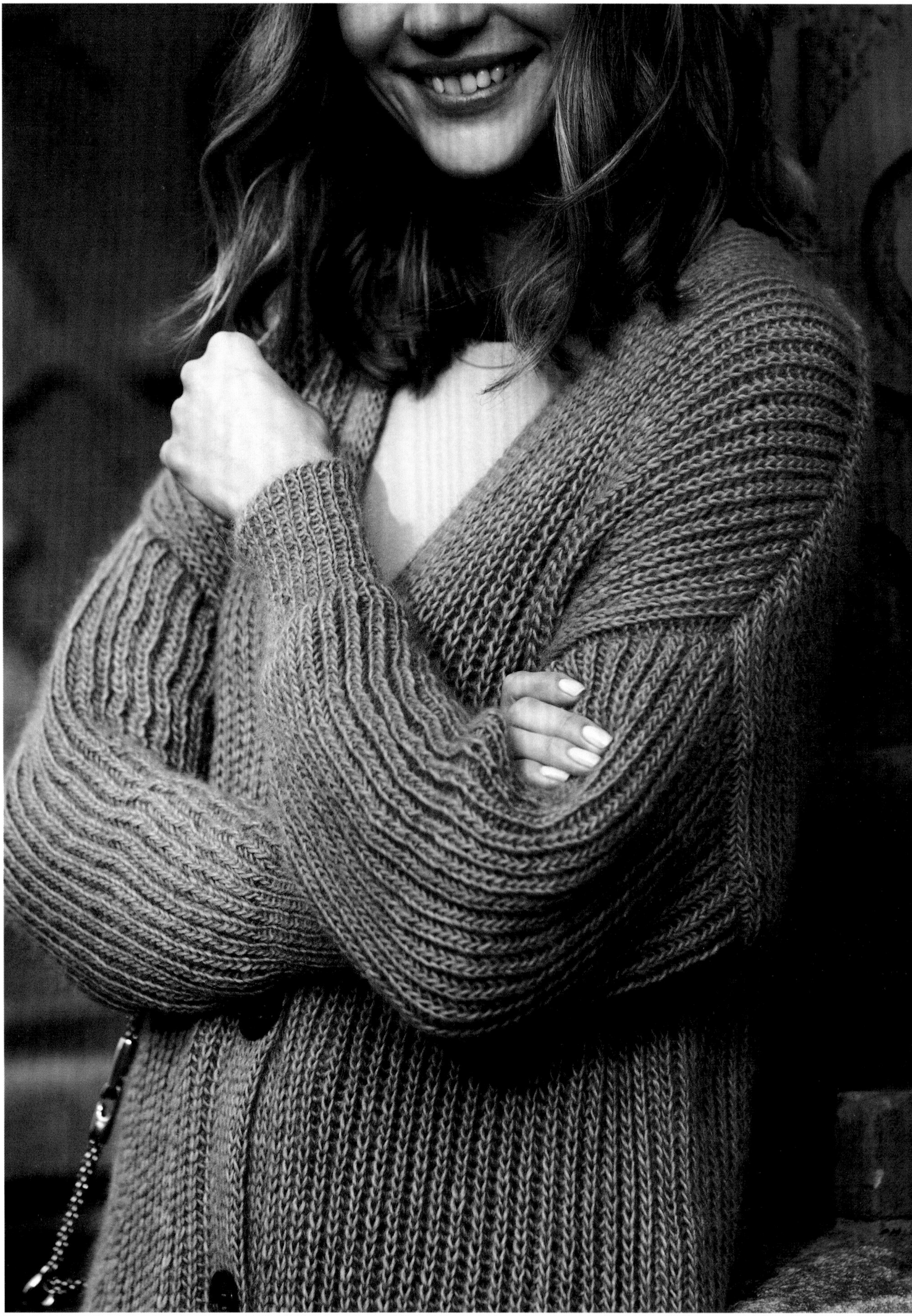

Zunahmen

Für Ärmel- oder Seitenschrägungen, bei Erweiterungen nach dem Bündchen und auch bei vielen Mustern müssen Maschen auf unterschiedliche Weise zugenommen werden. Auf den folgenden Seiten sind alle Zunahmen genau erklärt.

Zunahmen für Schrägungen

Diese Zunahmen werden meist verschränkt aus dem Querfaden herausgestrickt, damit sich keine Löcher bilden. Am besten ist es hier, die Zunahmen nicht direkt neben den Randmaschen, sondern 2 bis 3 Maschen vom Rand entfernt einzuarbeiten. Beim späteren Zusammennähen im Matratzenstich können so die Querfäden genau erfasst werden. Besonders bei Lochmustern ist die Zunahme neben der 2. Masche zu empfehlen, da sich die Querfäden durch die Umschläge noch mehr verziehen.

Zunahme mehrerer Maschen

Wenn an den Seiten **mehrere Maschen** zugenommen werden müssen, wie z. B. für den Rumpf eines quergestrickten Pullovers, können Sie die Maschen jeweils am Anfang der Reihe **anschlingen** (siehe Anschläge, Seite 106). Bei aufgeschlungenen Maschen wird die Kante jedoch nicht so elastisch.

Zunahmen nach dem Bündchen

Auch nach den Bündchen müssen Maschen zugenommen werden. Am Rumpf reichen meist einige Zunahmen, um die gewünschte Weite zu erhalten, nach engen Ärmelbündchen ist die fehlende Maschenzahl größer. Diese Zunahmen sollten gleichmäßig auf die gesamte Breite verteilt werden, damit keine hässlichen „Beulen" entstehen. Und sie sollten verschränkt gestrickt werden, damit keine Löcher zu sehen sind.

Wenn nach dem Bündchen ein einfaches Muster gestrickt wird, wie z. B. glatt rechts, können die Zunahmen in der ersten Musterreihe gearbeitet werden. Wird jedoch ein komplizierteres Zopf-, Loch- oder Jacquardmuster gearbeitet, ist es einfacher, die Zunahmen in der letzten Reihe des Bündchenmusters zu stricken. Dadurch hat man in der ersten Musterreihe schon die richtige Maschenzahl zum Einordnen des Musterrapports.

Einige Muster erfordern nach dem Bündchen auch doppelte Zunahmen, z. B., wenn Sie weiter im Rippen oder Patentmuster arbeiten. Hier sieht es am schönsten aus, wenn Sie vor und nach der linken Masche eine links verschränkte Zunahme arbeiten und die linke Masche jetzt rechts stricken.

Doppelte Zunahmen im Strickstück

Bei einigen Schnittformen müssen innerhalb des Strickstücks **doppelte Zunahmen** gearbeitet werden, d. h. zu beiden Seiten einer oder auch mehrerer Mittelmaschen wird je eine Masche zugenommen. Wenn Sie diese Zunahmen beidseitig dieser Mittelmasche gleich arbeiten, erscheinen die verschränkt abgestrickten Maschen bzw. Umschläge beide nach links gerichtet, also asymmetrisch.

Für ein symmetrisches Maschenbild bei Zunahmen mit Umschlägen arbeiten Sie den Umschlag vor der Mittelmasche „falsch", d. h. Sie legen den Faden von hinten nach vorn über die rechte Nadel, den Umschlag nach der Mittelmasche wie gewohnt. In der nächsten Rückreihe stricken Sie den normalen Umschlag vor der Mittelmasche links verschränkt, den „falschen" Umschlag nach der Mittelmasche links ab.

Bei Zunahmen aus den Querfäden heben Sie den Querfaden vor der Mittelmasche von hinten nach vorn auf und stricken ihn rechts ab, nach der Mittelmasche heben Sie den Querfaden von vorn nach hinten auf und stricken ihn rechts verschränkt ab.

Diese symmetrischen Zunahmen sind wichtig bei betonten Schrägungen, die von oben nach unten gestrickt werden. Hier wird das Muster beidseitig der mittleren Maschen gleichmäßig erweitert, und die Zunahmen fügen sich besonders unauffällig in das Muster ein.

BEACHTE

Bei den gestrickten Beispielen auf den folgenden Seiten sind die Zunahmen zu beiden Seiten hingearbeitet; sie können aber auch nur zu einer Seite vorgenommen werden.

Muster mit Ab- und Zunahmen

Hier noch zwei Musterbeispiele, bei denen doppelte Ab- und Zunahmen die Grundlage bilden. Die Zunahmen sind mit Umschlägen, die doppelten Abnahmen mit aufliegender Mittelmasche gearbeitet.

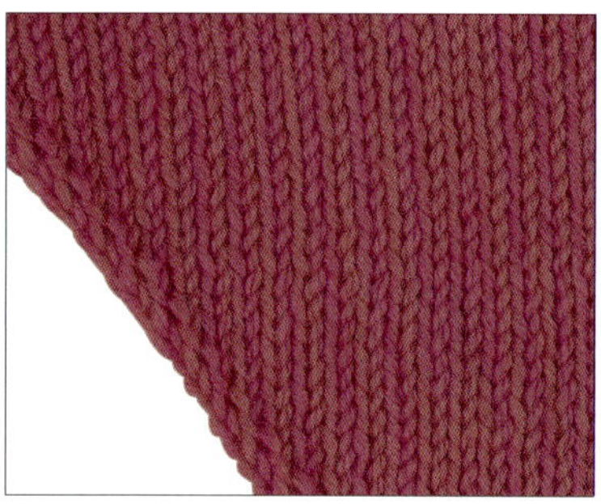

Für diese seitliche Zunahme wird in jeder 4. Reihe 1 Masche rechts verschränkt aus dem Querfaden gestrickt.

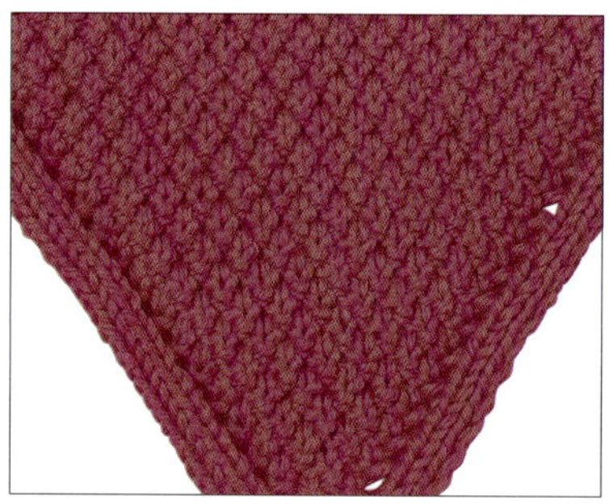

Für diese Schrägung wird beidseitig des großen Perlmusters in jeder 2. Reihe ein Umschlag gearbeitet und in der Rückreihe links gestrickt.

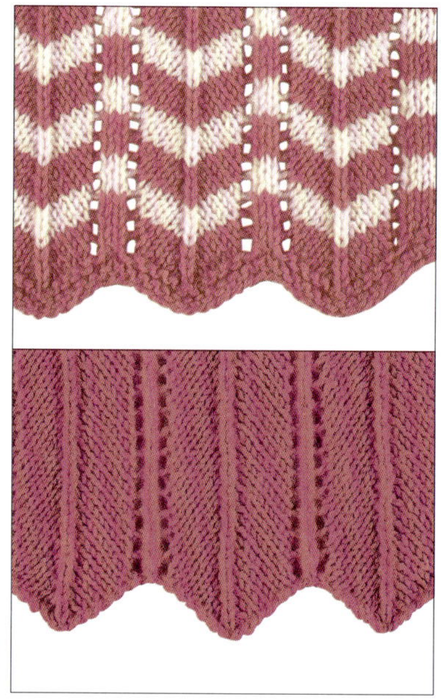

Bei diesen beiden Mustern bildet sich die charakteristische Wellenform durch Ab- und Zunahmen.

Nicht verschränkte rechte Zunahme

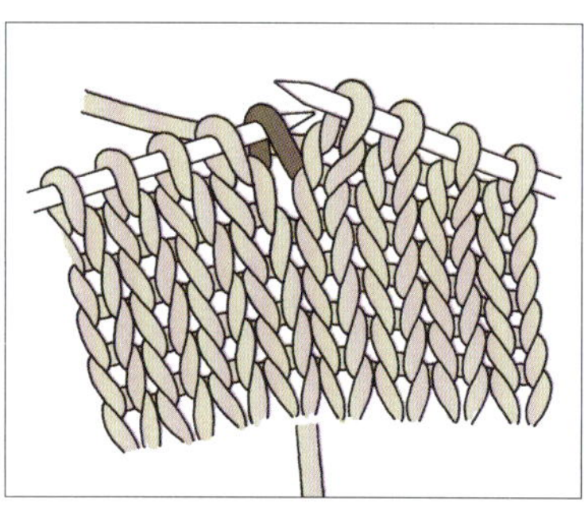

***1** Mit der linken Nadel den Querfaden zwischen 2 Maschen von vorn nach hinten aufnehmen und …*

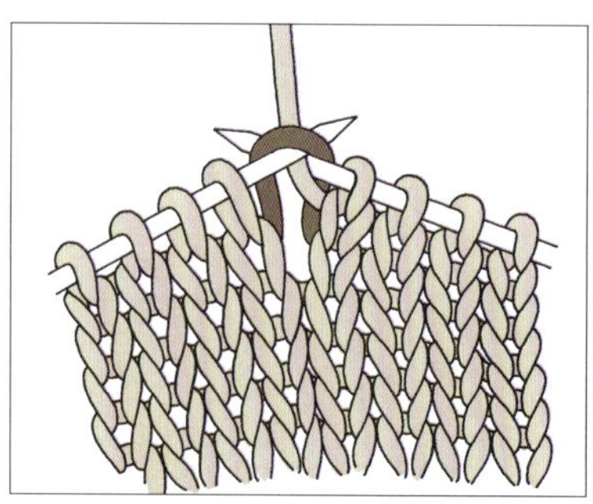

***2** … rechts abstricken. Die neue rechte Masche liegt auf der rechten Nadel. Diese Zunahme zeigt ein sichtbares kleines Loch.*

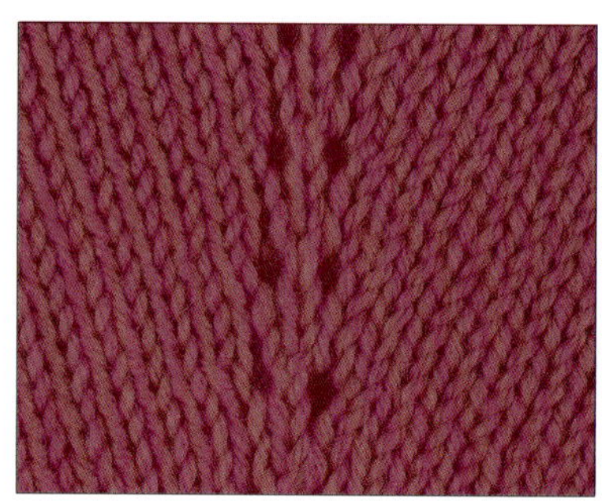

***3** Beidseitig der Mittelmasche wird je 1 Masche unverschränkt aus dem Querfaden zugenommen; hier sind zwei kleine Löcher sichtbar.*

Verschränkte rechte Zunahme

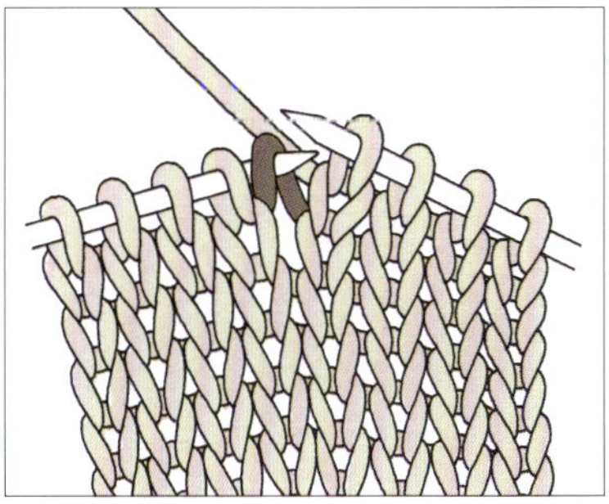

__1__ Mit der linken Nadel den Querfaden zwischen 2 Maschen von vorn nach hinten aufnehmen und …

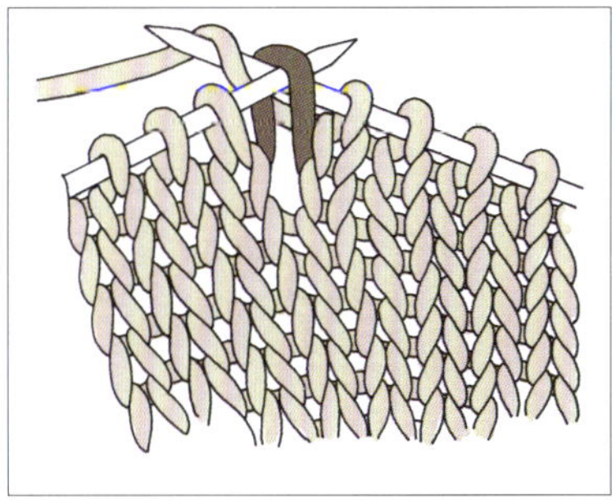

__2__ … rechts verschränkt abstricken, d. h. in den hinteren Schlingenteil einstechen.

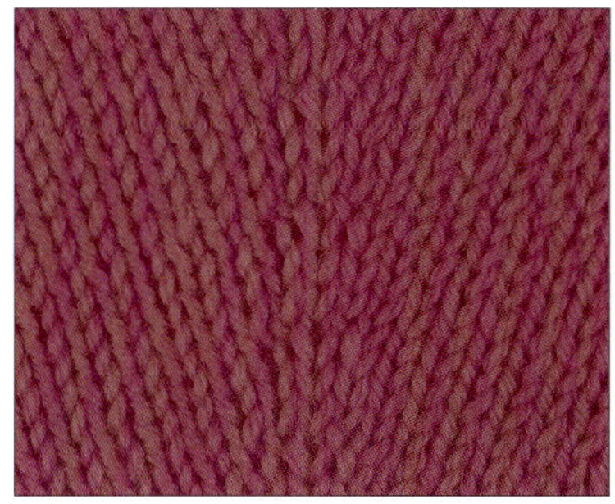

Beidseitig der Mittelmasche wird je 1 Masche verschränkt aus dem Querfaden zugenommen; so entsteht ein geschlossenes Maschenbild.

Symmetrische Zunahmen aus dem Querfaden

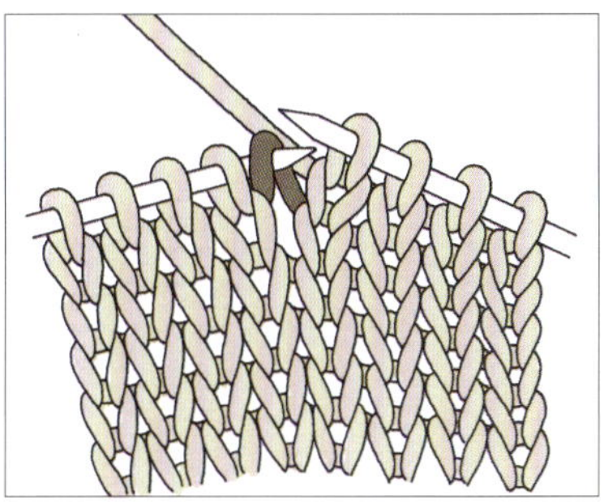

__1__ Für symmetrische Zunahmen den Querfaden vor der Mittelmasche von hinten nach vorn aufnehmen …

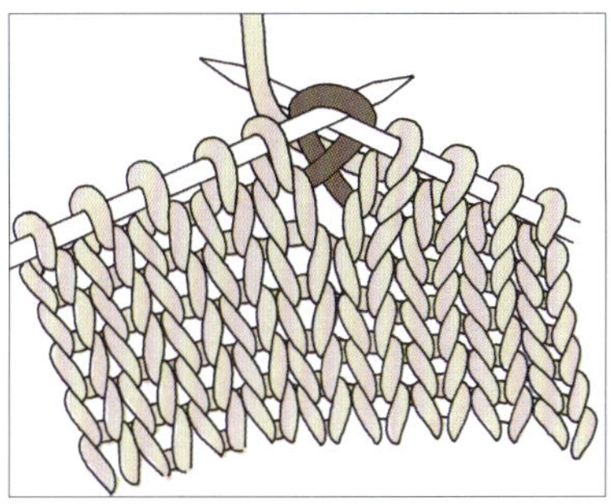

__2__ … und rechts abstricken. Den Querfaden nach der Mittelmasche wie die verschränkte rechte Zunahme (oben) arbeiten.

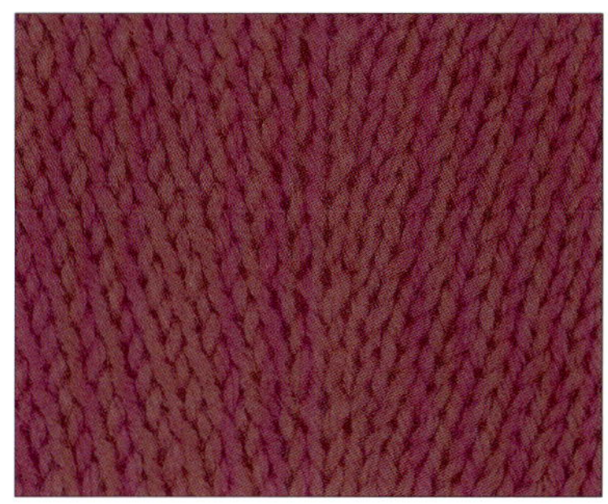

Symmetrisch werden die Zunahmen, wenn der Querfaden vor und nach der Mittelmasche wie links beschrieben abgestrickt wird.

Nicht verschränkte linke Zunahme

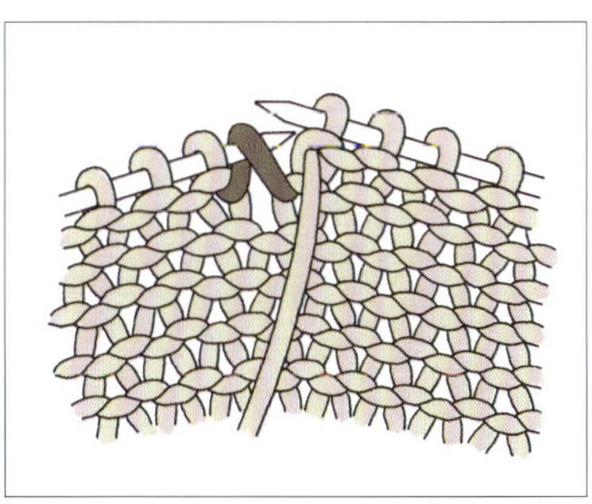

__1__ Mit der linken Nadel den Querfaden zwischen zwei Maschen von vorn nach hinten aufnehmen und …

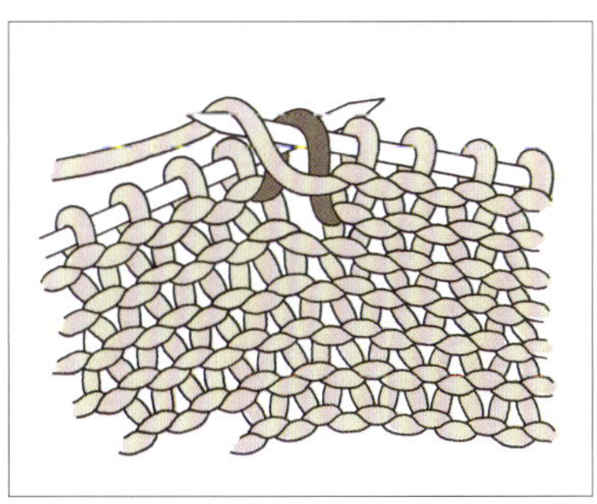

__2__ … links abstricken. Die neue linke Masche liegt auf der rechten Nadel. Diese Zunahme zeigt ein sichtbares kleines Loch.

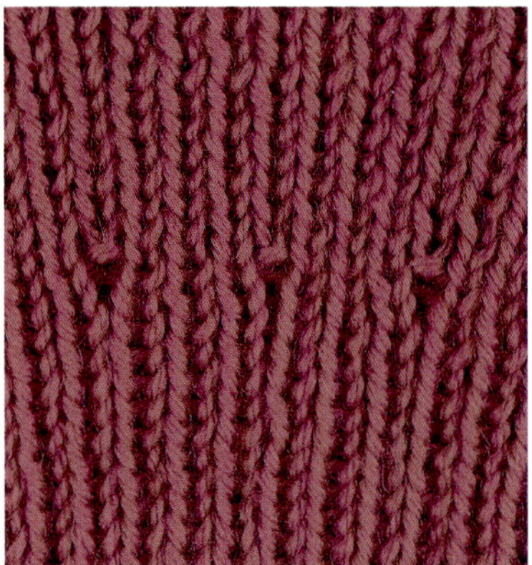

TIPP

Bei **1/1-Gestricktem sollten** Sie immer doppelte Zunahmen arbeiten. Dafür nach einer rechten Masche aus dem Querfaden 1 Masche links verschränkt zunehmen, die folgende (bisher linke) Masche rechts stricken, dann aus dem folgenden Querfaden noch 1 Masche links verschränkt zunehmen. Auf diese Weise bleibt das Rippenmuster auch oberhalb der Zunahmen erhalten.

Verschränkte linke Zunahme

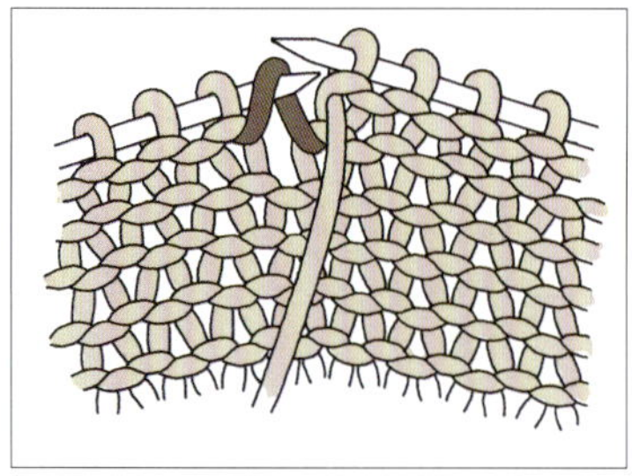

1 *Mit der linken Nadel den Querfaden zwischen 2 Maschen von vorn nach hinten aufnehmen und links verschränkt abstricken, …*

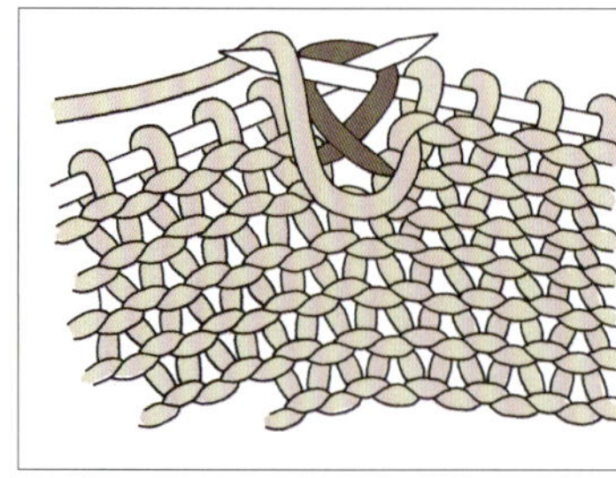

2 *… d. h. von links nach rechts in den hinteren Schlingenteil einstechen. So entsteht ein geschlossenes Maschenbild. Auf der Vorderseite ist diese Zunahme nach links gerichtet.*

Symmetrische verschränkte linke Zunahme

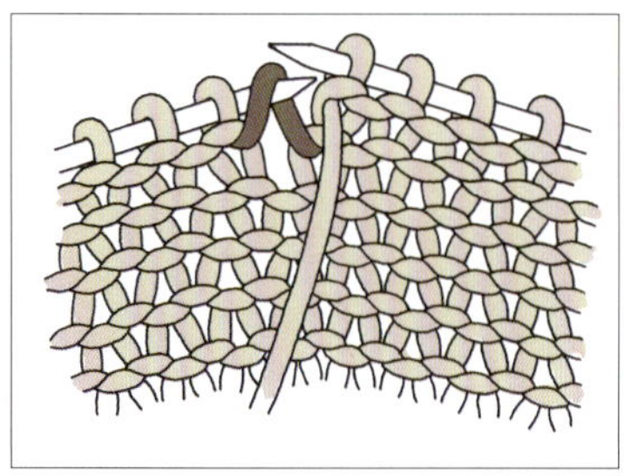

1 *Diese Zunahme ist für das symmetrische Bild glatt rechter Vorderseiten wichtig: Mit der linken Nadel den Querfaden zwischen 2 Maschen von hinten nach vorn aufnehmen und …*

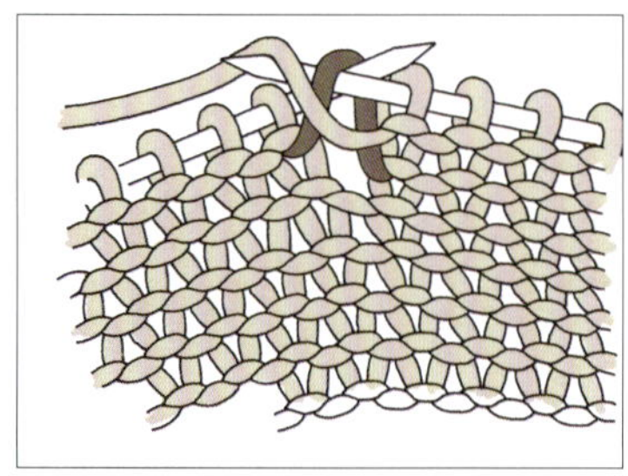

2 *… links abstricken, d. h. von rechts nach links in den vorderen Schlingenteil einstechen. Die Schlinge verdreht sich hier von selbst. Auf der Vorderseite ist diese Zunahme nach rechts gerichtet.*

Zunahme mit einfach gestricktem Umschlag

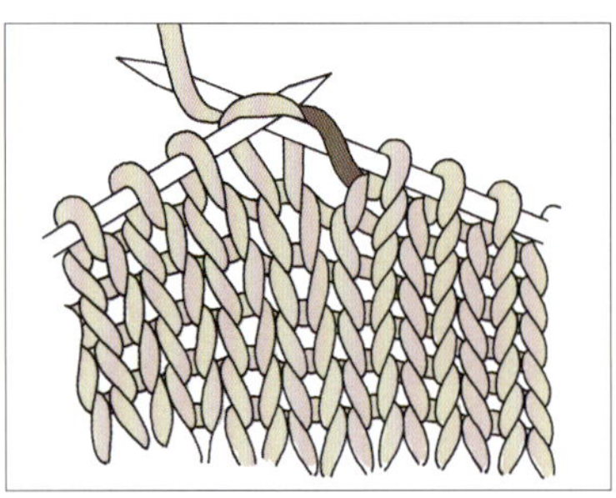

1 *Den Faden von vorn nach hinten über die rechte Nadel legen und normal weiterstricken.*

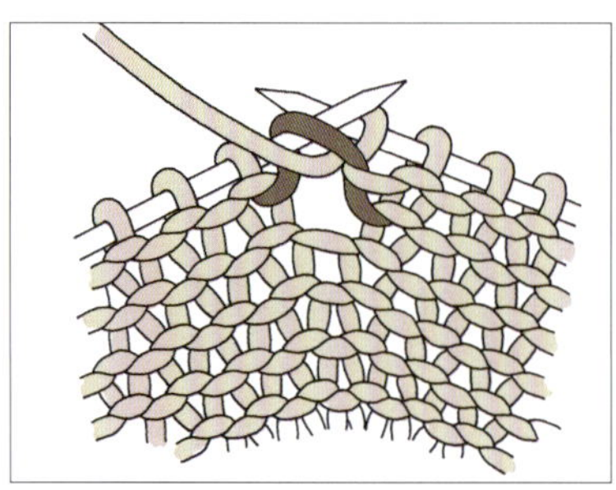

2 *In der folgenden Rückreihe die Schlinge links abstricken.*

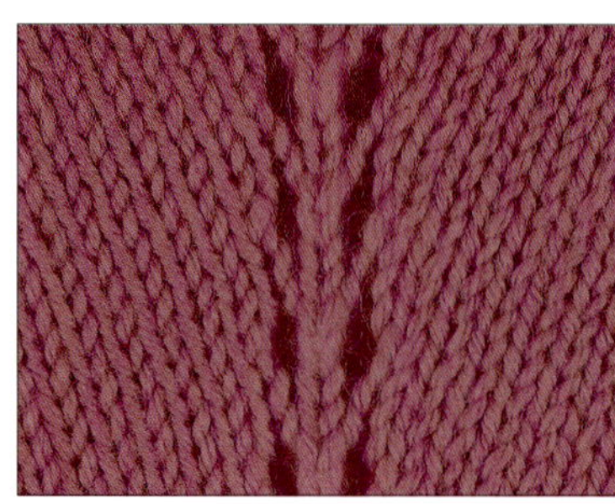

Beidseitig der Mittelmasche je 1 Masche durch einen Umschlag zunehmen und in der Rückreihe links abstricken. Es entstehen zwei recht große Löcher.

Zunahme mit verschränkt gestricktem Umschlag

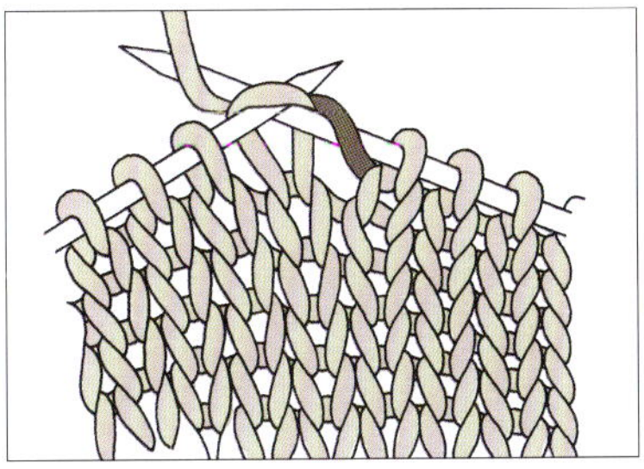

1 *Den Faden von vorn nach hinten über die rechte Nadel legen und normal weiterstricken. In der folgenden Rückreihe die Schlinge …*

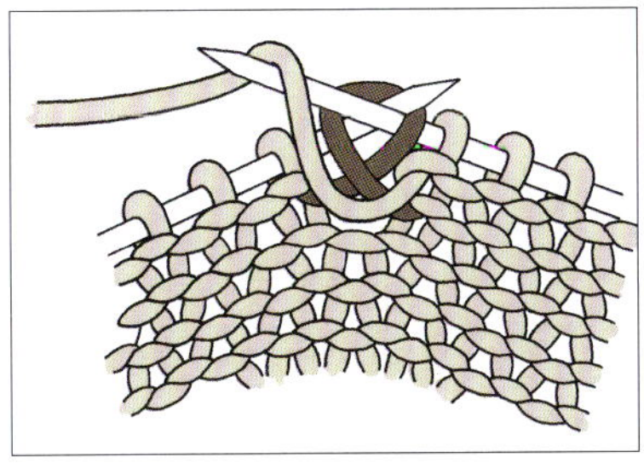

2 *… links verschränkt abstricken, dafür von links nach rechts in den hinteren Schlingenteil einstechen. Auf der Vorderseite ist diese Zunahme nach links gerichtet.*

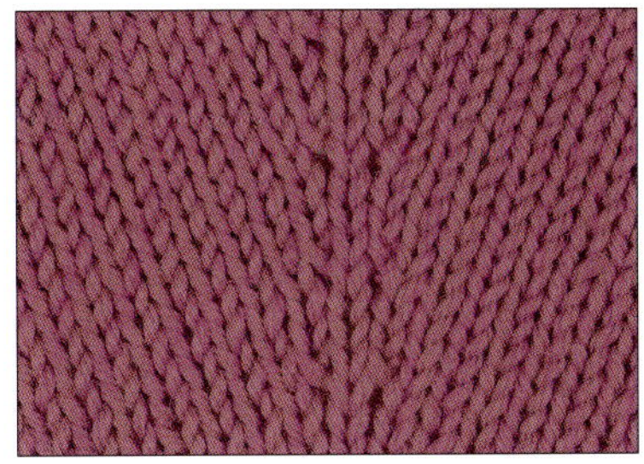

Beidseitig der Mittelmasche je 1 Masche durch einen Umschlag zunehmen und in der folgenden Rückreihe links verschränkt abstricken. Die Löcher werden dadurch kleiner.

Symmetrische Zunahmen mit Umschlägen

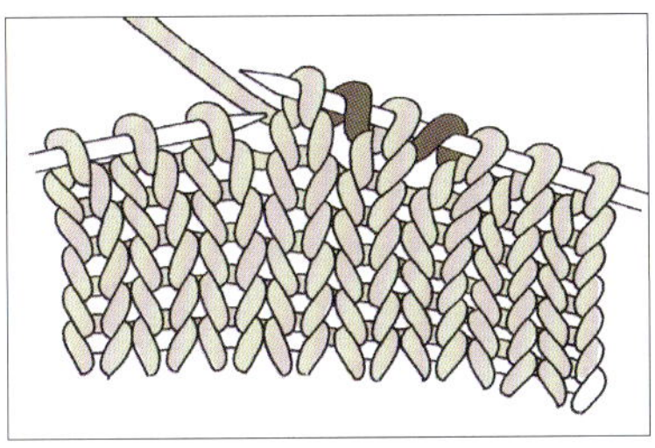

1 *Für symmetrische Zunahmen beidseitig der Mittelmasche den Umschlag vor der Mittelmasche „falsch", also von hinten nach vorn über die rechte Nadel legen, den Umschlag nach der Mittelmasche „normal".*

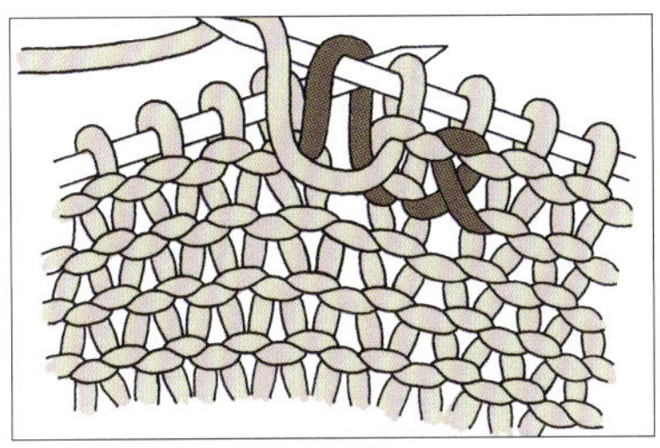

2 *In der Rückreihe den „normalen" Umschlag links verschränkt stricken. Den „falschen" Umschlag wie gezeichnet links stricken. Auf der Vorderseite ist diese Zunahme nach rechts gerichtet.*

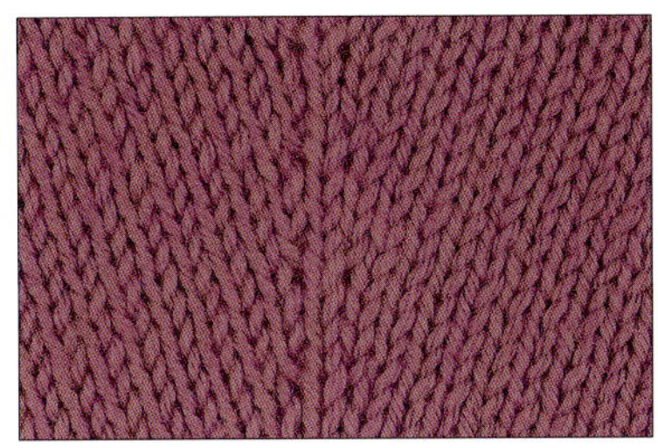

Für symmetrische Zunahmen werden die Umschläge vor und nach der Mittelmasche unterschiedlich gearbeitet.

Zunahme aus der Masche der Vorreihe

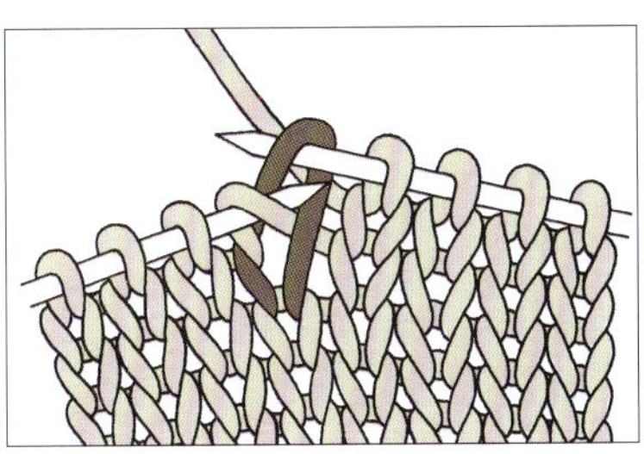

1 *Mit der rechten Nadel auf der Rückseite den Querfaden der Masche der Vorreihe erfassen und rechts abstricken.*

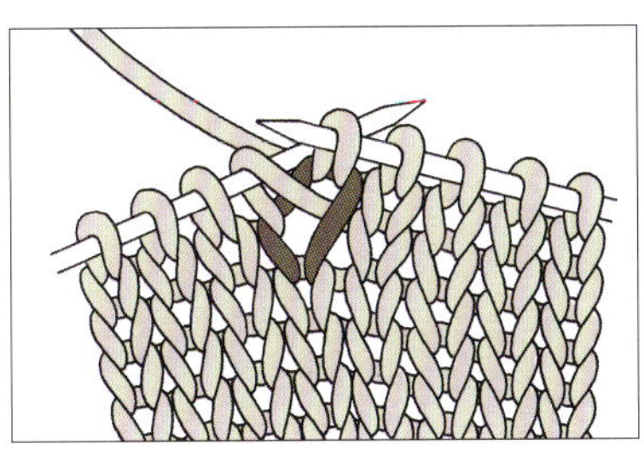

2 *Danach die Masche normal rechts stricken.*

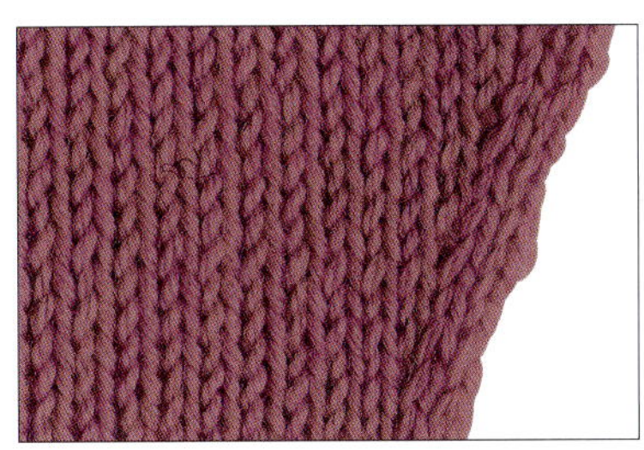

Besonders für Ärmelschrägungen ist die Zunahme aus der Masche der Vorreihe geeignet. Sie wird jeweils 2 bis 3 Maschen von den Seitenkanten entfernt gearbeitet (siehe Zeichnungen links).

Tiefer eingestochene Masche

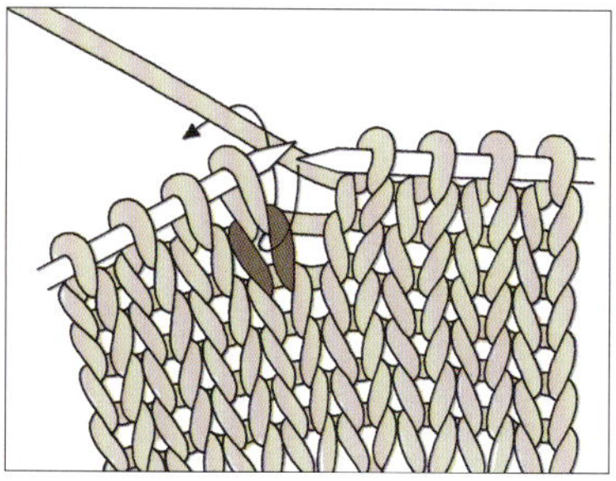

Für die tiefer eingestochene Masche nicht in die Schlinge auf der Nadel, sondern in die Masche darunter einstechen und rechts abstricken.

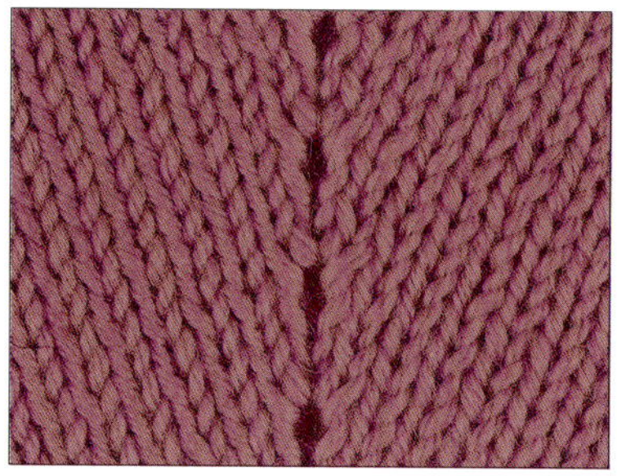

Aus einer Masche 1 tiefer eingestochene Masche rechts, 1 Masche rechts und 1 tiefer eingestochene Masche rechts stricken. Die Masche der linken Nadel erst nach dem Stricken der 3 neuen Maschen von der Nadel gleiten lassen.

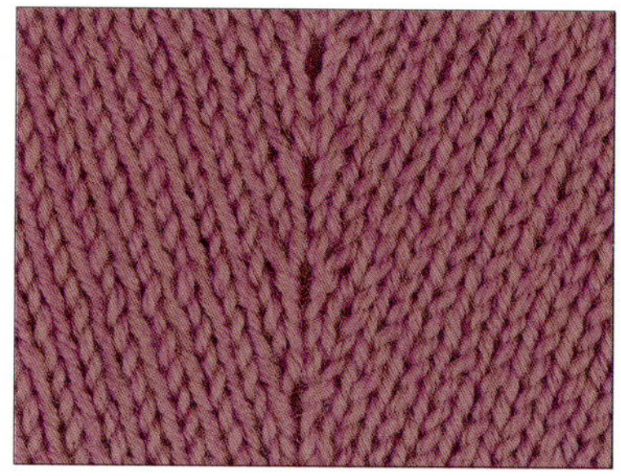

Aus einer Masche 1 Masche rechts, 1 tiefer eingestochene Masche rechts und 1 Masche rechts stricken. Die Masche der linken Nadel erst nach dem Stricken der 3 neuen Maschen von der Nadel gleiten lassen.

Für diese dekorative Ecke werden die Zunahmen mit Umschlägen gearbeitet, die Mittelmasche wird in den Hinreihen nur abgehoben und in den Rückreihen links gestrickt.

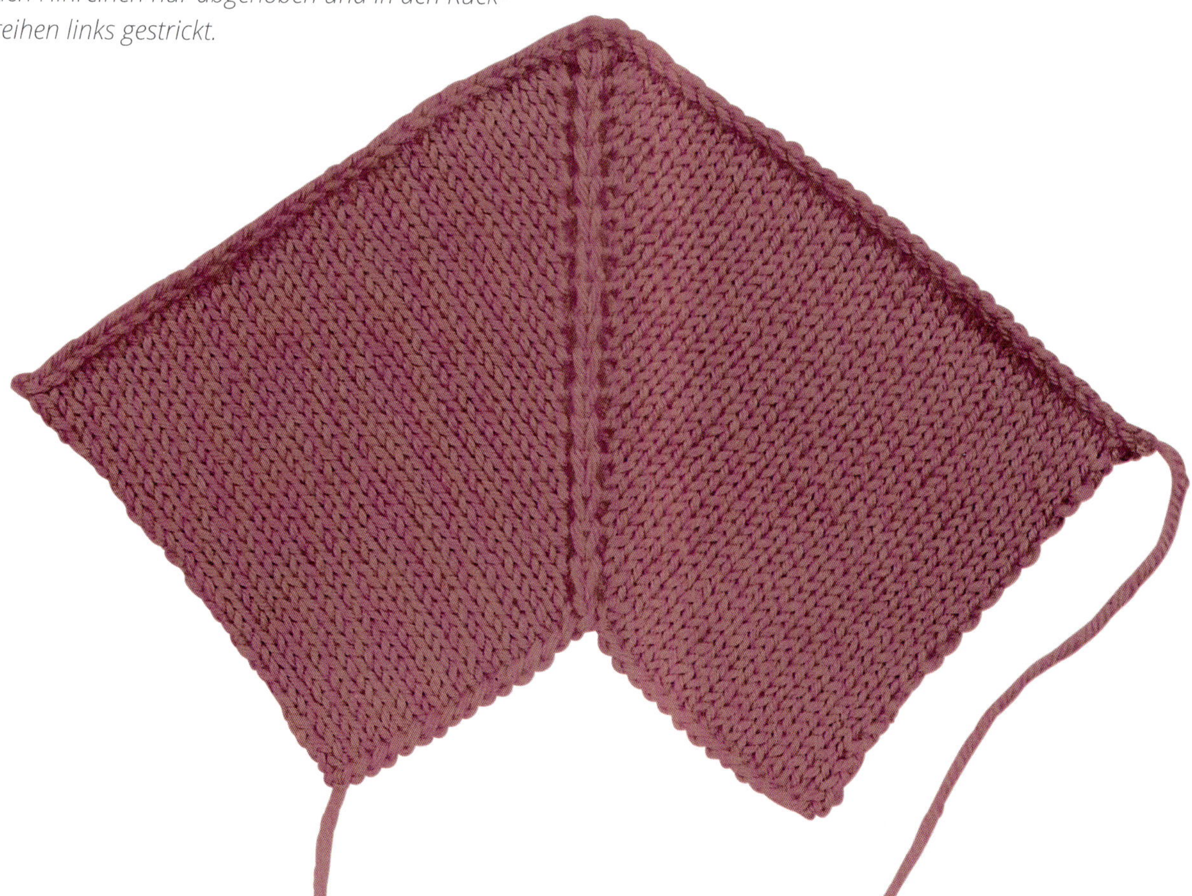

Abketten

Maschen abketten müssen Sie am Ende von Strickstücken, bei Arm- und Halsausschnitten oder auch für Knopflöcher. Drei verschiedene Möglichkeiten stehen dabei zur Auswahl: das Überziehen, das Zusammenstricken und das Abhäkeln.

Abketten durch Überziehen

Die Maschen der Abkettreihe werden dem Muster angepasst. Bei Strukturmustern z. B. sollten Sie mustergemäß stricken, bei rechtsgrundigen Mustern rechts, bei linksgrundigen Mustern links.

Der Abkettrand von Bündchenmustern kann ganz rechts gestrickt werden; der Rand legt sich dann leicht nach vorn. Doch ist der ganz rechts gestrickte Abkettrand weniger elastisch als ein im Maschenrhythmus abgeketteter Rand, z. B. je 1 Masche rechts und links im Wechsel.

Arbeiten Sie immer so nah wie möglich an der Nadelspitze und achten Sie beim Überziehen der Abkettmaschen darauf, dass Sie diese Maschen nicht langziehen.

Achten Sie bei der Abkettreihe auf das Muster, denn auch diese Reihe ist nach dem Zusammennähen der Strickteile noch etwas zu sehen.

Abketten durch Zusammenstricken

Beim Abketten durch Zusammenstricken entsteht ein fester, wenig elastischer Rand, denn die Abkettmasche ist durch das Zurückheben auf die linke Nadel nur so groß wie eine normale Masche. Beim normalen Abketten wird die Abkettmasche dagegen beim Überziehen meist etwas langgezogen.

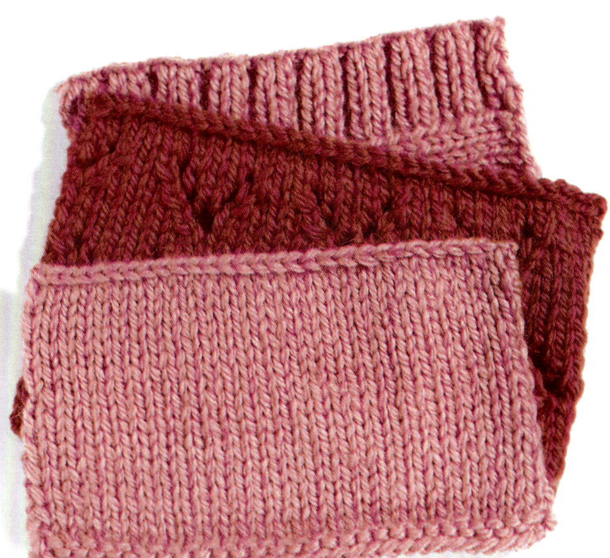

Das Zusammenstricken eignet sich daher sehr für Muster, bei denen sich die Maschen zusammenziehen, wie z. B. bei Zopfmustern, aber auch für Jacken- oder Taschenblenden, die sich nicht nachträglich ausdehnen sollen. Außerdem ist es zum Abketten von Schultermaschen sehr geeignet, da die Nähte hier später weniger ausleiern können.

Abketten durch Abhäkeln

Einige Strickerinnen bevorzugen auch das Abhäkeln. Hier wird die Festigkeit des Randes schon durch die Größe der Häkelnadel beeinflusst.

Für einen normalen, relativ elastischen Rand ist eine Häkelnadel der gleichen Stärke wie die Stricknadeln geeignet. Für einen besonders festen Rand, z. B. für Blenden, nehmen Sie eine feinere Häkelnadel, für einen etwas lockereren Rand eine dickere Nadel, etwa für Halsblenden, die später zur Hälfte nach innen umgenäht werden.

Stechen Sie mit der Häkelnadel immer so in die Masche ein, wie Sie sie dem Muster entsprechend stricken würden: bei rechts Gestricktem von vorn nach hinten, bei links Gestricktem von rechts nach links.

Ganz gleich, welche Art des Abkettens Sie bevorzugen, am Ende der Reihe bleibt stets eine Masche übrig. Ziehen Sie das Fadenende durch diese Masche und ziehen Sie es sehr fest an. Dann können Sie den Faden in den Randmaschen vernähen oder ihn zum Zusammennähen der Teile verwenden.

Abketten durch Überziehen bei glatt rechts Gestricktem:
Bei Mustern mit rechten Maschen werden die Maschen rechts gestrickt und dann überzogen abgekettet.

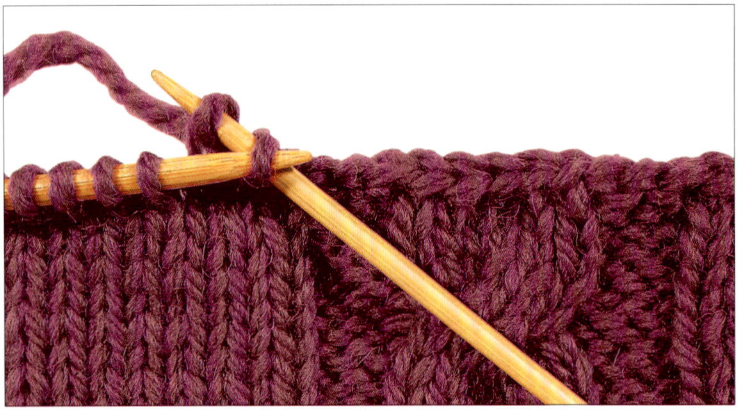

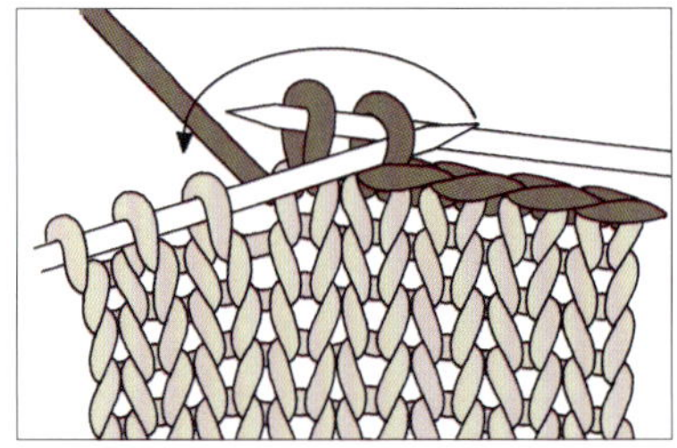

Bei rechtsgrundigen Mustern stricken Sie die Randmasche und die folgende Masche rechts und heben die Randmasche über die 2. gestrickte Masche. Dann immer 1 Masche stricken und die vorherige überziehen, bis alle Maschen abgekettet sind.

Abketten durch Überziehen bei glatt links Gestricktem:
Bei Mustern mit linken Maschen werden die Maschen links gestrickt und dann überzogen abgekettet.

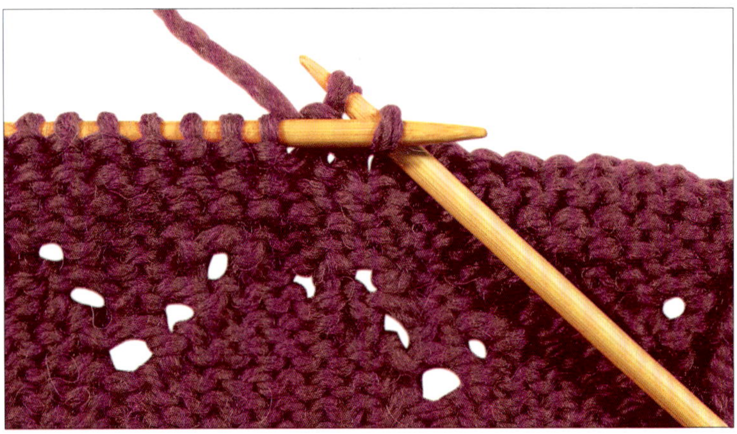

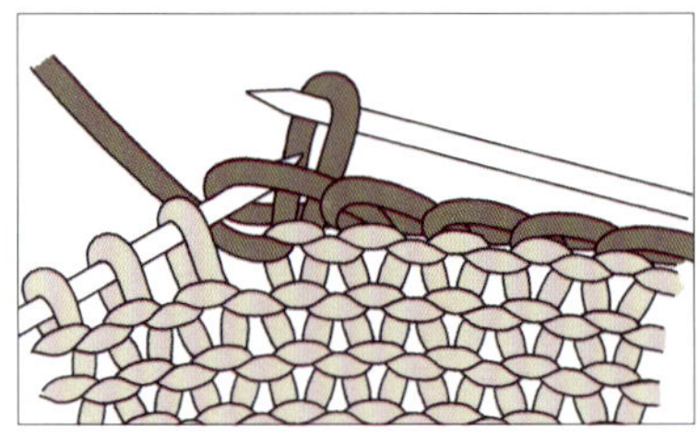

Bei linksgrundigen Mustern stricken Sie die Randmasche wie gewohnt und die folgende Masche links und heben dann die Randmasche über die 2. gestrickte Masche. Dann immer 1 Masche stricken und die vorherige überziehen, bis alle Maschen abgekettet sind.

Abketten durch Zusammenstricken:
Es entsteht ein fester, wenig elastischer Rand, der besonders für „zusammenziehende" Muster, z. B. für Zöpfe, oder für Blenden und Knopflöcher geeignet ist.

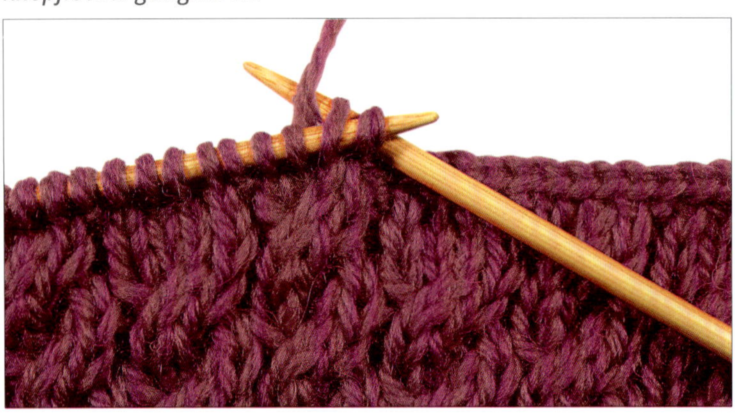

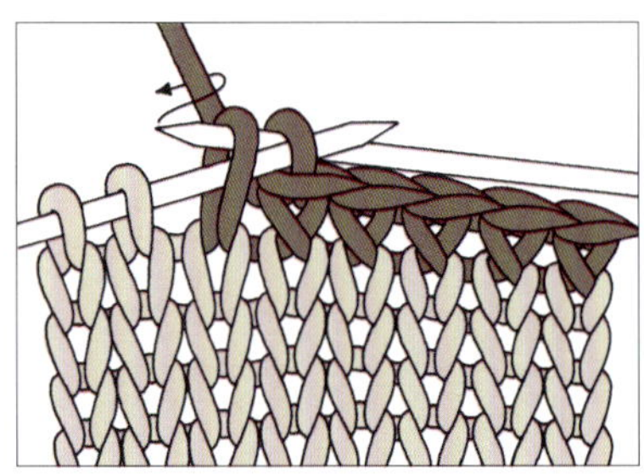

Stricken Sie die ersten beiden Maschen der linken Nadel rechts verschränkt zusammen und heben Sie die Masche zurück auf die linke Nadel. Dann stricken Sie wieder 2 Maschen zusammen, bis alle Maschen abgekettet sind.

Auch beim Abhäkeln *entsteht ein sauberer Abkettrand. Die Stärke der Häkelnadel bestimmt hier die Elastizität.*

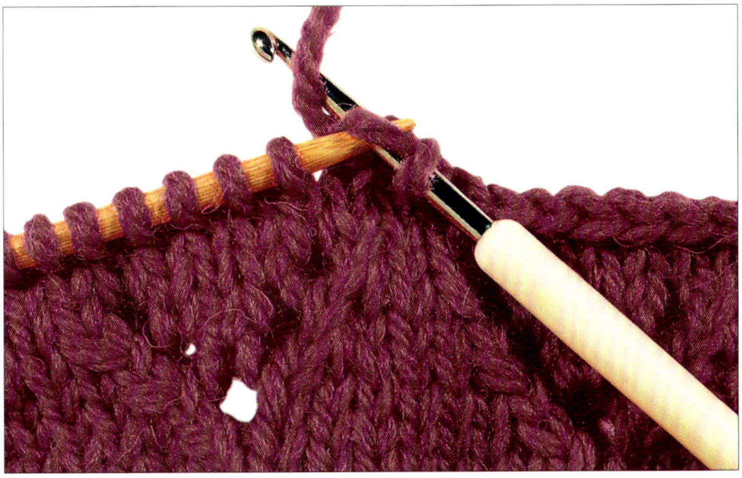

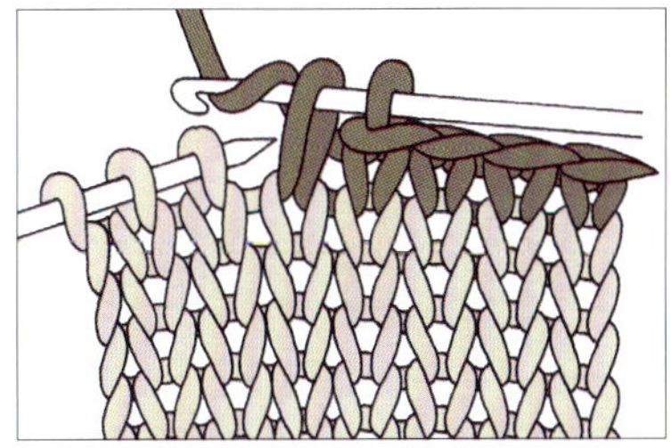

Beim Abhäkeln wird zuerst eine Schlinge durch die Randmasche gezogen. Dann heben Sie immer 1 Masche der Stricknadel zu der Masche auf der Häkelnadel und häkeln beide Maschen wie eine Kettmasche ab, ziehen also den Arbeitsfaden mit der Häkelnadel durch.

Damit Strickstücke nach dem Abketten von ***Zopfmuster-Maschen*** *nicht zu breit werden, sollten innerhalb der Zöpfe immer wieder mal zwei Maschen zusammengestrickt werden.*

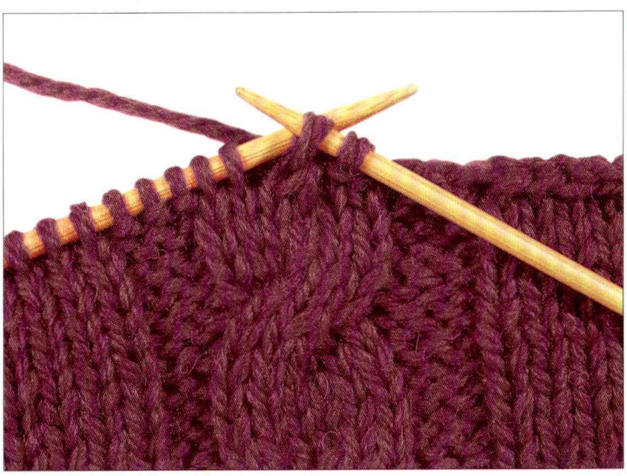

Patentgestricktes *leiert an besonders beanspruchten Stellen, z. B. an den Schultern, sehr aus. Deshalb muss hier auf festes Abketten geachtet werden.*

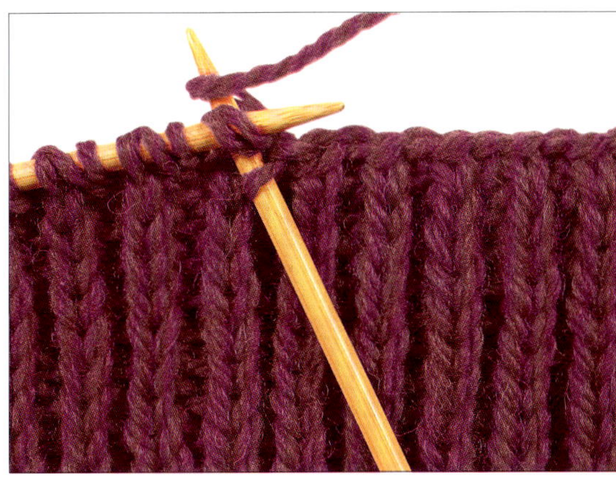

Abketten bei Zöpfen

Der Abkettrand bei größeren Zöpfen wird meist sehr wellig, wenn jede Masche einzeln gestrickt und abgekettet wird. Beim Zusammennähen von Schultern und auch beim Annähen von Ärmeln treten dann leicht Probleme auf.

Das können Sie verhindern, indem Sie beim Abketten die mittleren Maschen der Zöpfe zusammenstricken. Bei sehr breiten Zöpfen können auch 2- oder 3-mal jeweils 2 Maschen zusammengestrickt werden.

Abketten bei Patentmustern

Patentmuster werden im Maschenrhythmus abgekettet. Dabei wird der Umschlag mit der entsprechenden rechten Masche zusammengestrickt, die linke Masche links gestrickt.

Einen festeren Rand erhalten Sie hier, wenn Sie die letzte Reihe vor der Abkettreihe nicht im Patentmuster, sondern ohne Umschläge je 1 Masche rechts und links im Wechsel stricken. Dann können Sie die Maschen auch durch Zusammenstricken abketten.

Abnähen

Analog zum italienischen Anschlag gibt es auch einen besonders dekorativen Abschluss, das Abnähen oder italienische Abketten. Hier bildet sich auf der oberen Kante eine runde Masche.

Dieser Rand wird besonders elastisch, wenn Sie die letzten beiden Reihen vorher genauso arbeiten wie beim Italienischen Anschlag (siehe Seite 106). Sie stricken also in der letzten Hinreihe und in der letzten Rückreihe jeweils nur die rechten Maschen und heben die linken Maschen ab. Arbeiten Sie diese zwei Reihen mit einer halben Nadelstärke dünner, bei dickeren Garnen können Sie je nach Strickart auch eine ganze Nadelstärke kleiner wählen. Das sollten Sie ausprobieren.

Abgenäht wird mit einer dicken Wollnadel oder einer Sticknadel ohne Spitze. Der Faden muss etwa dreimal so lang sein, wie das Strickstück breit ist. Lassen Sie den Faden lieber etwas länger, denn ein späteres Ansetzen ist beim Abnähen nicht möglich!

Nach der bzw. den Randmaschen werden die Arbeitsgänge 3 bis 5 (Seite 125) stets wiederholt. Ziehen Sie nach jedem Arbeitsgang den Faden recht fest an.

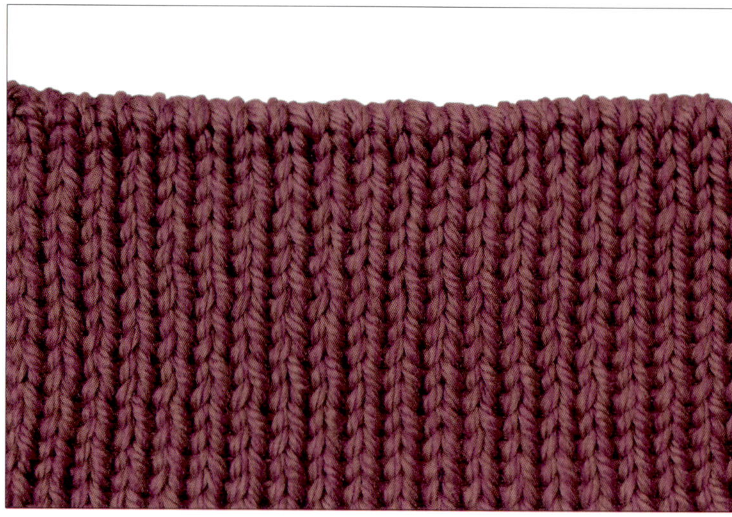

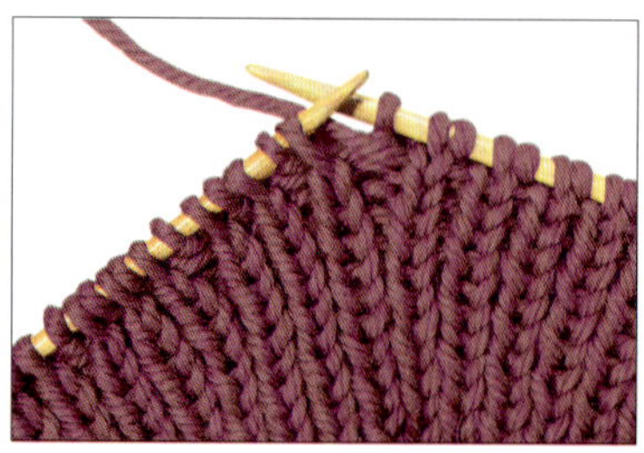

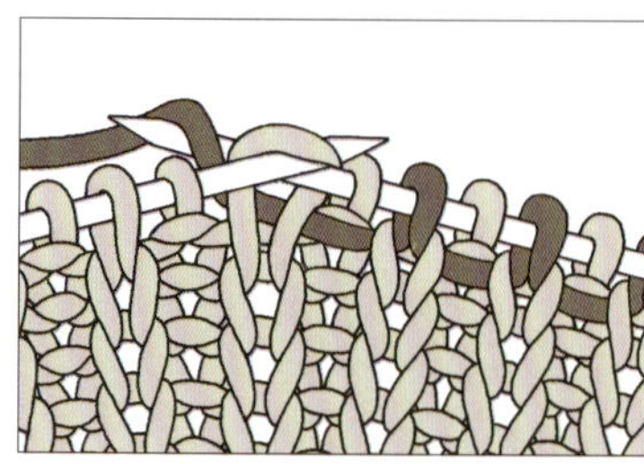

***1** Stricken Sie in den letzten 2 Reihen jeweils nur die rechten Maschen und heben Sie die linken Maschen ab, der Faden liegt dabei vor der Nadel.*

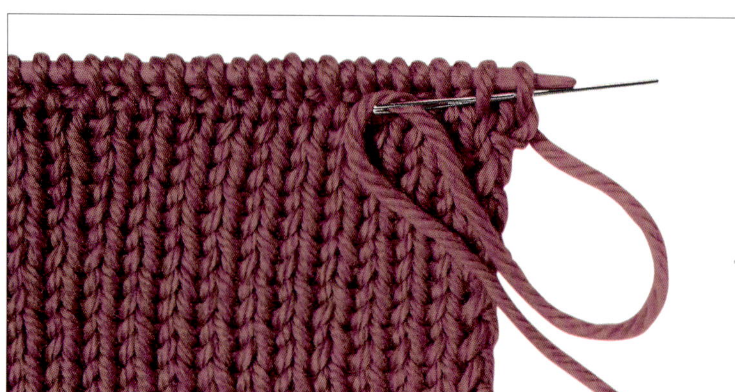

***2** Stechen Sie von vorn nach hinten bzw. von links nach rechts in die Randmasche ein. Wenn darauf eine rechte Masche folgt, stechen Sie in beide Maschen gleichzeitig ein. Die Masche bzw. die 2 Maschen von der Stricknadel gleiten lassen und den Faden fest anziehen.*

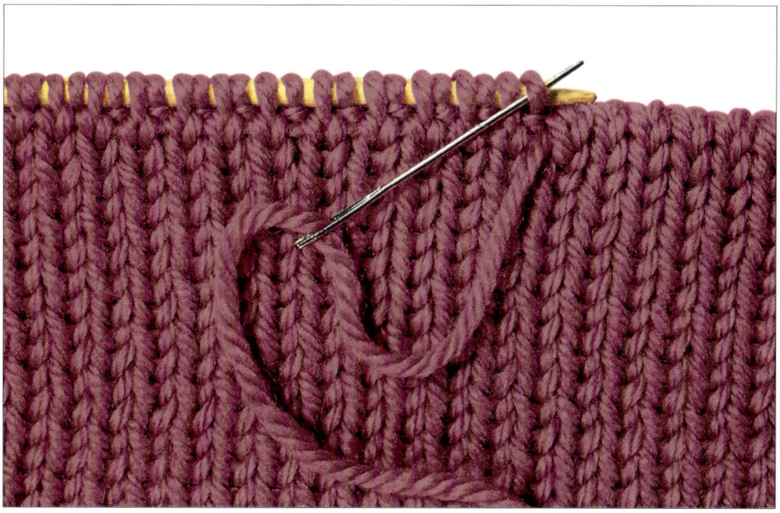

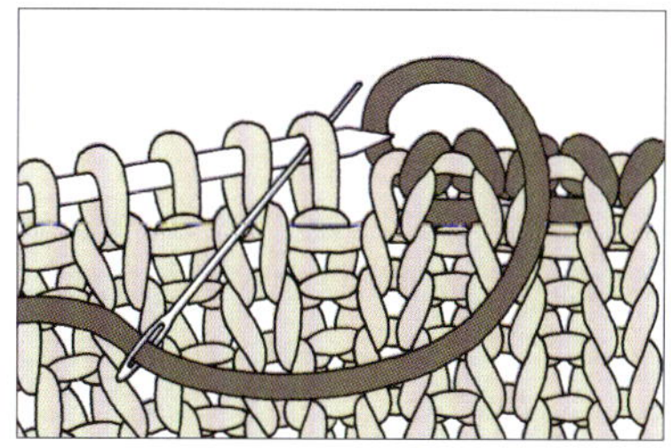

3 *Nun von links nach rechts bzw. von vorn nach hinten in die linke Masche einstechen, den Faden anziehen. Die Masche noch auf der linken Nadel lassen.*

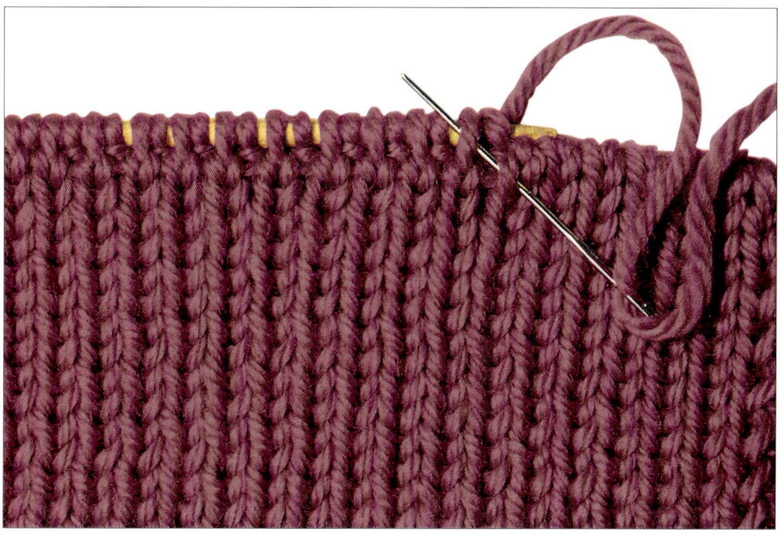

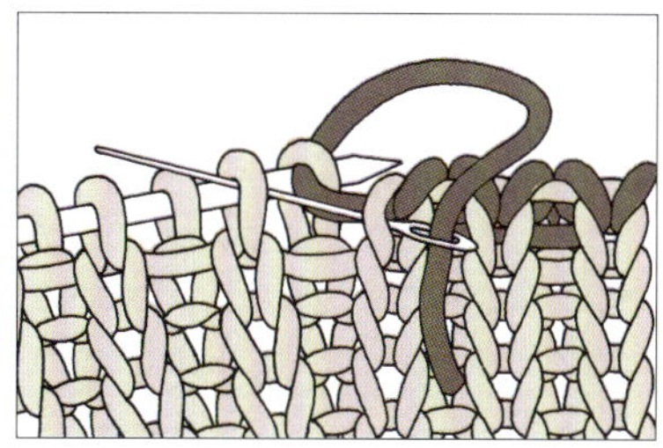

4 *Von rechts nach links durch die letzte rechte, nicht mehr auf der Nadel liegende Masche und gleichzeitig durch die folgende rechte Masche einstechen und den Faden anziehen.*

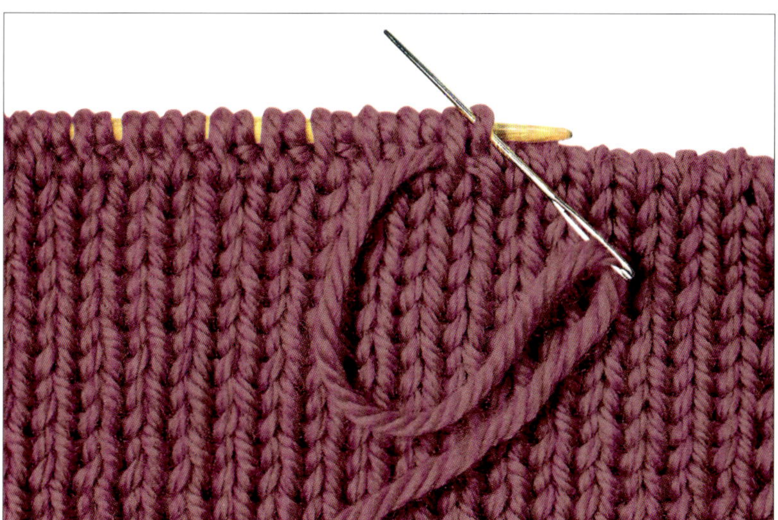

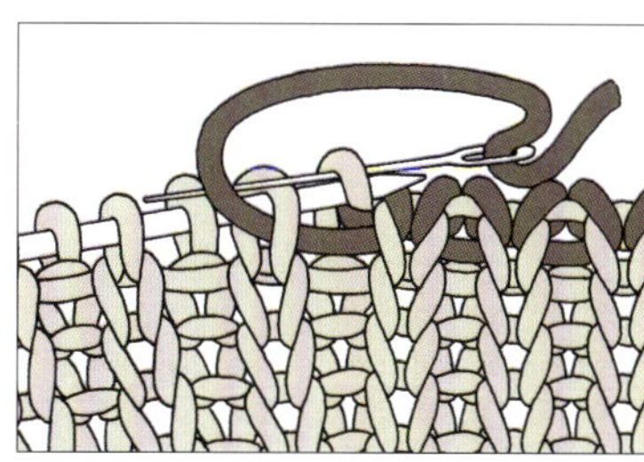

5 *Danach von rechts nach links noch mal durch die linke Masche stechen, den Faden anziehen. Dann die 2 Maschen, 1 linke und 1 rechte, von der Nadel gleiten lassen.*

Maschenprobe

Bevor Sie mit dem Stricken eines Modells anfangen, sollten Sie zunächst eine Maschenprobe machen! Das ist unbedingt nötig, denn jede Strickerin strickt anders, braucht mal mehr oder weniger Maschen und Reihen für dieselbe Breite. Sie sparen trotz des kleinen Aufwands Zeit – und häufig auch Geld und Ärger.

Benutzen Sie das Garn, aus dem Sie später Ihren Pullover oder Ihre Jacke stricken möchten. Beachten Sie dabei auch die Angaben auf der Banderole. Machen Sie grundsätzlich eine Maschenprobe, die mindestens 12 cm x 12 cm groß ist. Randmaschen sowie Anschlag- und Abkettreihen ergeben meist keine zuverlässigen Messwerte. Vor dem Messen sollten Sie das Probestück etwas anfeuchten, leicht spannen und trocknen lassen – also genauso behandeln wie später das fertige Strickstück.

Legen Sie nun die Maschenprobe auf eine glatte Unterlage, eventuell müssen Sie sie mit Stecknadeln befestigen.

Mit Hilfe einer speziellen Schablone (erhältlich in Handarbeitsgeschäften) können Sie die Maschen- und Reihenanzahl leicht auszählen. Aber es geht auch mit einem einfachen Zentimetermaßband; an den entsprechenden Stellen eingesteckte Stecknadeln sind sehr hilfreich.

Wenn Maschen- und Reihenzahl mit den Angaben auf der Banderole oder der jeweiligen Anleitung übereinstimmen, können Sie einfach mit dem Stricken beginnen.

Wenn Sie **mehr** Maschen und Reihen gezählt haben, stricken Sie zu fest. Benutzen Sie dann bitte eine größere Nadelstärke.

Wenn Sie **weniger** Maschen und Reihen gezählt haben, stricken Sie zu locker.

Benutzen Sie dann eine kleinere Nadelstärke.

TIPP

Auch wenn Ihre Maschenprobe den Angaben entspricht, kontrollieren Sie Ihr Strickstück in etwa 30 cm Höhe noch einmal. Es gibt viele Strickerinnen, die mit vielen Maschen auf der Nadel fester oder lockerer stricken als bei der kleinen Maschenprobe.

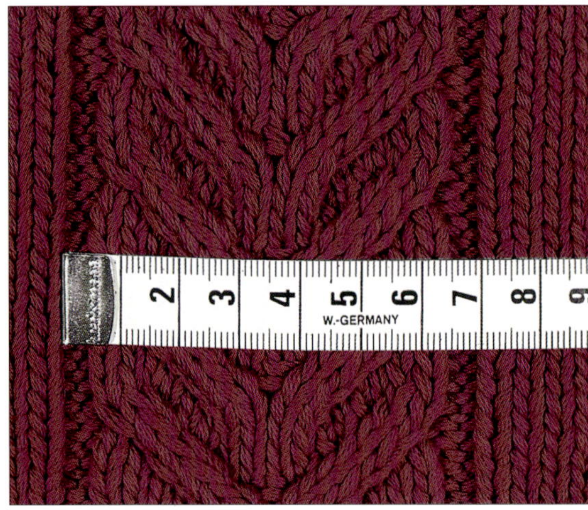

***Zopfmuster** ziehen sich im Vergleich zu glatt rechten Strickstücken sehr stark zusammen. Deshalb muss von jedem Muster eine separate Maschenprobe gestrickt und ausgemessen werden.*

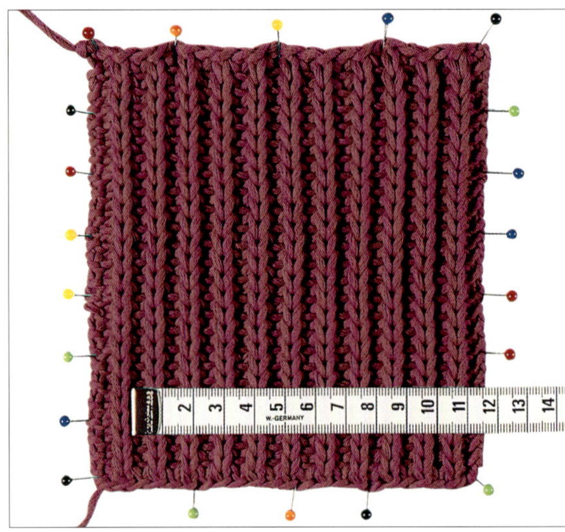

*Im **Patentmuster** Gestricktes weitet sich beim Tragen stark: Halbpatent zieht sich sehr in die Länge, Vollpatent eher in die Breite. Die Maschenprobe sollte also entsprechend gedehnt werden, bevor Maschen und Reihen ausgezählt werden.*

Bündchen

Schöne Bündchen sind der erste Blickfang; je dekorativer die Abschlüsse, desto perfekter das Kleidungsstück. Welche Anschlagmethode Sie auch bevorzugen, die Bündchen sollten Sie so gut wie möglich dem Muster des Modells anpassen.

Als Bündchen bezeichnet man den Rand am Beginn eines Strickteils, sei es an Ärmeln, Vorder- oder Rückenteil. Angefangen beim klassischen Rand – 1 bzw. 2 Maschen rechts und links im Wechsel, mal normal, mal verschränkt gestrickt – über doppelt gestrickte Säume bis hin zu mustergültigen Bündchen mit Zopf- oder Lochmustern ist alles möglich. Sehr einfach zu stricken und doch dekorativ ist auch der glatt rechts gestrickte Rollrand.

Achten Sie darauf, dass nach dem Anschlag (ausgenommen beim offenen Anschlag) immer **zuerst eine Rückreihe** gestrickt wird, denn der Maschenanschlag selbst bildet eine krause Reihe, die in vielen Fällen nicht zum Muster passt.

Bündchen sollen elastisch sein und das Strickteil etwas raffen, deshalb werden sie meist mit einer halben bis ganzen **Nadelstärke kleiner** gestrickt. Das gilt auch für doppelt gestrickte Bündchen.

Damit's auch an den Nähten passt

Wenn für das Bündchen 2 Maschen rechts und 2 Maschen links im Wechsel vorgesehen sind, sollte die Maschenzahl durch 4 teilbar sein, plus 2 Randmaschen, z. B. 50 oder 98 Maschen betragen. Dann bleibt, egal ob Sie mit 1 oder 2 rechten oder linken Maschen beginnen, der Musterrhythmus nach dem Zusammennähen der Teile erhalten.

Stricken Sie in der Rückreihe nach der Randmasche 1 Masche links, die Reihe endet dann ebenfalls mit 1 linken Masche und Randmasche. Nach dem Zusammennähen im Matratzenstich (siehe Seite 163) stoßen dann 2 rechte Maschen aneinander. Oder Sie beginnen in der Rückreihe nach der Randmasche mit 2 Maschen links, dann enden Sie automatisch mit 2 Maschen rechts. Auch hier ist nach dem Zusammennähen das Muster wieder vollständig.

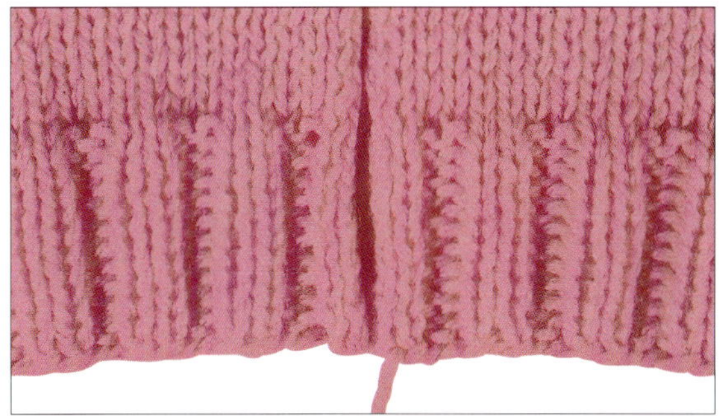

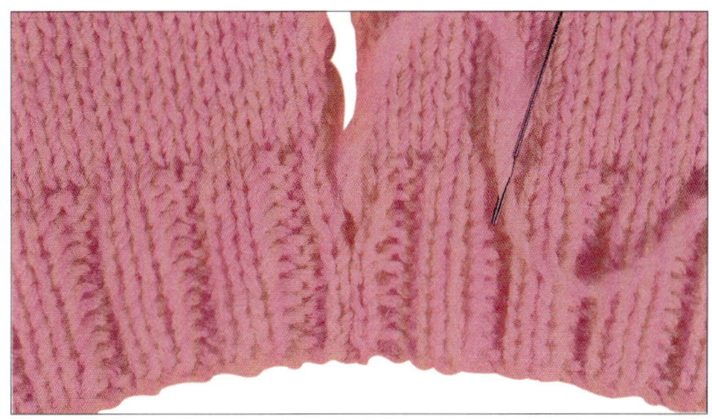

Schlagen Sie für ein Bündchen im Zweierrhythmus eine Maschenzahl an, die durch 4 teilbar ist, plus 2 Randmaschen. Nach dem Zusammennähen der Teile passt das Muster auch an den Nähten – egal ob Sie nach der Randmasche mit 1 oder mit 2 Maschen und rechts oder links beginnen.

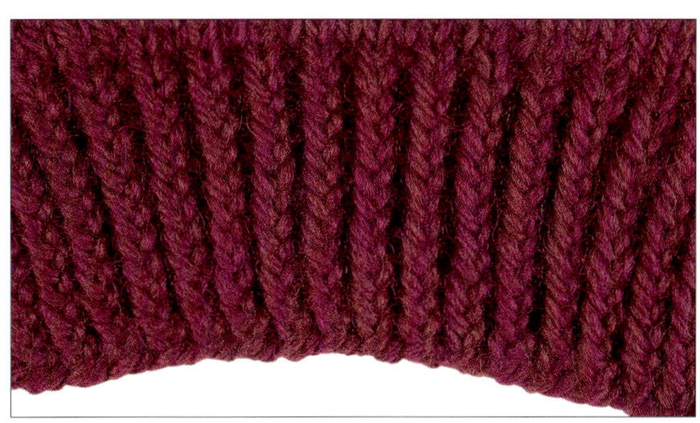

Mit verschränkten Maschen

Mit verschränkten Maschen

In den Hinreihen 1 Masche rechts verschränkt und 1 Masche links im Wechsel stricken, in den

Rückreihen 1 Masche rechts und 1 Masche links verschränkt im Wechsel.

Mit Perlmuster-Masche

Nach dem Anschlagen mit einer Rückreihe 1 Masche rechts, 1 Masche links im Wechsel beginnen, in der Hinreihe alle Maschen rechts stricken. Diese beiden Reihen stets wiederholen. Dieses Bündchen ist weniger elastisch. Es ist für gerade geschnittene, kastige Cardigans, aber auch für gerade Blenden oder Seitenschlitze geeignet.

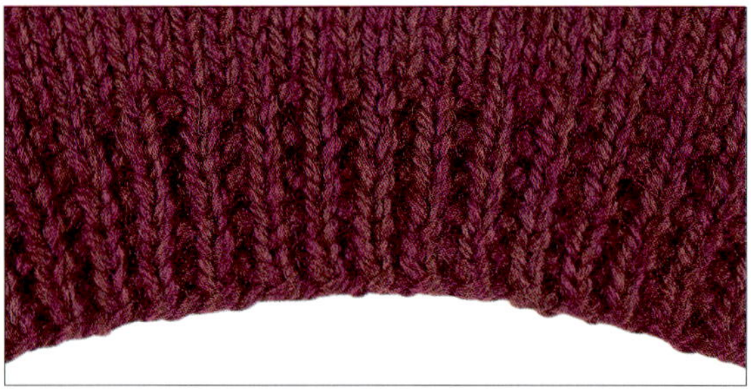

Mit Perlmuster-Masche

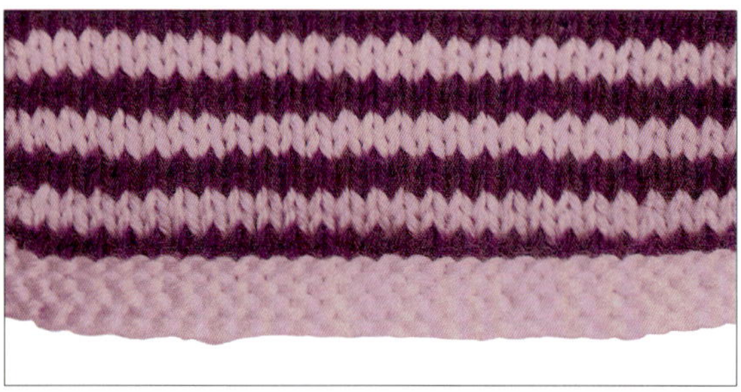

Mit Rollrand

Mit Rollrand

Für diesen Abschluss werden etwa 2 bis 3 cm glatt links, dann wird glatt rechts gestrickt. Die Reihen dafür mit einer halben Nadelstärke kleiner stricken, damit die Kante nicht zu weit wird.

Mit Perlmuster-Umrandung

Für Bündchen und Blenden gleichermaßen geeignet ist das kleine Perlmuster. Es ist jedoch nicht elastisch. Gestrickt wird 1 Masche rechts und 1 Masche links im Wechsel, in der Rückreihe wird das Muster dann versetzt gearbeitet.

Kraus rechts

Auch kraus rechts Gestricktes rollt sich nicht auf. Hier werden alle Reihen rechts gestrickt.

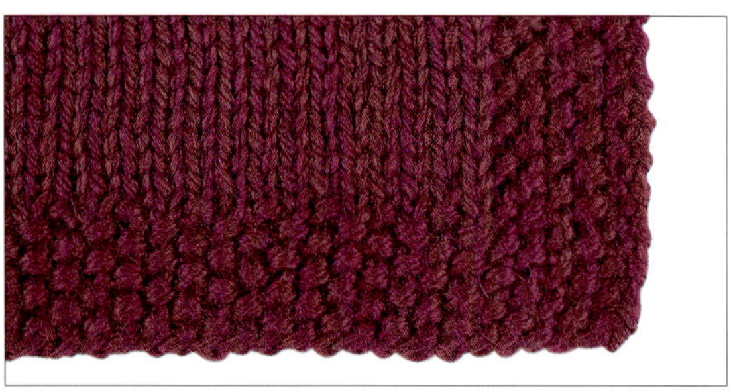

Mit Perlmuster-Umrandung

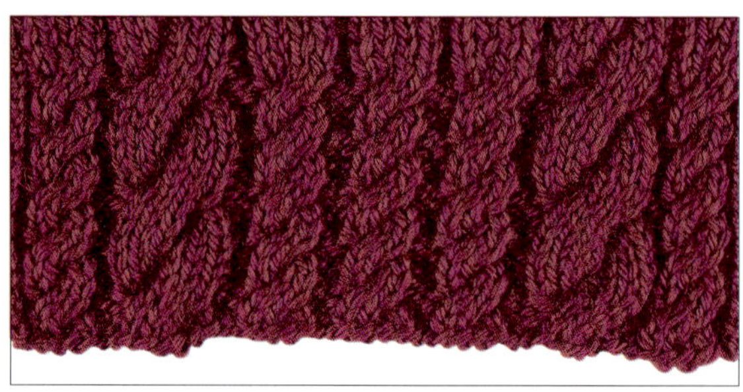

Mit großen Zöpfen

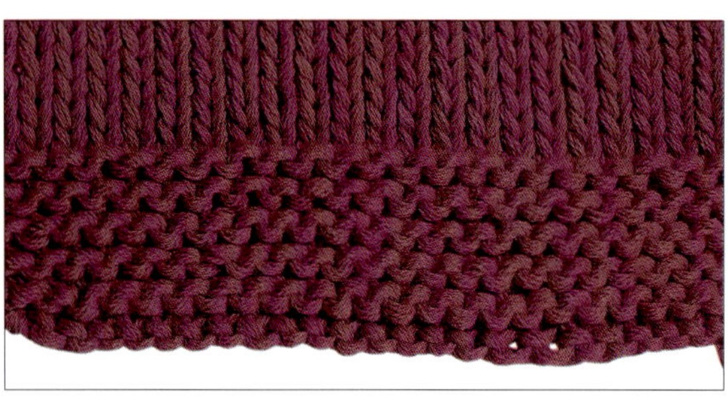

Kraus rechts

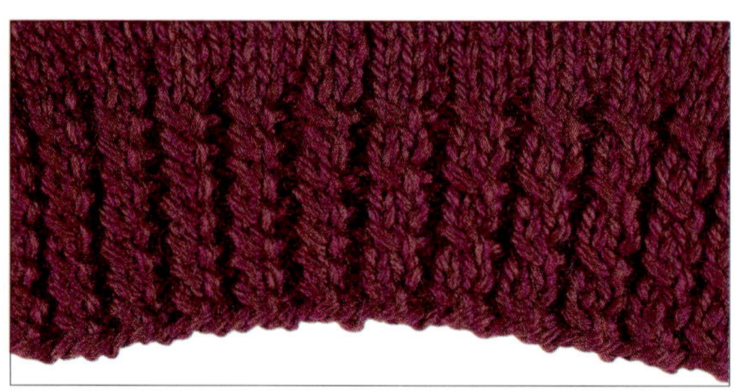

Mit kleinen Zöpfen

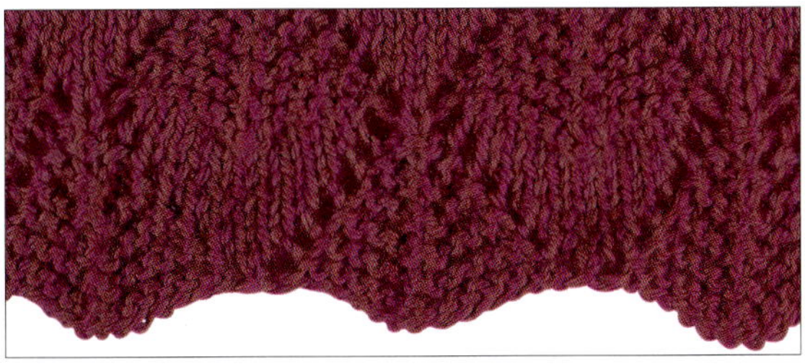

Lochmuster mit krausen Maschen

Mit großen Zöpfen

Wenn Sie z. B. einen Pullover mit Rippen und Zöpfen stricken möchten, ist dieses Bündchen ein schöner Abschluss: Die breiten Zöpfe (über 8 Maschen) werden über den ganzen Pullover gestrickt, aus den schmalen Zöpfen (über 4 Maschen) wachsen glatt rechts gestrickte Rippen.

Mit kleinen Zöpfen

Links sind 2 Maschen in jeder 2. Reihe nach links gekreuzt, rechts in jeder 4. Reihe. Dazwischen ist 1 Masche links gestrickt. Zöpfe ziehen die Maschen stark zusammen. Wenn Sie weiter glatt rechts arbeiten, dürfen Sie nach dem Bündchen keine Maschen mehr zunehmen; soll der Pullover kastig werden, müssen Sie dagegen einige Maschen abnehmen.

Lochmuster mit krausen Maschen

Auch dieses Muster eignet sich für Bündchen, da es sich durch die kraus rechten Maschen nicht aufrollen kann. Die Höhe des Musters ist variabel, es wird immer um einen halben Rapport versetzt.

Zusammengestrickte doppelte Bündchen

Die Maschen auf zwei Nadeln (oder mit einer ganzen Nadelstärke größer) anschlagen, dann mit den Bündchennadeln 6 oder 8 Reihen glatt rechts stricken, mit einer Rückreihe linker Maschen beginnen. Nach den 8 Reihen eine Rückreihe rechte Maschen und noch 6 oder 8 Reihen glatt rechts stricken. Danach mit einer dünnen Nadel die Maschen der Anschlagkante aufnehmen und immer 1 Masche der Hauptnadel mit 1 Masche der Anschlagkante rechts zusammenstricken.

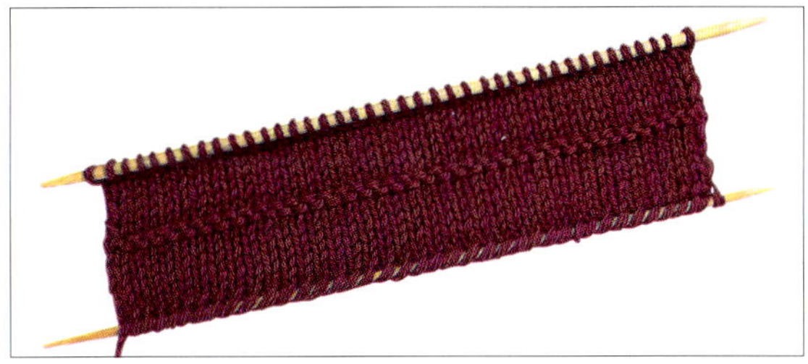

Die Maschen der Anschlagkante auf eine dünne Nadel heben.

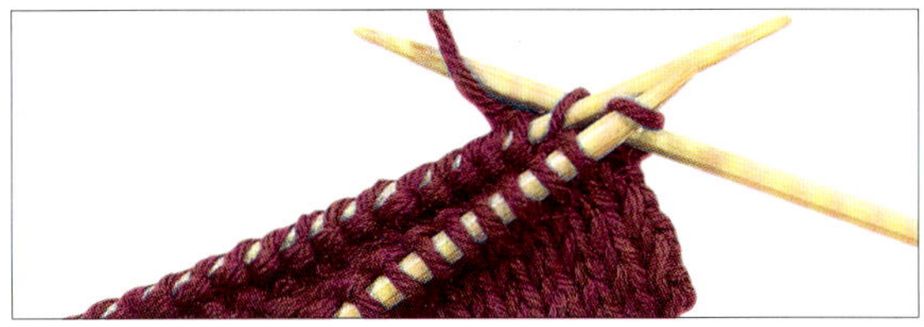

Nun immer eine Masche der Stricknadel und eine Masche der Anschlagkante rechts …

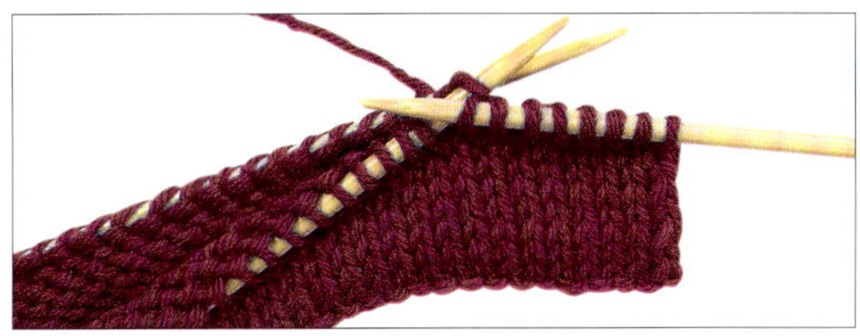

… zusammenstricken und so bis zum Ende weiterarbeiten.

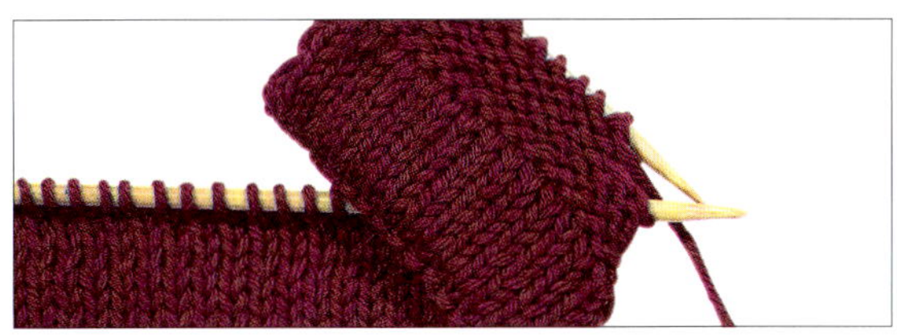

Sollte das Bündchen etwas zu weit geraten sein, können Sie auch ein breites Gummiband einziehen.

Wenn Sie für die gewünschte Bündchenhöhe eine ungerade Reihenzahl brauchen, stricken Sie z. B. nach 7 oder 9 Reihen glatt rechts 1 Hinreihe linke Maschen und wieder 7 oder 9 Reihen glatt rechts. Auch dann werden die Maschen in einer Hinreihe mit den Maschen der Anschlagkante zusammengestrickt.

Mäusezähnchen-Kante

Für diese dekorative Zierkante wird anstelle der linken Bruchreihe in einer Hinreihe 1 Reihe mit Umschlägen gestrickt. Sie brauchen dafür eine gerade Maschenzahl. Dann stricken Sie diese Reihe wie folgt: Randmasche, * 2 Maschen rechts zusammenstricken, 1 Umschlag arbeiten, ab * stets wiederholen, Randmasche. Danach 1 Rückreihe links stricken und nun die gleiche Reihenzahl wie vor der Lochreihe anfügen. Dann die Maschen mit den aufgenommenen Maschen der Anschlagkante zusammenstricken oder gegennähen.

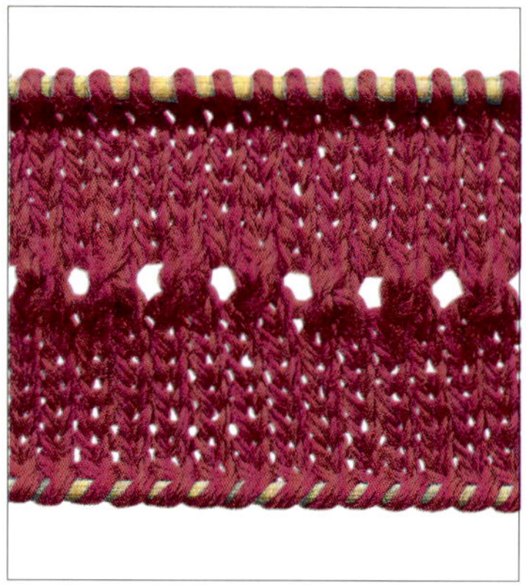

Für die Lochreihe im Wechsel 2 Maschen rechts zusammenstricken und 1 Umschlag arbeiten. Die Maschen der Anschlagreihe wie bei den zusammengestrickten Bündchen aufnehmen und …

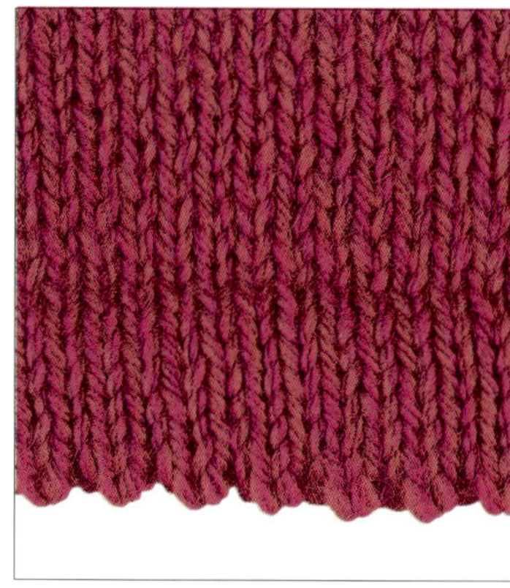

… mit den Maschen der Arbeitsnadel zusammenstricken. Oder weiterstricken und die Blende je nach Fertigstellung des Strickstücks in der Lochreihe umschlagen und in entsprechender Höhe gegennähen.

Angestrickte Blenden

Bei nachträglich angestrickten Blenden sind die genaue Maschenaufnahme und das richtige Abketten besonders wichtig. Denn die fertige Blende darf sich weder zusammenziehen noch unschön dehnen. Beachten Sie einfach die folgenden Tipps – und Ihre Blende wird perfekt!

Für die Maschenaufnahme gilt: 3 Maschen aus 4 Reihen herausstricken. Dies ist bei glatt rechten oder kraus rechten Blenden fast immer der Fall.

Wenn Sie sehr fest oder mit einer ganzen Nadelstärke weniger stricken, oder wenn Sie die Blende z. B. mit kleinem Zopfmuster arbeiten, müssen Sie eventuell aus jeder Reihe eine Masche aufnehmen.

Bei sehr kleinen Maschenproben, z. B., wenn Sie mit Nadeln 7 oder 8 stricken und nur etwa 16 Reihen für 10 cm Länge brauchen, können beim Aufnehmen der Maschen kleine Löcher entstehen, wenn Sie die Reihen überspringen. Dann nehmen Sie am besten aus jeder Reihe eine Masche auf und stricken in der 1. Rückreihe in regelmäßigen Abständen jeweils 2 Maschen zusammen. Auch das sollten Sie an Ihrer Maschenprobe ausprobieren.

Für die Aufnahme der Blendenmaschen ist die richtige und sauber gearbeitete Randmasche wichtig. Nur dann können die Maschen gleichmäßig aufgenommen werden. Damit die Blende später nicht nach außen kippt, muss außerdem immer die ganze Randmasche erfasst werden.

Wenn die Randmaschen schlecht oder zu locker gestrickt sind, können Sie die Kante mit gehäkelten Kettmaschen festigen. Achten Sie beim Häkeln auf den Rhythmus, dann können Sie später aus jeder Kettmasche eine Blenden-

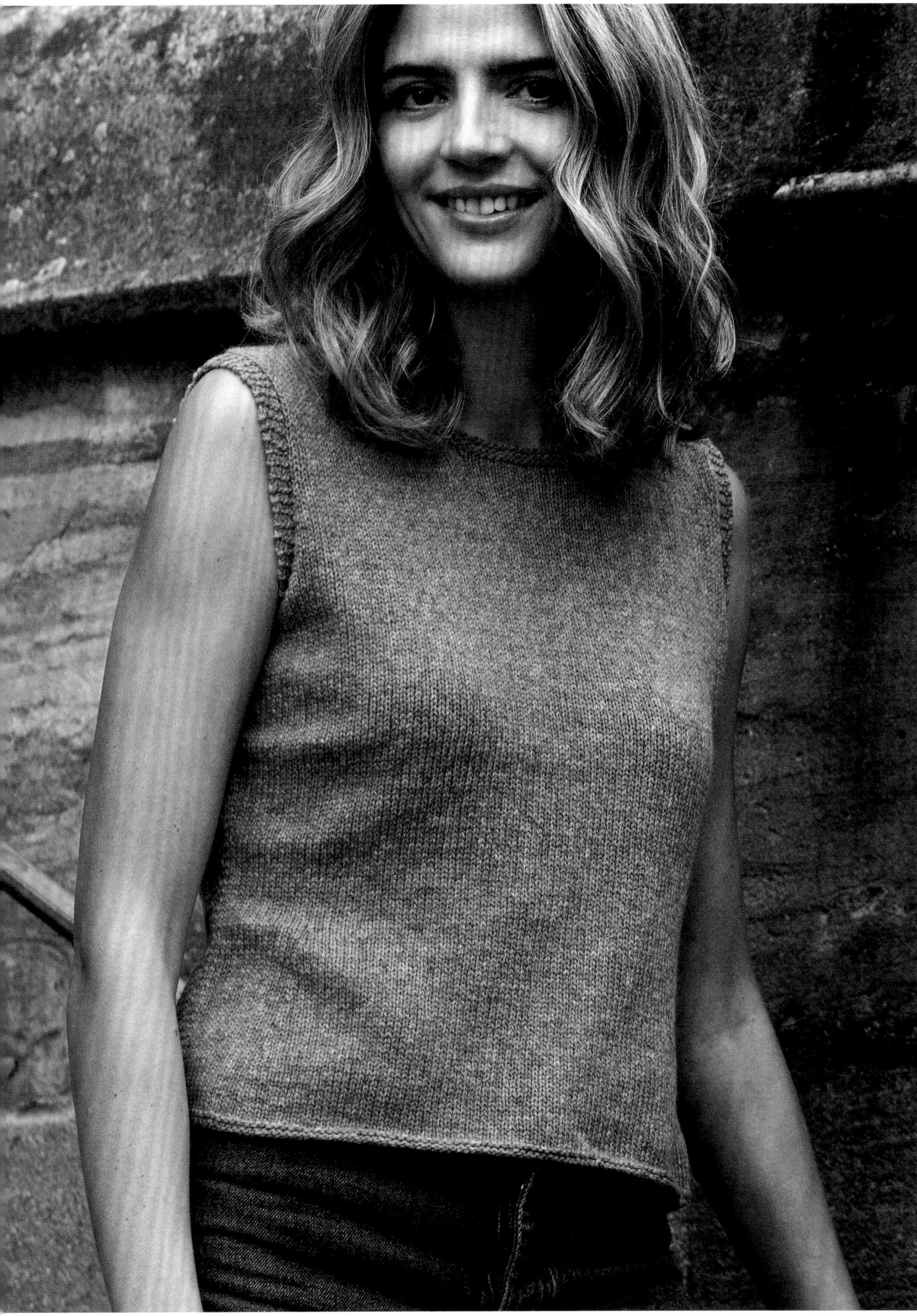

masche aufnehmen. Die Kettmaschen können Sie auch einige Maschen vom Rand entfernt aufhäkeln und die Kante dann nach innen umnähen.

Wichtig ist auch das richtige Abketten (siehe Seite 121). Normalerweise wird eine im Maschenrhythmus abgekettete Blende sehr elastisch. Deshalb sollten Sie auf jeden Fall fest abketten. Arbeiten Sie immer so nah wie möglich an der Nadelspitze und achten Sie beim Überziehen der Abkettmaschen darauf, dass Sie diese Maschen nicht langziehen.

Den festesten Rand erhalten Sie, wenn Sie die Maschen durch Zusammenstricken abketten.

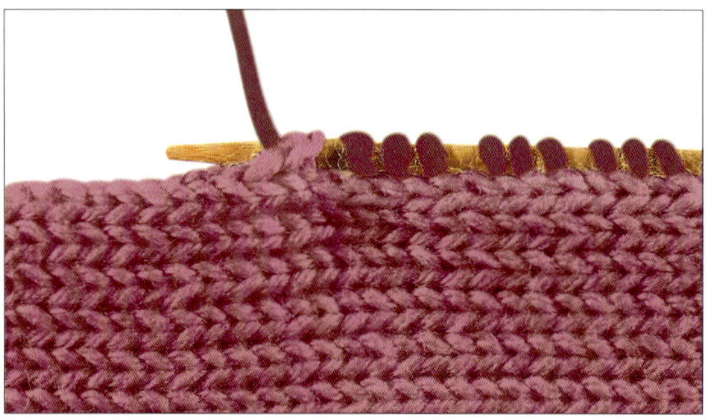

Aus den Randmaschen werden für glatte oder krause Blenden normalerweise aus 4 Reihen 3 Maschen herausgestrickt. Der Dreierrhythmus ist deutlich zu erkennen. Bei Blenden mit Mustern, also auch bei Bündchenmustern, sollten Sie Ihren Aufnahmerhythmus an der Maschenprobe ausprobieren.

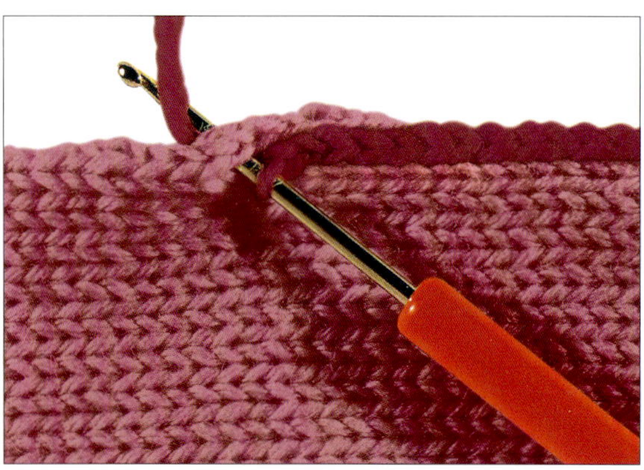

Einen zu lockeren oder schlecht gestrickten Rand können Sie mit einer Reihe aufgehäkelter Kettmaschen festigen.

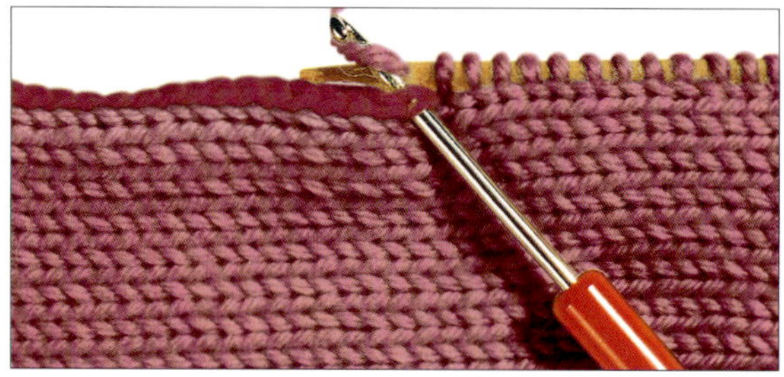

Danach die Blendenmaschen aus beiden Kettmaschengliedern aufnehmen. Verwenden Sie dafür eine dünnere Stricknadel oder ziehen Sie den Strickfaden mit einer Häkelnadel durch und heben die Schlinge dann auf die Stricknadel.

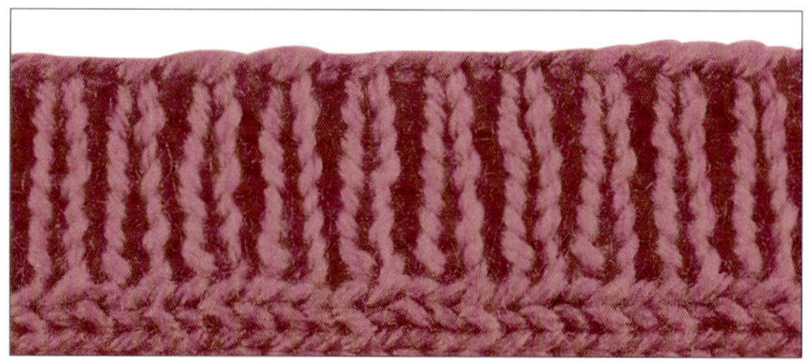

Sehr elastisch ist die Blende im einfachen Bündchenmuster, wenn sie später im Maschenrhythmus abgekettet wird.

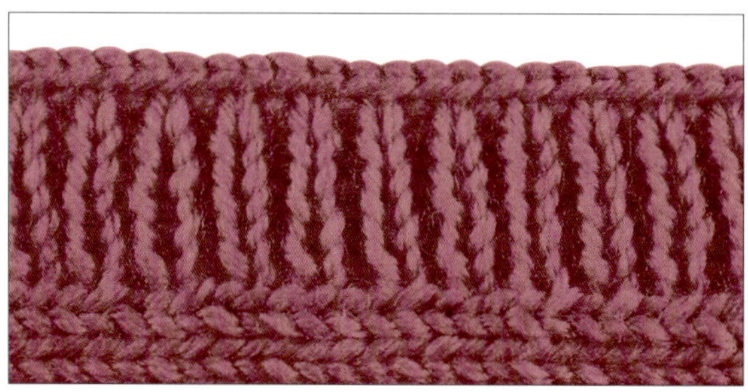

Weniger elastisch ist die Blende, wenn Sie beim Abketten immer rechts stricken.

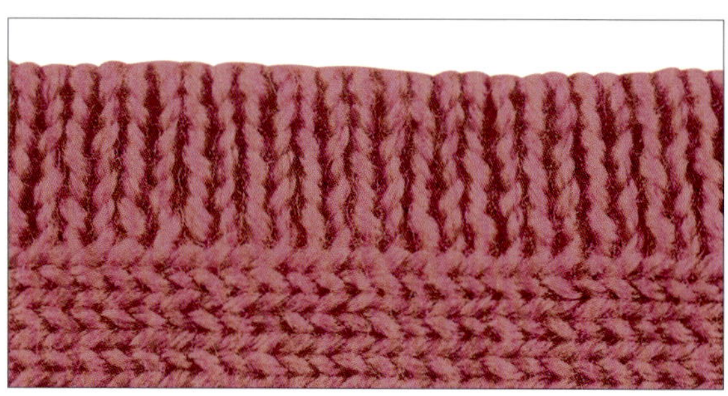

Die gleiche Blende mit abgenähtem Rand (siehe Seite 124).

Mitgestrickte Blenden

Bei Jacken oder Westen können die vorderen Blenden auch gleich mitgestrickt werden. Besonders sauber sehen doppelte mitgestrickte Blenden aus. Sie verleihen dem Kleidungsstück den professionellen Touch und geben außerdem mehr Halt.

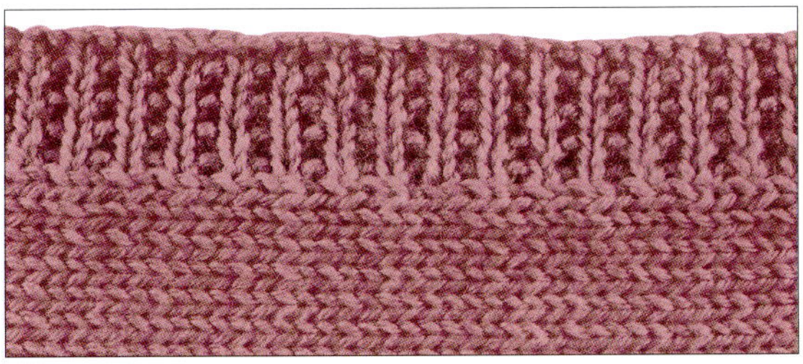

Für diese Blende wird im Wechsel 1 Masche glatt rechts und 1 Masche im Perlmuster gestrickt: Sie stricken in Hinreihen nur rechte Maschen und in Rückreihen je 1 Masche rechts und links im Wechsel. Die Blende können Sie in einer Hinreihe rechts abketten oder, wie hier, in einer Rückreihe im Maschenrhythmus.

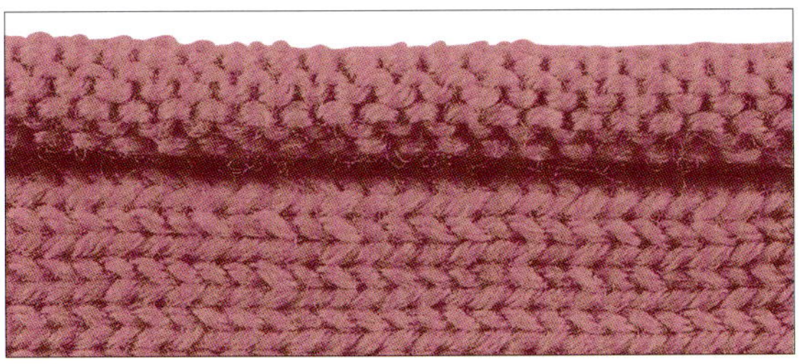

Für den Rollrand werden etwa 3 cm glatt rechts angestrickt. So rollt sich der Rand nach außen.

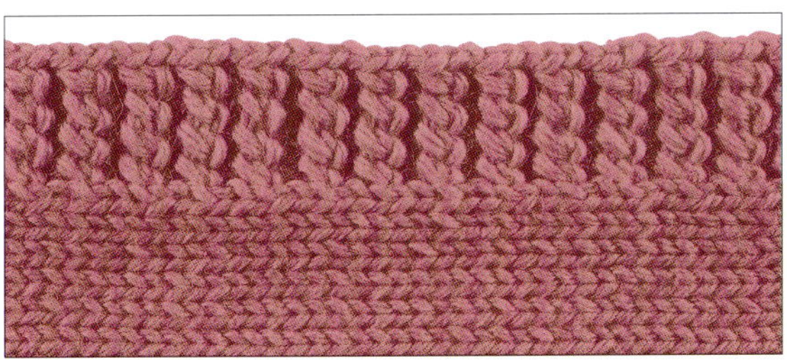

Für die Blende mit Minizöpfen muss aus jeder Reihe eine Masche aufgenommen werden. Zwischen jedem Zopf ist eine glatt linke Masche. Die Maschen sehr fest abketten, dabei die Zopfmaschen auch in der Abkettreihe verkreuzen.

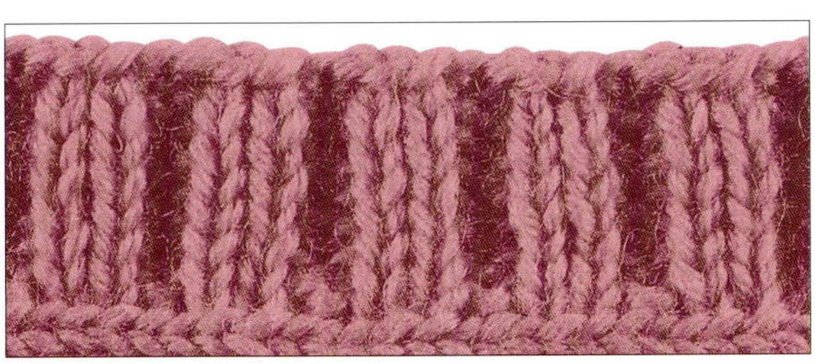

Die Zweier-Blende wird im Maschenrhythmus, 2 Maschen rechts, 2 Maschen links, abgekettet.

Glatt rechts gestrickte doppelte Blende

Bei der glatt rechts gestrickten doppelten Blende wird die nach innen genähte Blendenhälfte eine Masche breiter gestrickt. Bei dem gezeigten Beispiel auf Seite 134 ist die Blende der Vorderseite 5 Maschen breit, die Blende der Innenseite ist mit der Randmasche 6 Maschen breit. Dazwischen sorgt die Hebemasche für eine schöne Bruchkante.

Für das Zusammennähen ist außerdem wichtig, dass Sie zwischen Jackenteil und Blende eine glatt linke Masche stricken. Diese linke Masche ist bei glatt rechts Gestricktem oder Strukturmustern von der Vorderseite kaum zu sehen und passt sich auch fast allen anderen Mustern an.

Beim Umnähen wird auf der linken Seite der äußere Maschenteil der glatt links gestrickten, hier rechts erscheinenden Masche mit der linken Hälfte der ersten Masche neben der Randmasche verbunden. Nähen Sie dabei in Schlangenlinien abwechselnd von links nach rechts und von rechts nach links. Arbeiten Sie dabei die Stiche in jeder Reihe und ziehen Sie den Faden so fest an, dass das Strickstück noch elastisch ist, die einzelnen Maschen aber nicht zusammengezogen werden. Die Naht ist auf der linken Seite fast nicht erkennbar und auf der Vorderseite gar nicht zu sehen.

Glatt links gestrickte doppelte Blende

Für die glatt links gestrickte doppelte Blende stricken Sie rechts und links neben der Bruchkante die gleiche Maschenzahl glatt links. Als Bruchkante wird hier 1 Masche glatt rechts gestrickt. Wichtig für das spätere Umnähen ist hier der Nahtrand, also die in jeder Reihe gestrickte Randmasche. Sie wird in den Hinreihen links, in den Rückreihen rechts gestrickt und dabei fest angezogen.

Beim Umnähen wird in Schlangenlinien wie bei der glatt rechts gestrickten doppelten Blende gearbeitet. Doch wird nun auf der linken Seite der linke Maschenteil der 1. Blendenmasche mit dem äußeren Maschenteil der Randmasche verbunden. Dabei entsteht auf der Innenseite eine neue „rechte" Masche, auf der Vorderseite ist die Naht nicht zu sehen.

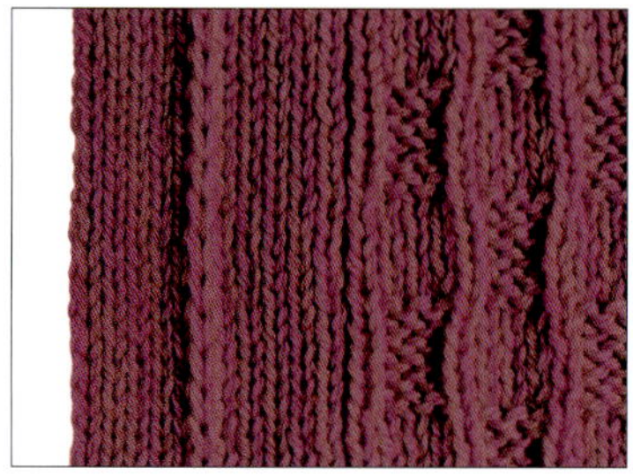

Die glatt rechts gestrickte Blende mit erhabener Hebemasche vor dem Umnähen

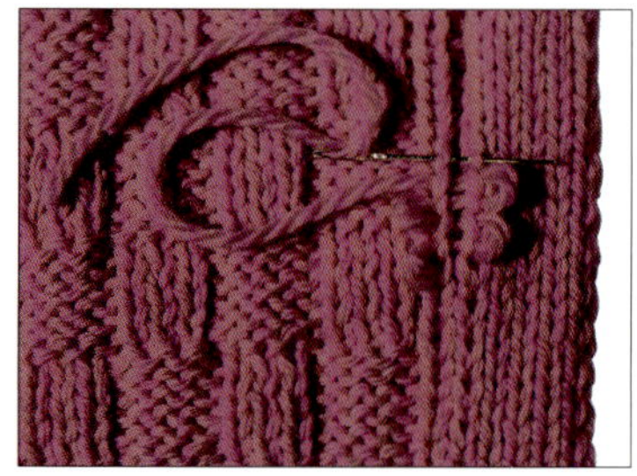

Beim Umnähen auf der Rückseite jeweils einen Maschenteil der zweiten Masche und der Masche neben der Blende miteinander verbinden.

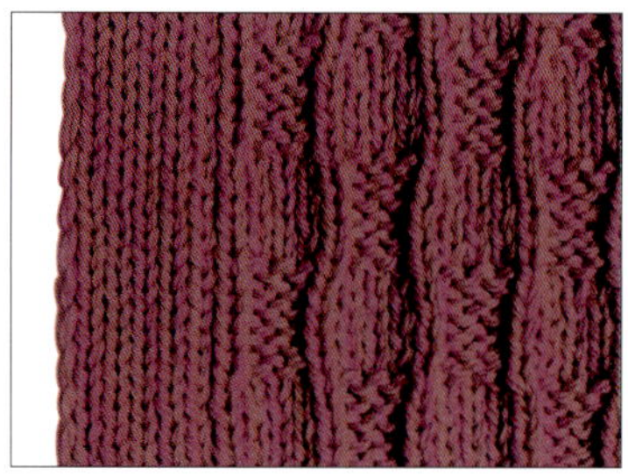

Die fertige Blende von der Vorderseite

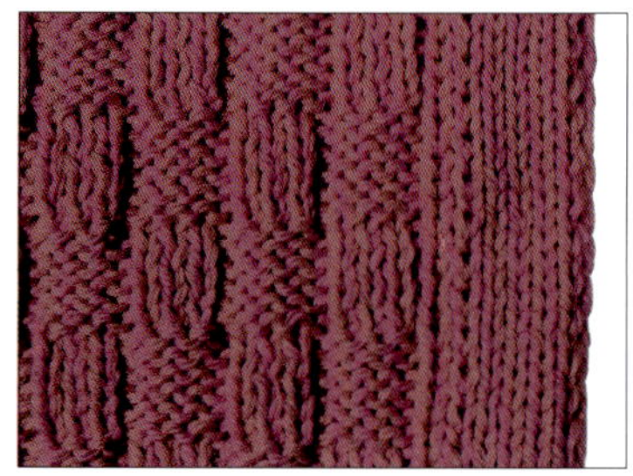

Die fertige Blende von der Rückseite

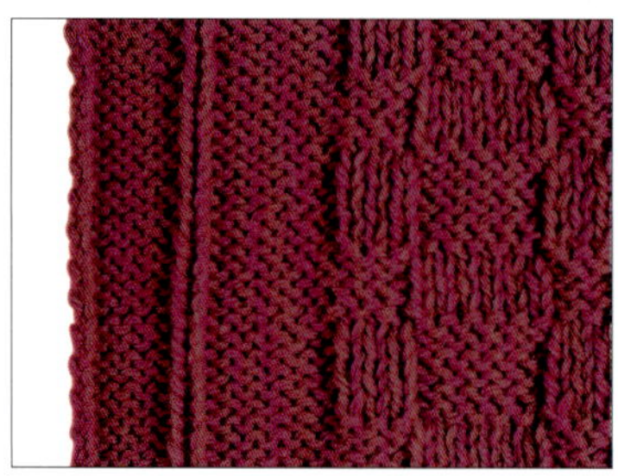

Die glatt links gestrickte Blende mit glatt rechts gestrickter Bruchkante und Nahtrandmasche vor dem Umnähen

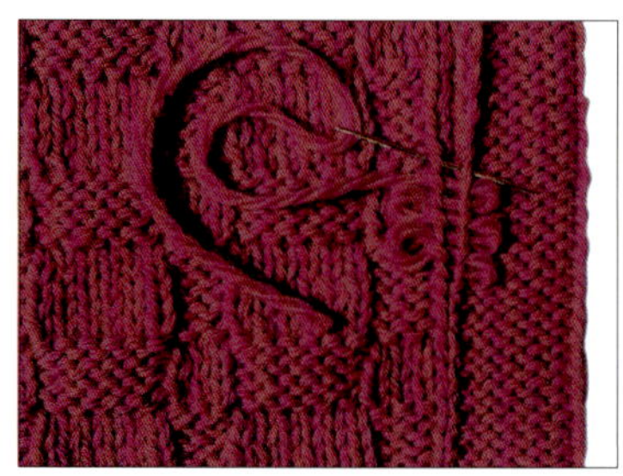

Beim Umnähen auf der Rückseite jeweils den ersten Teil der ersten Blendenmasche und den letzten Teil der Randmasche verbinden.

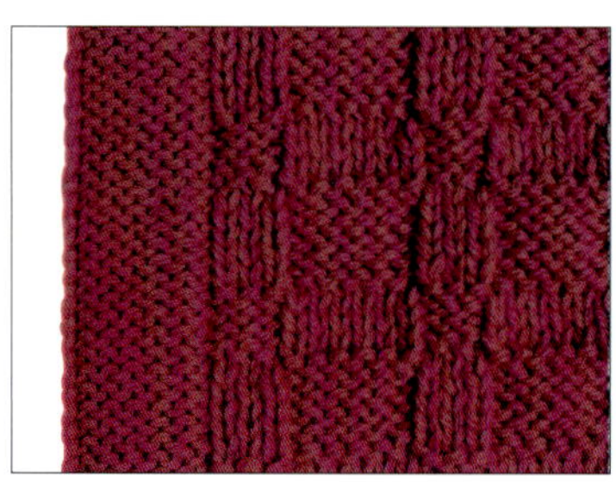

Die fertige Blende von der Vorderseite

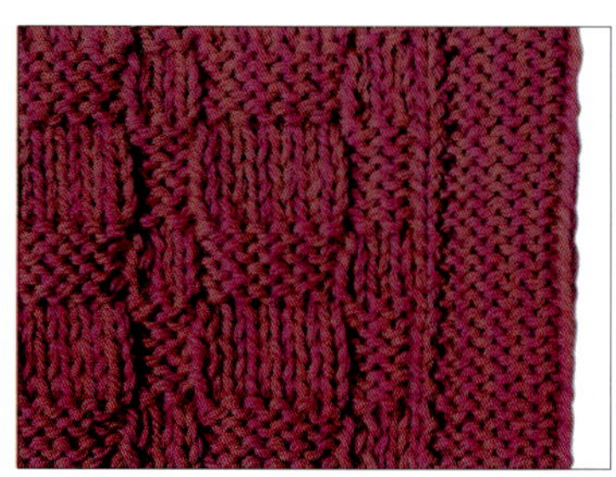

Die fertige Blende von der Rückseite

Einfache mitgestrickte Blenden

Hier wird fast immer im Bündchenmuster gestrickt – 1 oder 2 Maschen rechts und links im Wechsel. Noch wichtiger als bei den doppelten Blenden ist hier die Randmasche. Sie sollte sich dem Strickteil möglichst gut anpassen und außerdem dem Längen der Teile vorbeugen. Das ist beim Nahtrand der Fall. Doch auch der links gestrickte Knötchenrand eignet sich, da er fester und gleichmäßiger gestrickt werden kann als die rechts gestrickte Variante (siehe Seite 108).

Für den perfekten Rand gibt es bei der 2/2-Blende einen Trick: Stricken Sie an der äußeren Kante 4 statt 2 Maschen glatt rechts (einschließlich Randmasche). Die äußeren Maschen rollen sich von selbst auf und halten auch meist diese Form.

Nach häufigem Tragen und Waschen kann die Kante jedoch ausleiern. Dann ist das Nachnähen einfach: Nähen Sie auf der Rückseite den äußeren Teil der Randmasche an den ersten Maschenteil der rechten Rippe. Arbeiten Sie die Stiche in jeder Reihe und in Schlangenlinien, immer im Wechsel von rechts nach links und von links nach rechts wie bei den doppelten Blenden (siehe Seite 134).

Bei der 1/1-Blende erreichen Sie den gleichen Effekt, wenn Sie an der Außenkante die Randmasche und die 1. Masche der Blende glatt rechts stricken. Die Randmasche rollt sich dann zur Hälfte nach innen um und braucht auch nach langem Tragen und häufigem Waschen nicht befestigt zu werden.

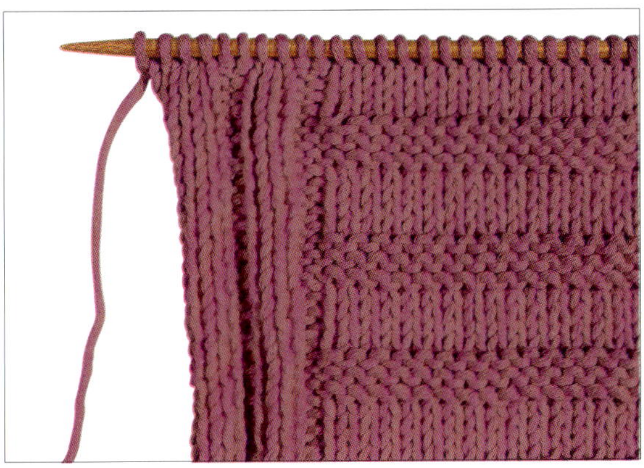

Die Blende über 10 Maschen endet mit 4 glatt rechts gestrickten Maschen einschließlich der Randmasche. Diese Blende rollt sich von selbst nach innen auf.

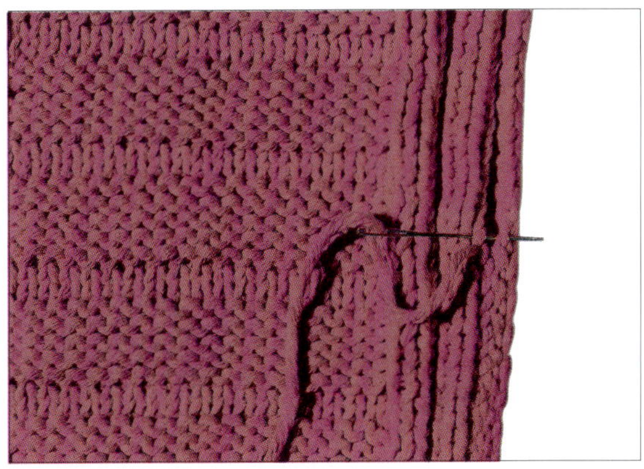

Sollte die Blende ausleiern, kann der äußere Teil der Randmasche mit dem ersten Maschenteil der rechten Rippe verbunden werden. Von vorne ist die Naht nicht sichtbar.

Ein weiteres Problem ist das nachträgliche Längen von mitgestrickten Blenden. Das kann an zu locker gestrickten Randmaschen liegen. Außerdem sorgen aber auch Knopflöcher an der einen und das Gewicht der Knöpfe an der anderen Seite für ein zusätzliches Längen.

Dem Längen können Sie vorbeugen, indem Sie verkürzte Reihen einarbeiten. Hier bieten sich für die gleichmäßigen Abstände die Knopflöcher bzw. die gleiche Höhe bei der Knopfblende an. Bei gemusterten Teilen können Sie sich auch eine bestimmte Musterreihe aussuchen, in der Sie das Knopfloch und damit die verkürzte Reihe arbeiten, wie bei dem auf der rechten Seite gezeigten Beispiel mit Rhombenmuster.

Stricken Sie die Blende immer mit einer ungeraden Maschenzahl, wie z. B. mit 9 Maschen bei dem auf der rechten Seite gezeigten Strickteil.

Beginnen Sie in der 1. Rückreihe beim linken Vorderteil mit Randmasche und 1 Masche links; beim rechten Vorderteil stricken Sie bis 9 Maschen vor Ende der Reihe, beginnen dann die Blende mit 1 Masche rechts und enden mit der vorletzten Masche und der Randmasche links.

Das kleine Knopfloch in dem Beispiel ist über einer Masche gearbeitet. Beim linken Vorderteil bis 5 Maschen vor Ende der Reihe stricken, dann 1 Umschlag arbeiten und die folgenden 2 Maschen rechts zusammenstricken. Beim rechten Vorderteil über der 4. und 5. Masche einen Überzug arbeiten: die 4. Masche abheben, die 5. Masche rechts stricken und die abgehobene Masche überziehen, dann den Umschlag arbeiten. Den Umschlag in der Rückreihe rechts stricken. Das Knopfloch liegt so immer zwischen zwei rechten Maschen. Es ist kaum zu sehen und trotzdem für kleine bis mittlere Knöpfe gut geeignet.

Knopflöcher werden bei Damenjacken in die rechte, bei Herrenjacken in die linke Vorderteilblende gearbeitet.

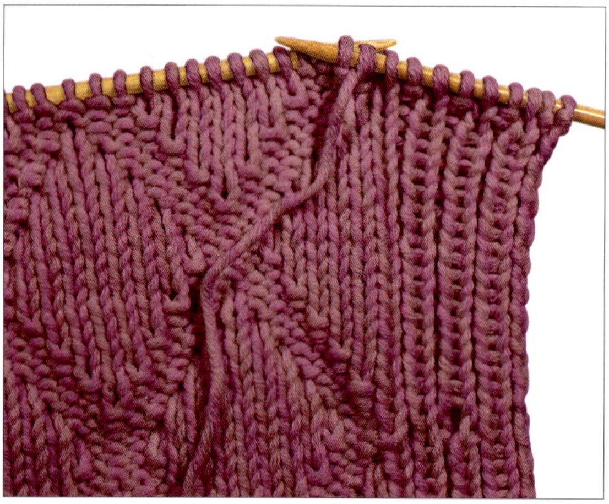

Für die verkürzten Reihen bis zur Blende stricken und mit einem Umschlag wenden.

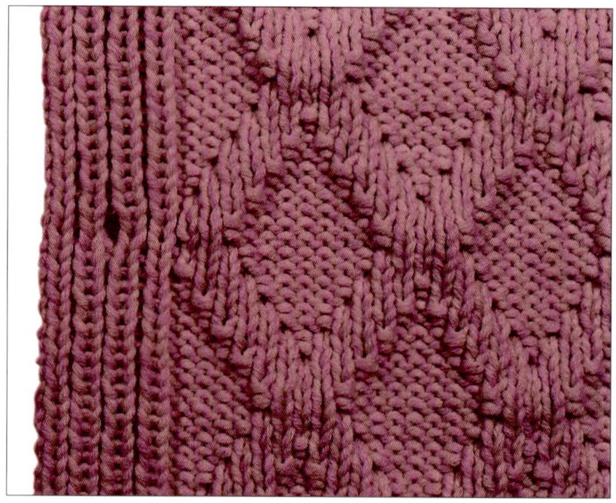

In der folgenden Rückreihe den Umschlag rechts stricken. Das Knopfloch liegt zwischen 2 rechten Maschen.

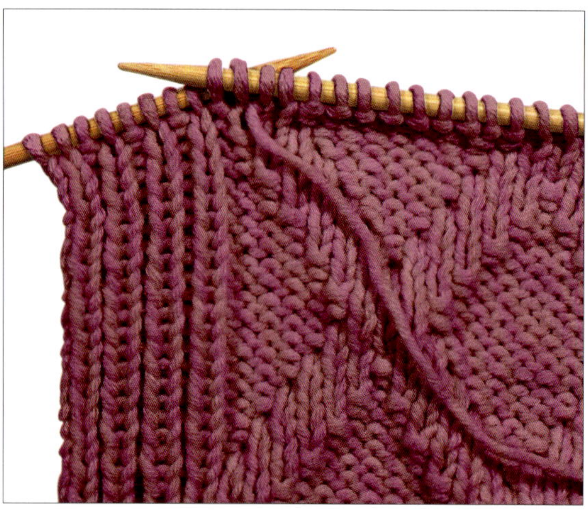

In der folgenden Hinreihe den Umschlag mit der 1. Blendenmasche links zusammenstricken.

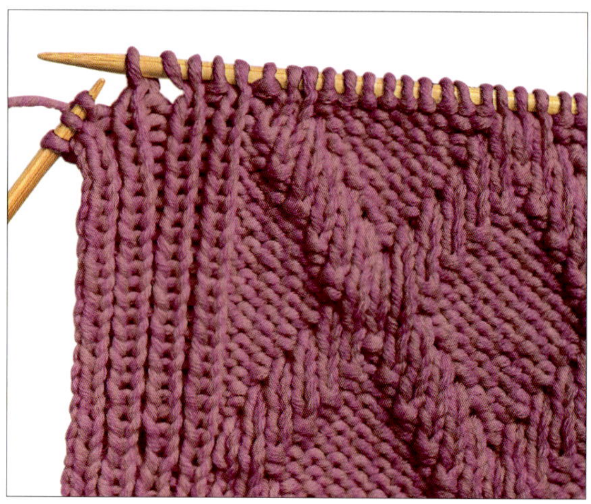

Für das Knopfloch in der linken Vorderteilblende bis 5 Maschen vor Ende der Reihe stricken, dann einen Umschlag arbeiten und 2 Maschen rechts zusammenstricken.

Kragen

Viele Blenden lassen sich auch als Kragen arbeiten. Doch es gibt auch noch einige besondere Möglichkeiten.

Schalkragen

Bei dekorativen Schalkragen haben Sie zwei Möglichkeiten: das spätere Anstricken oder das Mitstricken der Blenden.

Ob bei Cardigans oder Pullovern: Schalkragen sehen eng am Hals anliegend am schönsten aus. Deshalb sollte der Halsausschnitt nicht zu weit sein, 16 bis 18 cm gesamte Breite reichen völlig aus. Bei Pullovern sollte der Ausschnitt in der Höhe der Brust beginnen, also etwa 25 cm unterhalb der Schulter. Bei Jacken kann die Schrägung noch etwas tiefer beginnen.

Bei allen angestrickten Schalkragen ist die Nahtrandmasche am Ausschnitt besonders wichtig, denn in der Schrägung muss aus jeder Reihe eine Blendenmasche aufgenommen werden!

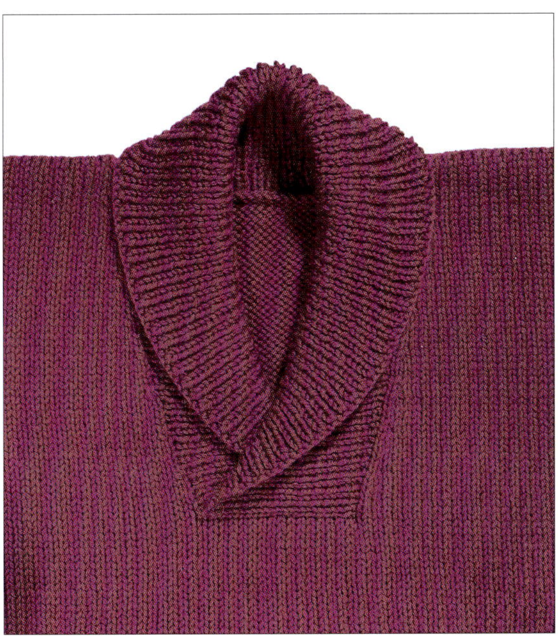

Die nötige Kragenweite erhält man durch Zunahmen am Rückenteil.

Zunahmen bei Schalkragen

Damit Schalkragen sich nicht wie ein Rollkragen nach oben ziehen, müssen für die nötige Weite am rückwärtigen Ausschnitt grundsätzlich Maschen zugenommen werden. Bei angestrickten Kragen im 1/1-Rippenmuster werden hier doppelte Zunahmen gearbeitet. Dafür nach einer rechten Masche aus dem Querfaden 1 Masche links verschränkt zunehmen, die folgende linke Masche nun rechts stricken und danach wieder aus dem Querfaden 1 Masche links verschränkt zunehmen. Dann bleibt der Maschenrhythmus beim Rippenmuster erhalten.

Bei mitgestrickten Schalkragen müssen anstelle der Zunahmen in den rückwärtigen Kragenteilen verkürzte Reihen gestrickt werden.

Angestrickter Schalkragen bei Pullovern

Bei dem abgebildeten Pullover sind für den Einsatz die mittleren 14 Maschen gerade abgekettet. Danach werden für die Ausschnittschrägung in jeder 6. Reihe 8-mal die 2 Maschen neben der Randmasche rechts vom Ausschnitt rechts zusammengestrickt, links vom Ausschnitt wird über diese Maschen ein einfacher Überzug gearbeitet. Für den rückwärtigen Ausschnitt die mittleren 20 Maschen, dann beidseitig in jeder 2. Reihe noch einmal 3 und einmal 2 Maschen abketten.

Nach dem Schließen der Schulternähte für den Schalkragen mit einer Rundstricknadel oder flexiblen Stricknadeln aus dem rückwärtigen Ausschnitt eine ungerade Maschenzahl aufnehmen, dabei an einer Schulter beginnen und enden. Die Arbeit wenden, die 1. Masche wie zum Linksstricken abheben und dann im Rippenmuster stricken. Am Ende der Reihe aus der Schrägung des Vorderteils einige Maschen zunehmen. Fassen Sie aus jeder Reihe des Vorderteils die Maschen immer bis zur nächsten Schrägungsabnahme auf; hier wurde in jeder 6. Reihe abgenommen, es werden also am Ende jeder Reihe 6 Maschen zusätzlich aufgenommen! Die Arbeit wenden, die 1. Masche wieder nur abheben, dann im Rippenmuster stricken. Auf diese Art am Ende jeder Reihe immer 6 Maschen zunehmen, bis Sie an der unteren Ausschnittkante angelangt sind. Hier zum Annähen der Blende beidseitig noch eine zusätzliche Randmasche anschlagen.

Achten Sie außerdem darauf, dass neben der Randmasche immer 1 Masche rechts gestrickt wird.

Zugleich in etwa 2 cm Höhe im rückwärtigen Ausschnitt gleichmäßig verteilt doppelte Zunahmen arbeiten – nur so lässt sich der Kragen später locker nach außen umschlagen! Etwa 2 bis 3 Maschen nach der Schulter vor und nach einer linken Masche die Zunahmen arbeiten, dann 5 Maschen stricken und wieder 2 Maschen zunehmen. Diese Zunahmen bis zur zweiten Schulter stets wiederholen. Der Zunahmerhythmus ist bei fast allen Garnstärken gleich.

Wenn alle Maschen aufgenommen wurden, bis zur Höhe der unteren Ausschnittbreite hochstricken, dann die Maschen abketten. Den oberen Teil des Schalkragens im Matratzenstich in den Ausschnitt nähen. Da Blenden mehr Reihen in der Höhe brauchen, immer 2 Querfäden der Blende erfassen und beim Pullover, je nach Maschenprobe, im Wechsel 2-mal eine ganze und einmal eine halbe Masche, oder einmal eine ganze und einmal eine halbe Masche erfassen. Den Untertritt mit überwendlichen Stichen annähen.

Angestrickter Schalkragen bei Cardigans

Für die Schrägung dieser Jacke sind die Abnahmen in jeder 5. Reihe jeweils über die 3. und 4. Masche gearbeitet. Rechts vom Ausschnitt dafür die 2 Maschen in einer Hinreihe rechts,

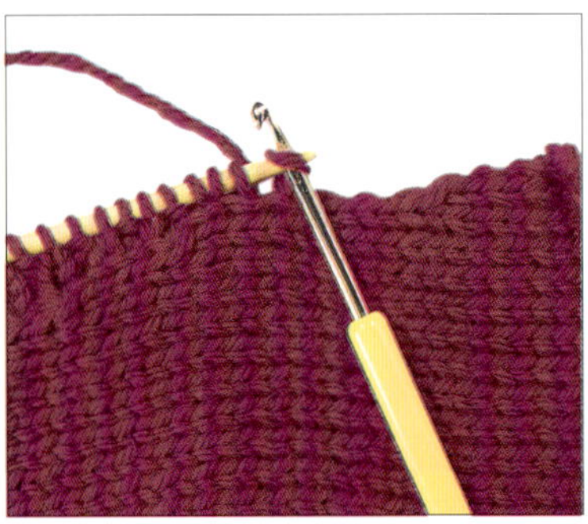

Auf der linken Pulloverseite die Maschen mit einer Häkelnadel durchziehen und auf die Stricknadel heben.

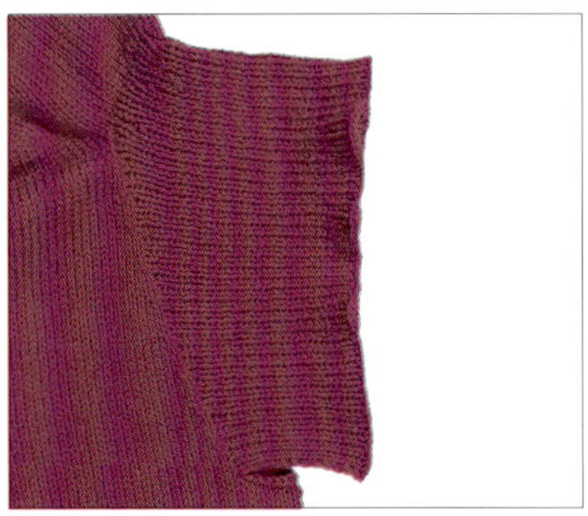

Damit sich der Kragen gut umschlagen lässt, müssen die Maschen locker abgekettet werden.

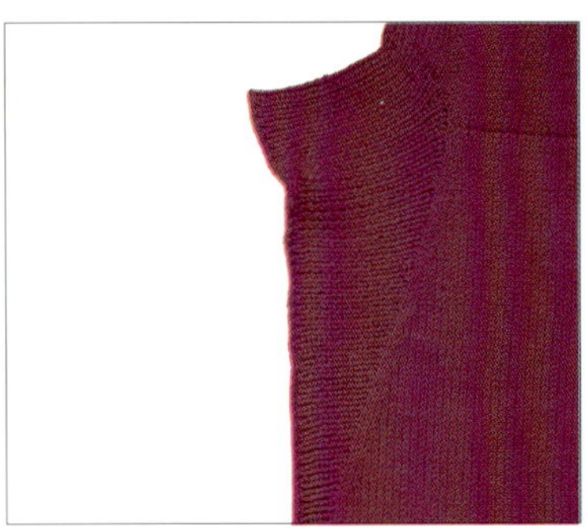

Von der Seite: Die vordere Kante bildet eine gerade Linie. Die Maschen des Kragens dürfen nicht zu fest abgekettet sein.

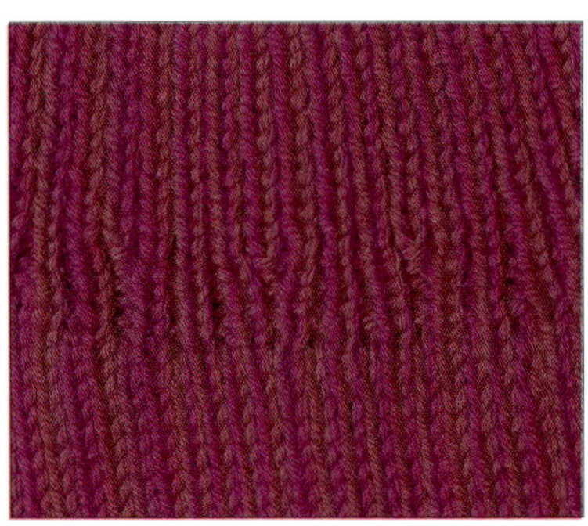

Am rückwärtigen Ausschnitt für die nötige Schalweite mehrere doppelte Zunahmen arbeiten.

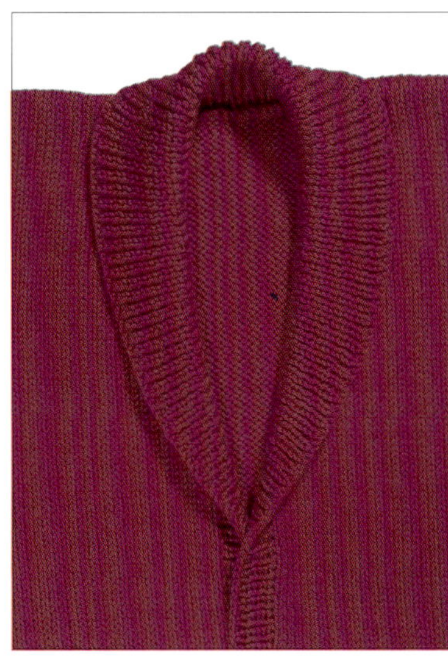

Der fertige Schalkragen passt perfekt.

in einer Rückreihe links zusammenstricken; links vom Ausschnitt in einer Hinreihe einen einfachen Überzug arbeiten, in einer Rückreihe die Maschen links überzogen zusammenstricken (siehe Seite 112). Wenn die Maschenprobe Abnahmen in jeder 4. oder 6. Reihe ergibt, werden sie nur in den Hinreihen gearbeitet.

Für den Kragen die Maschen, wie beim Pullover beschrieben, zunächst aus dem rückwärtigen Ausschnitt, dann am Ende jeder Reihe aus den Schrägungen aufnehmen (hier sind es immer 5). Zugleich in etwa 2 cm Höhe im rückwärtigen Ausschnittbereich die Zunahmen für die nötige Weite des Kragens arbeiten.

Am Ende der vorderen Schrägung an der Geraden bis zu den Bündchen immer aus 4 Reihen 3 Maschen oder, je nach Maschenprobe und Strickart, aus 5 Reihen 4 Maschen (siehe Seite 132) aufnehmen und über alle Maschen bis zur gewünschten Blendenbreite stricken.

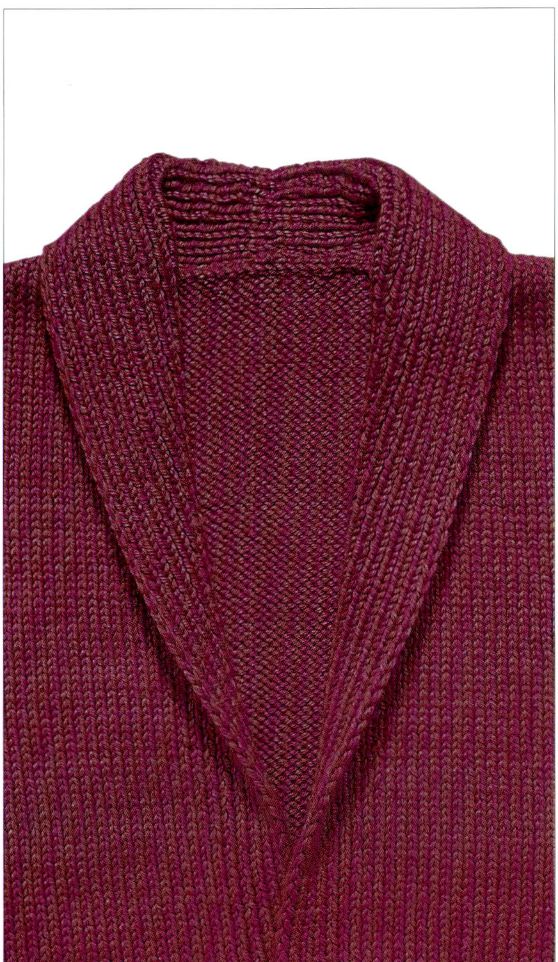

Die fertige Jacke mit Schalkragen

Mitgestrickter Schalkragen bei Jacken

Für diesen Kragen wird die vordere Blende gleich vom Bündchen an mit hochgestrickt. Dafür 11 Maschen im 1/1-Rippenmuster stricken, dabei mit Kettenrandmasche und 1 Masche rechts beginnen.

25 bis 30 cm unterhalb der Schulter mit der Verbreiterung des Rippenmusters für den Schalkragen beginnen. Dafür die Blendenmaschen stricken, die folgende Masche rechts stricken und daneben 1 Masche links verschränkt aus dem Querfaden zunehmen = 13 Maschen im Rippenmuster. Dieses Versetzen mit Zunahmen weiter in jeder 6. Reihe arbeiten und jedes Mal 2 Maschen mehr im Rippenmuster arbeiten, bis der Kragen etwa 31 Maschen breit ist. Dann bis zur Schulter gerade hochstricken.

Nach dem Abketten oder Stilllegen der Schultermaschen nur über die Blendenmaschen weiterarbeiten, in der 1. Reihe an der Schulterkante 1 Randmasche dazu anschlagen. Dieser Rand wird später in den rückwärtigen Halsausschnitt genäht.

Damit der Schalkragen an der äußeren Kante die nötige Weite erhält, müssen auf jeder Seite nach jeweils 4 Reihen etwa 5- bis 6-mal verkürzte Reihen über etwa drei Viertel der Maschen, hier also 24, eingearbeitet werden. Diese verkürzten Reihen können mit Umschlag oder auch mit Doppelmaschen gearbeitet werden.

Den Kragen bis zur Höhe der rückwärtigen Mitte stricken, dann die Maschen stilllegen. Die zweite Vorderteilhälfte gegengleich arbeiten.

Zum Schluss die rechten und linken Maschen beider Kragenhälften auf jeweils 2 Nadeln legen und die Naht im Maschenstich schließen (siehe Seite 166). Dann die Seitenkante des Kragens an den rückwärtigen Ausschnitt nähen.

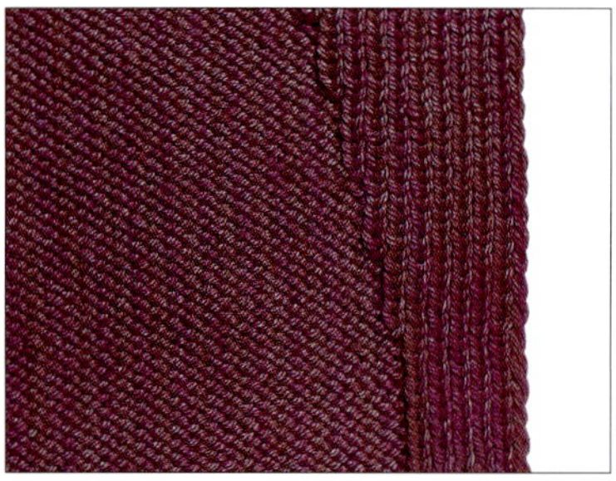

***1** Für die Schrägung nach jeder 6. Reihe 2 Maschen mehr im Rippenmuster stricken, dabei die 2. Masche aus dem Querfaden zunehmen.*

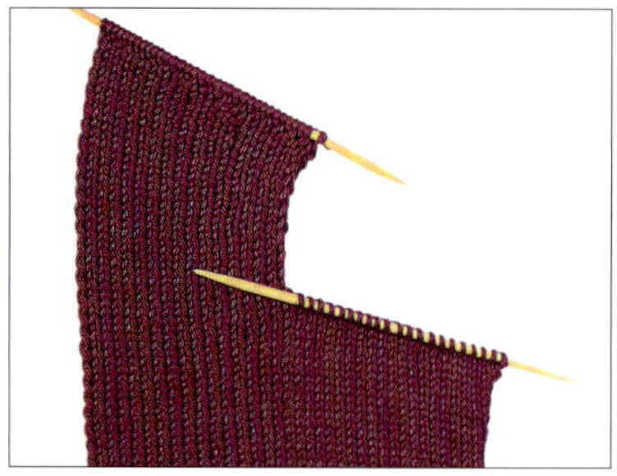

***2** Für die nötige Kragenweite nach jeweils 4 Reihen verkürzte Reihen einarbeiten. Die Schulterschrägungen sorgen für eine bessere Passform der Jacke.*

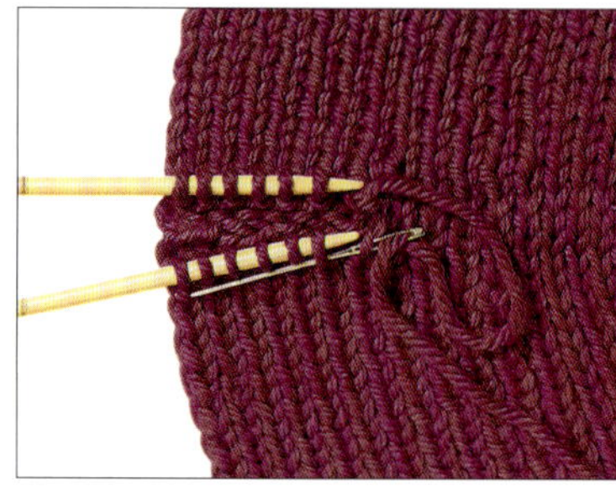

***3** Die rückwärtige Naht wird im Maschenstich geschlossen (siehe Seite 166).*

Mitgestrickter Schalkragen bei Pullovern

Der Pullover ist mit einem sehr breiten Schalkragen gestrickt, es wurden die mittleren 12 Maschen verdoppelt. Sie können den Kragen, je nach Wunsch und Maschenprobe, auch über 6 oder 8 Maschen oder über 14 und mehr Maschen beginnen.

Markieren Sie zunächst die mittleren 12 Maschen des Vorderteils. Soll die linke Blende über der rechten liegen, stricken Sie bis vor diese 12 Maschen. Nun einmal eine Masche links verschränkt aus dem Querfaden und 1 Masche rechts stricken, die letzte Masche als Nahtrandmasche oder als Kettenrandmasche arbeiten = 23 Maschen im Rippenmuster. Dann gerade hochstricken.

Soll die rechte über der linken Blende liegen, stricken Sie ebenfalls bis vor diese 12 Maschen. Die erste der Maschen ist die neue Randmasche. Dann einmal im Wechsel 1 Masche rechts stricken und 1 Masche links verschränkt aus dem Querfaden zunehmen, dann im Grundmuster weiterarbeiten.

Nun wie bei der Jacke das Rippenmuster in jeder 6. Reihe um 2 Maschen erweitern: Die Masche neben den Blendenmaschen rechts stricken, daneben 1 Masche links verschränkt aus dem Querfaden zunehmen. Dieser Versatz mit der Zunahme ist bei dem gezeigten Pullover 9-mal gearbeitet = 18 zusätzliche Maschen bzw. 41 Blendenmaschen insgesamt.

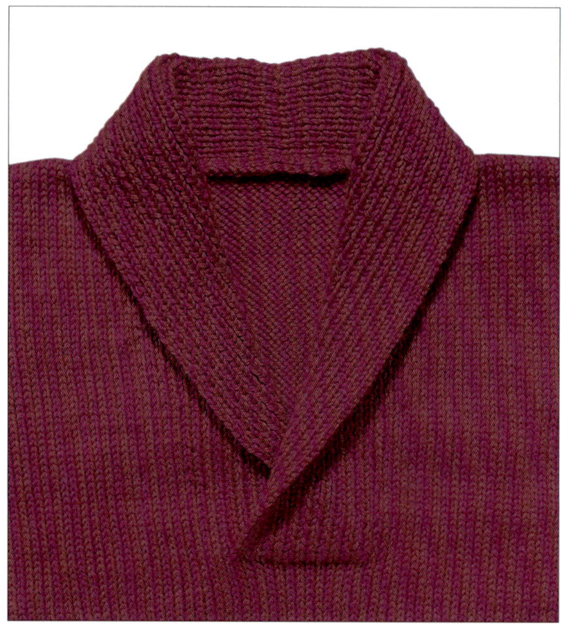

Durch die verkürzten Reihen lässt sich der Kragen locker umlegen.

Nun bis zur rückwärtigen Ausschnittmitte über die 41 Maschen und der danebenliegenden rechten Masche weiterarbeiten, an der Innenkante noch eine zusätzliche Randmasche (zum Einnähen) anschlagen = 43 Maschen. Für die Weite von der Schulter an nach jeweils 4 Reihen 6-mal verkürzte Reihen über die äußeren 30 Maschen stricken.

Für die zweite Blende aus der Innenkante der oberen Blende 23 Maschen aufnehmen und das Teil gegengleich beenden.

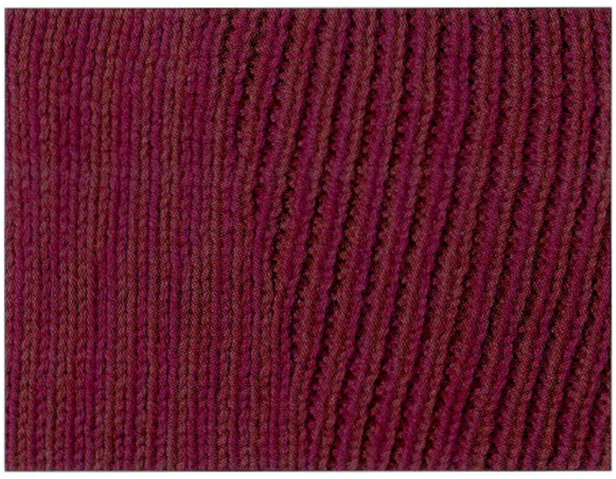

***1** Für den Kragen nach jeder 6. Reihe 2 Maschen mehr im Rippenmuster stricken, die 2. Masche verschränkt aus dem Querfaden zunehmen.*

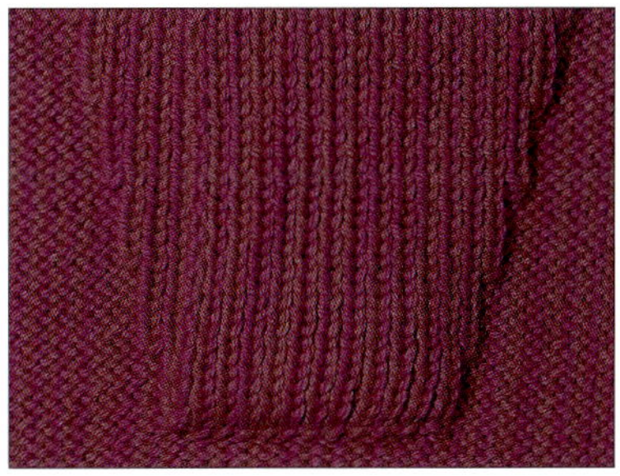

***2** Für die Innenblende auf der Rückseite die Maschen aus der vorderen Blende aufnehmen – oder neu anschlagen und später gegennähen.*

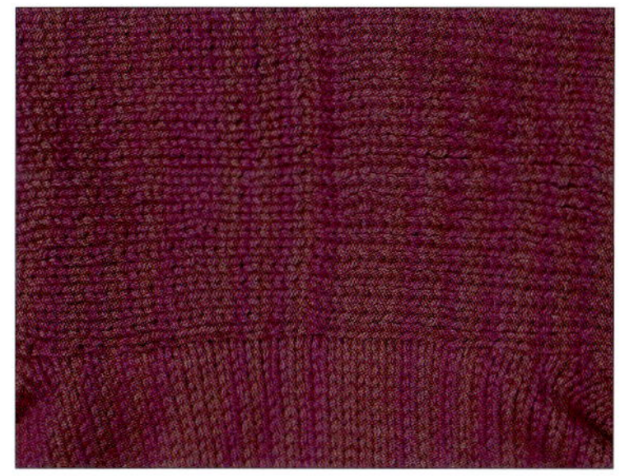

***3** Die rückwärtige Naht wird von beiden Seiten im Maschenstich geschlossen.*

Die rechten und die linken Maschen der Kragenteile jeweils auf eine Nadel legen und die Naht im Maschenstich schließen (siehe Seite 166). Danach den Kragen am rückwärtigen Ausschnitt feststecken und annähen.

Stehkragen

Der Stehkragen sollte bei Jacken stets gedoppelt werden, damit er einen besseren Halt hat und auf der Innenseite der Auffassrand nicht zu sehen ist. Außerdem kann die Verschlussblende oder der Reißverschluss so zwischen die zwei Kragenhälften gelegt werden.

Zuerst werden aus dem Halsausschnittrand von der Außenseite her Maschen aufgefasst. Die Anzahl der Maschen hängt davon ab, mit welchem Muster der Stehkragen gestrickt werden soll. Bei glatt rechts werden weniger Maschen aufgefasst als bei einem Rippenmuster, da sich die Rippen zusammenziehen. In der 1. Reihe werden die Maschen verschränkt abgestrickt, damit keine Löcher entstehen. Die Höhe des Kragens kann individuell unterschiedlich sein, durchschnittlich sind 7,5 cm Kragenhöhe ein gutes Maß. Nach weiteren 7,5 cm ist der Kragen beendet. Nun entweder die Maschen locker abketten oder stilllegen.

Für eine **Knopfblende** aus den Verschlussrändern der Vorderteile und der Hälfte des Kragens Maschen auffassen und die Blende in dem gewünschten Muster stricken. Nach Erreichen der Blendenbreite die Maschen abketten. Den Kragen zur Hälfte nach innen umschlagen und im Maschenstich an den Auffassrand annähen. An der angestrickten Blende die Kragenschmalseite ebenfalls annähen.

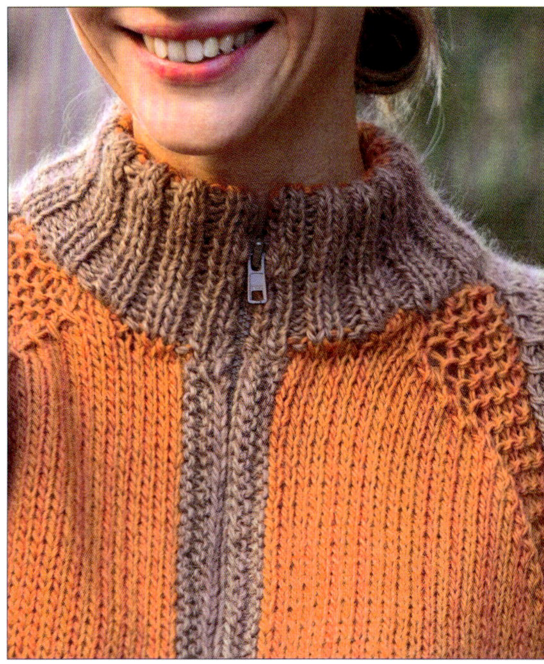

Für einen **Reißverschluss** aus den Verschlussrändern der Vorderteile und der Kragenhälfte Maschen auffassen und ca. 1 cm stricken, dann die Maschen abketten. Nun auf der Innenseite die gleiche Anzahl Maschen auffassen und eine gleiche Blende stricken. Dann die Maschen abketten. Den Reißverschluss zwischen die Belege heften und mit Nähgarn einnähen, dabei darauf achten, dass die Blende nicht ausgedehnt wird (siehe Seite 159). Den Kragen zur Hälfte nach innen umschlagen und im Maschenstich (siehe Seite 166) an den Auffassrand annähen. An der angestrickten Blende die Kragenschmalseite ebenfalls annähen.

Eine weitere Möglichkeit für einen Stehkragen mit Reißverschluss wird bei der Raglanjacke auf Seite 70 beschrieben.

Kapuze

Kapuzen können auf unterschiedliche Weisen gestrickt werden.

Alle Kapuzen, die an den Halsausschnitt angestrickt werden, beginnen damit, dass für die Kapuzenweite die Maschen beidseitig der mittleren 8 – 10 cm markiert werden und vor und nach den markierten Maschen aus dem Querfaden neue Maschen verschränkt zugenommen werden, je Modell pro Kapuzenhälfte 3 – 5 cm in der Breite über insgesamt 7 – 9 cm Höhe. Danach wird ohne Zunahmen weitergestrickt.

Für die **spitze Kapuze** werden nach Erreichen der Kapuzenhöhe alle M je zur Hälfte auf zwei Nadeln verteilt. Beide Hälften rechts auf rechts legen. Nun die 1. Masche der 1. Hälfte

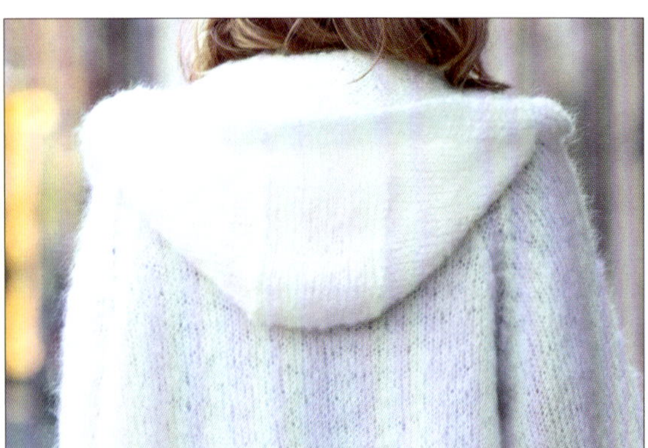

mit der entsprechenden 1. Masche der 2. Hälfte rechts zusammenstricken. Mit der jeweils 2. Masche ebenso verfahren, dann die letzte Masche über die soeben gestrickte Masche ziehen. Dieser Vorgang wird so lange wiederholt, bis alle stillgelegten Maschen aufgebraucht sind.

Für die **abgerundete Kapuze** ca. 10 cm vor Erreichen der gewünschten Kapuzenhöhe beidseitig der mittleren markierten 8 – 10 cm pro Kapuzenhälfte 3 cm in der Breite über insgesamt 4 cm Höhe Maschen abnehmen, dafür wie folgt arbeiten:

Die 1. markierte Masche und die Masche davor rechts zusammenstricken, mit der letzten markierten Masche und der folgenden Masche einen einfachen Überzug arbeiten (= 1 Masche wie zum Rechtsstricken abheben, die folgende Masche rechts stricken, dann die abgehobene Masche überziehen). Nun die Maschen auf 3 Nadeln eines Nadelspiels verteilen: Auf der 2. Nadel liegen die markierten mittleren Maschen, auf der 1. und 3. Nadel die Maschen beidseitig der markierten Maschen.

Nun * mit der letzten Masche der 2. Nadel und der 1. Masche der 3. Nadel einen einfachen Überzug arbeiten (= 1 Masche wie zum Rechtsstricken abheben, die folgende Masche rechts stricken, dann die abgehobene Masche überziehen), die Arbeit wenden, linke Maschen bis zur letzten Masche der 2. Nadel stricken, dann diese Masche mit der 1. Masche der 1. Nadel links zusammenstricken. Die Arbeit wenden und ab * stets wiederholen, bis alle Maschen der 1. und 3. Nadel aufgebraucht sind. Es bleiben die markierten mittleren Maschen übrig. Diese können entweder sofort abgekettet werden oder man legt sie zunächst auf einer Hilfsnadel still. Dann aus den Verschlussrändern der Vorderteile und aus den Kapuzenrändern Maschen auffassen und die stillgelegten mittleren Maschen dazunehmen. Die Verschlussblende im gewünschten Muster und der gewünschten Breite stricken, dann die Maschen abketten.

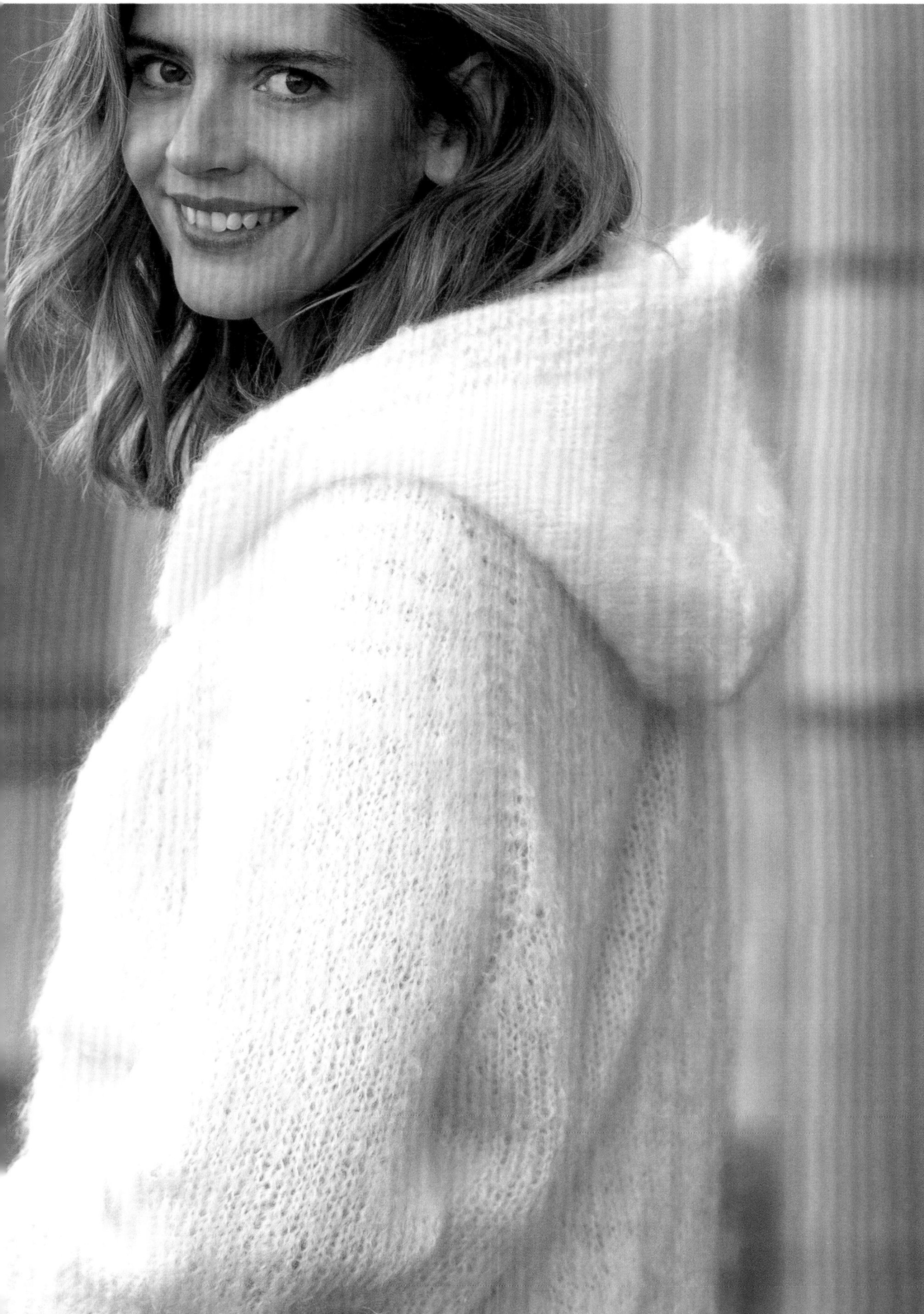

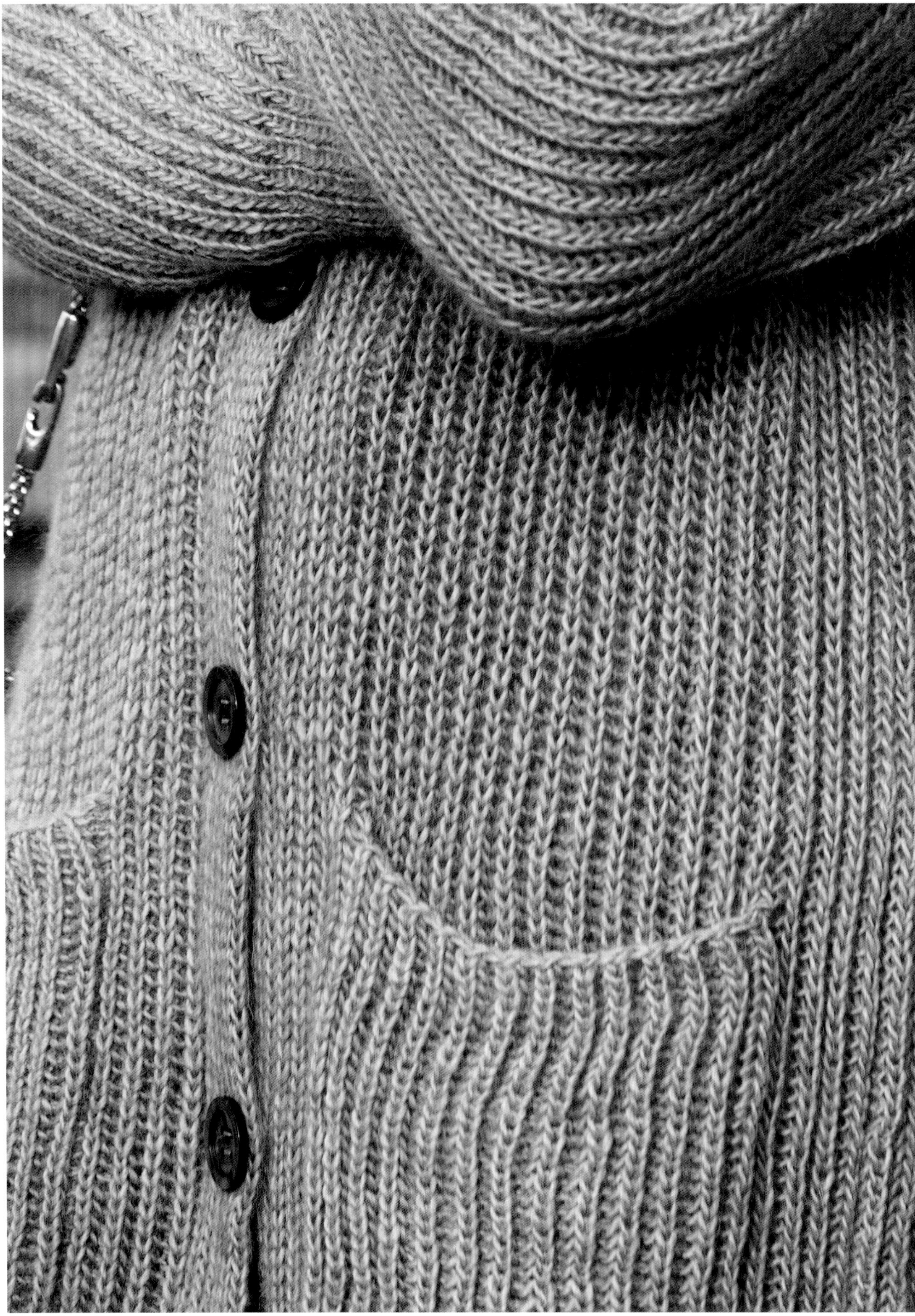

Taschen

Eine Jacke ohne Taschen ist nur die Hälfte wert. Und: je größer die Taschen, umso bequemer die Jacke. Taschen können unauffällig in das Strickstück eingearbeitet oder als dekoratives Element aufgesetzt werden. Ob waagerechte, senkrechte oder diagonal gearbeitete Taschen – für jede Jacke gibt es die perfekte Lösung.

Besonders wichtig für die perfekte Tasche sind saubere Blenden. Sie können mitgestrickt oder später angestrickt und seitlich angenäht werden.

Bei der mitgestrickten Taschenblende wird mit derselben Nadelstärke gearbeitet wie bei den übrigen Teilen. Deshalb müssen Sie bei dieser Variante besonders auf eine feste Abkettkante achten.

Bei der später angestrickten Taschenblende können Sie mit einer halben oder ganzen Nadelstärke kleiner arbeiten. Dadurch erhalten Sie eine größere Festigkeit. Achten Sie trotzdem auf das feste Abketten, denn eine lockere Kante sieht immer unschön aus.

Rippen, Perlmuster oder auch kraus rechts Gestricktes verhindern das Einrollen der Blenden. Besonders schön ist die Kante auch bei einer doppelten Blende. Hier wird der Außenteil im Rippen- oder Perlmuster, der Innenteil mit einer kleineren Nadelstärke glatt rechts gestrickt. So wirkt auch diese Blende sehr unauffällig.

Achten Sie außerdem bei zusammenziehenden Mustern, wie z. B. bei Zopfmustern, darauf, dass Sie zu Beginn der Blende der Maschenprobe entsprechend einige Maschen abnehmen, damit die Taschenblende nicht zu weit wird. Taschenblenden sollten immer symmetrisch gestrickt sein, d. h. neben den Randmaschen immer mit 1 oder 2 Maschen rechts beginnen und enden. Bei 1/1-Bündchen bedeutet das eine ungerade Maschenzahl, bei 2/2-Bündchen eine Maschenzahl, die teilbar ist durch 4 (einschließlich Randmaschen). Beachten Sie dies schon beim Aufnehmen der Maschen. Eine Masche mehr oder weniger fällt nicht weiter auf, eine asymmetrische Blende dagegen sehr.

Eine weitere Möglichkeit ist, ganz ohne Blende zu arbeiten. Hier brauchen Sie eine Bruchkante, wie z. B. eine linke Reihe oder die dekorativen Mäusezähnchen.

Die Innentaschen sollen möglichst wenig auftragen. Bei einfachen Strukturmustern können sie auch mit Muster gearbeitet werden,

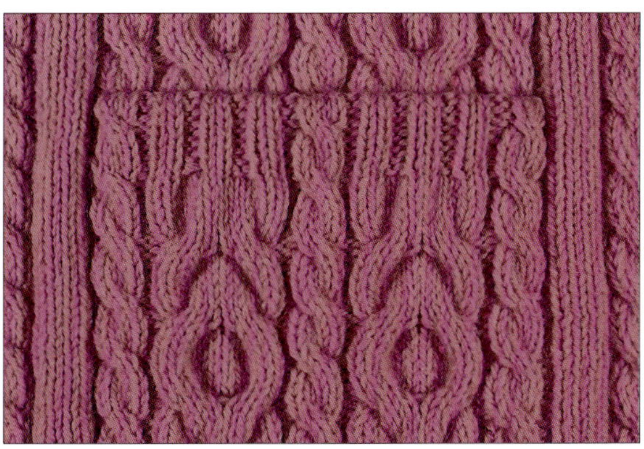

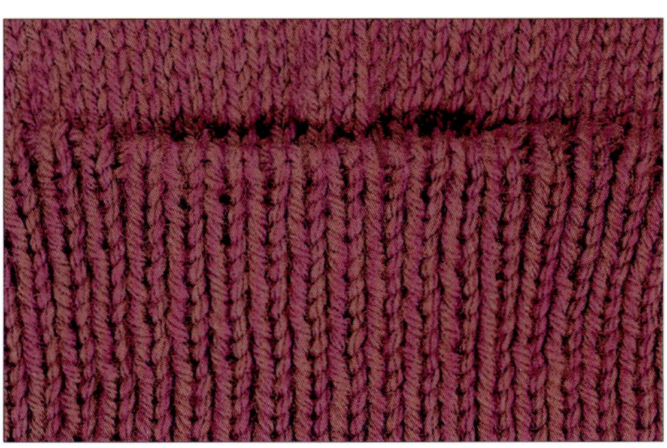

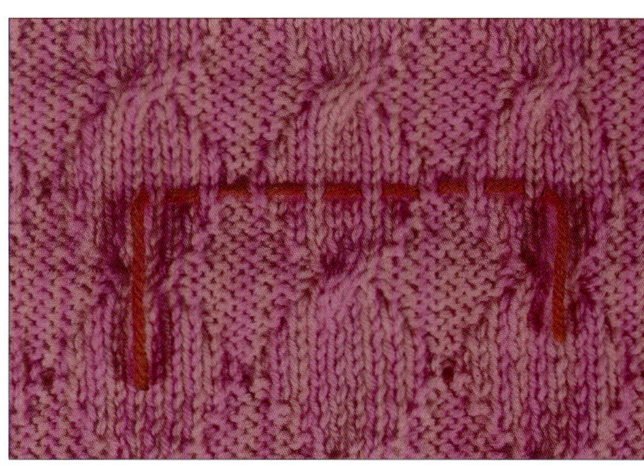

bei dicken Zopfmustern würde die Jacke an dieser Stelle beulen. Deshalb werden die Innentaschen meist glatt rechts oder glatt links gestrickt. Stricken Sie jedoch die letzten 3 bis 5 cm immer im Grundmuster, damit die glatt gestrickten Innentaschen nicht unter der Blende hervorblitzen. Achten Sie dabei auch auf die Maschenzahl: Bei zusammenziehenden Mustern, wie zum Beispiel Zopfmustern, benötigen Sie für die Innentaschen weniger Maschen, d. h., bevor Sie im Grundmuster weiterarbeiten, müssen Sie die Maschenzahl angleichen, also Maschen zunehmen (verschränkt aus dem Querfaden stricken). Bei sich dehnenden Mustern, wie z. B. bei Patentmustern, wird die Innentasche dagegen mit mehr Maschen gestrickt. Bevor Sie hier im Grundmuster weiterarbeiten, müssen Sie Maschen abnehmen. Dafür gleichmäßig verteilt immer mal 2 Maschen zusammenstricken.

Schlagen Sie für die Naht immer zwei Randmaschen zusätzlich an. Diese Maschen werden vor dem Einfügen der Innentasche in das Strickstück abgekettet.

Auf den folgenden Seiten sehen Sie alle Möglichkeiten im Detail genau erklärt.

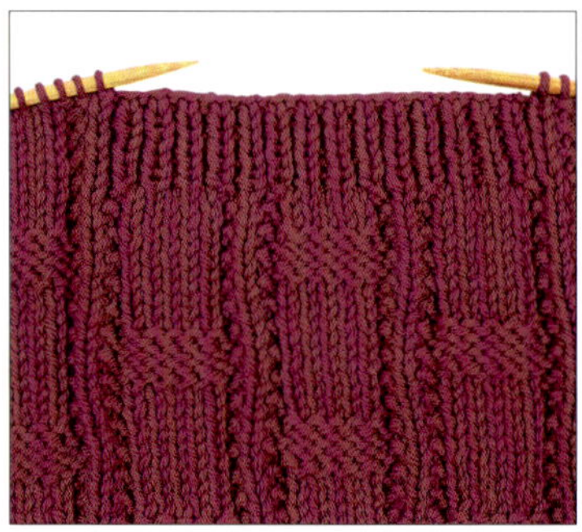

***1** Die Maschen der Taschenblende fest abketten. Hier später die Maschen der Innentasche einfügen.*

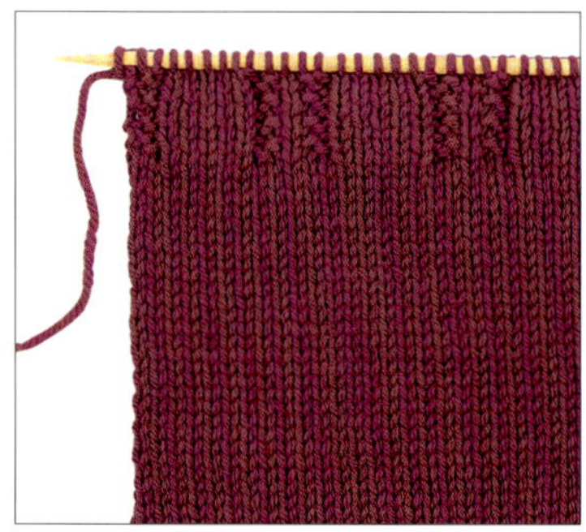

***2** Die Innentasche glatt rechts stricken, die letzten 3 bis 5 cm im Grundmuster arbeiten.*

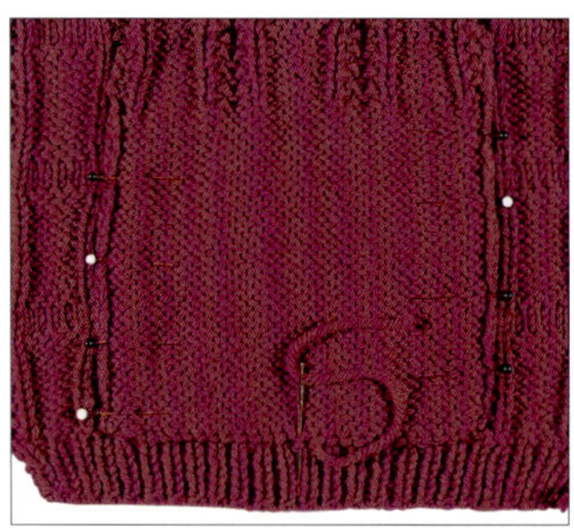

***3** Die Innentasche auf der Rückseite feststecken und zunächst die untere Kante, dann die Seitenkanten annähen.*

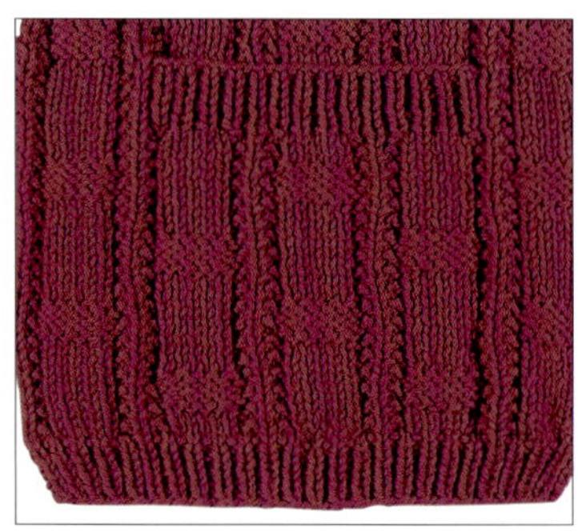

***4** Die fertige Tasche mit fester Abkettkante.*

Waagerechte Tasche mit angestrickter Blende

Stricken Sie in Taschenhöhe über die gewünschte Breite etwa 8 bis 10 Reihen im Rippen- oder auch im Perlmuster. Achten Sie beim Rippenmuster darauf, dass die Blende symmetrisch ist, z. B. mit einer Masche rechts beginnt und endet. Wenn das Muster eine gerade Maschenzahl erfordert, können Sie innerhalb der Taschenblende eine Masche abnehmen. Ketten Sie dann die Blendenmaschen ab. Für einen festeren Rand können Sie die Maschen auch ohne sie zu stricken überziehen oder durch Zusammenstricken abketten.

Schlagen Sie für die Innentasche die nötige Maschenzahl plus 2 Randmaschen an und stricken Sie entweder im Grundmuster oder glatt rechts oder links. Die letzten 3 bis 5 cm arbeiten Sie dann im Grundmuster. Vor dem Einfügen der Innentasche in das Strickstück die beiden Randmaschen abketten. Danach über alle Maschen weiterarbeiten.

TIPP

Wenn das Muster einen breiten Tascheneingriff nicht zulässt …
… können Sie den Taschenbeutel unterhalb der Blende einfach um einige Maschen verbreitern. Schlagen Sie einfach pro Seite etwa 5 bis 6 Maschen mehr an. Dann stricken Sie bis zur gewünschten Blendenhöhe und ketten die zusätzlichen Maschen gerade ab. Oder Sie arbeiten im oberen Taschenteil eine Schrägung ein, für die Sie in jeder 2. Reihe immer 2 Maschen zusammenstricken.

Dann fügen Sie die Maschen in die Arbeit ein.

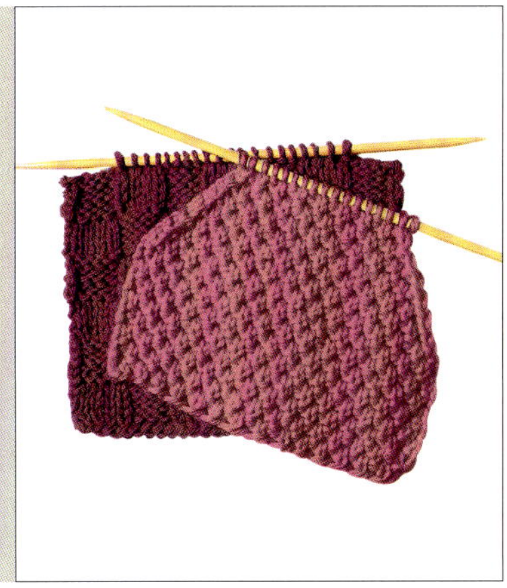

Nachträglich eingearbeitete Tasche

Einen großen Vorteil hat die nachträglich eingestrickte Tasche: Sie kann genau nach Ihren Maßen eingearbeitet werden – bei kürzeren Armen weiter oben, bei langen weiter unten. Auch die Breite können Sie genau bestimmen.

Bei gemusterten Jacken sollten Sie darauf achten, dass Sie das Muster nicht an einer ungeeigneten Stelle unterbrechen; das Auftrennen in einer Reihe mit Verkreuzungen z. B. würde die Arbeit unnötig erschweren.

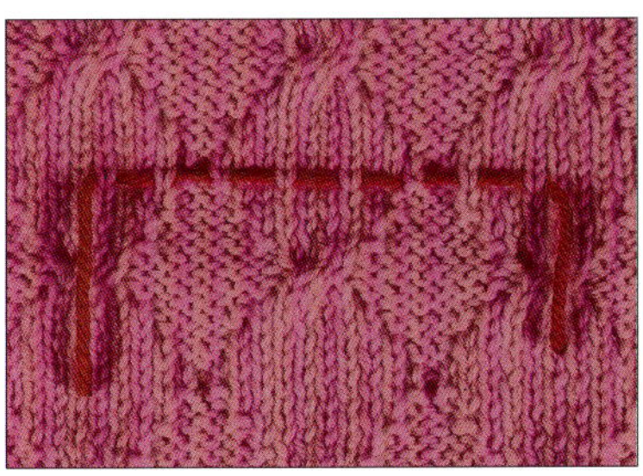

***1** Markieren Sie Position und Breite der Tasche. Rechnen Sie die Taschenblende in der Höhe dazu. Schneiden Sie dann in der Mitte der Markierung eine Masche durch.*

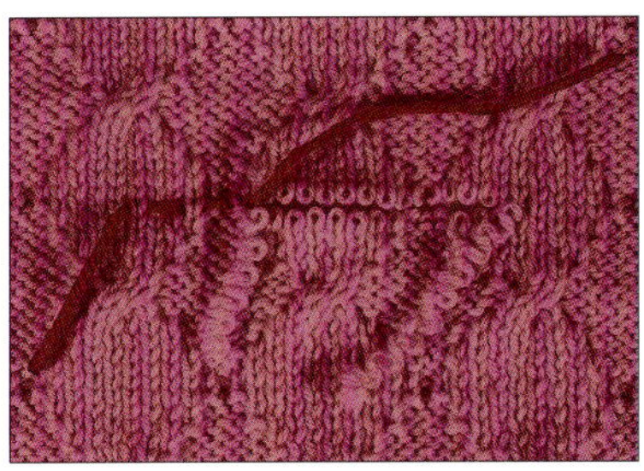

***2** Nun trennen Sie die Reihe zu beiden Seiten hin bis zum Ende der Markierung auf. Die Fäden werden zum Schluss auf der Rückseite vernäht.*

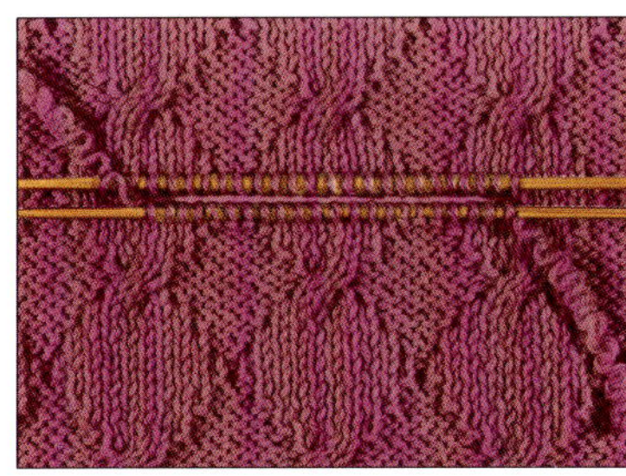

***3** Fassen Sie mit je einer dünnen Stricknadel die oberen und die unteren Maschen auf. Bei der oberen Kante beidseitig auch die „halben“ Maschen auffassen; d. h. Sie haben 1 Masche mehr auf der oberen Nadel.*

TIPP

Die schnelle Lösung: der Rollrand
Anstelle einer Taschenblende im Bündchenmuster können Sie auch einen Rollrand von etwa 3 cm Länge anstricken. Wird der Rand glatt rechts gestrickt, rollt er sich nach außen (Foto links), wird er glatt links gestrickt, rollt er sich nach innen (Foto rechts).

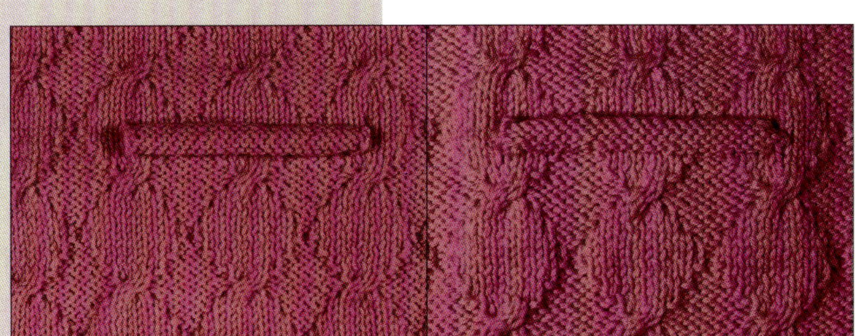

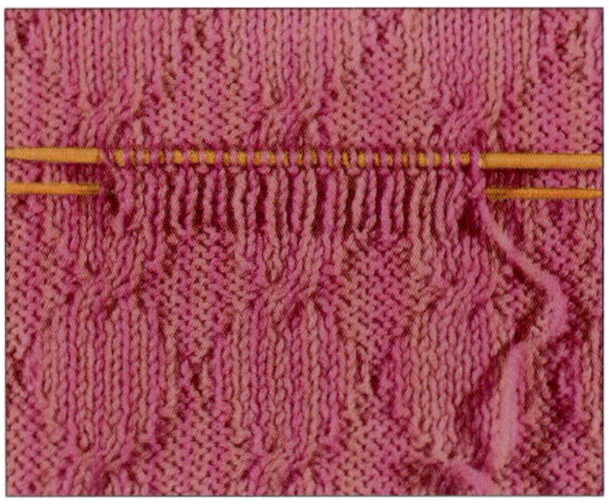

4 *Über die Maschen der unteren Nadel nun die Blende anstricken. Dabei in der 1. Reihe auf beiden Seiten je 1 Randmasche dazu anschlagen. Achten Sie auf eine ungerade Maschenzahl und stricken Sie beidseitig neben den Randmaschen 1 rechte Masche.*

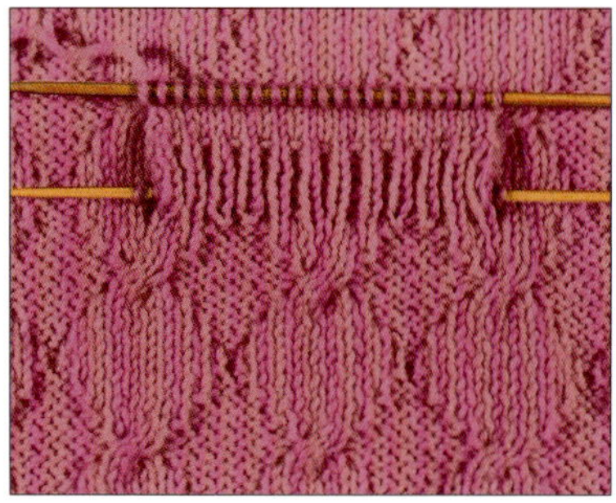

5 *In der gewünschten Blendenhöhe mit einer halben Nadelstärke kleiner glatt rechts weiter die Innenblende anstricken, 1 Reihe weniger als die Rippenblende. In der ersten rechten Reihe die Randmaschen beidseitig abketten.*

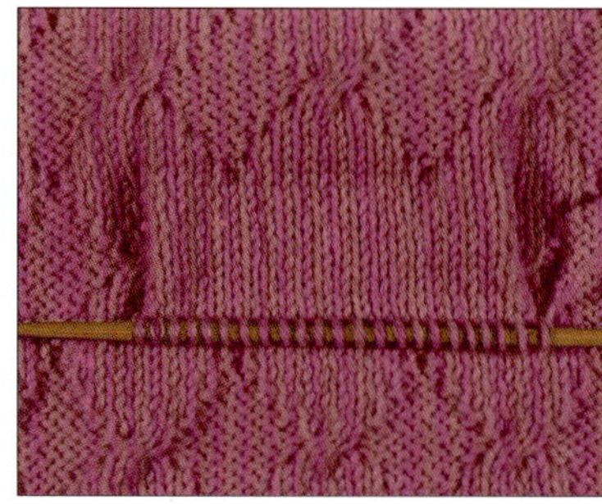

6 *Nun über die Maschen der oberen Nadel die Innentasche glatt rechts anstricken.*

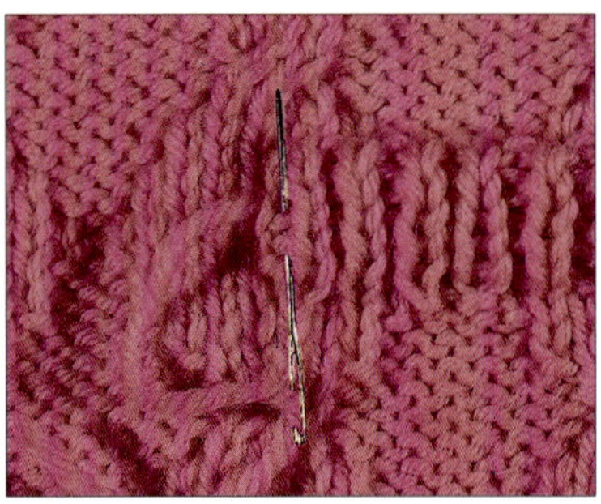

7 *Die Innenblende umnähen. Dann die Schmalkanten im Matratzenstich annähen. Dabei immer abwechselnd je 2 Querfäden des Vorderteils und …*

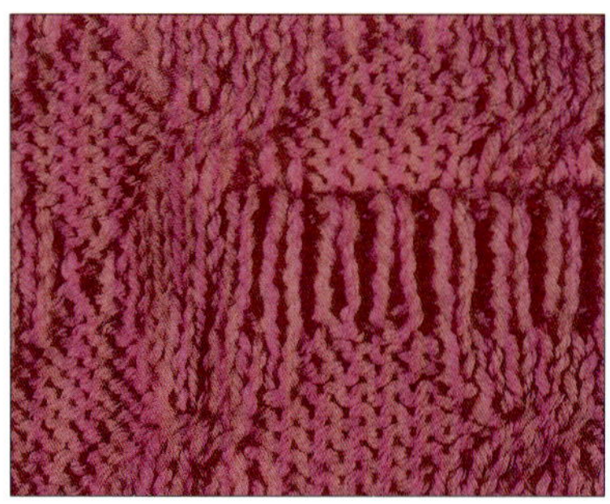

8 *… der Taschenblende erfassen. Die Naht verläuft zwischen der Randmasche und der ersten rechten Masche der Blende.*

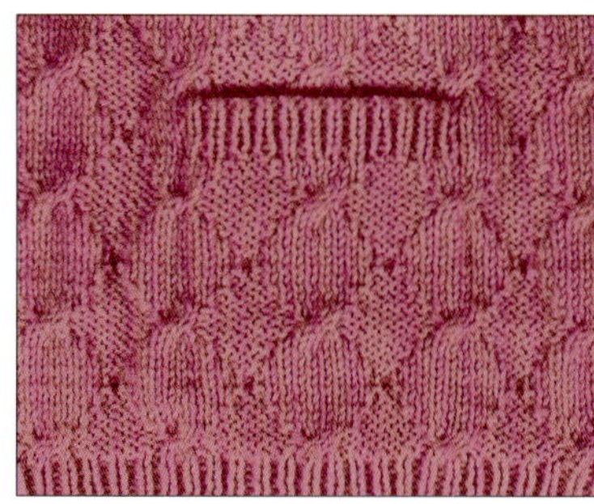

9 *Auch mit doppelter Blende trägt die Tasche nicht auf – und sieht perfekt aus.*

Schräg gestrickte Taschen

Bei einigen Jacken bieten schräge Taschen einen zusätzlichen Blickfang. Besonders schlicht glatt rechts gestrickte lange Jacken brauchen eine optische Unterbrechung; und außerdem lassen schräge Taschen die Hüften schmaler erscheinen.

Stricken Sie Bündchen und Vorderteil bis zur Taschenunterkante. Nun das äußere Drittel der Maschen stilllegen und zunächst das Vorderteil mit der Schrägung für die Tasche stricken. Dafür in jeder 2. Reihe immer 1 Masche abnehmen: Am linken Vorderteil einen Überzug arbeiten (1 Masche abheben, dann 1 Masche rechts stricken und die abgehobene Masche überziehen), am rechten 2 Maschen rechts zusammenstricken. Diese Abnahme können Sie über der Randmasche und der 1. Masche oder, wie im gezeigten Beispiel, über der 2. und 3. Masche arbeiten. Bei der Abnahme über der 2. und 3. Masche können Sie auf eine Blende verzichten, die Randmasche rollt von allein nach innen.

Für die Innentasche die Maschen neu anschlagen oder auf der Rückseite aus den Querfäden der linken Maschen der 1. Reihe oberhalb des Bündchens aufnehmen. Die Tasche muss mindestens so breit sein, wie Maschen für die Schrägung abgenommen wurden. Es bietet sich aber an, die Innentasche 10 bis 15 Maschen (je nach Maschenprobe) breiter zu arbeiten. In der vorgesehenen Taschenhöhe die zusätzlichen Maschen der Innentasche abketten oder mit den äußeren Maschen rechts zusammenstricken, dann über das gesamte Vorderteil weiterarbeiten.

Für die Taschenblende aus jeder Reihe der Kante Maschen aufnehmen (ungerade Maschenzahl!), in der 1. Reihe beidseitig noch je eine Randmasche dazu anschlagen. Die Seitenkanten der Taschenblende im Matratzenstich annähen.

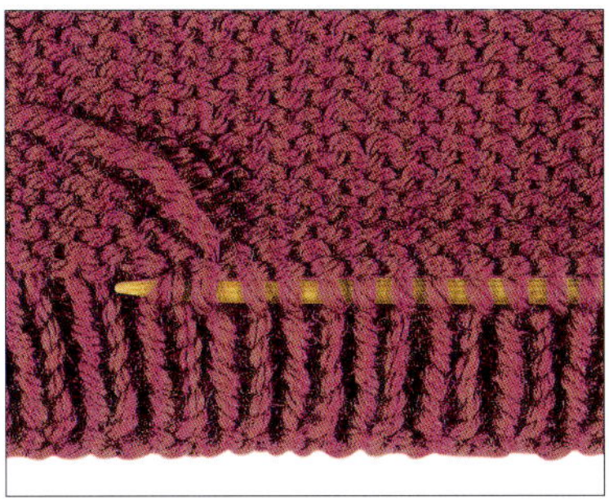

***1** Für die Innentasche die Maschen aus der 1. Grundmusterreihe aufnehmen oder neu anschlagen.*

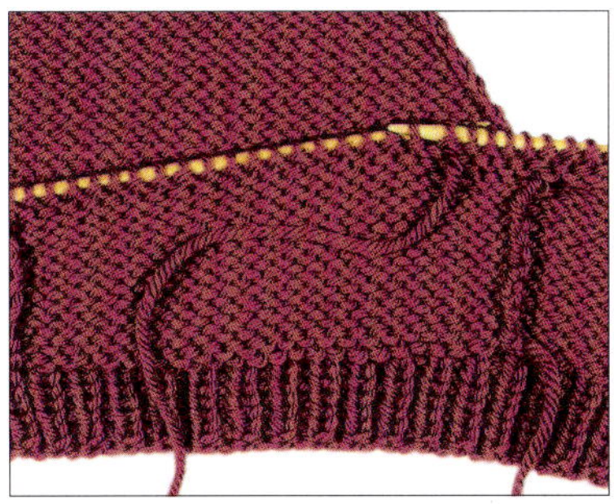

***2** Bis zur unteren Taschenkante stricken, dann die Maschen an die des seitlichen Drittels fügen.*

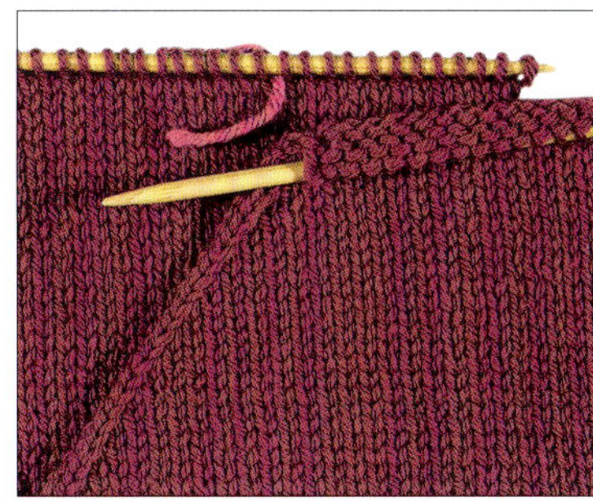

***3** In Taschenhöhe über alle Maschen stricken, die zusätzlichen Maschen der Innentasche mit den äußeren Maschen rechts zusammenstricken.*

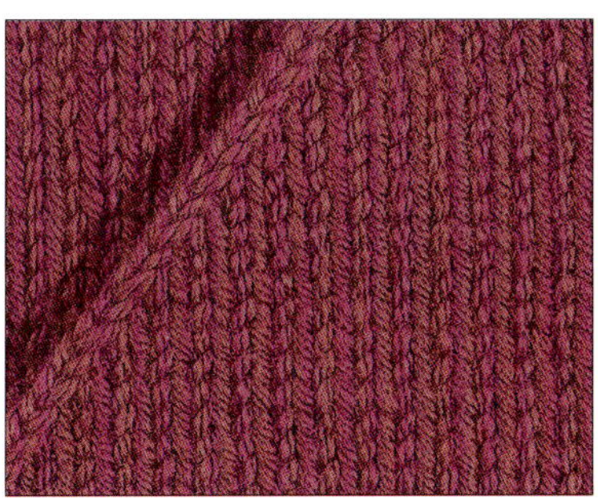

***4** Auch ohne zusätzliche Blende sieht der Tascheneingriff gut aus.*

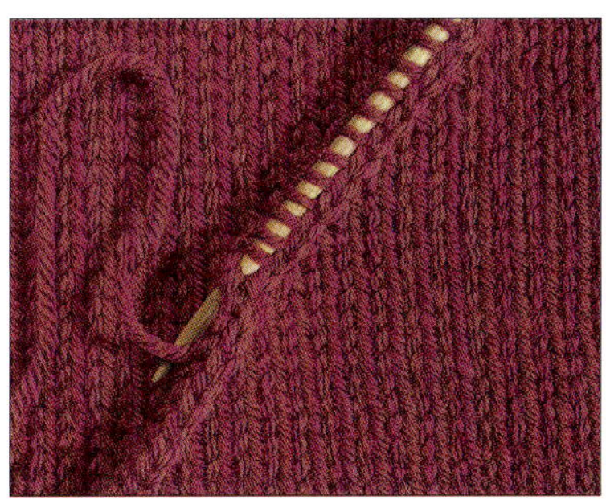

***5** Für die Blende aus jeder Reihe der Seitenkante Maschen aufnehmen. Bis zur gewünschten Blendenhöhe stricken und die Maschen fest abketten.*

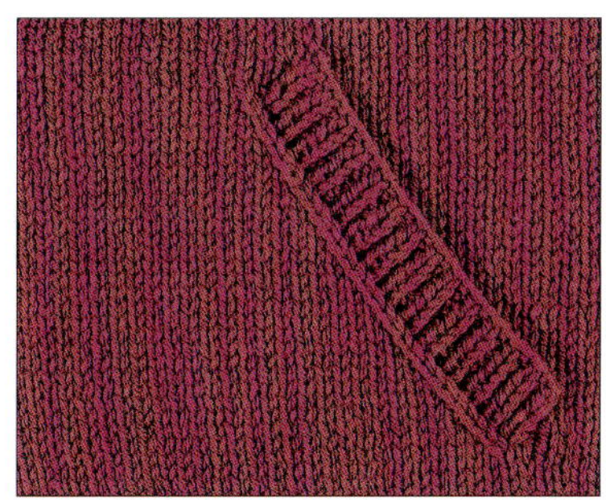

***6** Die fertige Tasche der linken Jackenhälfte.*

Senkrechte Tasche mit angestrickter Innentasche

Für diese Tasche entweder gleich über dem Bündchen oder in der gewünschten Höhe an der Seitenkante etwa ein Drittel der Maschen stilllegen. Dann über die übrigen Maschen weiter bis zur gesamten Taschenhöhe stricken. Danach über das seitliche Drittel weiterarbeiten, dabei für die Tasche an der Innenseite entsprechend viele Maschen neu anschlagen und bis zur selben Höhe wie das andere Teil stricken.

Nun über alle Maschen weiterstricken, in der ersten Hinreihe die zusätzlich angeschlagenen Maschen der Innentasche mit den Maschen der Außentasche rechts bzw. links zusammenstricken. Die zusätzlichen Maschen können auch abgekettet und später angenäht werden.

Aus der Längskante der Außentasche Maschen auffassen und etwa 3 cm im Bündchenmuster anstricken. Beidseitig der Randmasche je 1 rechte Masche arbeiten. Zum Schluss die Innentasche und die Schmalkanten der Blenden annähen.

TIPP

Wenn die Tasche nicht direkt über dem Bündchen, sondern weiter oben gestrickt wird, kann die Innentasche, wie bei der schräg gestrickten Tasche, nach unten entsprechend vergrößert werden. Schlagen Sie dann die Maschen für die Innentasche getrennt an, stricken etwa 5 bis 8 cm im Muster und fügen Sie diese Maschen an die Maschen des Seitenteils.

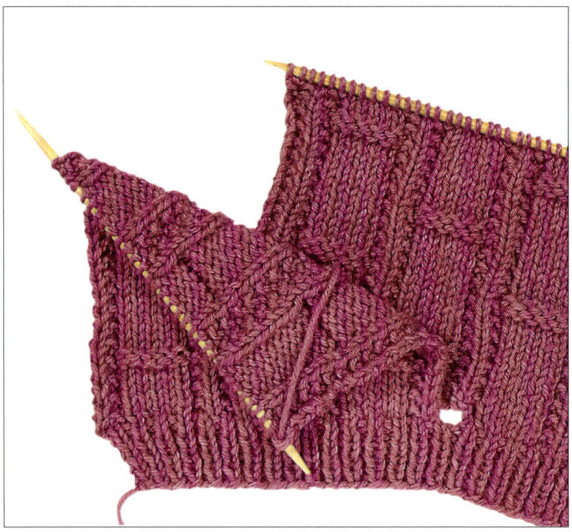

Die Innentasche wird im Grundmuster oder auch glatt rechts gleich mitgestrickt.

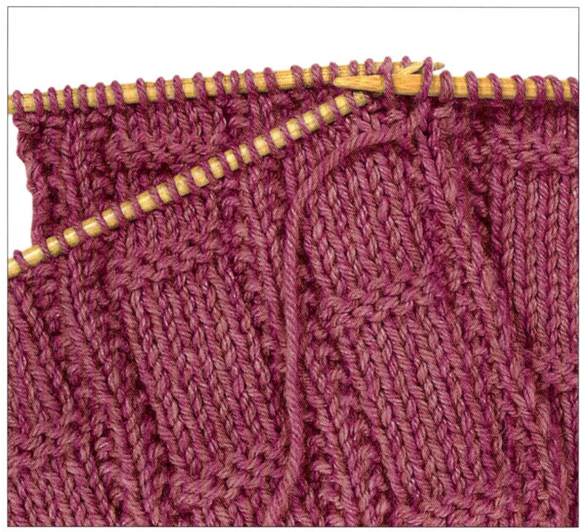

Die Maschen der Innentasche abketten oder mit den Maschen der Außentasche zusammenstricken.

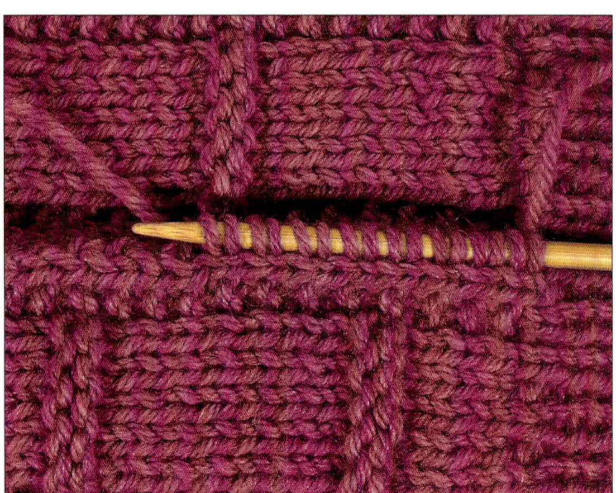

Zum Schluss die Taschenblende anstricken.

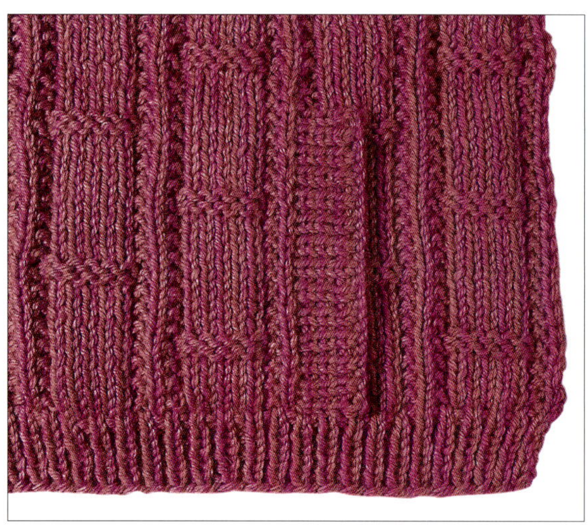

Aufgesetzte Taschen

Eine Vielfalt von dekorativen Möglichkeiten bieten aufgesetzte Taschen. Unten ein Beispiel mit Streifen: Das Strickteil ist quer-, die Tasche längsgestreift. Hier können Sie auch mit diagonalen Streifen, mit Loch- oder Strukturmustern oder auch mit Stickereien arbeiten. Außerdem können Sie die Taschen an jeder beliebigen Stelle aufnähen, z. B. eine große über der Hüfte, eine kleine in Brusthöhe.

Da sich bei glatt rechts Gestricktem die Kanten aufrollen, brauchen Sie hier immer eine Eingriffblende. Dafür nehmen Sie bei Quergestricktem aus einer Seitenkante aus jeweils 4 Reihen 3 Maschen auf (siehe Seite 132).
Sie können auch die ganze Tasche z. B. im Perlmuster stricken, dann können Sie auf die Blende verzichten.

Stecken Sie die Tasche passgenau auf dem Strickteil fest. Dieses Feststecken ist besonders bei quer- oder diagonalgestrickten Taschen wichtig, da Maschen und Reihen eine unterschiedliche Höhe haben. Beim Aufnähen im Matratzenstich müssen Sie darauf achten, dass keine Wellen oder Beulen in den Strickteilen entstehen.

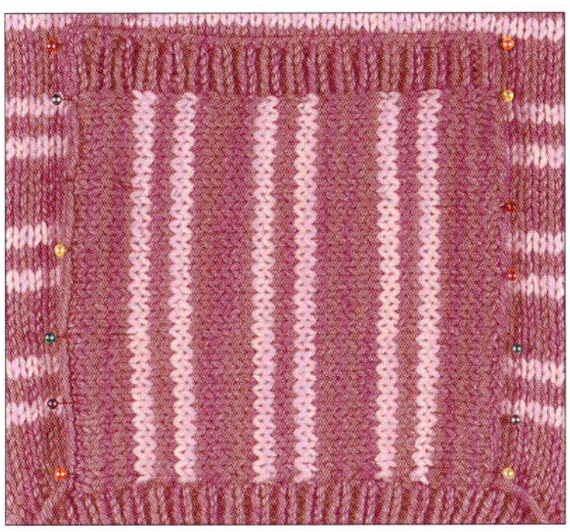

***1** Die quergestrickte Tasche auf dem Strickteil feststecken.*

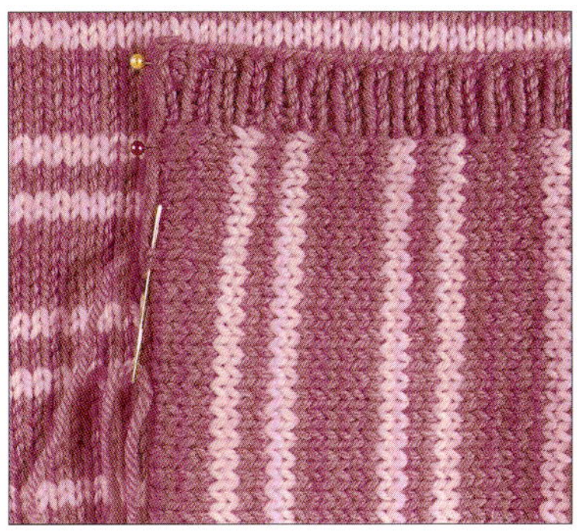

***2** Fassen Sie immer eine Masche der Tasche ...*

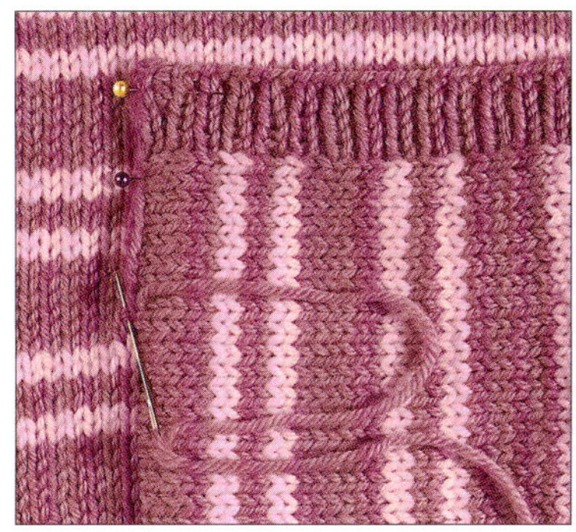

***3** ... und 1 bis 2 Querfäden des Strickteils.*

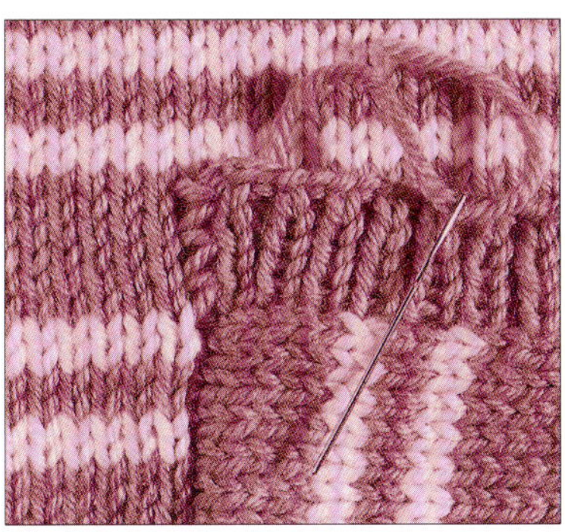

***4** Bei der Blende fassen Sie dann jeweils 2 Querfäden von Strickteil und Blende im Wechsel.*

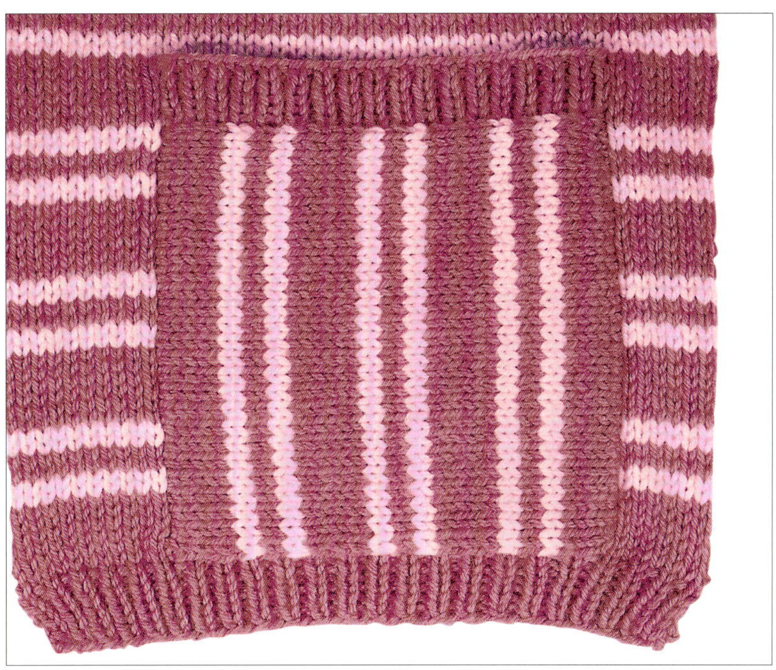

Bündchen-Tasche

Bei sehr hohen Bündchen können Sie besonders unauffällige Taschen einarbeiten. Stricken Sie das Bündchen bis zur gewünschten Höhe und ketten Sie dann die Maschen für die Tasche fest ab.

Nehmen Sie die Maschen für die Innentasche aus der Anschlagkante auf der Rückseite der Arbeit auf; bei den linken Maschen die Querfäden, bei den rechten Maschen jeweils einen Maschenteil erfassen.

Stricken Sie bis zur Bündchenhöhe, fügen Sie dann die Maschen in die Arbeit ein und stricken Sie glatt rechts oder im Grundmuster weiter. Die Seitenkanten der Innentasche werden später angenäht.

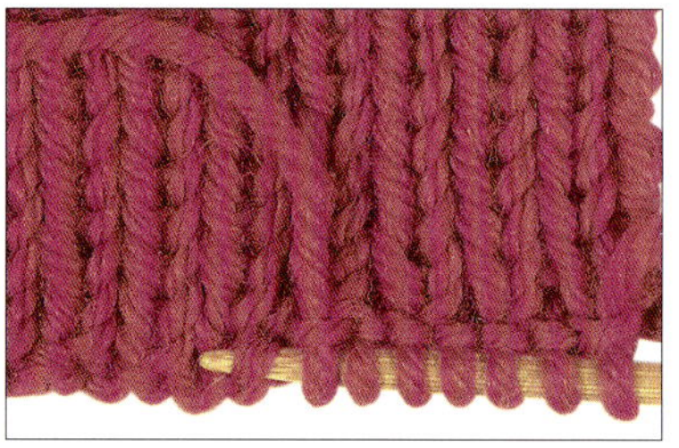

***1** Die Maschen für die Innentasche auf der Rückseite der Arbeit aus der Anschlagreihe aufnehmen …*

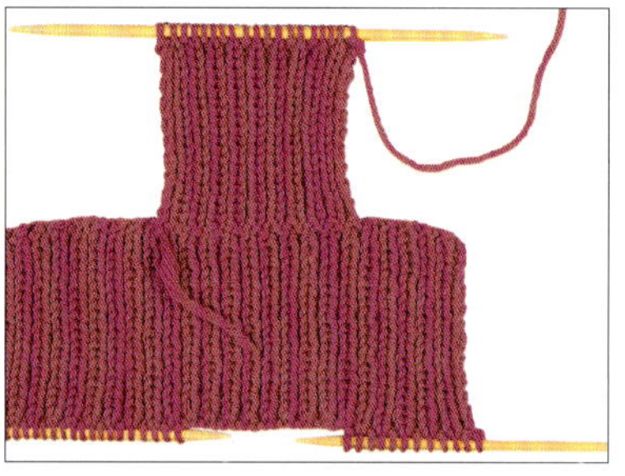

***2** … und im Rippenmuster stricken. Das Bündchen nach oben umklappen und über alle Maschen weiterarbeiten.*

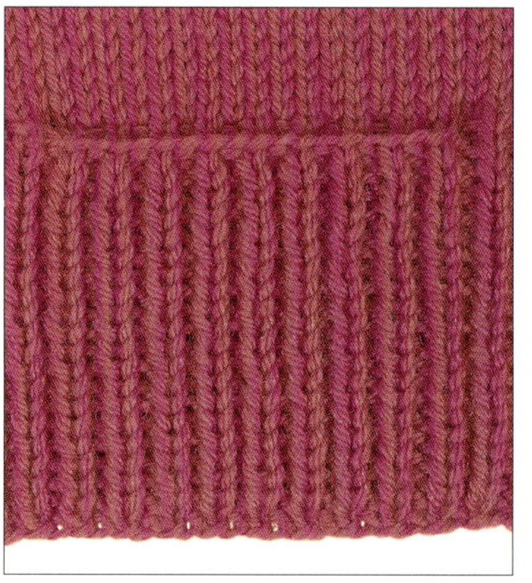

Die fertige Tasche mit abgekettetem Rand.

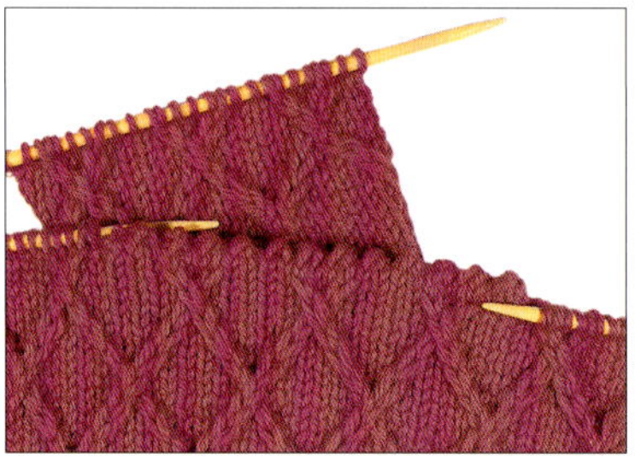

***1** Die Innentasche in doppelter Taschenhöhe stricken.*

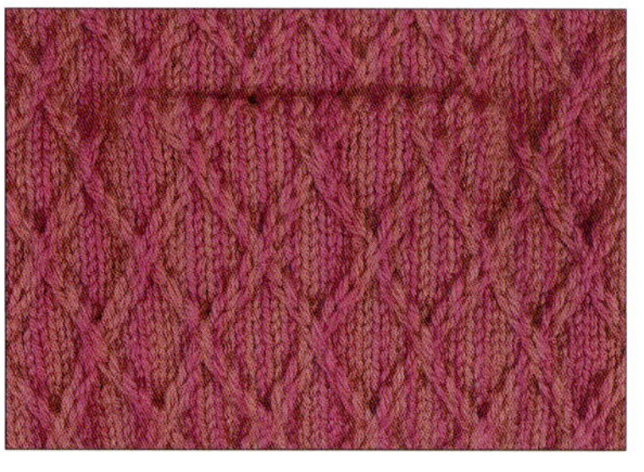

***2** Mäusezähnchen bilden bei dieser Tasche eine schöne Bruchkante.*

Doppelte eingestrickte Tasche

Sie trägt zwar etwas mehr auf, doch belastet sie das Strickstück nicht durch eine angenähte Innentasche.

Stricken Sie das Vorderteil bis zur gewünschten Höhe der Taschenoberkante. Dann legen Sie die Maschen beidseitig der Tasche still und stricken über den Maschen für die Tasche zunächst eine Hinreihe rechte Maschen. In der Rückreihe stricken Sie für die Mäusezähnchen-Bruchkante immer im Wechsel 2 Maschen links zusammen und arbeiten danach einen Umschlag, in der nächsten Hinreihe stricken Sie alle Maschen und Umschläge rechts.

Danach weiter bis zur doppelten Taschenhöhe glatt rechts stricken, die letzten 4 bis 5 cm wieder im Grundmuster arbeiten. Nun den Taschenbeutel rechts auf rechts zusammenlegen und das Vorderteil über alle Maschen weiterarbeiten. Zum Schluss die Seitennähte der Tasche schließen, die äußeren Maschen an den oberen Taschenkanten mit einigen Stichen befestigen.

Knopflöcher

Ob rund, waagerecht oder senkrecht, ob eingestrickt, angehäkelt oder angenäht – hier gibt's für jedes Strickstück das passende Knopfloch.

Bevor Sie die Knopflöcher arbeiten, müssen Sie natürlich wissen, wie groß die Knöpfe sind – und auch, wie viele Knopflöcher Sie arbeiten möchten. Wenn es möglich ist, stricken Sie nur eine Blende an und bestimmen darauf Anzahl und Größe der Knöpfe. Bei einer mitgestrickten Blende muss die Lage der Knopflöcher vorher im Schnitt festgelegt werden.

Zum Bestimmen der Knopflochgröße legen Sie den Knopf auf die Blende, dehnen das Gestrickte etwas und zählen dann die Maschen aus. Stricken Sie die Knopflöcher eher etwas kleiner, da sich Gestricktes mit der Zeit sowieso dehnt und die Knöpfe sich sonst sehr leicht von selbst lösen können.

Runde Knopflöcher

Bei 1/1-Blenden wird das kleine Knopfloch wie ein Lochmuster mit einem Umschlag gestrickt. Es ist in der fertigen Blende kaum zu sehen, da es sich zwischen zwei rechten Maschen befindet.

Dieses Knopfloch hat meist die richtige Größe für Schulterblenden bei Kinderpullovern oder für Knopfleisten bei Polopullovern.

Bei senkrecht gestrickten Blenden sollte in der Mitte eine linke Masche sein, über der Sie das Knopfloch stricken. Vor dieser linken Masche (bzw. nach einer rechten Masche) arbeiten Sie einen Umschlag und stricken dann die linke mit der darauffolgenden rechten Masche rechts zusammen. Den Umschlag stricken Sie in der nächsten Reihe mustergemäß nicht verschränkt rechts ab.

Auch bei 2/2-Blenden wird das runde Knopfloch immer über den linken Maschen gestrickt. Dazu arbeiten Sie in einer Hinreihe über der 2. rechten und der 1. linken Masche einen Überzug (die rechte Masche rechts abheben, die linke Masche rechts stricken und die abgehobene Masche überziehen). Nun machen Sie 2 Umschläge und stricken die folgenden 2 Maschen (die 2. linke und die 1. rechte der folgenden Rippe) rechts zusammen. Der erste Umschlag wird in der Rückreihe rechts, der zweite rechts verschränkt abgestrickt.

Wenn Ihnen dieses Knopfloch zu groß erscheint, können Sie in der Hinreihe auch nur einen Umschlag arbeiten und in der Rückreihe daraus 1 Masche rechts und 1 Masche rechts verschränkt stricken.

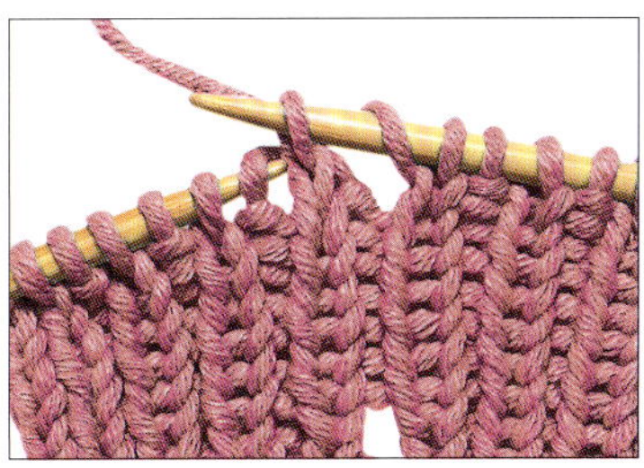

In einer Hinreihe arbeiten Sie nach einer rechten Masche einen Umschlag und stricken die folgenden 2 Maschen rechts zusammen

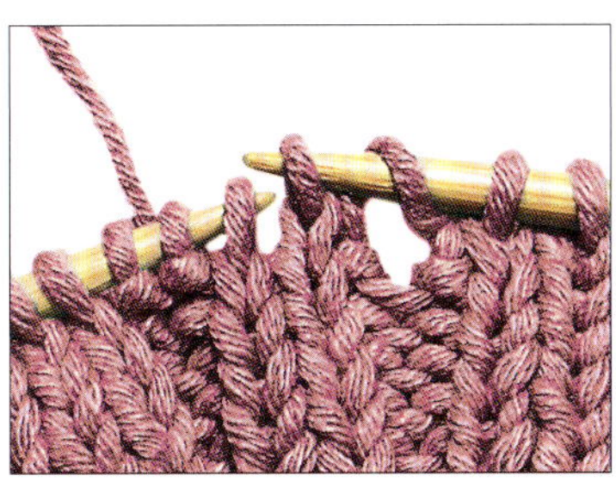

Bei 2 rechts, 2 links gestrickten Blenden werden ein Überzug und ein oder zwei Umschläge gearbeitet, dann 2 Maschen rechts zusammengestrickt.

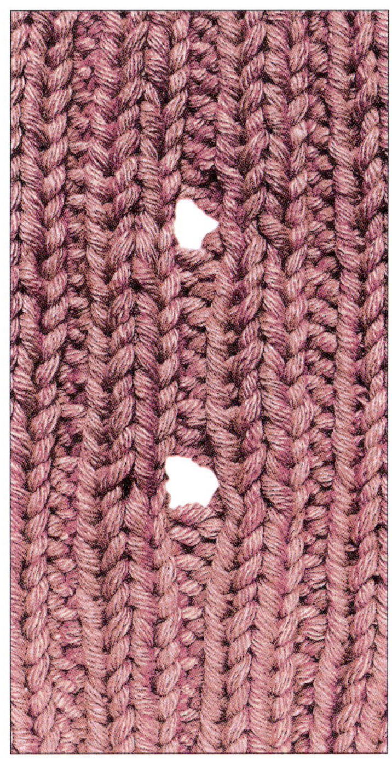

Das Knopfloch mit einem Umschlag (oben) ist etwas kleiner als das Knopfloch mit zwei Umschlägen (unten). Beide liegen sauber in der links gestrickten Rippe der Blende.

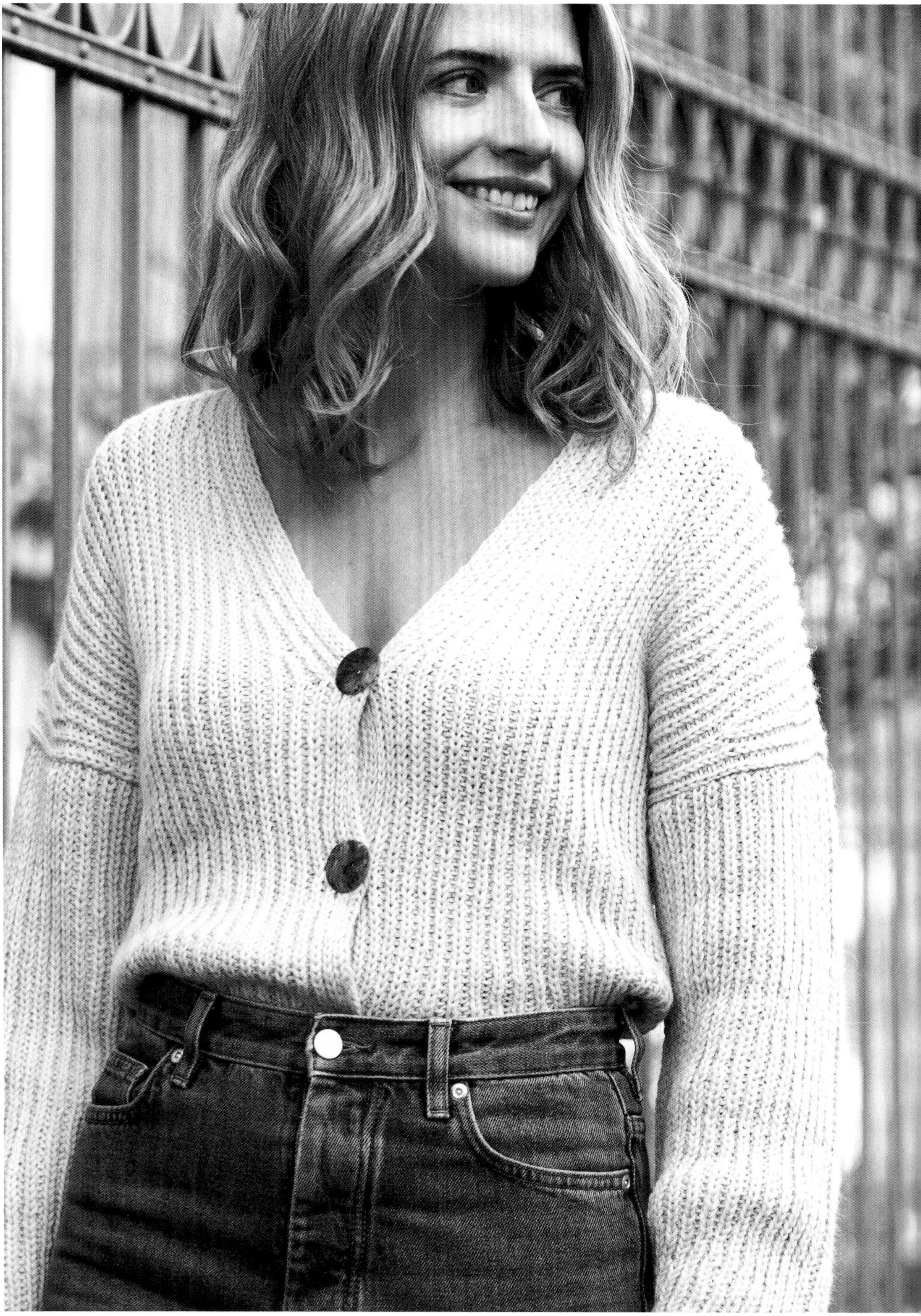

Senkrechte Knopflöcher

Bei 1/1-Blenden wird das Knopfloch über einer linken Masche gearbeitet. Damit die rechten Maschen beidseitig davon erhalten bleiben, muss diese Masche in der letzten Rückreihe vor dem Knopfloch verdoppelt werden. Dafür aus der Masche, über der das Knopfloch gestrickt werden soll, 1 Masche rechts und 1 Masche rechts verschränkt herausstricken.

In den folgenden Reihen für eine Blendenhälfte die 1. linke Masche als Randmasche stricken und in der gewünschten Knopflochhöhe die Maschen stilllegen. Stricken Sie die Randmaschen immer in jeder Reihe und ziehen Sie sie besonders fest an.

Nun die zweite Blendenhälfte stricken und hier die 2. Masche als Randmasche stricken.

In der gewünschten Höhe wieder über die gesamte Breite stricken, dabei in der ersten Reihe die beiden „Randmaschen" zusammenstricken.

Bei 2/2-Blenden wird die Arbeit für das Knopfloch zwischen zwei linken Maschen geteilt. Jeweils eine linke Masche bildet hier auf jeder Seite die Randmasche.

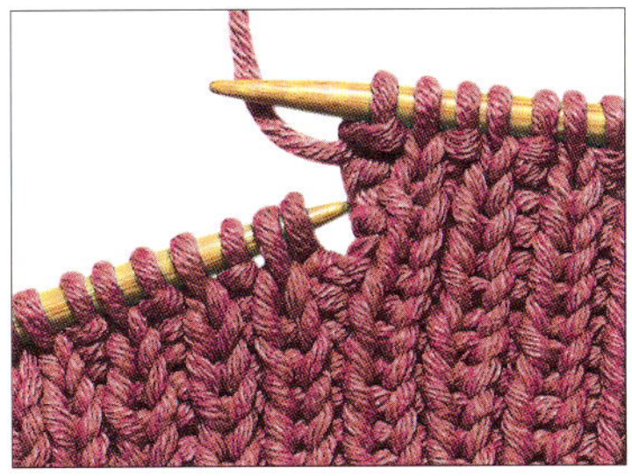

***1** Für das senkrechte Knopfloch in der 1/1-Blende in der Rückreihe 1 rechte Masche verdoppeln und die 1. linke Masche der Hinreihe als Randmasche stricken.*

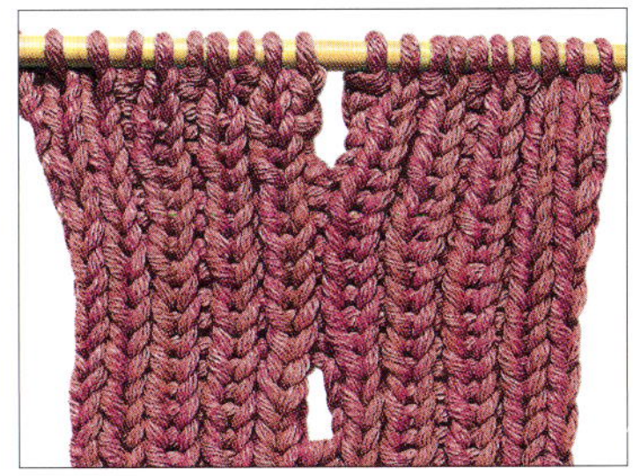

***2** Die gewünschte Höhe über den zweiten Teil der Blende arbeiten, hier bildet die 2. linke Masche die Randmasche. Dann über alle Maschen weiterarbeiten, dabei in der 1. Reihe die beiden Randmaschen zusammenstricken.*

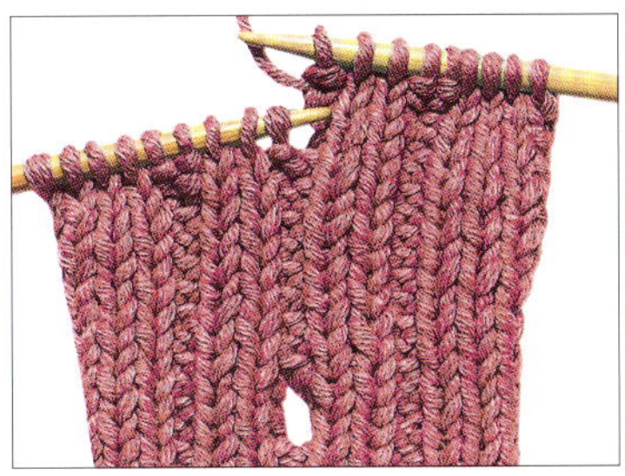

Die linken Maschen bilden bei 2 rechts, 2 links gestrickten Blenden die Randmaschen der Knopflochkanten.

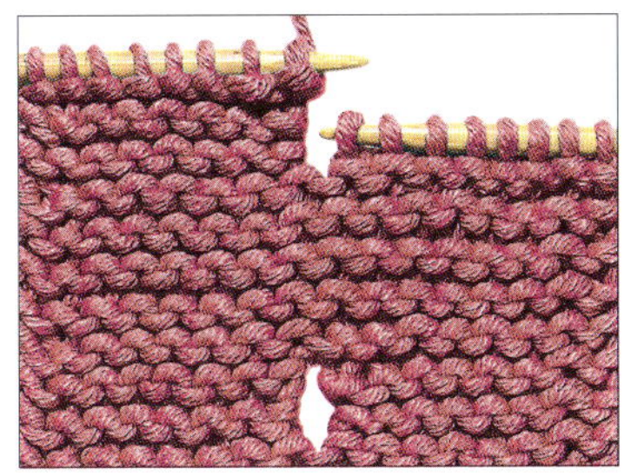

Bei krausen Blenden fallen senkrechte Knopflöcher kaum auf, wenn die Randmaschen als Knötchenrand gestrickt werden – also in jeder Reihe rechts stricken und fest anziehen.

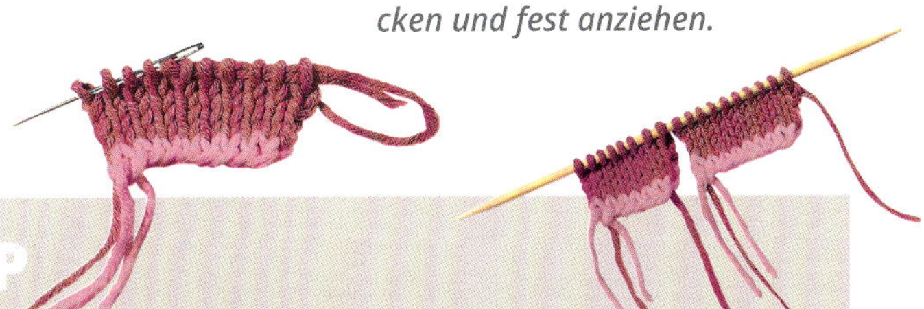

TIPP

Wenn Sie keine passenden Knöpfe finden, können Sie diese auch Ton in Ton oder in einer Kontrastfarbe stricken. Schlagen Sie hierfür mit einer anderen Farbe je nach Garnstärke 6 bis 10 Maschen an.
Stricken Sie mit dem Originalgarn 4 bis 6 Reihen glatt rechts. Schneiden Sie den Faden auf ca. 10 cm Länge ab und ziehen Sie ihn mit einer stumpfen Sticknadel durch die Maschen. Lösen Sie den andersfarbigen Anschlagfaden ab und ziehen Sie das Fadenende durch die Maschen.
Nun die Fadenenden etwas anziehen und den Knopf mit einem kleinen Wollrest füllen. Die schmalen Kanten mit zwei Stichen schließen, dann die Fadenenden fest anziehen und verknoten. Die Fadenenden durch das Strickteil ziehen und vernähen.

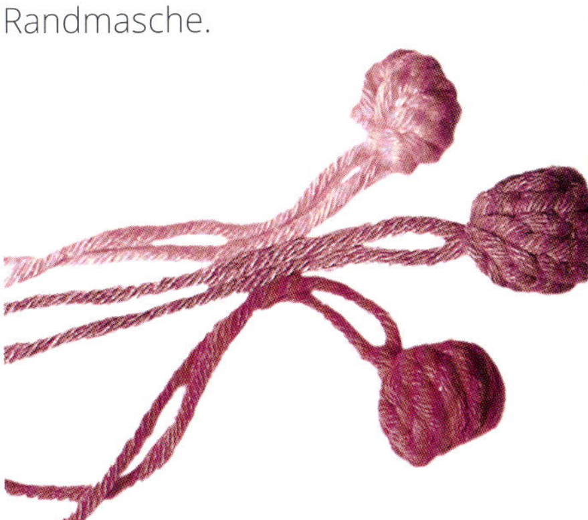

Waagerechte Knopflöcher

Waagerechte Knopflöcher können Sie auf mehrere Arten stricken. Die allgemein übliche Art ist, die Maschen in einer Hinreihe abzuketten und in der folgenden Reihe wieder neu anzuschlagen. Das Knopfloch wird durch das Überziehen der gestrickten Maschen allerdings meist sehr weit.

Stricken Sie das Knopfloch bei einer 1/1-Blende über eine ungerade Maschenzahl, beginnen und enden Sie dabei immer mit einer rechten Masche.

Bei einer 2/2-Blende sollte das Knopfloch über eine gerade Maschenzahl gestrickt werden. Bei 2 Maschen wird es über 2 rechten Maschen, bei 4 Maschen über 1 Masche links, 2 Maschen rechts und 1 Masche links gestrickt.

Die letzte Abkettmasche wird so immer über eine linke Masche gezogen, und das Knopfloch passt sich dem Maschenverlauf perfekt an. Bei einer Knopflochbreite von 2 Maschen sollten Sie jedoch versuchen, über 2 linken Maschen das runde Knopfloch zu arbeiten, da es noch unauffälliger ist.

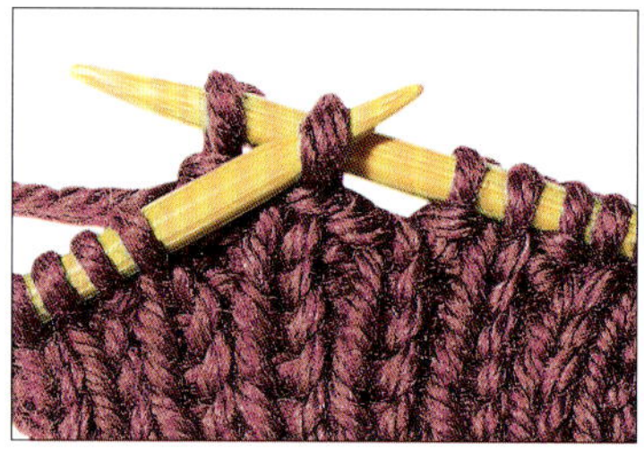

***1** Für das waagerechte Knopfloch bei einer 1/1-Blende in der Hinreihe 3 (oder 5) Maschen fest abketten …*

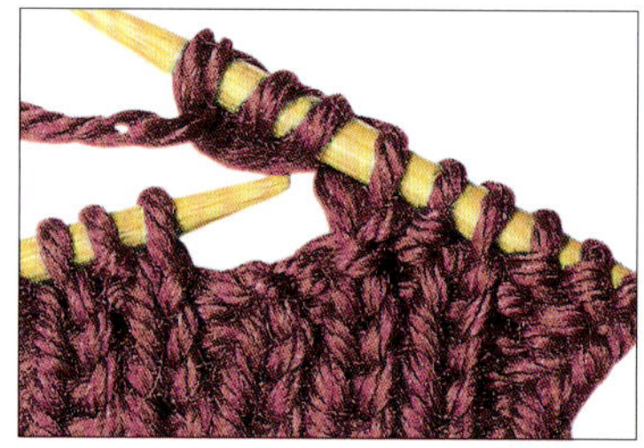

***2** … und die Maschen in der folgenden Rückreihe wieder sehr fest anschlingen.*

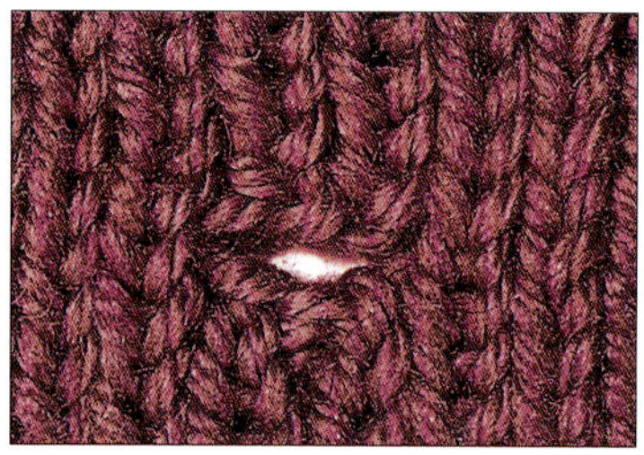

Das fertige Knopfloch über 3 Maschen.

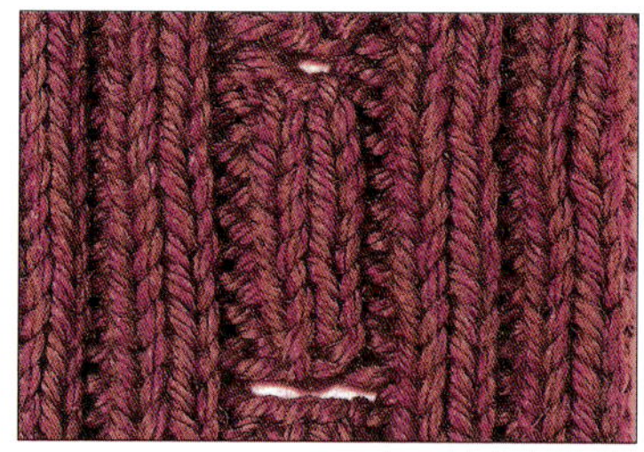

Das Knopfloch über 2 (oben) und über 4 Maschen (unten) bei einer 2/2-Blende.

TIPP

Fester wird das waagerechte Knopfloch, wenn Sie die Maschen vor dem Abketten nicht stricken, sondern nur überziehen: Nehmen Sie 2 Maschen von der linken auf die rechte Nadel, heben Sie dabei die linken Maschen wie zum Links stricken und die rechten Maschen wie zum Rechtsstricken ab. Nun heben Sie die 1. über die 2. Masche. Dann heben Sie wieder 1 Masche auf die rechte Nadel, usw., bis das Knopfloch 1 Masche weniger breit ist als gewünscht. Die letzte Masche heben Sie dann zurück auf die linke Nadel. Nun 5 Maschen so fest wie möglich neu anschlagen. Dann die letzte Knopflochmasche mit der folgenden rechten Masche rechts zusammenstricken.

Knopfösen anhäkeln

Bei Knopfleisten sind angehäkelte Knopfösen schnell und leicht zu arbeiten. Bei Polopullovern wird der Schlitz in der Mitte des Vorderteils gestrickt. Nehmen Sie in der Teilungsreihe für die Knopfösenkante 1 Randmasche, für den Untertritt 2 bis 3 Maschen zu. Da die Ösen zwischen Randmasche und 1. Masche gehäkelt werden, sollten Sie hier die glatt rechts gestrickte Nahtrandmasche arbeiten.

Damit die Ösen gleichmäßig aufgeteilt werden können, zählen Sie zunächst die Reihen der Schlitzkante. Wenn Sie z. B. 3 Ösen auf 30 Reihen verteilen und für die Ösen 5 Reihen rechnen, bleiben für die obere Kante 2 Reihen, für die Zwischenräume 5 Reihen und für die untere Kante 3 Reihen. Von der unteren Kante gesehen also 3 Reihen frei, 2-mal: 5 Reihen Öse, 5 Reihen frei, dann noch 5 Reihen Öse und 2 Reihen frei.

Häkeln Sie nun mit einer Häkelnadel etwa der gleichen Stärke wie die der verwendeten Stricknadeln (eher etwas dünner) zwischen Rand- und 1. Masche 1 Reihe Kettmaschen. Darüber dann wieder von rechts nach links 1 Reihe mit Kett- und Luftmaschen. Lassen Sie am Anfang der 1. Reihe einen entsprechend langen Faden hängen, mit diesem können Sie dann die 2. Reihe häkeln und ersparen sich so das zusätzliche Vernähen.

Die Kettmaschen der 2. Reihe werden nur in den oberen Teil der 1. Kettmaschenreihe gehäkelt. Die Anzahl der Kett- und Luftmaschen richtet sich nach Anordnung und Größe der Knöpfe.

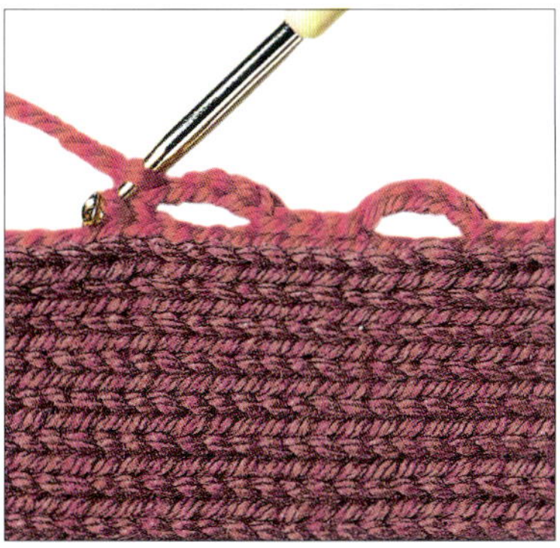

1 *Mit der Häkelnadel zwischen Randmasche und 1. Masche einstechen und von rechts nach links 1 Reihe Kettmaschen häkeln. Dann wieder von rechts nach links im Wechsel etwa 4 Kettmaschen und 5 Luftmaschen für die Knopfösen häkeln.*

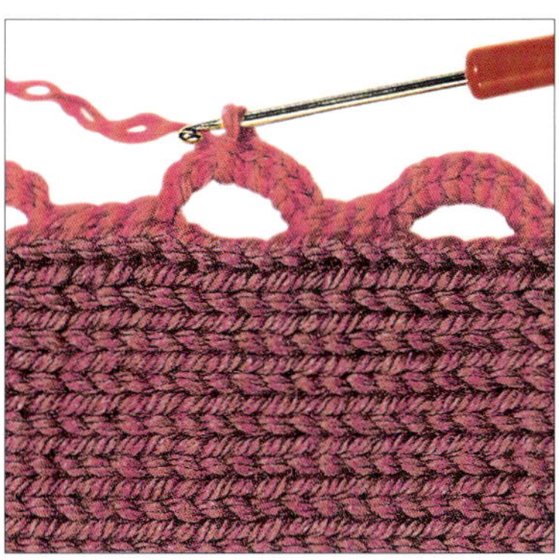

2 *Zum Verstärken können die Ösen mit halbiertem Faden und festen Maschen umhäkelt werden; über die Kettmaschen dabei nur Kettmaschen häkeln.*

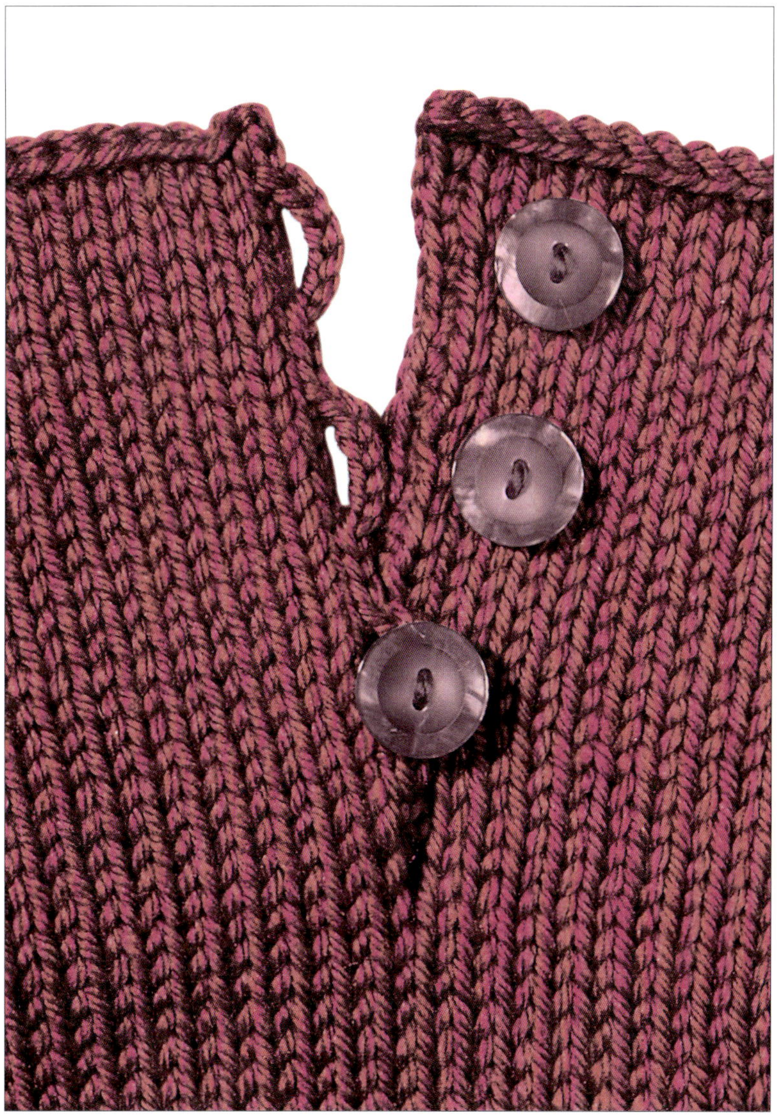

3 *Die fertige Blende Ton in Ton. Den Rand des Untertritts bei Bedarf mit einer Reihe fester Maschen festigen.*

Knopfösen annähen

Die Vorbereitung des Strickstücks ist für die angenähten Ösen die gleiche wie für die angehäkelten Knopfösen. Auch hier werden an der Schlitzteilung beim obenliegenden Teil 1 Randmasche, für den Untertritt 2 bis 3 Maschen zugenommen. Die Aufteilung wird ebenfalls, wie bei den angehäkelten Ösen berechnet.

Bei einer sauberen Randmasche können die Ösen zwischen Rand und erster Masche aufgenäht werden. Ist die Randmasche etwas ungleichmäßig geraten, häkeln Sie zunächst 1 Reihe Kettmaschen zwischen Randmasche und 1. Masche und nähen dann die Ösen auf. Diese Ösen werden immer mit halbem Faden gearbeitet.

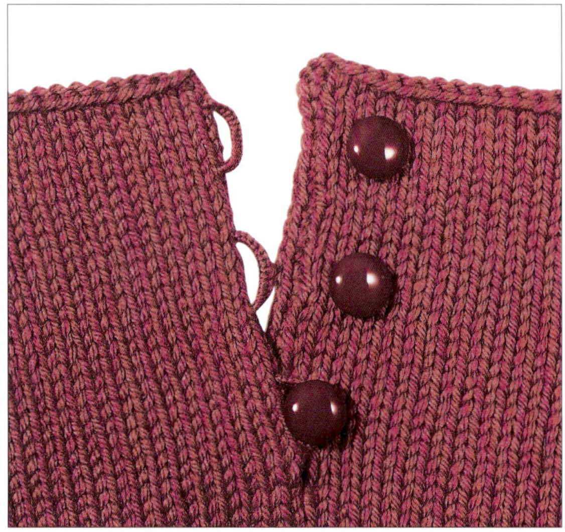

Die fertige Blende Ton in Ton. Auf die Untertrittkante bei Bedarf eine Reihe feste Maschen häkeln.

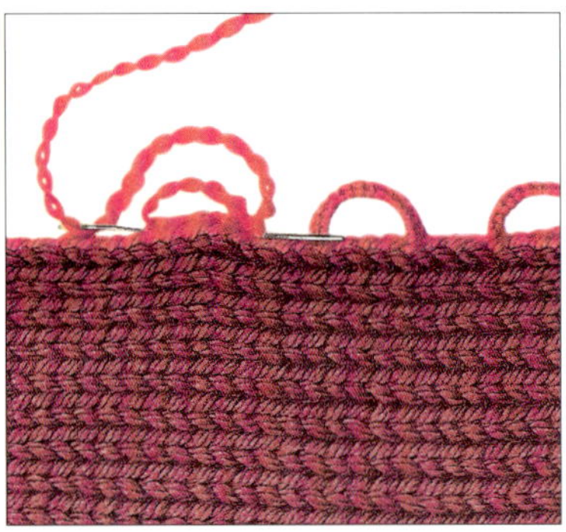

***1** An der unteren Schlitzkante beginnen und zwischen Randmasche und 1. Masche bzw. in die Mitte der Kettmaschenreihe eine doppelte Schlinge nähen.*

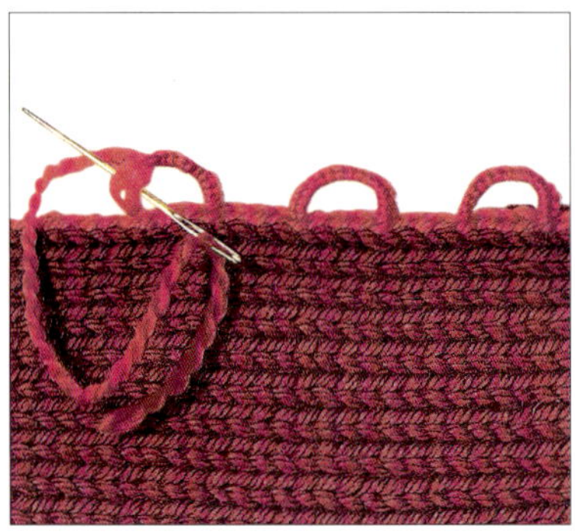

***2** Die Schlingen im Knopflochstich umnähen. Am Ende in die Masche einstechen und einige Reihen weiter wieder ausstechen, dann die nächste Schlinge nähen.*

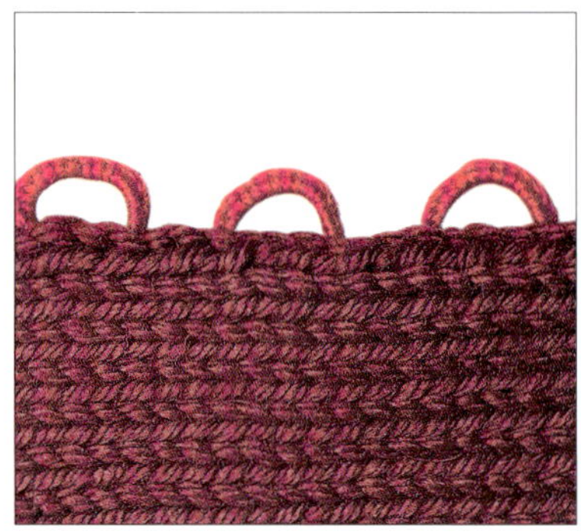

Bei dickerem Garn und gleichmäßigen Randmaschen können Sie auf die Kettmaschenreihe verzichten.

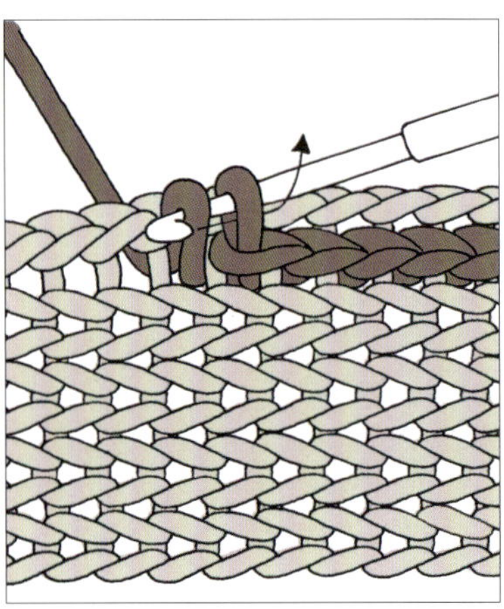

Kettmaschen häkeln:
Den Faden unter die Arbeit legen. Mit der Häkelnadel zwischen 2 Maschen von oben nach unten durchstechen, den Faden nach oben holen. 1 oder 2 Reihen weiter wieder von oben nach unten durchstechen, eine weitere Schlinge durchholen und durch die auf der Nadel liegende Schlinge ziehen.

TIPP

Fehlt die passende Nähseide zum Annähen der Knöpfe? Dann nähen Sie sie mit dem Strickgarn an! Bei den meisten Garnsorten ist das kein Problem. Je nach Garnstärke muss der Faden dafür halbiert oder gedrittelt werden.

Reißverschlüsse

Ein sehr spezielles Thema beim Stricken ist das Einnähen von Reißverschlüssen. Damit sich Strickstück und Verschlusskante später nicht wellen, muss hier sehr genau gearbeitet werden. Und der Verschluss sollte von beiden Seiten gut aussehen.

Reißverschluss mit doppelter Blende

Bei der hier abgebildeten Jacke ist der Reißverschluss zwischen zwei doppelte Blenden genäht. Nachdem die Halsblende angestrickt ist, werden aus den Kanten aus jeweils 4 Reihen 3 Maschen aufgenommen. Dafür eine Stricknadel verwenden, die etwa 1 bis 1,5 mm größer ist als die Blendennadel. Lassen Sie sich von der Größe der Maschen nicht irritieren – die Hälfte davon wird beim Aufnehmen der Maschen für die Innenblende auf die Rückseite gezogen.

Nun mit den Blendennadeln 3 Reihen glatt rechts (= 1 Rückreihe linke, 1 Hinreihe rechte, 1 Rückreihe linke Maschen) stricken, dann die Maschen in einer Hinreihe links abketten. Bei dickerem Garn reichen eventuell 2 glatt rechte Reihen, bei sehr dünnem Garn müssen auch mal 4 Reihen glatt rechts gestrickt werden. Die Blende muss etwa so breit werden wie ein Reißverschlussband.

Auf den Innenseiten jeweils aus den Schlingen der von der rechten Seite aufgenommenen Maschen je 1 Masche herausstricken und die Blende wie bei der Vorderseite arbeiten. Die innere Blende wird 1 Masche schmaler als die äußere.

Den Reißverschluss an den Kanten der Blenden so feststecken, dass die Zähnchen freiliegen, und mit farblich passendem, reißfestem Nähgarn zwischen der linken Masche und der Abkettmasche aufnähen. Dann die innere Blende gegennähen.

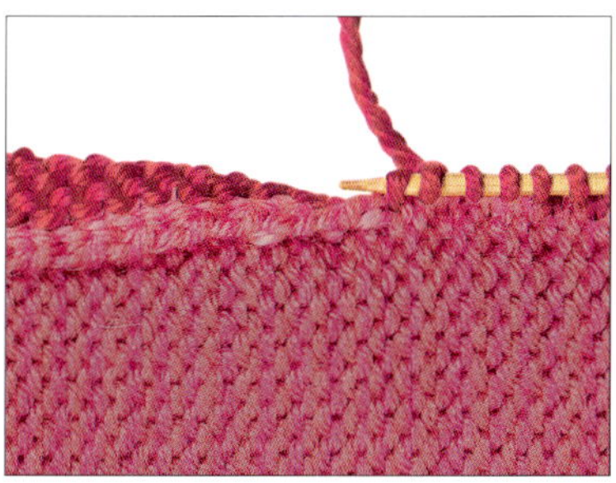

Für die Innenblende aus den Schlingen der vorderen Blendenmaschen je 1 Masche aufnehmen und die Blende wie die vordere arbeiten.

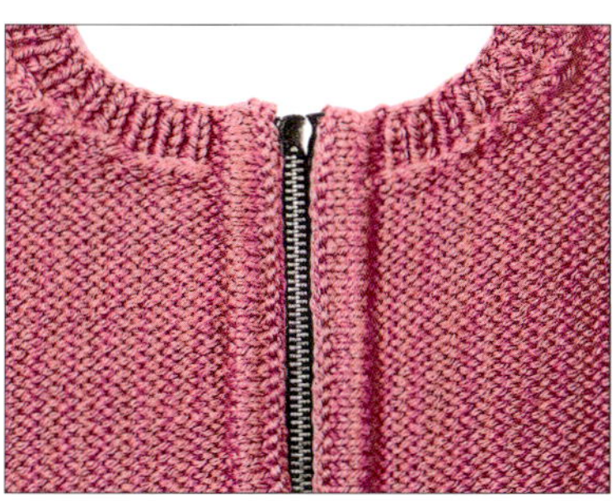

Der sauber eingenähte Reißverschluss von der Rückseite

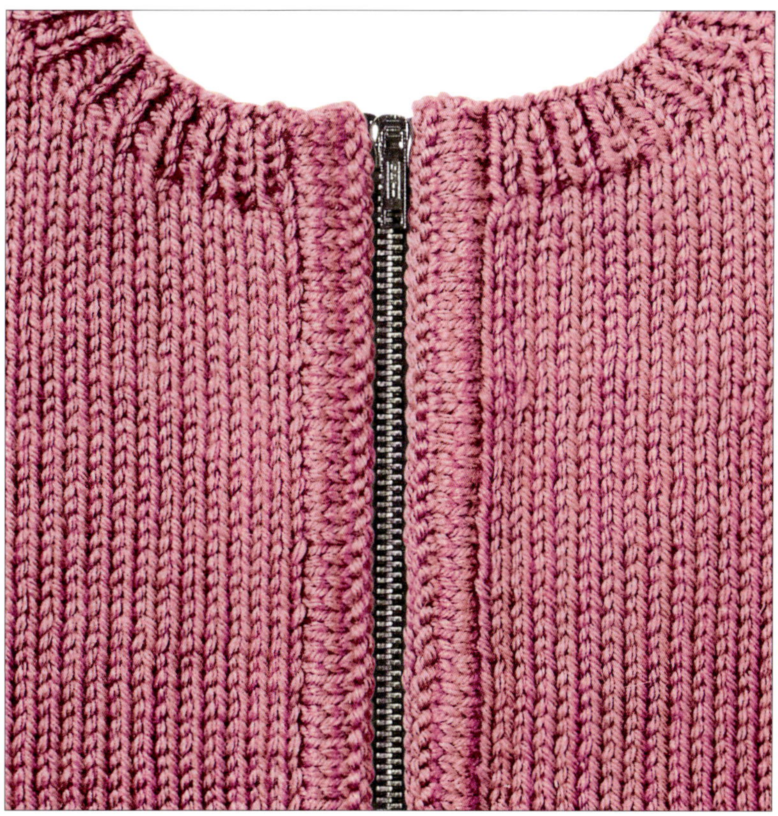

Der sauber eingenähte Reißverschluss von der Vorderseite

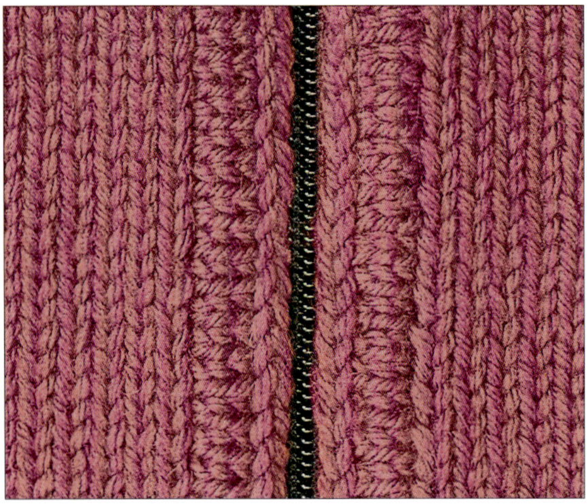

Der gleiche Verschluss mit einer rechts abgekettelten Kante. Hier wird die Naht durch die Mitte der Abkettmaschen gearbeitet.

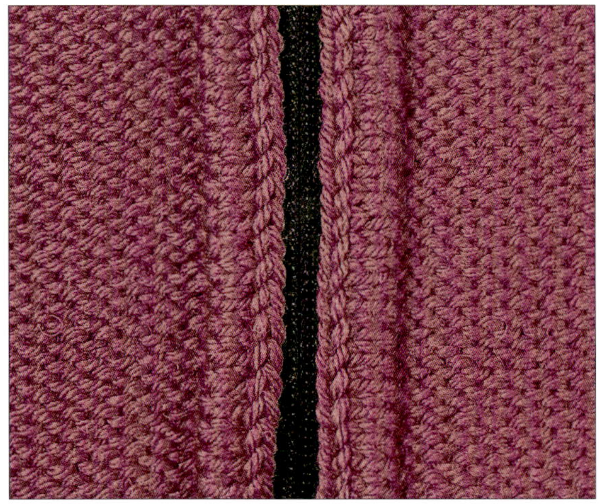

Der gleiche Verschluss mit der rechts abgeketteten Kante von der Rückseite.

Eingenähter Reißverschluss bei Zopf- oder Rippenmustern

Bei dem gezeigten Beispiel sind zwischen den Zöpfen jeweils 2 Maschen glatt links gestrickt. In diese linke Rippe wird der Reißverschluss eingenäht. Auf die gleiche Weise können Sie Reißverschlüsse in alle senkrechten Rippenmuster arbeiten.

Schlagen Sie an der Schlitzteilung für die Untertritte zwischen den linken Maschen beidseitig je 2 Maschen zusätzlich an. Der Reißverschluss wird dann im Matratzenstich zwischen die letzte Zopfmasche und die linke Masche genäht. Dafür im Wechsel jeweils einen Querfaden erfassen und einen kurzen Stich durch das Reißverschlussband nähen. Auf der Rückseite die Reißverschlussbänder an die Untertritte nähen.

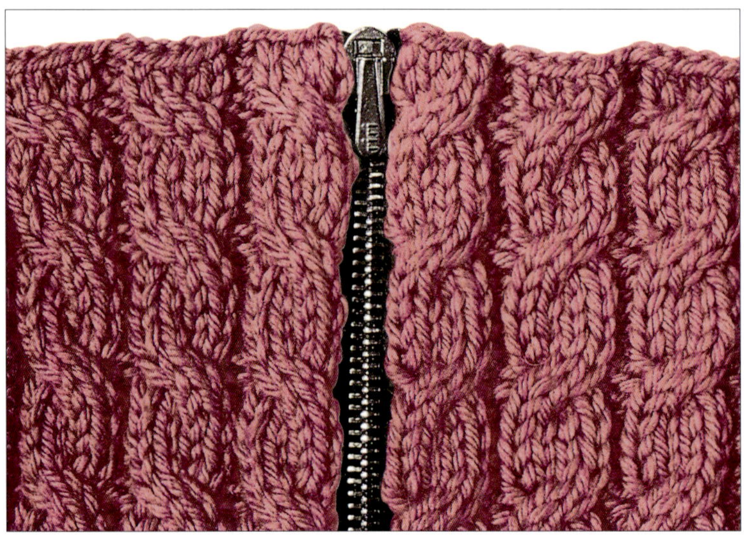

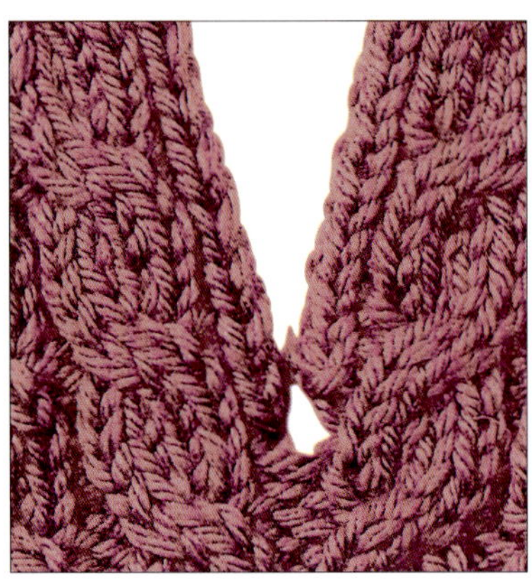

Damit der Reißverschluss gut eingenäht werden kann, für die Untertritte beidseitig je 2 Maschen dazu anschlagen. Der Reißverschluss sitzt perfekt zwischen zwei Zöpfen.

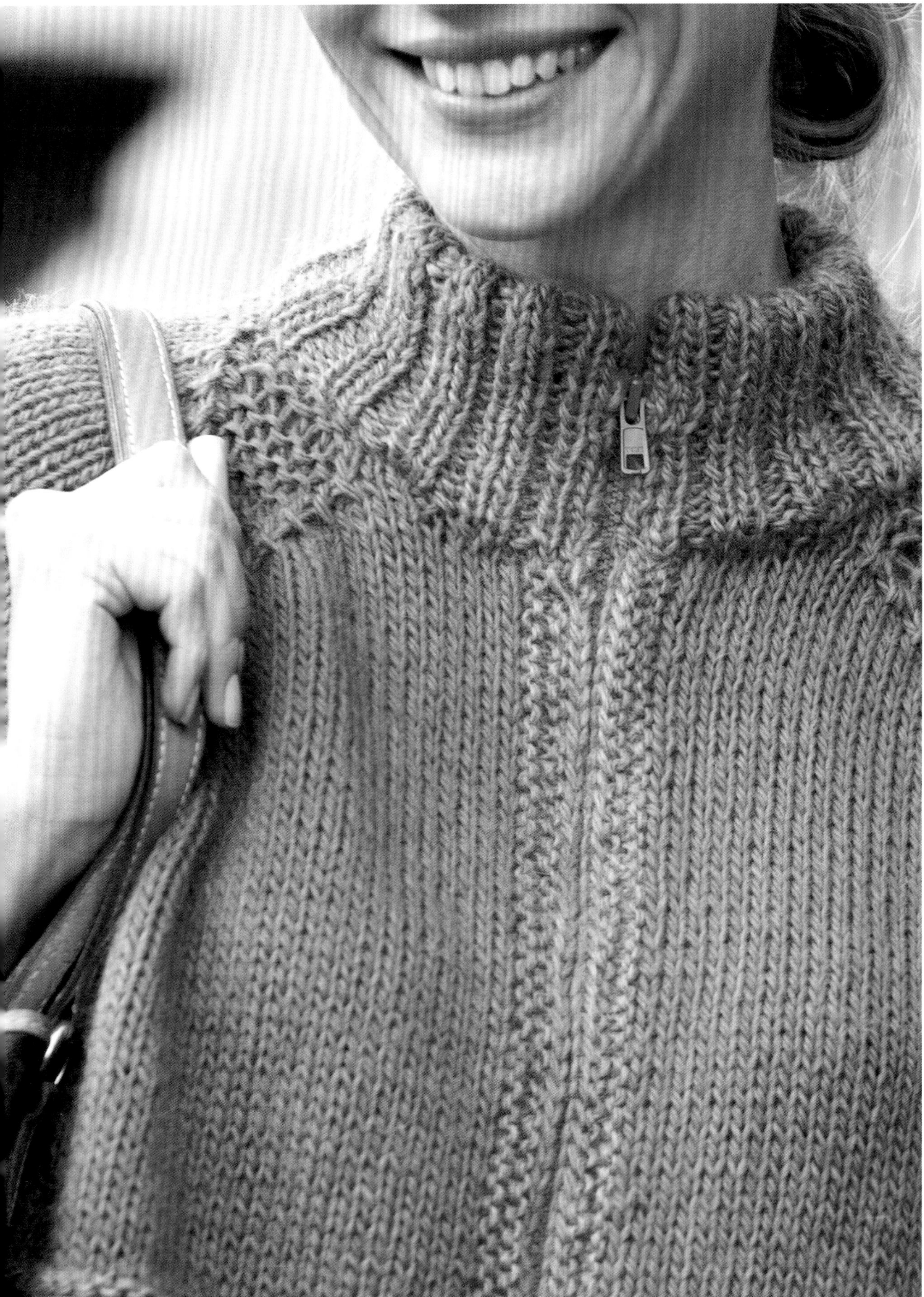

Reißverschlusskanten mit Kettmaschen versäubern

Diese Möglichkeit eignet sich auch für die vorderen Verschlüsse von Polo- und Rollkragenpullovern oder auch für rückwärtige Verschlüsse, z. B. von Kinderpullovern.

Für einen Schlitz die beiden mittleren Maschen abketten. Dann getrennt gerade hoch weiterstricken.

Vor dem Einnähen des Reißverschlusses zunächst die Kanten mit 1 Reihe Kettmaschen versäubern. Dafür den Faden unter die Arbeit legen. An der Schlitzteilung zwischen den beiden abgeketteten Maschen einstechen und den Faden nach oben durchholen. Lassen Sie für die Kettmaschenreihe der zweiten Seite einen genügend langen Faden hängen.

Nun zunächst auf einer Seite die Kettmaschen hochhäkeln. In der Mitte der ersten Abkettmasche mit der Häkelnadel von oben nach unten durchstechen, den Faden nach oben holen und durch die auf der Nadel liegende Schlinge ziehen. Die folgenden Kettmaschen immer 1 oder 2 Reihen höher durch die Randmasche arbeiten. Die zweite Kante ebenso überhäkeln.

Danach eine zweite Reihe Kettmaschen darüber häkeln. Dafür wie oben beschrieben an der Schlitzteilung beginnen und nun die Kettmaschen immer durch die zum Schlitz hin gerichtete Kettmaschenhälfte häkeln.

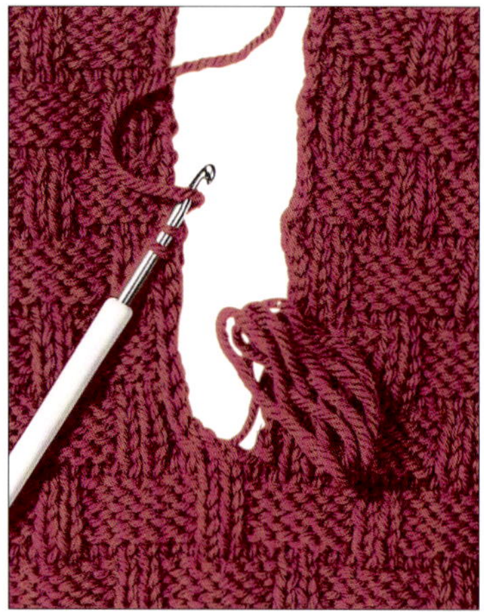

***1** Zunächst auf die Randmasche eine Reihe Kettmaschen häkeln.*

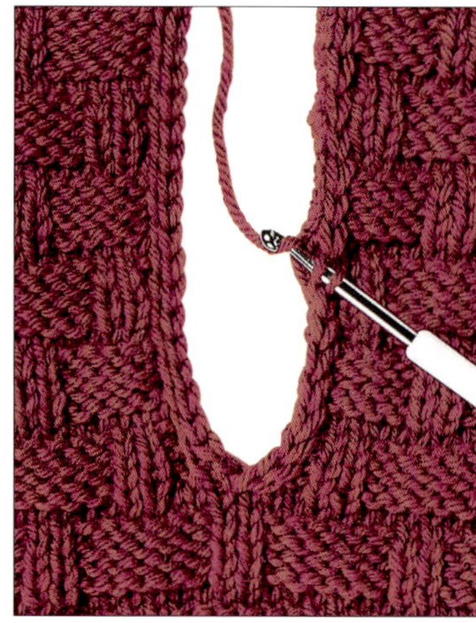

***2** Darüber eine 2. Reihe Kettmaschen jeweils durch den zum Schlitz gerichteten Teil der ersten Kettmaschen häkeln.*

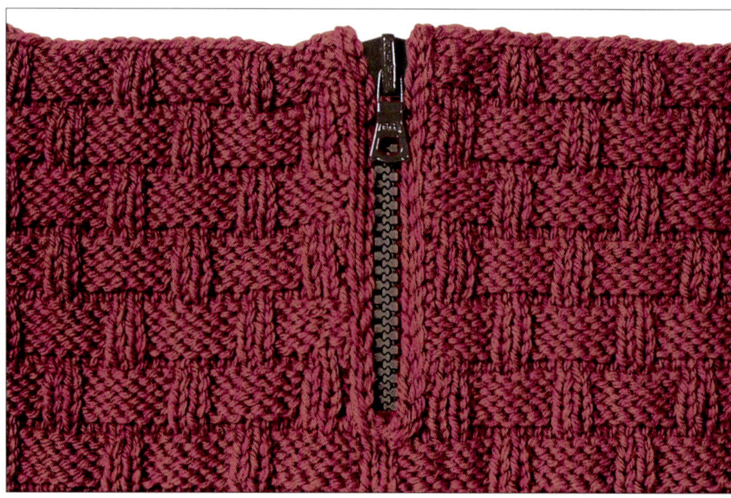

Den Reißverschluss mit Nähseide oder Zwirn durch die äußere Kettmaschenreihe aufnähen. Den Besatz auf der Rückseite feststecken und mit überwendlichen Stichen annähen.

Für den Besatz 10 Maschen neu anschlagen und etwa 2 cm glatt rechts stricken. Dann die beiden mittleren Maschen abketten und über beide Hälften getrennt weiterstricken. In der entsprechenden Höhe die Maschen abketten. Den Besatz feststecken und rundum aufnähen.

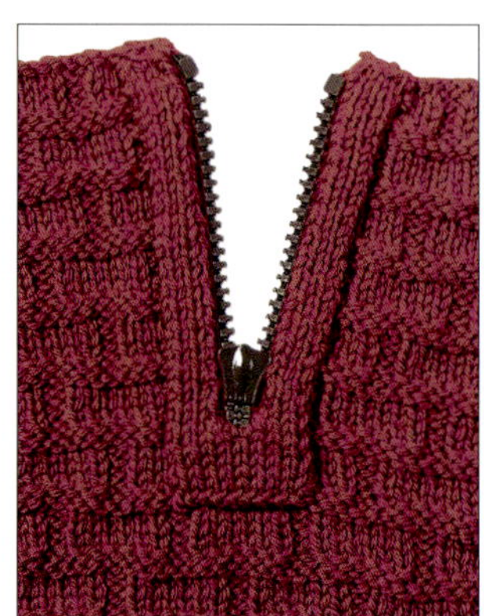

Nähte

Erst das richtige Zusammennähen macht aus einzelnen Strickteilen ein gutsitzendes Kleidungsstück. Hier finde Sie die besten Tricks für perfekte Nähte.

Nähte im Matratzenstich

Die beste Verbindung für Seiten- und Ärmelnähte ist der Matratzenstich.

Mit ihm können Sie glatt rechte, glatt linke und auch im Patent gestrickte Teile fast unsichtbar zusammennähen. Voraussetzung dafür sind perfekte Ränder (siehe Seite 108).

Vor dem Zusammennähen die Teile spannen und unter feuchten Tüchern trocknen lassen.

Zum Nähen selbst brauchen Sie eine Sticknadel ohne Spitze oder eine Wollnadel. Nach Möglichkeit sollten Sie die Teile mit dem gleichen Garn zusammennähen, mit dem Sie gestrickt haben. Das geht bei allen glatten oder nur leicht flauschigen Garnen gut. Bei langhaarigen Mohairgarnen oder Effektgarnen mit Noppen oder Fransen verwenden Sie besser ein farblich passendes, glattes Garn. Nehmen Sie jedoch auf keinen Fall Nähgarn, denn das ist nicht elastisch.

Legen Sie die Strickteile mit der rechten Seite nach oben auf eine ausreichend große Arbeitsfläche. Beginnen Sie immer an der unteren Kante und arbeiten Sie von rechts nach links.

Glatt rechts Gestricktes

Zunächst verbinden Sie die Randmaschen der Anschlagreihen. Dafür stechen Sie neben den Randmaschen zuerst bei einem, dann beim anderen Teil von unten nach oben aus. Danach fassen Sie beim ersten Teil den 1. Querfaden zwischen Randmasche und Gestrick. Beim zweiten Teil fassen Sie nun den 1. und den

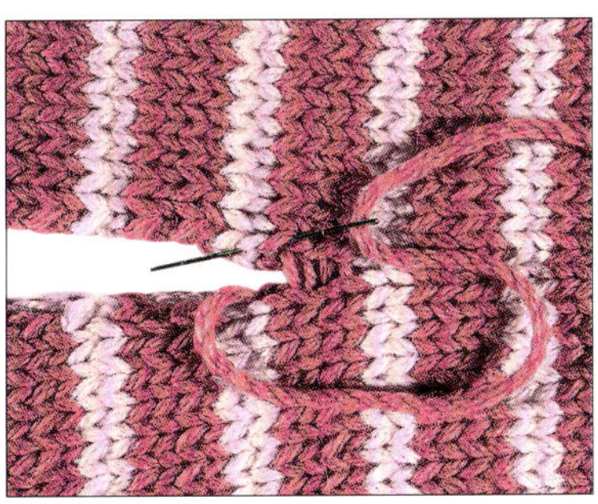

***1** Bei glatt rechts gestrickten Teilen beginnen Sie beim Nähen mit einem Querfaden, …*

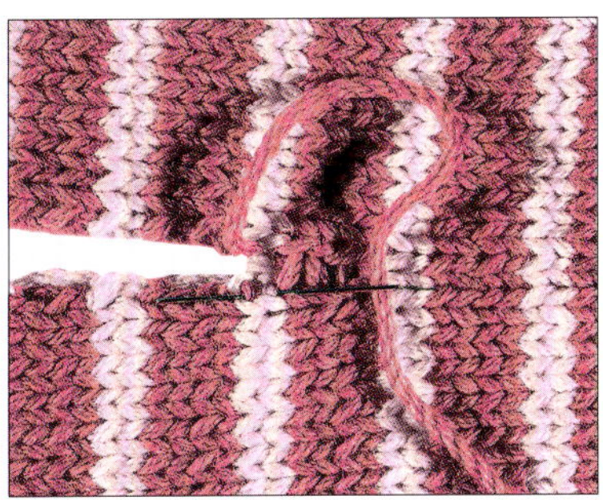

***2** … dann umfassen Sie immer je 2 Querfäden der oberen und der unteren Hälfte.*

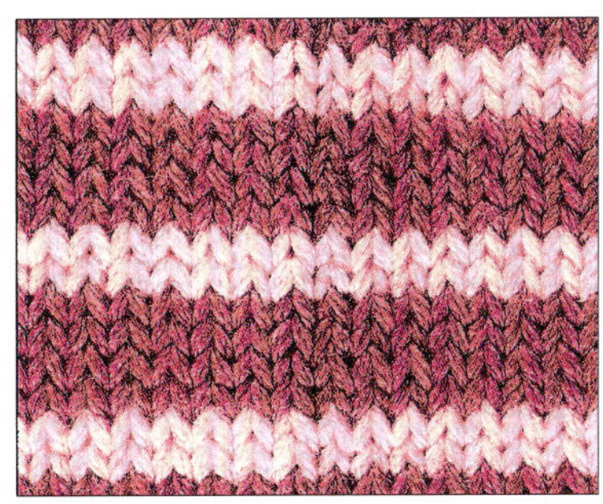

***3** Durch den Versatz treffen auch Streifen und Strukturen mustergültig aufeinander.*

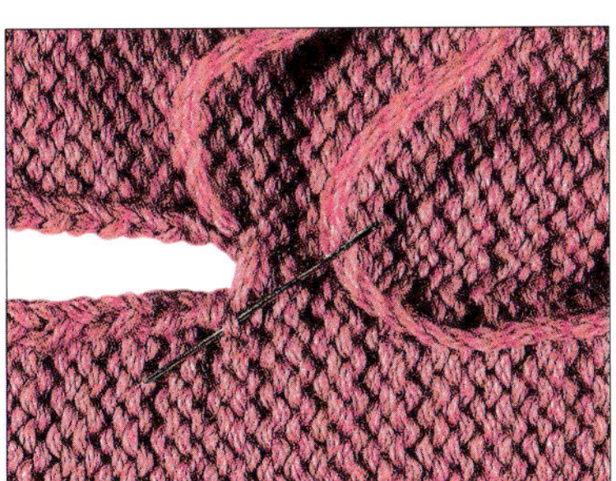

***1** Bei glatt links gestrickten Teilen wird immer nur je 1 Masche des oberen …*

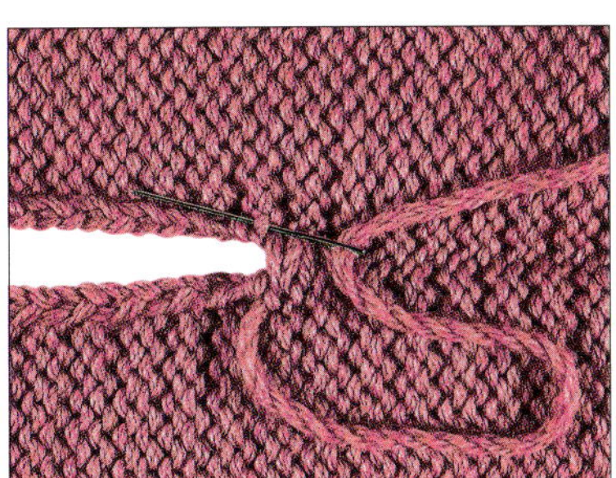

***2** … und des unteren Strickteils erfasst.*

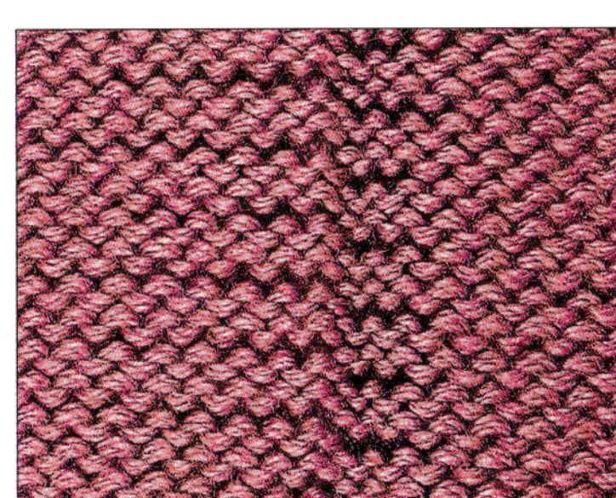

***3** Nach dem Anziehen des Fadens ist die Naht kaum noch zu erkennen.*

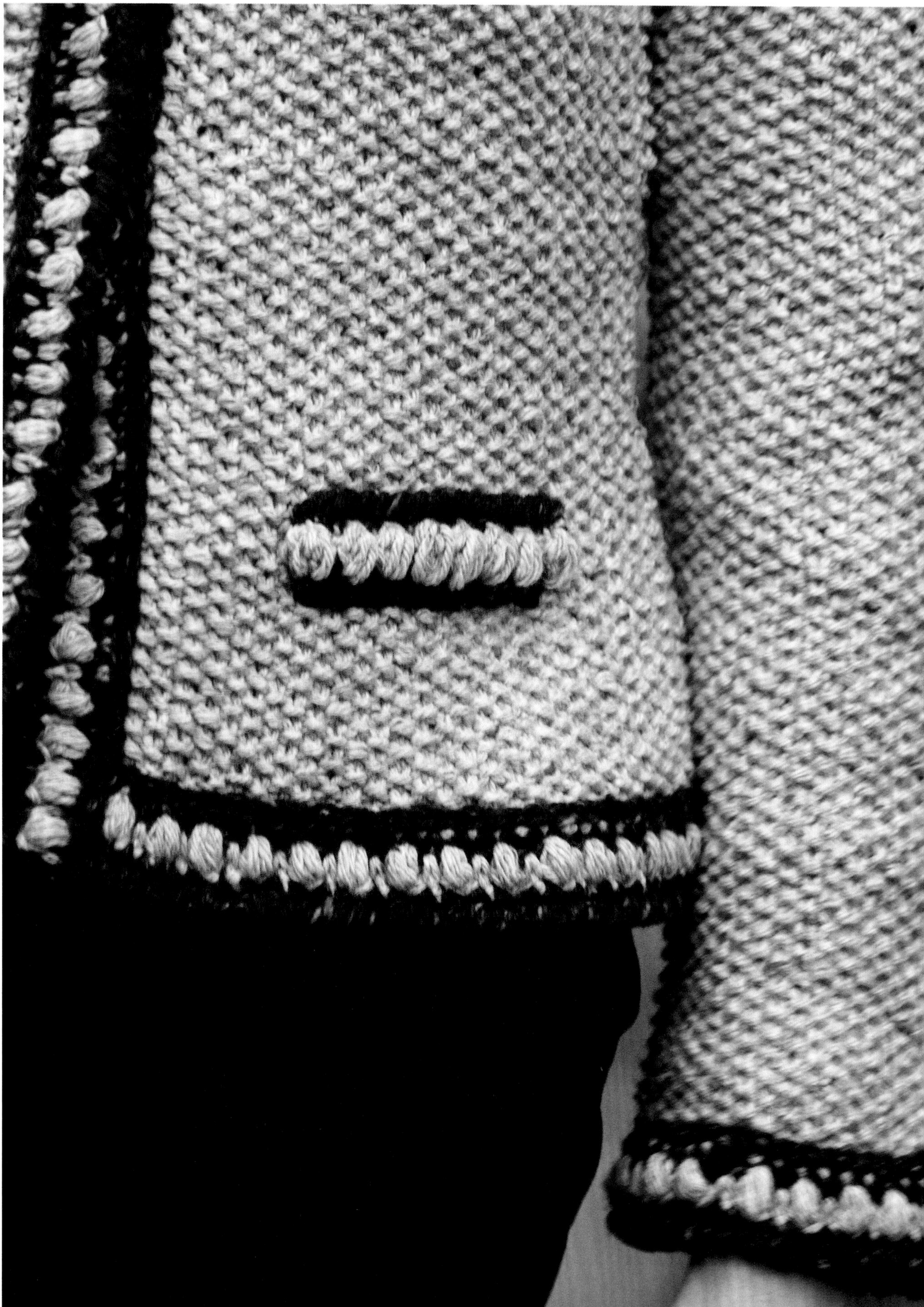

2. Querfaden, beim ersten Teil dann den 2. und 3. Querfaden, usw. Es werden also immer im Versatz 2 Querfäden erfasst. Dabei den Faden nicht zu fest anziehen, damit die Nähte elastisch bleiben.

Durch den Versatz der Maschen treffen bei dieser Naht auch Muster, wie Streifen- oder Strukturmuster genau aufeinander.

Glatt links Gestricktes

Auch bei glatt links gestrickten Teilen ist die Naht im Matratzenstich kaum zu erkennen. Hier wird jedoch von Anfang an immer nur 1 Querfaden jeder Seite erfasst. Der Faden muss dabei etwas fester angezogen werden, er bildet im Gestrick eine Schlangenlinie.

Patentgestricktes

Für eine Naht im Matratzenstich müssen Sie bei Strickteilen im Patent auf der Vorderseite der Arbeit neben der Randmasche eine linke Masche arbeiten (ungerade Maschenzahl). Wichtig ist auch ein sehr fest gestrickter Rand. Diese Naht ist zwar etwas dicker, dafür jedoch fast unsichtbar.

Nach dem Verbinden der Anschlagreihen erfassen Sie hier Seite für Seite jeweils die Mitte der linken Maschen neben den Randmaschen (sie besteht aus 2 Fäden). Die beiden halben Maschen jeder Seite ergeben eine ganze Masche.

Knötchenränder

Wenn es das Muster erlaubt, wie z. B. beim Falschen Patentmuster, sind Knötchenränder die beste Voraussetzung für eine besonders schöne Naht. Da sich die Knötchen immer am Anfang einer Reihe bilden, greifen sie beim Zusammennähen wie ein Reißverschluss ineinander.

Die fertige Naht wirkt dann wie eine zusätzliche linke Masche.

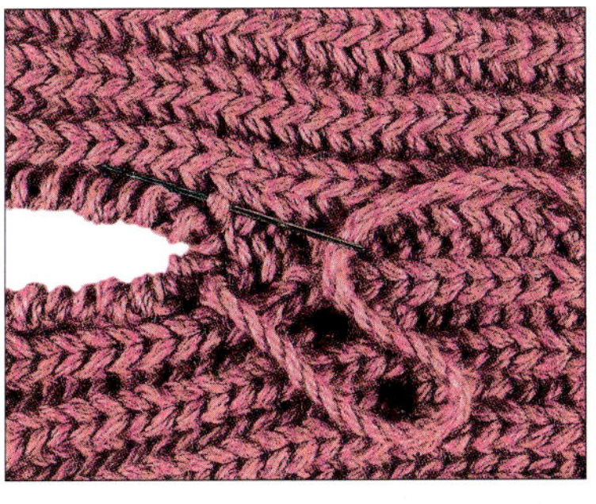

***1** Bei Patentmustern wird jeweils die Mitte der linken Masche neben der Randmasche …*

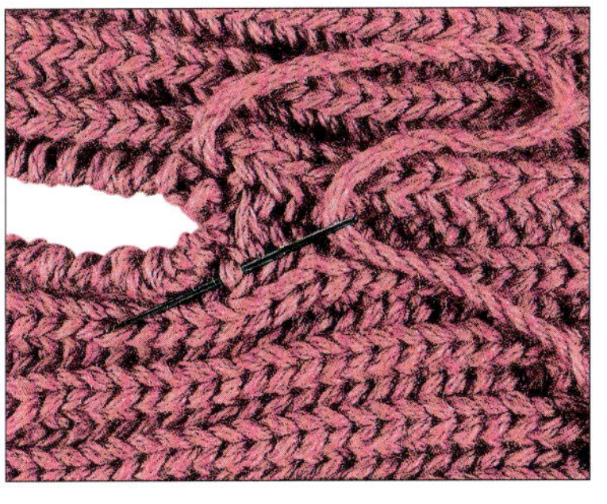

***2** … abwechselnd vom oberen und vom unteren Teil erfasst.*

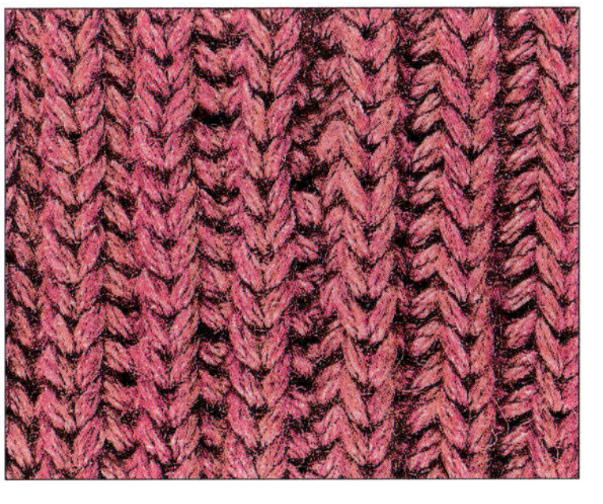

***3** Diese Naht ist zwar etwas dicker, jedoch fast unsichtbar.*

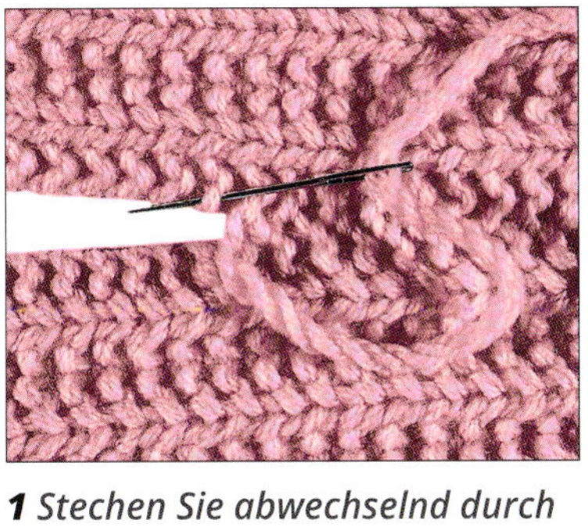

***1** Stechen Sie abwechselnd durch ein Knötchen des unteren …*

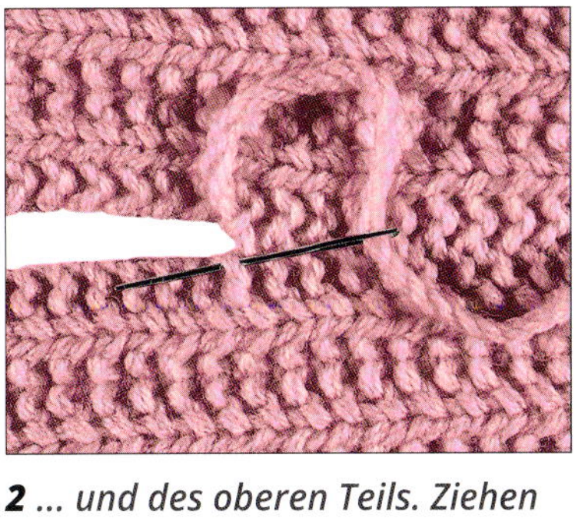

***2** … und des oberen Teils. Ziehen Sie den Faden dabei nicht zu fest an.*

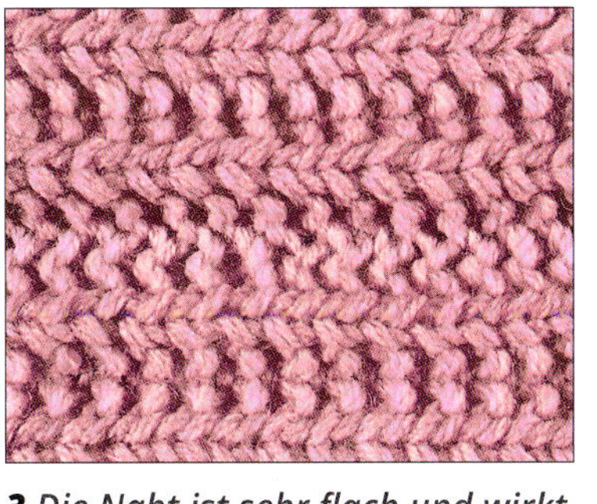

***3** Die Naht ist sehr flach und wirkt wie eine zusätzliche linke Masche.*

Nähte im Maschenstich

Der große Vorteil beim Zusammennähen im Maschenstich ist, dass keine sichtbare Naht entsteht. Das sieht besonders bei dickeren Garnen besser aus oder auch bei einem in zwei Teilen gestrickten Modell, bei dem die Schulter-Ärmel-Partien verbunden werden müssen, wie z. B. bei einem Pullover im Fledermausschnitt.

Zum Zusammennähen brauchen Sie eine Stick- oder Wollnadel ohne Spitze; der Faden zum Nähen muss etwa 3-mal so lang sein, wie die Teile auf der Nadel breit sind. Verwenden Sie zum Zusammennähen den Endfaden des Strickteils, dann entfällt hier das Vernähen. Und lassen Sie den Nähfaden lieber etwas länger, denn ein unauffälliges Ansetzen im Strickteil ist nicht möglich.

Sie können die Maschen gleich von den Nadeln aus verbinden. Dazu bedarf es etwas Übung, denn besonders bei lockerer Strickweise rutschen sie manchmal zu schnell von der Nadel.

Oder Sie stricken mit einem andersfarbigen Wollrest noch 2 Reihen rechte Maschen über jede Nadel; dann werden diese zusätzlichen Reihen beim Zusammennähen nach und nach aufgetrennt. Nehmen Sie hierfür jedoch auf jeden Fall Wolle oder eine etwas aufgeraute Wollmischung, denn Maschen aus glatter Baumwolle würden sich zu schnell lösen.

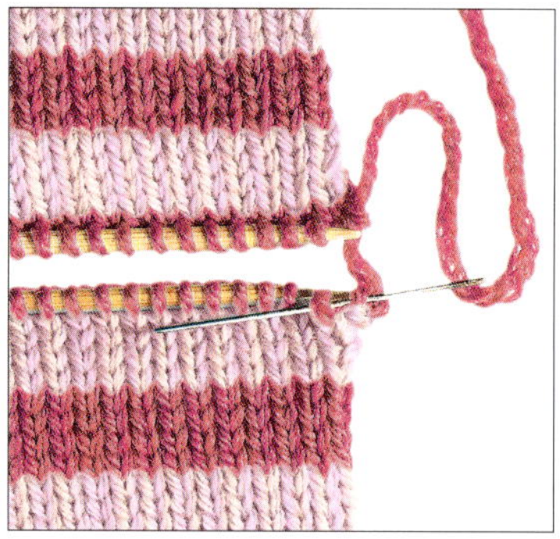

***1** Beim Nähen von der Nadel stechen Sie zunächst in die Randmaschen des unteren und des oberen Teils von unten nach oben. Dann stechen Sie beim unteren ...*

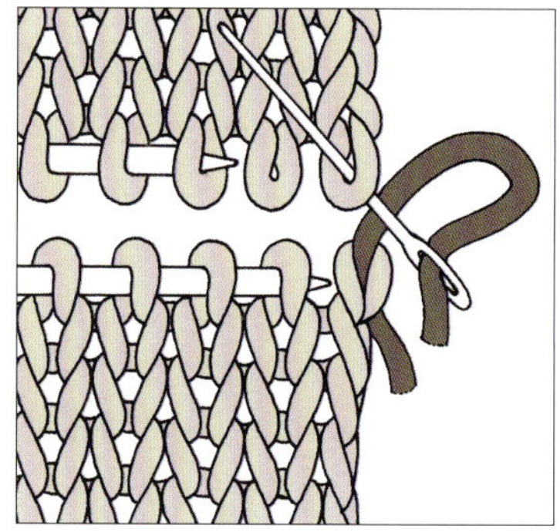

... Teil von oben nach unten in die Randmasche ein und von unten nach oben in der folgenden Masche aus. Danach lassen Sie die 2. Masche von der Nadel gleiten.

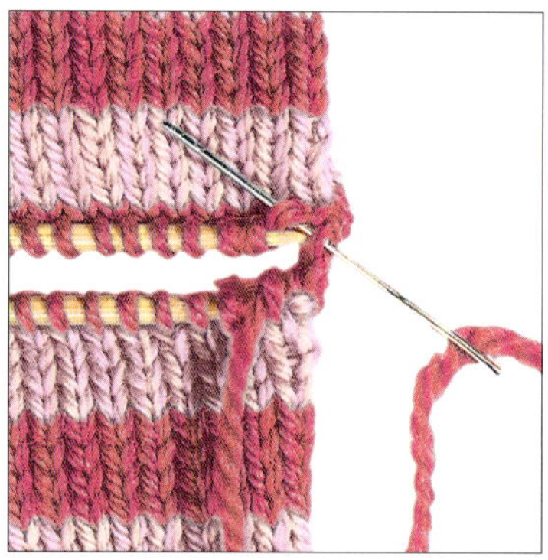

***2** Stechen Sie nun abwechselnd beim oberen und beim unteren Teil in die vorherige Masche ein und in der folgenden, auf der Nadel liegenden Masche aus; ...*

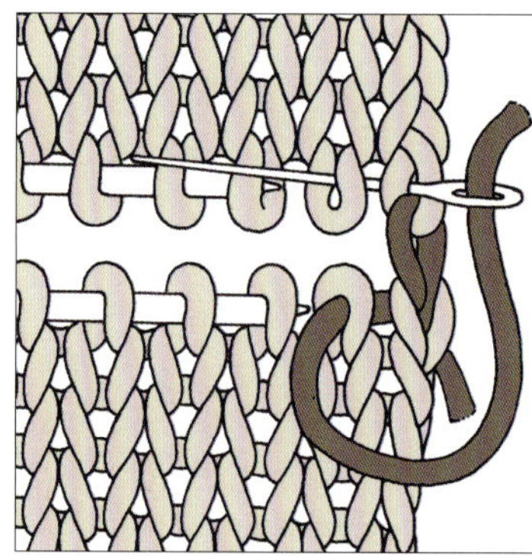

... ziehen Sie den Faden nicht zu fest an. Bei jedem Arbeitsgang werden immer 2 halbe Maschen erfasst.

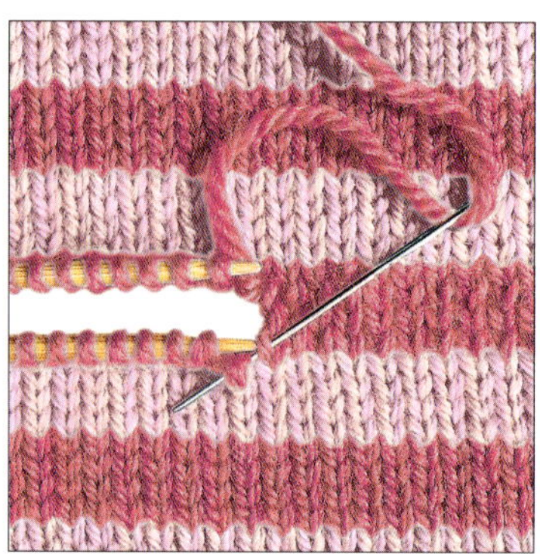

***3** Die Schlingen auf der Nadel und die Naht selbst bilden jeweils eine Reihe im Gestrick. Bei einem Rapport von ...*

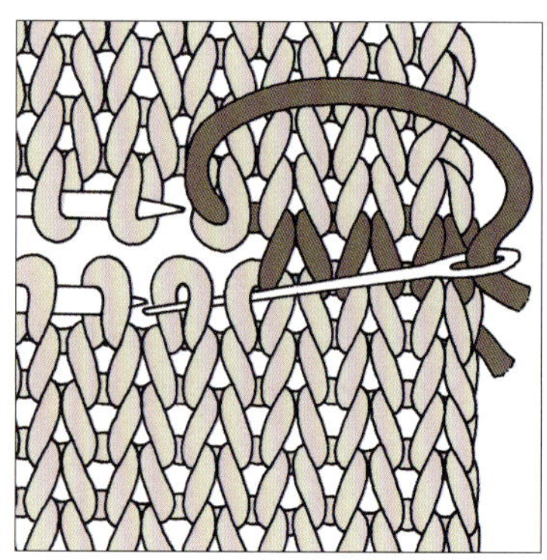

... 4 Reihen müssen also vorher auf einer Nadel 1 Reihe und auf der anderen 2 Reihen gestrickt sein.

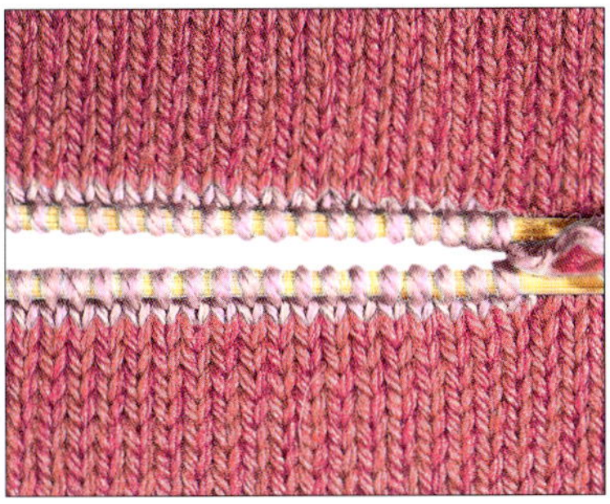

***1** Für das Nähen mit offenen Maschen werden zunächst 2 Reihen glatt rechts mit einem andersfarbigen Garn gestrickt. Die Teile gegeneinander legen und die Nadeln herausziehen.*

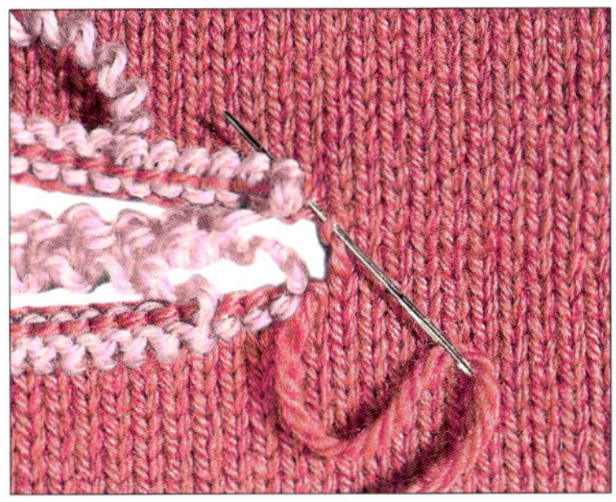

***2** Nun wie beim Nähen von der Nadel nach den Randmaschen abwechselnd immer je 2 Maschen des unteren und oberen Teils verbinden. Die zusätzlichen Reihen nach und nach auftrennen.*

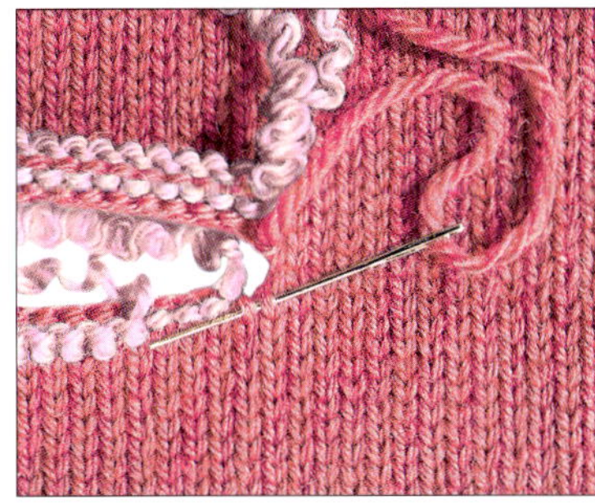

***3** Das Ergebnis ist das gleiche wie beim Nähen von der Nadel: Die fertige Naht ist nicht zu sehen.*

Beim Zusammennähen von Teilen im Maschenstich entsteht immer eine neue Reihe, die beim Strickteil weniger gearbeitet wird. Wenn Sie z. B. einen Rapport von vier Reihen arbeiten, stricken Sie auf einer Seite 2 Reihen, sichtbar sind dann eine fertige Reihe und die Schlingen auf der Nadel; auf der anderen Seite stricken Sie nur 1 Reihe, hier bilden die Schlingen auf der Nadel die spätere Maschenreihe.

Legen Sie die Teile jeweils mit der rechten Seite nach oben gegeneinander. Der Arbeitsfaden ist am unteren Strickteil. Die Arbeitsweise für glatt rechte Strickteile ist auf diesen Seiten genau erklärt.

Bei glatt linken Strickstücken werden die Maschen auf ähnliche Weise zusammengenäht. Sie müssen lediglich statt von unten nach oben von oben nach unten ein- bzw. ausstechen und umgekehrt.

Sie stechen also in die Randmaschen jeweils von oben nach unten ein. Dann in eine Randmasche von unten nach oben ein und in die folgende Masche von oben nach unten aus, usw. Bei nur glatt linkem Maschengrund können Sie die Arbeit auch wenden und die Teile im rechten Maschenstich zusammennähen.

Bei gemusterten Modellen, wie z. B. bei Strukturmustern oder Rippenmustern, ist eine Verbindung im Maschenstich weniger zu empfehlen, da sich das Maschenbild um eine halbe Masche verschiebt. Hier sieht es besser aus, wenn Sie die Maschen zusammenstricken oder nach dem Abketten zusammennähen.

TIPP

Bei einigen Mustern ist ein Zusammennähen von offenen Maschen im Maschenstich sehr schwierig, wie z. B. bei Lochmuster-Teilen. Hier ist es einfacher, die Maschen abzuketten und dann im Maschenstich zusammenzunähen. Bei dieser Naht entsteht innen ein kleiner Wulst, doch von außen ist auch diese Naht kaum zu sehen.

Bei der Maschennaht wird wie beim Zusammennähen von offenen Maschen im Maschenstich gearbeitet. Auch hier benötigen Sie eine Stick- oder Wollnadel ohne Spitze und einen Arbeitsfaden, der etwa dreimal so lang ist wie das Strickstück. Legen Sie beide Teile mit der rechten Seite nach oben gegeneinander. Beginnen Sie wie bei den offenen Maschen mit den Randmaschen. Dann erfassen Sie auch hier immer 2 Maschenteile des unteren und des oberen Teils. Ziehen Sie dabei den Arbeitsfaden nicht zu fest an, sonst wird die Naht hart und starr, und der innere Wulst wird noch dicker.

Register

Danke

Mein Dank geht vor allem an die Garnfirmen Lana Grossa, Woll Butt, Rico Design und Junghans Wolle, die mir ihre wunderschönen Garne zur Realisation der Modelle zur Verfügung gestellt haben, der Firma Jim Knopf für ihre superschönen Knöpfe und der Firma Prym für die Ausstattung meines Ateliers mit Stricknadeln. Gestrickt wurden die Modelle von meinen treuen und fleißigen Strickerinnen, ohne die es nicht möglich gewesen wäre, dieses Buch mit Modellen zu füllen. Auch Ihnen danke ich von ganzem Herzen für ihre Ausdauer, ihren Einsatz und ihre präzise Arbeit. Danke auch der Fotografin für ihre stimmungsvollen Fotos, den Lektorinnen für ihr wachsames Auge, den graphischen Gestaltern und allen Mitarbeitern des Christophorus Verlags.

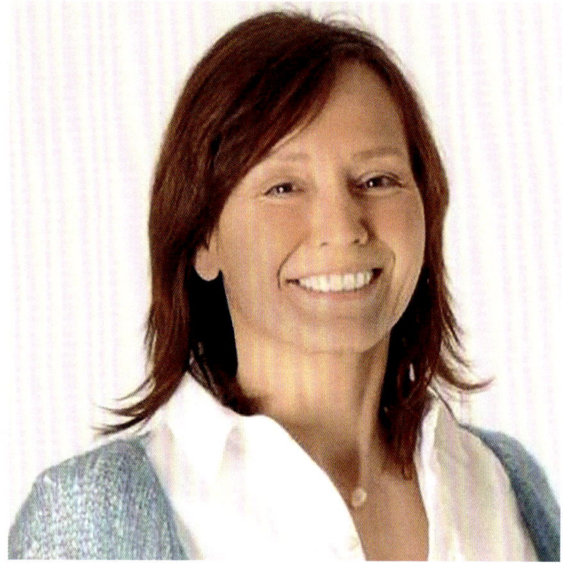

Die Autorin

Studium Modedesign mit Schwerpunkt Strick an der Fachhochschule für Textil in Reutlingen. Redaktionelle Tätigkeit in einer Handarbeitsredaktion. Seit 1984 selbständige Modedesignerin für Handstrickmodelle. In ihrem Atelier entstehen Handstrick- und Häkelmodelle vom ersten Entwurf bis zum fertiggestrickten Produkt. Veröffentlichungen in namhaften Handarbeitsjournalen, in den Magazinen des Garngroßhandels, im Internet. Eigenes Label einer Handstrickkollektion seit 2018. Ausstellungen mit Knitart.

Sabine Ruf lebt in Eningen am Fuße der schwäbischen Alb.

www.trend-design.net.
Instagram: sabineruf_handarbeit

Ebenfalls erhältlich ...

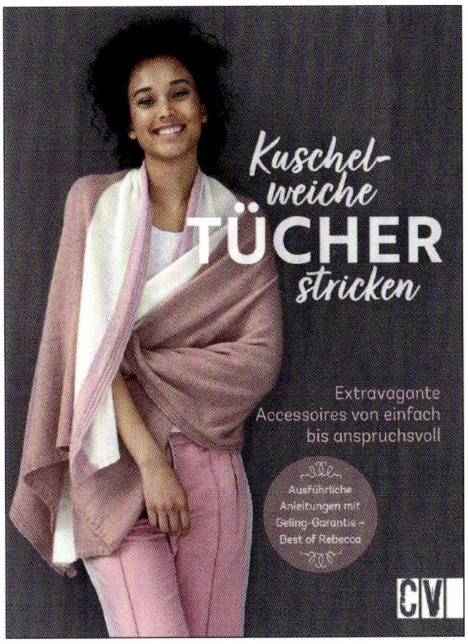

ISBN 978-3-8410-6707-4

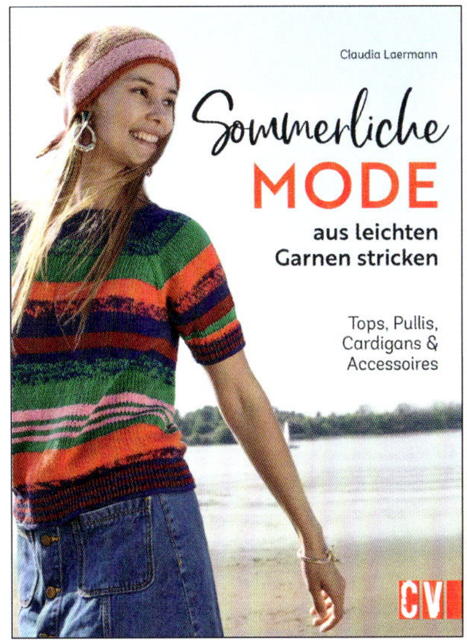

ISBN 978-3-8410-6709-8

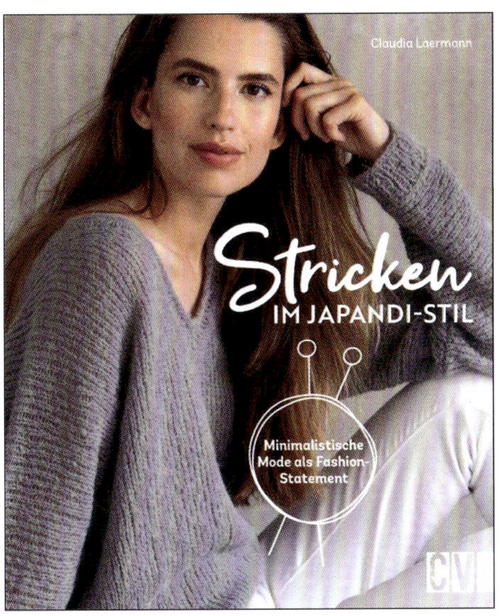

ISBN 978-3-8410-6679-4

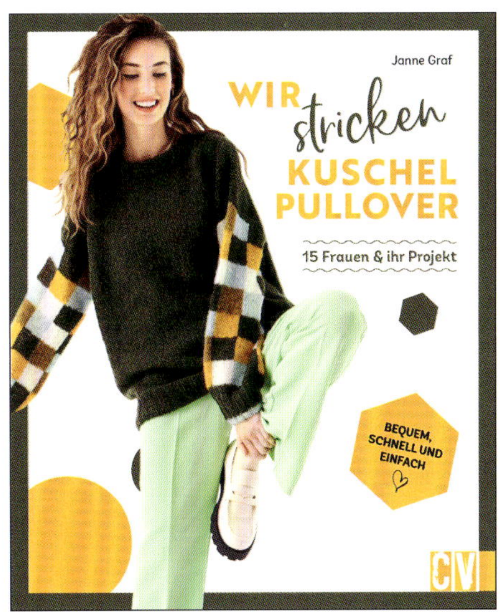

ISBN 978-3-8410-6726-5

CV

www.christophorus-verlag.de

Impressum

Autorin: Sabine Ruf
Verantwortlich: Svenja Wiglinghaus
Fotos: Nina Beer, Nürnberg
Step-Fotos: Brigitte Harms, Hamburg
Grundlagenteil: Katharina Buss
Lektorat und Projektmanagement:
Stephanie van der Linden
Layout: Andreas Kersten
Korrektorat: Manuela Burkhardt
Umschlaggestaltung: Regina Degenkolbe
Repro: LUDWIG:media
Herstellung: Julia Hegele
Printed in Türkiye by Elma Basim

★★★★★

Sind Sie mit diesem Titel zufrieden? Dann würden wir uns über Ihre Weiterempfehlung freuen. Erzählen Sie es im Freundeskreis, berichten Sie Ihrem Buchhändler oder bewerten Sie beim Onlinekauf. Und wenn Sie Kritik, Korrekturen oder Aktualisierungen haben, freuen wir uns über Ihre Nachricht an Christian Verlag, Postfach 40 02 09, D-80702 München oder per E-Mail an lektorat@verlagshaus.de.

Unser komplettes Programm finden Sie unter

www.christophorus-verlag.de

Alle gezeigten Modelle, Illustrationen und Fotos sind urheberrechtlich geschützt. Eine gewerbliche Nutzung ist untersagt. Dies gilt auch für eine Vervielfältigung bzw. Verbreitung über elektronische Medien. Autorin und Verlag haben alle Angaben und Anleitungen mit größtmöglicher Sorgfalt zusammengestellt. Dennoch kann bei Fehlern keinerlei Haftung für direkte oder indirekte Folgen übernommen werden. Stoffe, Materialien und Modelle können von den jeweiligen Originalen abweichen. Die bildliche Darstellung ist unverbindlich.
Sollte dieses Werk Links auf Webseiten Dritter enthalten, so machen wir uns die Inhalte nicht zu eigen und übernehmen für die Inhalte keine Haftung.
In diesem Buch wird aus Gründen der besseren Lesbarkeit das generische Maskulinum verwendet. Weibliche und anderweitige Geschlechteridentitäten werden dabei ausdrücklich mitgemeint, soweit es für die Aussage erforderlich ist.

Hersteller:
Jim Knopf, Offenbacher Landstr. 70, 60599 Frankfurt, www.knopfhandel.de
Junghans Wollversand, Gut-Dämme-Str. 4, 52070 Aachen, www.junghanswolle.de
Lana Grossa GmbH: Ingoldstädter Str. 86, 85080 Gaimersheim, www.lanagrossa.de
Prym Consumer Europe GmbH: Zweifaller Str. 130, 52224 Stollberg, www.prym-consumer.com
Rico Design GmbH & Co. KG, Industriestr. 19 – 23, 33034 Brakel, www.rico-design.com
Woll Butt: über Buttinette, Industriestr. 22, 86637 Wertingen, www.buttinette.com

Die Deutsche Nationalbibliothek verzeichnet diese Publikation in der Deutschen Nationalbibliografie; detaillierte bibliografische Daten sind im Internet über http://dnb.d-nb.de abrufbar.

© 2023 Christophorus Verlag in der Christian Verlag GmbH, Infanteriestraße 11a, 80797 München

Alle Rechte vorbehalten.

ISBN 978-3-8410-6737-1

Kreativ-Service

Sie haben Fragen zu unseren Büchern und Materialien? Wir beraten Sie gern rund um alle Kreativthemen.
Rufen Sie uns einfach an. Wir interessieren uns auch für Ihre eigenen Ideen und Anregungen.
Sie erreichen uns per E-Mail kreativ-service@c-verlag.de oder unter der Telefonnummer 0049-89-1306 99 577.

Besuchen Sie uns im Internet: www.christophorus-verlag.de & www.selbstgemacht.de

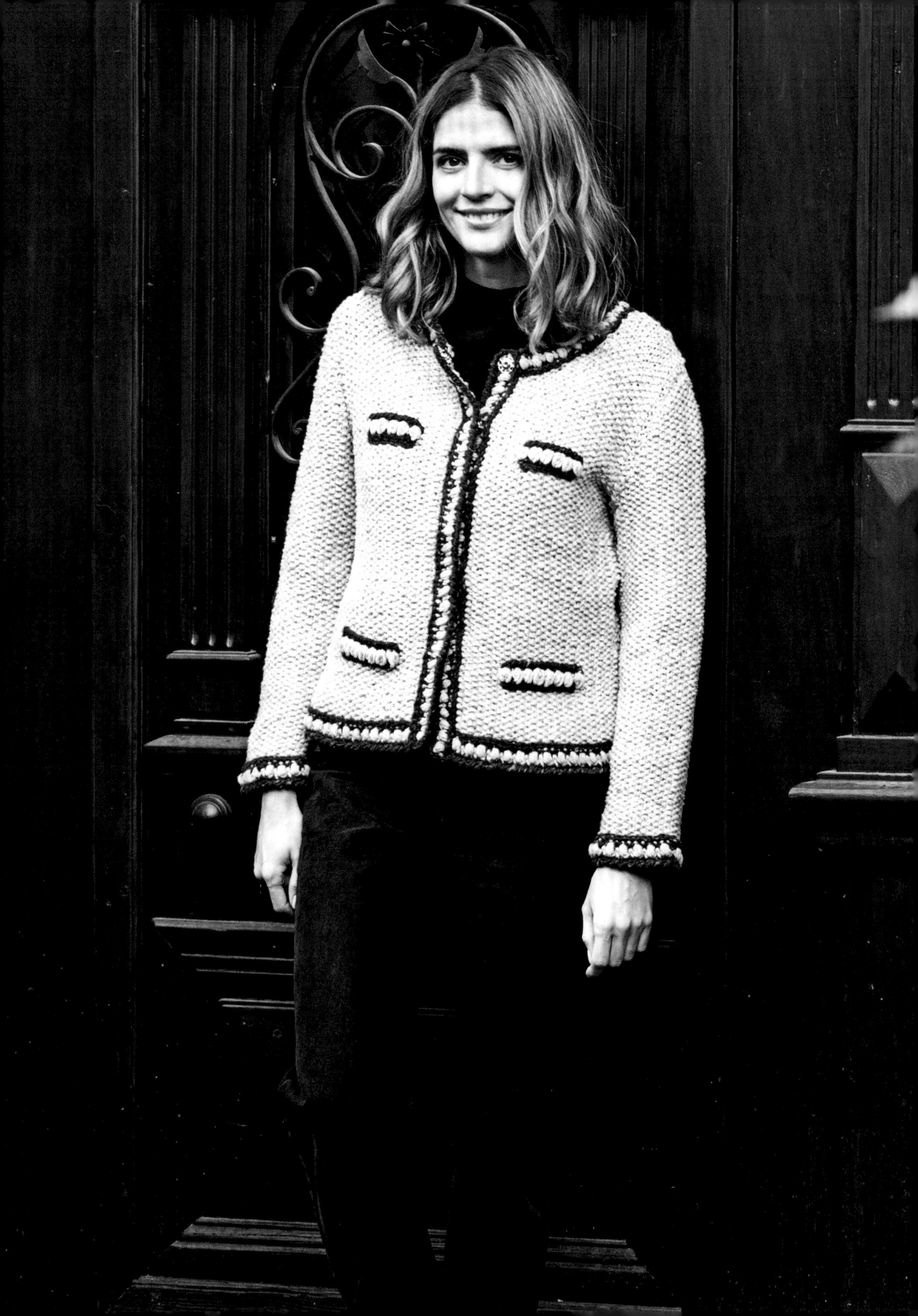